中国地方性
刑事司法规则研究

ZHONGGUO DIFANGXING
XINGSHI SIFA GUIZE YANJIU

孙长永 等·著

法律出版社
LAW PRESS·CHINA

前　　言

我国是单一制国家,立法权原则上由全国人民代表大会及其常务委员会行使。在刑事法领域,无论是关于犯罪和刑罚问题的立法权,还是涉及刑事程序、刑事证据方面的立法权,原则上都是国家立法机关的专属权力。根据《立法法》(2000年)和全国人大常委会关于法律解释问题的决定,在审判、检察工作中具体应用法律问题的解释权,分别由最高人民法院和最高人民检察院行使,最高人民法院、最高人民检察院以外的审判机关和检察机关不得作出具体应用法律的解释。然而,据我们掌握的不完全统计数据,自1997年以来,地方各级公安司法机关单独或者联合发布的规范性司法文件多达1600余份,形成了内容庞杂的地方性刑事司法规则体系,其中大量的内容涉及具体应用法律问题的解释。此外,司法权的地方化等因素引发的各地定罪量刑差异较大的现象也有一定的普遍性,刑事司法权的运行过程事实上也呈现出不同的地方特色。为什么在法治实践中会产生数量如此众多的地方性刑事司法规则?这些规则究竟包括哪些主要内容?它们有哪些特点?它们对于司法实践究竟有哪些价值?它们的制定和实施过程中存在哪些问题?在全面推进依法治国战略的过程中,如何看待这些地方性规则?带着这些问题,我们试图对中国地方性刑事司法规则进行全面、系统、深入的研究,以期在充分了解它们的具体内容、表现形式和产生过程,把握它们产生的原因和条件的基础上,对其作出相对客观、公允的评价,并提出一些合理的改进建议。

本书是我主持的国家社科基金项目《中国地方性刑事司法规则研究》(11BFX124)的最终成果,也是集体合作的成果。其中,基本框架由我提出,经课题组讨论后确定写作提纲和写作分工。初稿写作分工如下:

李昌盛:第一章　地方性刑事司法规则概述;

赖早兴：第二章　地方性定罪规则研究；

潘金贵：第三章　地方性量刑规则研究；

闫召华：第四章　地方性刑事证据规则研究；

李长城：第五章　地方性刑事程序规则研究；

王　彪：第六章　刑事司法权运行的地方规则研究。

初稿完成之后，由我审阅后提出修改意见，交各位作者进行修改。贾建博士参与了关于地方性定罪规则部分的修改工作。修改稿形成之后，由我进行了全书的统稿工作，部分章节基本上进行了重写，2015 年 5 月定稿后申请结项鉴定。2015 年 11 月，项目专家鉴定意见返回来之后，我在王彪博士的协助下又根据鉴定专家的意见对全书的内容进行了有针对性的修改和完善。

在本项目研究过程中，我们到全国近 20 个省市的公安司法机关进行了调研，并得到各地政法干警的热情支持和帮助。在确定研究思路、修改初稿过程中，石经海教授、梅传强教授等提出了很有见地的意见和建议。西南政法大学对本项目的研究提出了配套资助经费。在此一并表示衷心的感谢！

虽然我们力求做到研究的系统性、全面性、实证性，兼顾理论与实践的结合，尽可能以“理解的态度”对待现有的地方性刑事司法规则，并根据现有条件提出既有一定的创新价值又可操作的改进意见，在写作过程中也争取做到前后协调一致，避免重复或者矛盾，但因为是多人合作的成果，难免存在文风不一、深浅不同等问题。不足或错漏之处，还望读者不吝指正。

孙长永

2016 年 2 月

内容摘要

本课题成果着重采用实证研究和类型化分析的方法,对我国大陆地区存在的地方性刑事司法规则进行系统、深入的考察和分析,共分为六章,包括地方性刑事司法规则概述、地方性定罪规则、地方性量刑规则、地方性刑事证据规则、地方性刑事程序规则和刑事司法权运行的地方规则。主要内容如下:

第一章　地方性刑事司法规则概述

地方性刑事司法规则是指我国大陆地区特定区域范围内针对刑事司法问题如何处理所形成的具有普遍约束力的规范,其具有适用地域的有限性、处理问题的特殊性以及实际效力的普遍性等特征。根据不同的标准,可以对地方性刑事司法规则进行不同的分类,例如:从表现形式上看,可以分为成文规则和不成文规则;以内容为依据,可以分为地方性刑事实体规则(定罪规则和量刑规则)、地方性刑事程序规则、地方性刑事证据规则和刑事司法权力运行的地方规则;以功能为依据,可以分为重申性规则、解释性规则和创新性规则;从结构上看,可以分为综合性规则和专门性规则。地方司法环境的客观差异、弥补立法规定不足的需要、通过地方性试验形成制度的法律生成模式、地方司法机关的政绩竞争以及中央司法机关的授权、放权和默认是地方性刑事司法规则产生的动因和条件。地方性刑事司法规则制定颁行的完整步骤有四步,即确定主题、调研起草、讨论报审和跟踪评估。

地方性刑事司法规则在犯罪治理、人权保障以及弥补统一的制定法的缺陷等方面具有独特的优势,其重要价值有以下五个方面:(1)发掘地方资源优势和解决地方刑事司法过程中所面临的特殊问题;(2)为刑事司法所面临的普遍性难题的化解积累经验教训;(3)避免激进式的自上而下的刑事司法变革所引发的秩序混乱;(4)有利于暂时搁置价值之争以及刑事司法改革的启动;(5)有利于填补立法和司法解释的漏洞。然而,地方性刑事司法规则也存在一定的局限性,主要是:第一,参与性和公开性不足;第二,中立性不足;第三,部分地方性规则因缺乏配套措施而效果不佳。事实上,地方性刑事司法规则的发展空间越来越有限。

展望地方性刑事司法规则的未来发展之路,应当在充分考虑其优势的基础上,克服其自身的弊端,根据全面深化改革和全面推进依法治国的基本原则和精神,特别是结合司法改革的要求和现实背景,对其予以完善,着重解决合法性和正当性两大问题。对于合法性问题,需要国家在顶层设计上予以解决,并辅之以地方性规则创制模式的革新,具体措施包括通过全国人大及其常委会进行集中授权或者差异化授权、赋予省级法院和检察院司法解释权、发布地方指导性案例等;对于正当性问题的解决,要求对地方性刑事司法规则的内容和制定过程进行合理限制。

第二章　地方性定罪规则研究

地方性定罪规则,是指地方权力机关或司法机关依据刑法的规定和当地经济、社会和文化发展水平所发布的,司法机关据以确定某一行为是否构成犯罪、构成何种犯罪、是否为共同犯罪、犯罪处于何种停止形态的地方性司法规定。地方性定罪规则的制定主体是自治地方权力机关、高级人民法院和省级人民检察院,制定依据是当地经济、社会和文化发展水平,其内容仅限于定罪问题。

在国家立法确定的犯罪圈不断扩大、《刑法》条文不断增多、刑事司法解释不断完善的情况下,之所以仍然会出现大量的地方性定罪规则,主要有以下三点原因:(1)刑法条文中定罪内容的明确化;(2)刑法部分条文中定罪内容的特定化;(3)刑法条文中定罪内容的民族化。

地方性定罪规则的内容很多,但主要是依照以下三种类别展开的:一是确定犯罪定量内容的地方性定罪规则,主要是为了明确罪与非罪的界限问题;二是确定犯罪定性内容的地方性定罪规则,主要是为了明确此罪与彼罪的界限问题;三是确定共犯及犯罪停止形态的地方定罪规则。

地方性定罪规则存在诸多问题:第一,合法性模糊;第二,颁布的主体混乱;第三,有些地方性定罪规则的内容违反刑法的规定;第四,不同地方的定罪规则对同一问题的解释之间存在矛盾；第五，地方性定罪规则的形式、名称泛化；第六，某些地方性定罪规则的制定存在较严重的地方实用主义因素。

地方性定罪规则的完善首先要解决其合法性问题，由于定罪涉及到公民自由、生命、财产、民主等权利的限制甚至剥夺，《立法法》已经明确规定关于“犯罪和刑罚”的事项只能由全国人大及其常委会制定法律，各地制定相关的变通、补充或具体化规定必须有法律的明确授权；其次，要对地方性定罪规则的制定主体进行严格限制，地市和区县级法院、检察院等机关不得作为地方性定罪规则的制定主体，自贸区在适用刑法方面存在的难题应当由当地高级人民法院和省级人民检察院解决，并报最高人民法院或最高人民检察院备案；再次，要从多方面解决地方性定罪规则与《刑法》的冲突以及相互之间的不协调问题；第四，规范地方性定罪规则的形式和名称；第五，尊重刑事法治精神，摈弃过度地方实用主义考量。

第三章　地方性量刑规则研究

我国地方性量刑规则的发展历程可以细分为五个阶段：第一阶段是各地高级人民法院对量刑规则的初步探索，第二个阶段是个别省的三级法院对量刑规范化的尝试，第三阶段是在最高人民法院的推动下部分地区开展量刑规范化的试点改革，第四阶段由最高人民法院在全国各级法院全面试行量刑规范化改革，第五阶段是最高人民法院在全国法院正式实施量刑规范化工作。可以说，我国各地量刑规则的发展史也就是量刑规范化改革逐步深化的历史。地方性量刑规则总体上呈现出以下特点：(1)各地主动寻求量刑改革的情况较少，大多是在最高人民法院的推动下开展量刑规范化改革；(2)各地量刑规则普遍是对最高人民法院相关指导意见的细化；(3)量刑的实体规则和程序规则并存，制度上实体规则更受重视，试点中程序改革更受重视；(4)法院是地方性量刑规则的主要制定主体，检察院、公安机关和司法行政机关会参与其中部分规则的制定。

从地方主动制定量刑规则到中央推动地方制定量刑规则，至今已十年有余。目前省一级司法机关出台的量刑规范化文件已有54个，各地市、县区一级司法机关出台的文件数量也有几百个，可以说，我国已经形成初具规模的地方性量刑规则体系。从原因上分析，地方性量刑规则的创制与量刑失衡现象突出有关，它的产生反映出司法机关对量刑公正的追求；同时，地方性量刑规则的制定与全国性量刑规则缺乏足够操作性有关,它的产生对于指导量刑实践意义重大。

地方性量刑规范化改革包括五个方面的内容:量刑的指导原则、量刑的步骤、确定量刑起点的方法、确定基准刑的方法、确定宣告刑的方法。从实体法的角度看,典型的地方性量刑规则还包括以下内容:自首、立功等量刑情节的认定规则;贪污贿赂犯罪、醉驾犯罪等案件中缓刑的适用规则;毒品犯罪等案件中死刑的适用规则等。

从实践效果看,地方性量刑规则对于克服同一地区量刑失衡,指导法官正确运用量刑方法,规范自首、立功等量刑情节的认定和死刑、缓刑的适用,确实起到了一定的作用。但与此同时,地方性量刑规则的制定和实施也存在一些问题,如各地量刑标准不统一,仍会出现"同案异判"的现象;部分规则对定罪证据存在问题的案件采取"留有余地"的不当做法;对"量刑个别化"不够重视等。将来,最高人民法院应加强对地方性量刑规则的审查,并结合量刑规则和典型案例指导量刑,高度重视量刑个别化,以实现量刑公正。

第四章　地方性刑事证据规则研究

地方性刑事证据规则是我国地方司法机关制定的刑事证据规则的总称。地方性刑事证据规则内发于地方司法机关的"法定证据情结"和证据运用上严重的形式主义倾向,而地方司法机关防范错案、追求司法公正的内在需要是制定刑事证据规则的直接动因。从课题组搜集的改革开放以来各地颁布实施的501件地方性刑事证据规则来看,这些规范性文件既包括省级的,也包括地市、县区级的,既包括专门的刑事证据规则,也包括涉及刑事证据规则的程序规范。从内容上看,地方性刑事证据规则涉及证据能力、证明力、证明对象、证明责任和证明标准等诸多证据和证明问题,其中证据能力规则又包括非法证据排除规则、传闻证据规则、意见证据规则、品格证据规则和特殊材料证据能力规则;证明力规则又包括证明力比较规则、证据补强规则、最佳证据规则、翻供翻证证明力评价规则。此外,从诉讼环节的角度来看,地方性刑事证据规则包括取证规则、检察机关的审证规则、举证质证规则和法院认证规则。整体说来,我国地方性刑事证据规则具有地域性、创新性、经验性三个鲜明的特点。

地方性刑事证据规则既有符合现行法的实践总结,又包含突破现行法的制度创新,在客观上促进了我国刑事证据立法的完善,并对刑事证据运用实践产生了积极的影响。但与此同时,地方性刑事证据规则也存在一些问题,具体包括混乱的“造法”程序、滞后的证据法理念、忽略“地方性”的照抄照搬、过犹不及的“创新”、难以避免的“地方化”、规则体系的失衡以及不容乐观的实施效果等七个方面。

刑事证据规则的地方生产模式依赖于一定的外部条件,受到各种社会因素的影响,其功能实现还要受到诸多内在局限的制约。地方性刑事证据规则与刑事证据法既有对立、冲突的一面,也有辅承、依存、契合的一面。通过地方司法机关或者通过个案处理中的司法人员“对不同知识的关联整合以及动态作用”,地方性刑事证据规则得以与刑事证据法展开广泛的沟通、交流并互动,进而使刑事证据规则在保持一定连续性和稳定性的前提下发生变动。从前景上看,刑事证据规则的地方生产是难以避免的,地方性刑事证据规则不可能随着刑事证据法的发达而完全消失。地方性刑事证据规则与刑事证据法各有其存在的正当性,实现二者的和谐共存,需要在宏观上构建二者良性互动的空间和渠道,并在清理现有的地方性刑事证据规则的基础上,建立有效的规范疏导机制,力求实现适时“造法”,造出“良法”,并最终实现“良法”“善治”。

第五章　地方性刑事程序规则研究

地方性刑事程序规则是指由地方司法机关通过制定规范性司法文件所确定的有关刑事程序的规则。从制定主体上看,地方三级司法机关都出台了一些涉及刑事程序的规范性文件,内容函括了侦查、起诉、审判、执行等各个诉讼阶段的程序规则。从区域颁布上看,大陆地区各省、直辖市、自治区均颁布了一定数量的刑事程序规则,其中江苏、北京、上海、广东等经济社会相对发达的省市最多,青海、新疆、西藏等经济社会发展相对落后的省份最少,其他省、直辖市、自治区居中。从形成背景上看,粗疏的国家立法和司法解释、政策执行型的刑事司法以及渐进型的司法改革是促成地方性刑事程序规则大量出现的主要因素。典型的地方性刑事程序规则有关于刑事辩护的地方性规则、关于刑事强制措施的地方性规则、地方性不起诉规则、关于刑事简易和速决程序的地方性规则、地方性刑事二审规则、关于未成年人刑事诉讼的地方性规则等。

地方性刑事程序规则对于细化《刑事诉讼法》以及司法解释、贯彻宽严相济等刑事政策、保障当事人合法权益以及提高诉讼效率等具有极其重要的作用，但与此同时，地方性刑事程序规则也存在规则文本不公开、制定过程封闭、限制权利不适当以及部分规定不合理等四大缺陷。展望未来，地方性刑事程序规则的存在仍然具有一定的必然性和合理性，简单地作出禁止地方司法机关在适用法律的过程中制定“司法解释性质文件”的规定实际上难以得到执行；但也必须正视地方性刑事程序规则存在的合法性和规范性问题。为了解决合法性问题，从司法现实的需要出发，兼顾法制统一的要求，应当允许省级司法机关就当地法律适用过程中存在的突出问题制定相应的规定或解释性文件，并报最高人民法院、最高人民检察院备案审查；省级公安机关和司法行政机关对于公安机关查办刑事案件的有关程序以及律师参与刑事诉讼的有关问题，也可以制定相应的程序规范，分别报公安部和司法部备案审查。同时，应当通过扩大制定过程中的公众参与、明确标准化制定程序以及公开最终规则文本等途径，不断提升地方性刑事程序规则的规范性。

第六章　刑事司法权运行的地方规则研究

从宏观上来说，刑事司法权运行的地方规则涉及两个方面的问题：一是外部各种公权力机关对地方刑事司法权运行的影响，主要是地方政法委对刑事司法权运行的影响以及公安检察机关对刑事审判权运行的影响；二是刑事司法权在地方法院、检察机关内部是如何运行的，主要包括地方法院、检察机关内部控权机制的运行问题。

地方政法委协调处理案件是政法委领导司法工作的一种重要表现形式，在不同时期、不同地区有不同的特色。作为一种非正式规则，地方政法委协调处理案件为司法实践中大量重大、疑难案件的处理提供了保障，但同时也因协调方式不当等导致一些案件最终出现错判。将来，地方政法委不应协调具体刑事案件如何处理的问题，案件如何处理应当由司法机关在适当考虑社会效果的情况下严格依照法律办理。地方政法委只应协调案件处理的相关工作，如可能出现的涉诉上访、群体性事件等。

地方法院与当地公安检察机关的配合在很大程度上已经成为地方刑事司法权运行的一条潜规则，这一潜规则在诉讼结构、法院对疑罪的处理以及审辩关系等问题上表现得尤为突出。在诉讼结构上，我国刑事诉讼中存在侦查中心主义和逮捕中心主义的现象。在法院对疑罪的处理问题上,由于公安检察机关的压力,法院在处理事实疑罪案件时有疑罪尽量不从无的实体取向;在审辩关系上,则存在“审辩交易”和“辩审冲突”两大怪现象。将来,应当对审判机关与公安检察机关的关系以及辩审关系在合理定位的基础上予以重构。

我国地方法院、检察机关均有一套独特的内部控权机制。就地方法院而言,存在以院庭长讨论案件和院庭长审批案件为代表的对刑事裁判权的运行过程进行控制的机制和以错案追究与绩效考核为代表的对刑事裁判权的运行结果进行控制的机制。地方法院的内部控权机制有其存在的制度逻辑,将来,需要对地方法院内部刑事审判权运行模式进行反思,并以司法规律为导向对地方法院内部刑事审判权的运行模式进行重构。地方检察机关内部也有一套程序性规定对检察权的行使进行控制,具体也包括对检察权行使的过程控制和结果控制。对此,也需要在尊重司法规律的基础上予以反思与重构。

目　录

第一章　地方性刑事司法规则概论 …………………………………… 001

一、引言 …………………………………………………………………… 001

二、地方性刑事司法规则的概念和主要类型 ………………………… 004

（一）地方性刑事司法规则的概念 ………………………………… 004

（二）地方性刑事司法规则的主要类型 …………………………… 006

三、地方性刑事司法规则产生的动因和条件 ………………………… 017

（一）地方司法环境的客观差异 …………………………………… 017

（二）弥补立法规定不足的需要 …………………………………… 022

（三）通过地方性试验形成制度的法律生成模式 ………………… 024

（四）地方司法机关的政绩竞争 …………………………………… 025

（五）中央司法机关的授权、放权和默认 ………………………… 026

四、地方性刑事司法规则的制定颁行 ………………………………… 028

（一）确定主题 ……………………………………………………… 028

（二）调研起草 ……………………………………………………… 032

（三）讨论报审 ……………………………………………………… 033

（四）跟踪评估 ……………………………………………………… 034

五、地方性刑事司法规则的价值 ……………………………………… 036

（一）发掘地方资源优势和解决地方刑事司法过程中所面临的特殊问题 …………………………………………………………………… 036

（二）为刑事司法所面临的普遍性难题的化解累积经验教训 ………… 039

（三）避免激进式的自上而下的刑事司法变革所引发的秩序混乱 …… 042

（四）有利于暂时搁置价值之争和刑事司法改革的启动 …………… 043

(五)有利于填补立法和司法解释的漏洞 …… 045
六、地方性刑事司法规则的局限性 …… 047
(一)参与性和公开性不足 …… 047
(二)中立性不足 …… 049
(三)部分地方性规则因缺乏配套措施而效果不佳 …… 052
(四)地方性规则的发展空间越来越有限 …… 053
七、地方性刑事司法规则的前景展望 …… 055
(一)合法性之维 …… 056
(二)正当性之维 …… 062

第二章　地方性定罪规则研究 …… 068
一、地方性定罪规则概述 …… 068
(一)地方性定罪规则的界定 …… 068
(二)地方性定罪规则的基本特征 …… 068
(三)地方性定罪规则产生的原因及意义 …… 075
二、地方性定罪规则的基本内容 …… 080
(一)确定犯罪定量因素的地方性定罪规则 …… 081
(二)确定犯罪定性内容的地方性定罪规则 …… 083
(三)确定共犯及犯罪停止形态的地方性定罪规则 …… 085
三、地方性定罪规则存在的问题 …… 087
(一)地方性定罪规则的合法性模糊 …… 087
(二)地方性定罪规则的制定主体混乱 …… 089
(三)有些地方性定罪规则的内容违反刑法的规定 …… 090
(四)不同地方的定罪规则对同一问题的解释之间存在矛盾 …… 092
(五)地方性定罪规则的形式、名称泛化 …… 094
(六)某些地方性定罪规则的制定存在较严重的地方实用主义因素 …… 095
四、地方性定罪规则的完善 …… 097
(一)地方性定罪规则合法性的确立 …… 097
(二)地方性定罪规则颁布主体的限制 …… 098

(三)从多方面解决地方性定罪规则与《刑法》的冲突及地方性定罪规则相互之间的不协调问题 …… 100
(四)规范地方性定罪规则的形式和名称 …… 102
(五)尊重刑事法治精神、摒弃过度地方实用主义考量 …… 103

第三章 地方性量刑规则研究 …… 104
一、地方性量刑规则的基本情况 …… 104
(一)地方性量刑规则的发展历程 …… 104
(二)地方性量刑规则的主要特点 …… 107
(三)地方性量刑规则的形成原因 …… 110
二、地方性量刑规范化改革 …… 114
(一)量刑的指导原则 …… 114
(二)量刑的步骤 …… 116
(三)确定量刑起点的方法 …… 120
(四)确定基准刑的方法 …… 122
(五)确定宣告刑的方法 …… 125
三、地方性量刑的典型实体规则 …… 129
(一)量刑情节的认定:以自首、立功为例 …… 129
(二)缓刑的适用:以贪贿犯罪、醉驾犯罪为例 …… 133
(三)死刑的适用:以毒品犯罪为例 …… 139
四、地方性量刑规则的主要问题与未来展望 …… 142
(一)主要问题 …… 143
(二)未来展望 …… 147

第四章 地方性刑事证据规则研究 …… 151
一、地方性刑事证据规则概述 …… 151
二、地方性刑事证据规则的基本内容 …… 155
(一)地方性刑事证据规则的整体情况 …… 155
(二)地方性刑事证据规则的主要内容 …… 163
(三)地方性刑事证据规则内容的特点 …… 185

三、地方性刑事证据规则存在的主要问题 …… 191
（一）混乱的“造法”程序 …… 191
（二）滞后的证据法理念 …… 194
（三）忽略“地方性”的照抄照搬 …… 196
（四）过犹不及的“创新” …… 198
（五）难以避免的“地方化” …… 200
（六）规则体系的失衡 …… 202
（七）不容乐观的实施效果 …… 204
四、地方性刑事证据规则的前景与规制 …… 205
（一）地方性刑事证据规则的发展前景 …… 205
（二）地方性刑事证据规则的合理规制 …… 207

第五章　地方性刑事程序规则研究 …… 215
一、地方性刑事程序规则概述 …… 216
（一）地方性刑事程序规则的含义 …… 216
（二）地方性刑事程序规则的形成背景 …… 220
二、地方性刑事程序规则的基本内容 …… 226
（一）关于刑事辩护的地方性规则 …… 226
（二）关于刑事强制措施的地方性规则 …… 235
（三）地方性不起诉规则 …… 239
（四）关于简易和速决程序的地方性规则 …… 242
（五）地方性刑事二审规则 …… 246
（六）关于未成年人刑事诉讼的地方性规则 …… 250
三、地方性刑事程序规则存在的问题 …… 255
（一）规则文本不公开 …… 255
（二）制定过程封闭 …… 257
（三）限制权利不适当 …… 257
（四）部分规定不合理 …… 258
四、地方性刑事程序规则的未来展望 …… 260
（一）地方性刑事程序规则存在的必然性 …… 260

(二)地方性刑事程序规则的合法性 …… 262
(三)地方性刑事程序规则制定程序的规范性 …… 263

第六章 刑事司法权运行的地方规则研究 …… 265
一、地方政法委对案件的协调处理规则 …… 266
(一)地方政法委对案件的协调处理规则的形成 …… 266
(二)地方政法委协调案件对刑事司法权运行的影响 …… 269
(三)地方政法委协调案件的未来走向 …… 273
二、地方法院与当地公安检察机关的配合规则 …… 276
(一)侦查中心主义与逮捕中心主义 …… 276
(二)审前机关的压力对法院定罪的影响 …… 281
(三)审前机关的压力对审辩关系的影响 …… 285
(四)基于刑事审判权合理运行视角的反思与重构 …… 293
三、地方法院、检察院的内部控权机制 …… 296
(一)地方法院的内部控权机制 …… 296
(二)地方法院内部控权机制的反思与重构 …… 314
(三)地方检察院的内部控权机制 …… 320
(四)地方检察院内部控权机制的反思与重构 …… 326

主要参考文献 …… 331

第一章　地方性刑事司法规则概论

一、引言

中国是单一制国家，法律的制定权统一于中央。与此同时，中国也是一个地域辽阔、人口众多的多民族大国，各地的政治、经济、文化发展水平并不均衡。这应当是"我们在思考中国法治问题时绕不过去的关于中国国情的两个最基本的判断"。[①] 如何制定一部充分考虑各地差异的法律并保证其得到统一实施，并非易事。这需要立法者在制定法律时能够收集到足以反映各地社会发展状况的真实信息采取"最大公约数"方法截取其中的共有部分作为制定法律的底线，并根据社会发展情况及时进行调整、修订。然而在刑事司法领域，实现这个立法目标并非易事。

第一，全国人大在制定刑事法律时，虽然进行了较为扎实的调研、论证，试图把握中国当前的实际状况，努力制定出符合国情的法律，但是由于调研地区的不全面性、调研手段的限制和调研信息的准确性不足等问题，不可能完全了解中国各地的差异。加上法律制定时公检法等国家机关的支配性影响，很多条款实际上是公检法等国家机关利益博弈的结果，而非源自于真实的国情。这就会导致刑事法律在制定之初就无法充分考虑地方差异并确保寻求到"底线"，从而可能造成国家立法和地方实际之间的脱节。

第二，这种立法缺陷可能因为中国立法试图引导、推动社会发展的目标而进一步加剧。这种通过立法来推动社会发展的法律制定模式，必须着眼于将来，以某种法治理想、国际准则或西方法治国家的成熟制度作为模板，以期

---

① 苏力：《道路通向城市：转型中国的法治》，法律出版社2004年版，第36页。

把行为引导到一个立法者所期待的模式当中。就刑事司法而言,这种立法方式的典型表现就是2007年修订的《律师法》中有关辩护律师会见权的规定。[②] 这种立法方式会导致立法规定与地方实际之间的脱节现象进一步加剧,导致地方司法机关无所适从。[③]

第三,即便是制定法律时考虑到了各地差异,但是社会总是在不断发展,法律不能朝令夕改,各地还是可能面对法律滞后性所带来的各种难题。

简而言之,在中国这样一个地方性差异客观存在且差异明显的转型期大国,我们不可能期待立法机关所制定的法律能够完全充分地兼顾到各地的社会发展状况,并确保得到整齐划一的贯彻。

因此,所面临的问题是:到底是尊重这种客观实际,赋予地方立法机关、司法机关创设符合地方性要求的刑事司法规则的权力,还是坚持法律的统一,不允许各地作出任何变通或者革新?

中国的司法现状已经给出了答案。

从20世纪80年代开始,各地为了解决当地所面临的现实司法问题,开启了一场迄今为止尚未中断的声势浩大的地方性刑事司法规则的创制活动。进入21世纪之后,地方性刑事司法规则的创制活动更是如火如荼地发展起来。

单以北大法宝法律法规数据库中的"地方性法律法规"作为统计来源,[④] 我们就查到了与刑事程序有关的地方规范性文件共计160份,其中由地方立法机关制定的地方性法规共计5份,地方政府颁布的地方性规章共计4份,地方司法机关单独或者联合颁布的地方司法文件共计122份,地方政府部门颁布的地方规范性文件共计29份。从内容上来看,这些地方性刑事程序规则涉及刑事立案和立案监督、附带民事诉讼、简易程序、未成年人诉讼程序、量刑程序、异地审理、刑事法律援助、刑事被害人救助、轻微刑事案件委托调解、行政执法与刑事诉讼衔接机制、刑事和解、轻微刑事案件快速办理机制、

② 根据该法第33条的规定,不管是什么类型的案件,"犯罪嫌疑人被侦查机关第一次讯问或者采取强制措施之日起,受委托的律师凭律师执业证书、律师事务所证明和委托书或者法律援助公函,有权会见犯罪嫌疑人、被告人并了解有关案件情况"。

③ 对这种立法模式所提出的质疑,参见陈瑞华:《制度变革中的立法推动主义——以律师法实施问题为范例的分析》,载《政法论坛》2010年第1期,第45~49页。

④ 我们统计的截止时间为2014年11月20日。

技术侦查、证人鉴定人出庭作证、刑事医学鉴定、醉驾案件刑事诉讼程序、抗诉等内容。根据从其他渠道所收集到的资料,这些规则只不过是我国地方性刑事程序规则的冰山一角,地方性刑事程序规则的实际数量远超于此。[5] 与刑事证据有关的地方性规则也数量繁多。课题组目前收集到的地方性刑事证据规范性文件就多达 501 份,内容涉及证据内涵、证据种类、证据原则、证明对象、证明责任、证明标准、证据能力、证明力以及取证、举证、质证、认证等各个司法证明环节,涵盖了刑事司法证明活动的方方面面。[6] 除此之外,涉及定罪量刑的地方性实体规则大量存在。例如,1998 年 3 月 10 日发布的《最高人民法院关于审理盗窃案件具体应用法律若干问题的解释》第 3 条规定:"各省、自治区、直辖市高级人民法院可根据本地区经济发展状况,并考虑社会治安状况,在前款规定的数额幅度内,分别确定本地区执行的'数额较大'、'数额巨大'、'数额特别巨大'的标准。"[7]这就等于授权各地高级法院制定本地的"定罪量刑"规则。为了解决量刑畸轻畸重等问题,自 2003 年开始,在地方探索和最高人民法院的推动下,全国各地也出现了地方性量刑规范化文件,直接就量刑问题作出规定。据统计,目前省一级司法机关出台的量刑规范化文件至少已有 54 个,各地市、县区一级司法机关出台的文件数量则有几百个。[8]

面对数量如此之多、涉及内容如此广泛的地方性刑事司法规则,我们到底该如何对待?站在形式法治立场的学者对此深感忧虑,尤其对那些以"试点"名义所制定的各种刑事司法规则的正当性存在质疑,认为它们"往往突破现行有效的刑事诉讼法的规定,有的甚至与刑事诉讼法的规定发生直接

---

⑤ 据媒体报道,2012 年《刑事诉讼法》修改后两年时间内,单是天津市检察院单独或者联合制定、会签的有关刑事诉讼法的规范性文件就有 28 个,以期"与修改后刑事诉讼法实现'无缝对接'"。参见张宁、于新民、孙皓:《天津:28 个规范性文件"无缝对接"刑诉法》,载《检察日报》2014 年 11 月 30 日,第 1 版。

⑥ 参见本书"地方性刑事证据规则研究"一章有关内容。

⑦ 需要注意的是,最高人民法院、最高人民检察院于 2013 年 4 月 2 日发布《关于办理盗窃刑事案件适用法律若干问题的解释》(以下简称 2013 年《盗窃解释》),1998 年的规定被废止。但 2013 年《盗窃解释》对于盗窃罪的具体数额标准,仍授权省级司法机关予以确定。其中,第 1 条第 2 款规定:各省、自治区、直辖市高级人民法院、人民检察院可以根据本地区经济发展状况,并考虑社会治安状况,在前款规定的数额幅度内,确定本地区执行的具体数额标准,报最高人民法院、最高人民检察院批准。

⑧ 参见本书"地方性量刑规则研究"一章有关内容。

的、正面的冲突”,“存在一定的‘正当程序危机’”。⑨ 对地方性司法改革持乐观态度的学者则认为,诸如此类的地方性规则,可以有力推动中国刑事司法制度的发展,“我们不能贸然否定,更不能全然拒绝”,否则“新的法律制度可能永远不能成长起来,中国的刑事诉讼制度永远只能在域外刑事诉讼制度背后亦步亦趋”。⑩

对地方性刑事司法规则的评价必须建立在对其产生背景、程序、内容的充分了解之上,不能简单地予以否定或者肯定。刑事法学界目前对地方性刑事司法规则的关注,往往把关注点聚焦于各种带有“试点”“试验”性质的制度,忽视了诸如细化法律规定的解释性规则、扩大当事人权利保障的人权保障性规则、化解公检法之间冲突的协调性规则等地方性规定,因此争论的核心通常就聚焦于“合法性”和“合理性”之争。所有的改革试点想要突破既有的制度性框架以寻求更为合理的结果,必然会面临合理不合法的窘境。因此,看似针锋相对的争论只不过是两种不同法治立场的表态。

对于数量如此庞杂的地方性刑事司法规则,我们必须首先还原它们的现实状况,了解它们的具体内容、形式和产生过程,把握它们之所以诞生的社会条件和制度背景,然后我们才能结合法理对它们的优劣得失作出一个相对公允的评价,总结其中的经验,检视其中的不足,并提出一些合理的改进建议。

二、地方性刑事司法规则的概念和主要类型

(一)地方性刑事司法规则的概念

本书所研究的“地方性刑事司法规则”是指我国大陆特定区域范围内针对刑事司法问题如何处理所形成的具有普遍约束力的规范。它具有以下几个方面的特征:

第一,适用地域的有限性。所谓适用地域的有限性,是指地方性刑事司法规则只是在特定地区范围内适用。这是它区别于法律、法律解释、最高司法机关司法解释、行政法规等在全国范围内适用的规范的主要特征。依照规

---

⑨ 张建伟:《法学方法、改革试验与正当程序意识》,载《法治论坛》2010 年第 3 辑(总第 19 辑),中国法制出版社 2010 年版,第 2 页。

⑩ 左卫民:《通过试点与实践推进制度创新——以 L 县检察院附条件不起诉的试点为样本》,载《四川大学学报》(哲学社会科学版)2011 年第 5 期,第 136 页。

则制定主体的不同,地方性刑事司法规则的适用范围也存在差异。具体来说,可能是适用于全省、自治区、直辖市的地方性规则,也可能是适用于地级市、自治州甚至区、县、自治县的地方性规则。地方性刑事司法规则适用地域的有限性就产生了地方性规则与统一法制以及下位法与上位法之间的紧张关系。如何确保地方性规则在不会产生破坏法制统一以及严重抵触上位法的条件下,充分发挥地方性规则的积极作用,就成为我们研究的核心问题。

第二,处理问题的特殊性。地方性刑事司法规则所处理的问题是刑事司法问题。刑事司法主要包括两个方面的问题:一是确定何种行为构成犯罪和如何判处刑罚的实体性事项;二是依照什么样的程序、步骤、形式确定罪刑并交付执行的程序性事项。不管是关于犯罪与刑罚的实体性事项,还是关于如何确定犯罪与刑罚的程序性事项,都属于我国《立法法》明确规定只能由立法机关享有规则制定权的“法律保留”事项。这明显不同于地方立法机关、行政机关享有立法权限的其他地方性规则(地方性法规和地方性规章)。刑事司法事项的“法律保留”性质对地方性刑事司法规则所产生的最大影响就是容易引发“合法性”质疑,尤其是规则制定主体的“合法性”质疑。地方性刑事司法规则所面临的“合法性危机”随着近期国家改革政策的调整(从“摸着石头过河”到“重大改革于法有据”)以及《立法法》的修改而愈发严重。因此,如何正确、理性地对待刑事司法事项的特殊性以及理解国家的政策和法律,不至于因噎废食,挫伤地方在国家司法改革中的积极性,也将是我们研究中的一个重要问题。

第三,实际效力的普遍性。地方性刑事司法规则是一种具有普遍约束力的规范,它可以对不特定多数人的司法行为产生拘束力,也可以影响到不特定多数人在不同地域的案件处理结果和切身利益。这就使它不同于司法人员针对个案所进行的法律适用活动。也就是说,它具有准立法的性质。由于刑事司法活动事关公民的声誉、财产、自由乃至生命等重大权益的限制或者剥夺,也事关国家权力之间的配置以及公民权利的保障,这种具有普遍约束力的规范一旦制定失当,就可能不是某个公民的权益遭受侵害,而是可能对不特定的公民带来普遍性侵害,形成一种地方性制度之恶。因此,如何从内容上以及程序上对地方性刑事司法规则进行规制,防止其演变为一种“恶法”,发挥其提升司法公正和司法效率的价值,也将是我们研究的重点内容。

(二)地方性刑事司法规则的主要类型

实践中所出现的各种各样的地方性刑事司法规则并非是功能单一、形式单一、制定主体单一的规范体系,而是呈现出"横看成岭侧成峰"的多种面孔。为了认识这些名目繁多的地方性刑事司法规则及其基本内容,我们有必要根据不同的标准将它们予以类型化处理,以为后文的评价奠定一个基本的概念体系。

1. 不成文规则和成文规则

从地方性规则的外在表现形式来看,可以把地方性刑事司法规则分为不成文规则和成文规则。不成文规则是指有关刑事案件如何处理的规则并非源自于纸面上的具体规定,而是源自于风俗、习惯、传统乃至司法系统内部形成的某种习惯性做法。成文规则是以正式的规范性文件就刑事司法或者其中某个方面的事项作出一般性规定的地方性规则。

不成文规则大多源自于习惯法或者司法机关内部未形诸文字的某些一般性要求。由于刑事司法关涉公民名誉、财产、自由和生命等核心权益,如何判定犯罪嫌疑人、被告人的罪责,必须以法律作为依据。因此,在刑事司法事项上,习惯法和制定法产生冲突的时候,应当认定习惯法无效。这是刑事司法"罪刑法定原则"和"程序法定原则"的基本要求。

从1949年新中国成立以来,有关犯罪追诉、审判活动的习惯法事实上已经越来越少,因此两者存在冲突的前提在绝大部分地区并不存在。但是,在实行民族区域自治的少数民族地区,由于宗教、传统和经济落后等因素的综合影响,至今在部分地区仍然存在与刑事司法基本原则抵牾的地方性不成文规则。最为典型的当属后文将要提及的藏族地区的赔命价文化。这是一种典型的"法外施恩"或者"法外处理程序"。从"地方性"而言,诸如此类的源自于民族传统、文化并内化于当地民众司法观念的不成文规则,属于一种最有代表性的"地方性"刑事司法规则。一方面,它们历史悠久,具有深厚的社会根基;另一方面,它们具有非常鲜明的"地方特色",只是适用于特定地区的特定人群的程序规则。[11] 本质上而言,以文化背景巨大差异所形成的不成

---

⑪ 参见淡乐蓉:《"赔命价"习惯法——多元法律文化下的共识性规则》,载《民族法学评论》(第7卷),民族出版社2011年版,第394~395页。

文地方性规则与法律之间的冲突，实质上就是所谓“民间法”和“制定法”之间的冲突。

另外一种并非源自于风俗、习惯和传统的不成文规则并没有“民间法”那么强大的影响力，但是它们同样也会得到司法系统内部的默默遵守。同带有“民间法”性质的不成文规则相比，这种规则具有隐蔽性，非刑事司法的实际参与者难以知悉。不成文的习惯法可能没有具体的明文规定，但只要了解当地风土人情的人，都或多或少知道规则的基本内容。不过，对于司法系统内部形成的某些不成文的习惯性做法，外界通常无法窥知它们的真貌。它们可能是某个地方领导在内部的某次会议上口头提出并要求遵守的，也可能是司法人员根据对社会情势的把握而在内心形成的某种职业习惯。其中，有关刑事司法权力如何运行的地方性不成文要求大多属于这种“不成文规则”。

例如，我们调研得知，在C省法院系统内部就有这么一个不成文的内部要求，凡是警察涉嫌犯罪的案件，一审法院作出裁判之前，必须向高级法院汇报案情和拟作出的处理决定。这明显属于一条有关刑事裁判程序的内部要求。它一方面体现了当地法院对公安系统涉嫌犯罪人员的审判工作的重视，尽可能避免公法两家因个案处理可能引发的矛盾，从而可能对被告人有利；另一方面也属于典型的违反二审终审原则和上下级法院监督关系的规则，从而可能对被告人不利。但是，无论对被告人是否有利，这个规则必将会影响到被告人为警察的刑事案件的定罪、量刑和程序运行。

还有一类隐蔽性更高的不成文规则源自于特定地区的诉讼程序参与者根据当地社会情势所作出的某种倾向性行为模式。在调研中，我们发现，G省经济最为发达的几个地区的司法人员，对于有辩护律师辩护且有权势背景的被告人，普遍不愿意公开表达支持辩护律师的意见。相反，如果被告人无权无势，也无律师提供辩护，承办人反而愿意公开为其争取合法权益。也就是说，对于不同类型的被告人，当地司法人员可能已经形成了两种截然不同的处理策略。出现这种行为模式的原因主要是司法机关内部对他人廉洁办案的不信任，而这又与以前该地人情案、关系案较为严重且发生过腐败窝案有关。因此，承办人在讨论案件发表意见时，不得不尽可能消除别人对自己公正性的怀疑，而最好的办法就是不发表对有权势有律师被告人的有利意见。这种带有“腐败推定”文化氛围的司法环境，塑造出了一套区别对待不同被告人的权力运行规则。

这些规则在一定程度上直接造就了公安司法人员的特定行为模式。例如,《刑事诉讼法》第 159 条规定:“在案件侦查终结前,辩护律师提出要求的,侦查机关应当听取辩护律师的意见,并记录在案。辩护律师提出书面意见的,应当附卷。”这是 2012 年《刑事诉讼法》新增的辩护律师侦查阶段有权提出辩护意见的制度,旨在确保侦查机关作出最终处理决定时能够充分考虑辩护意见,避免产生错误决定或者尽早阻止不必要的后续追诉活动。但是,在 G 省 S 市,侦查人员告诉我们,他们并不会认真研读辩护律师所提出的辩护意见,也不会专门就辩护律师提出的意见向领导汇报,以免被领导猜疑存在私下接受律师请吃送礼等腐败行为,所以他们的通常做法是直接把书面意见塞进卷宗之中,然后移交给检察机关。因此,我们可以发现,立法所期望的提出意见并得到反馈的目标,由于这种倾向性行为模式而无法得到实现。诸如此类的不成文规则,属于较为典型的“潜规则”,有可能会偏离或者架空立法的规定(如对辩护律师意见的采纳),也有可能使立法精神得到更好的贯彻(如对处于社会底层被告人权利的保障),从而形成了布莱克所说的社会学意义上的“差别待遇”现象。⑫

诸如此类的不成文地方性刑事司法规则,在功能上并不亚于任何明文规定的法律规则,属于一种社会学意义上的看不见的“规则”。它们在一定地域或者特定类型案件中会左右案件的办理程序和最终处理结果。相对于已经见诸文字的成文规则,它们缺乏可预期性、稳定性、透明性,但作用不可小觑。由不成文规则的特点所致,我们实际上无法检视中国当前各地到底形成了哪些具体的不成文规则,而只能通过参与、观察、访谈了解到其中一些内容。在“刑事司法权运行的地方规则研究”一章中,我们所考察的规则,大多属于这一类规则。

与不成文的地方性规则相对应的是成文规则。成文规则则是我们将要研究的重点,因为它们有据可查。对于成文规则可以从内容、制定主体、功能和体例等方面进一步予以分类。我们在下文所进行的类型化比较主要是针

---

⑫ 参见[美]唐·布莱克:《社会学视野中的司法》,郭星华等译,法律出版社 2002 年版,第 17 ~ 18 页。

对成文的地方性规则。

2. 实体规则、程序规则、证据规则和权力运行规则

按照地方性规则的内容进行划分，地方性刑事司法规则可以分为实体规则、程序规则、证据规则和权力运行规则四种类型。

实体规则是指直接规定犯罪与刑罚的地方性规则。它又可以进一步分为地方性定罪规则和地方性量刑规则。前者是指地方政法机关就某一行为是否构成犯罪、构成何种犯罪、是否为共同犯罪、犯罪处于何种停止形态的地方性司法规则；后者是指构成犯罪的行为如何确定最终宣告刑的地方性司法规则。有关何种行为构成犯罪以及如何判处刑罚的实体问题，属于严格意义上的"法律保留"事项。地方政法机关本质上无权就此问题设定规则。但是，由于《刑法》中许多罪名本身的入罪标准模糊和量刑幅度较大，再加上各地社会发展状况的差异和最高司法机关的"直接授权"，全国各地实际上都存在大量的地方性定罪规则和量刑规则。例如，江苏省高级人民法院、江苏省人民检察院、江苏省公安厅于 1998 年 4 月 1 日发布的《关于我省执行盗窃公私财物"数额较大"、"数额巨大"、"数额特别巨大"标准的意见》（由于新的意见已经出台该意见已被废止）规定，"个人盗窃公私财物价值人民币一千元以上的"为"数额较大"的标准。1998 年 7 月 9 日，上海市高级人民法院、人民检察院、公安局、司法局则根据 1998 年 3 月 26 日最高人民法院、最高人民检察院、公安部发布的《关于盗窃罪数额认定标准问题的规定》制定了《关于本市办理盗窃犯罪案件若干问题的意见》（由于新的意见已经出台该意见已被废止），规定个人盗窃公私财物价值人民币 2000 元以上的，为"数额较大"，个人扒窃公私财物价值人民币 800 元以上的，为"数额较大"。由于数额较大属于盗窃的"入罪标准"，所以这两个不同的地方性规则就会导致行为人在不同地方盗窃相同数额的财物，一个地方会被认定犯罪而另一个地方则不予定罪的结果。对于数额巨大以及数额特别巨大的问题，实际上各地所规定的金额也存在差异，这也会导致同一盗窃财物数额在不同地方却出现了不同量刑结果。

地方性刑事程序规则是指就刑事案件的立案、侦查、强制措施、起诉、审判和执行等程序性问题进行规范的地方性规则。例如，《黑龙江省公安厅关于公安派出所办理刑事案件的意见》（黑公通〔2013〕15 号）就是黑龙江省公

安厅制定的关于派出所办理刑事案件应当遵守的基本程序的规定。该意见分别从基本原则、职责、公安派出所受案、侦办和移交工作机制以及协助配合工作机制等方面对派出所刑事案件办理程序作出了规定,共计21条。

地方性刑事证据规则主要是指就证据能力、证明力、证明对象、证明责任、证明标准等证据采纳和采信等问题作出规定的地方性规则。由于我国并没有制定专门的证据法或者单行的刑事证据法,《刑事诉讼法》当中有关证据的规定原则性较强,缺乏可操作性,再加上近年来不断有冤假错案被媒体披露,所以进入21世纪之后,我国各地政法机关创制了许多地方性的证据规则。即使在"两个证据规定"以及2012年《刑事诉讼法》实施之后,这种热情也丝毫未减。例如,针对实践中争议较大的非法证据排除问题,2013年7月18日,河南省高级人民法院、河南省人民检察院、河南省公安厅、河南省司法厅联合颁布了《关于办理刑事案件排除非法证据的实施细则(试行)》,对于不同诉讼阶段如何进行证据排除作出了较为详尽的规范,条文数达到了37条。

刑事司法权力运行的地方规则是指为了确保刑事案件得到正确、及时的办理,防止权力推诿和相互扯皮而制定的或者自发形成的司法权力如何行使和司法责任如何承担的地方性规则,如地方政法委协调案件处理规则等。地方政法委作为领导地方政法工作的党内机构,在刑事案件办理过程中,其核心作用在于确保党的刑事司法政策在地方政法工作中得到贯彻。在具体个案处理过程中,其主要充当公检法三机关产生分歧案件的协调者角色,促使各方尽可能达成一致意见。有的地方性规则对政法委协调案件的具体工作作出了规范,例如,《浙江省各级党委政法委员会执法监督工作实施办法》对于应当协调的案件范围和不应协调的案件范围均作了明确规定。[13]

3. 地方性法规、地方性司法文件和地方政府部门规范性文件

按照制定地方性规则的主体进行划分,地方性刑事司法规则可以分为地方性法规、地方性司法文件和地方政府部门规范性文件三种类型。地方性法规是由享有地方立法权的人大或者人大常委会制定颁行的具有立法性质的有关刑事司法如何进行的规范性文件。如无锡市第十四届人民代表大会常

---

⑬ 参见谢小剑:《检察制度的中国图景》,中国政法大学出版社2014年版,第50页。

务委员会第11次会议于2009年4月29日制定的《无锡市刑事被害人特困救助条例》,就如何对无锡市内发生的刑事案件被害人给予救助规定了受理机关、救助范围、申请条件和救助额度等内容。地方性司法文件是指由地方法院、检察院单独或者联合当地公安机关、国家安全机关、司法行政机关共同制定颁行的有关刑事诉讼如何进行的规范性文件。如2009年12月10日河南省人民检察院、河南省司法厅共同制定的《关于轻微刑事案件委托人民调解的暂行办法》,就属于检察机关和司法行政机关联合制定的地方性司法文件,就检察机关办理轻微刑事案件委托调解事宜进行了较为详尽的规定。地方政府部门规范性文件是指地方政府部门(主要是司法行政机关和公安机关)就其涉及的刑事司法事项所制定的规范性文件。如丽水市公安局于2013年8月23日所制定的《关于合适成年人参与涉罪未成年人刑事诉讼的暂行规定》,就丽水市公安机关侦查阶段合适成年人的条件、选任、名册、权利、义务、适用案件范围、拒绝合适成年人帮助等问题作出了22条规定。

从制定主体来看,结合我们前面所统计的结果,地方性刑事司法规则的数量以地方性司法文件最多,地方政府部门规范性文件次之,地方性法规最少。

地方人大及其常委会具有制定地方性法规的权力,但根据《立法法》(2000年)的有关规定,犯罪与刑罚以及诉讼与司法制度属于全国人大及其常委会享有"法律保留"的事项。[14] 也就是说,从立法法授权立法的事项来看,刑事司法的主要问题通常超出了地方性法规的权限范围。加之地方性立法并不十分关注刑事司法等问题,而是关注经济发展、民生保障、环境治理等事关地方政府"政绩"的事项,没有动力在刑事司法领域投入过大的立法资源。相对于其他地方性事务,刑事司法领域内所涉及的国家机关也是法律专门机关,立法机关也认为公安司法机关可以自己通过制定有关的文件解决它们所遇到的问题,而无须地方立法机关插手介入。这些因素共同导致了地方

---

⑭ 根据《立法法》(2000年)第8条的规定,下列事项只能制定法律:国家主权的事项;各级人民代表大会、人民政府、人民法院和人民检察院的产生、组织和职权;民族区域自治制度、特别行政区制度、基层群众自治制度;犯罪和刑罚;对公民政治权利的剥夺、限制人身自由的强制措施和处罚;对非国有财产的征收;民事基本制度;基本经济制度以及财政、税收、海关、金融和外贸的基本制度;诉讼和仲裁制度;必须由全国人民代表大会及其常务委员会制定法律的其他事项。

立法机关在地方性刑事司法规则的形成中贡献度较小、投入的立法资源不足等问题。

地方司法人员既是刑事司法的具体参与者,也是熟知相关法律知识的专门化人才,当他们面对迫切需要解决的现实难题,必须通过规范性文件予以统一解决时,他们不仅有动力制定有关规则,而且有能力制定有关规则。因此,地方司法性文件是所有地方性司法规定中数量最多的一种类型。其中,尤以联合颁布的规范性文件居多。一方面,刑事司法牵涉的事项多数情况下并非哪一个专门机关单独遇到的问题,而是事关公检法司等机关之间的协调配合;另一方面,如果只是以法院或者检察院的名义单独制发规范性文件,由于没有得到其他机关的认可,也会导致在执行中发生摩擦时无法贯彻。

在数量上介于地方性法规和地方性司法文件之间的,是地方政府部门所制定的规范性文件。刑事司法涉及的主要政府部门为司法行政机关和公安机关,地方政府部门所制定的规范性文件主要由司法行政机关和公安机关所制定。其中,前者主要涉及辩护律师在刑事诉讼中的辩护事宜,如杭州市司法局于2004年6月16日印发的《杭州市刑事案件指定辩护办法》;后者主要涉及公安机关刑事侦查活动,如黑龙江省公安厅于2013年4月28日颁布的《黑龙江省公安厅关于公安派出所办理刑事案件的意见》(黑公通〔2013〕15号)。

4. 重申性规则、解释性规则和创新性规则

从地方性规则的功能来看,可以把它们划分为重申性规则、解释性规则和创新性规则。重申性规则,顾名思义,即是重复规定已经被正式法律所确立的规则,其功能仅限于在地方性规定中重述有关法律法规,提示司法人员予以遵守。解释性规则,则是地方性规则的制定者,根据当地实际情况或者法律的字面含义、立法目的和精神进一步明确有关法律规则的具体含义的规则。其功能在于便利当地司法人员正确适用法律和统一当地的法律适用尺度,带有“准法律解释”的性质。创新性规则,则是地方性规则的制定者根据党和国家的宏观司法政策或者中央、上级机关的明示或者默示授权,超出当前的法律框架,创造性地制定某种新的诉讼规则。其功能在于通过制定新的诉讼规则,以改良我国某个诉讼制度的运作效果,充当司法改革“试验田”的角色,属于最激进的地方性诉讼规则,往往会面临着合法性与合理性之间的

冲突如何解决的问题。

例如，江苏省高级人民法院、江苏省人民检察院、江苏省公安厅、江苏省司法厅于2014年7月29日联合颁布的《关于律师刑事辩护若干问题的会议纪要》(以下简称《江苏刑辩纪要》，内容极为细致，分别从委托辩护律师的一般规定、辩护律师的会见程序、辩护律师的阅卷权、辩护律师收集调取证据的程序、审前听取辩护律师意见和辩护律师执业禁止性规范六大方面对该省的刑事辩护问题作出了规定，共计43条，几乎涵盖了刑事辩护可能涉及的全部事项，堪称一部地方性的"刑事辩护法"。

《江苏刑辩纪要》篇幅较大，但大多数内容均是对《刑事诉讼法》《最高人民法院关于适用〈中华人民共和国刑事诉讼法〉的解释》(以下简称《最高法解释》)、《人民检察院刑事诉讼规则(试行)》(以下简称《最高检规则》)和《公安机关办理刑事案件程序规定》(以下简称《公安部规定》)的重复性规定。重申性规则占据了绝对比重。其中，有的重申性规定直接照抄照搬有关法律规定或者司法解释原文，未作任何改动或者解释。例如，《江苏刑辩纪要》第25条规定："辩护律师自案件移送审查起诉之日起，可以向犯罪嫌疑人、被告人核实有关证据。"该条内容直接源自于2012年《刑事诉讼法》第37条第4款第1句。《江苏刑辩纪要》第26条规定："辩护律师收集的有关犯罪嫌疑人不在犯罪现场、未达到刑事责任年龄、属于依法不负刑事责任的精神病人的证据，应当及时告知公安机关、人民检察院。"该条内容直接源自于2012年《刑事诉讼法》第40条。有的重申性规定，并不是直接照搬某个条款，而是对有关法律规则进行归纳后形成。例如，《江苏刑辩纪要》第1条规定："律师自犯罪嫌疑人被侦查机关第一次讯问或者采取强制措施之日起，可以接受犯罪嫌疑人或者其监护人、近亲属的委托担任辩护人，为犯罪嫌疑人提供辩护。被告人有权随时委托辩护人。"该条内容就是在总结了《刑事诉讼法》第33条第1款和第3款的规定后形成的委托辩护的时间和主体的规定。

重申性规定并不能算作真正的地方性刑事司法规则，它们只是把统一适用于全国的法律规则按照一定的编排标准重新写入地方性规定之中，相当于地方司法机关对法律法规的一次重新"汇编"，既无法凸显地方特色，也无法解决司法活动的现实问题，顶多只能起到再次提示、提醒或者整理法律条文的作用。从《江苏刑辩纪要》以及其他地方性刑事诉讼规定的内容来看，诸如此类的重申性规定比比皆是。这种制定主体名义上为地方司法机关，实质内容依然是全国性法规的地方性司法规定，不仅浪费了各地制定规则的司法人员的精力和时间，而且使地方性规定的适用者感到失望，进而可能形成地方性规定无效用的心理预期，导致适用效果不佳。

《江苏刑辩纪要》也作出了一些带有“司法解释”性质的规定，对于一些司法实践中可能遇到的具体法律问题给出了较为明确的“解答”。在司法实践中，看守所的律师会见室经常面临着“室少人多”的问题，无法及时满足辩护律师的会见要求。因此，在看守所内的讯问室空置的情形下，利用讯问室代替会见室不失为一种解决方案。但是，讯问室通常安装了全程录音录像装置，可能会导致辩护律师会见交流的信息保密性无法得到保障。在综合考虑上述问题的基础上，《江苏刑辩纪要》第 7 条最后一句规定：“对于需要临时借用看守所讯问室安排律师会见的，应当事先征得辩护律师书面同意，并关闭音频和录音设备。”这个规定以辩护律师同意作为前提，充分尊重了辩护律师的选择权，同时要求关闭音频和录音设备，也落实了刑事诉讼法关于会见不得监听的要求。这可以看作是一个比较务实的尊重立法精神的法律解释。

2012 年《刑事诉讼法》对于辩护律师涉嫌犯罪时的立案侦查程序作出了规定，实行办案机关回避原则，防止办案机关利用刑事追诉权对辩护律师进行报复。《江苏刑辩纪要》第 40 条进一步规定：“辩护律师在执业过程中，因涉嫌犯罪被人民检察院或者公安机关立案侦查，需要采取强制措施的，应当在提请批准前层报省人民检察院或者省公安厅，并同时向该律师事务所所属的司法行政机关通报。”该条规定，在办案机关回避的基础上，还增加了采取强制措施前的内控措施，这更有利于防止下级公安、检察机关追诉权的滥用，也符合专门机关保护辩护律师依法行使辩护权的刑事诉讼法义务，也是一个较为“善意”的法律解释。

《江苏刑辩纪要》在部分解释性规定方面确实有可圈可点之处，但某些解释性规定的解释方法是否符合法律解释原理，也不无疑问。例如，《江苏刑辩纪要》第 21 条规定：“辩护律师申请排除非法证据，并提出涉嫌非法取证的人员、时间、地点、方式、内容等相关线索或者材料的，可以在审查起诉阶段或者庭前会议阶段，在检察机关或者法院的主持下查看与非法证据排除相关的音像资料,但不得复制、刻录,相关机关应当予以安排并提供必要的场所和条件。”(着重号为笔者所加)这是一条有关非法证据排除规则实施程序的具体规定,它明确规定了辩护律师只可“查看”有关音像资料,而不得“复制、刻录”。该条没有明确何为“相关的音像资料”。根据刑事诉讼法的规定和司法实践有关非法证据排除的主要争议来看,此处“相关的音像资料”应当是指讯问犯罪嫌疑人的录音录像资料。2012年《刑事诉讼法》第38条规定,辩护律师自审查起诉之日起,可以查阅、摘抄、复制本案的案卷材料。但是,《江苏刑辩纪要》第21条却规定只允许“查看”不允许“复制、刻录”,实质上减少了辩护律师的阅卷权行使方式,构成对辩护权的“法外”限制。讯问犯罪嫌疑人的全程录音录像无疑比讯问笔录更加直观逼真地反映讯问过程,可以看作是以视听资料手段固定的“犯罪嫌疑人供述与辩解”,理应属于“本案的案卷材料”。因此,辩护律师不仅可以“查看”,也可以“复制”。由此可见,地方性司法规定的制定者在作出解释性规定的时候,除了可能会做出一些符合立法意旨、推动法治进步的解释,也可能会做出一些与立法精神相悖或者有违法律明文规定的解释。

创新性规则属于理论界和实务界争议最大的一类地方性规则。该类规则通常具有地方立法的特征,会对现有法律框架下的权力/权利配置、程序模式、案件处理结果带来深刻影响。通常情况下,创新性地方规则是以专门的试验、试点改革的面貌出现。例如,我国1996年《刑事诉讼法》赋予检察机关起诉裁量权的空间有限,属于典型的起诉法定主义为主的起诉模式。检察机关只能针对“犯罪情节轻微,依照刑法规定不需要判处刑罚或者免除刑罚的”案件,享有起诉与否的裁量权。为了贯彻宽严相济刑事政策和落实未成年人优先保护理念,早在2002年,南京市玄武区检察院就对涉嫌故意伤害罪的11名学生做出了“暂缓不起诉决定”,并规定了3个月的考察期限,要求他们在考察期限内遵守特定的义务:遵守国家法律法规,不得从事任何违法犯罪行为;遵守取保候审有关规定;遵守校纪校规,认真完成学业;每人每月至少从事一次公益活动;每人每半个月以书面形式向玄武区人民检察院汇报思想。如果犯罪嫌疑人履行了义务,就作出不起诉处理,否则则予以起诉。[15] 在

---

⑮ 参见苏辛辛:《暂缓不起诉》,载《人民日报·华东新闻》2002年9月2日,第2版。

当时的法律背景下,这种“暂缓不起诉”制度显然超越了当时检察机关的不起诉裁量权的范围,属于一种制度创新性的规则。

5. 综合性规则和专门性规则

从地方性刑事司法规则的“立法”体例来看,可以将其分为综合性规则和专门性规则。

综合性规则是指一种融合不同部门法内容的地方性刑事司法规则,采取的是一种“实体程序不分”的体例。例如,重庆市五家政法机关分别于2000年、2002年、2004年、2006年、2007年、2008年颁布了六次《公、检、法、司、安“五长”联席会议纪要》(以下简称《重庆联席纪要》),专门针对重庆市执行《刑法》和《刑事诉讼法》所遇到的实践问题作出了及时、针对性的规定,《重庆联席纪要》采取的就是一种“大刑事法”或者“实体程序不分”的体例,对实体问题和程序问题均作出了相应的规定。

综合性规则可以根据当地的司法实践状况,对刑事司法领域内某一个时期面临的迫切需要协商解决的问题,给出“一揽子”“共识性”意见,可以提升地方性刑事司法规则的运作效率。毕竟司法实践中,公安机关、检察院、法院和辩护律师所面临的刑事司法问题,通常并非只有程序法问题或者实体法问题,而是两者皆有。因此,同专门仅就程序问题制定地方性规则相比,综合性规则因其内容广泛,涉及面较广,可以从整体上起到化解法律适用争议、统一执法尺度和应对现实难题的立竿见影的作用。

专门性规则是指仅就刑事司法当中所涉及的某个或者某些领域所制定的地方性规则。在专门性规则中,其内容并不涉及某一领域以外的其他问题,而是专门针对某个程序问题或者实体问题给出的解答、意见、办法。

例如,北京市公安局、北京市高级人民法院、北京市人民检察院于2012年12月6日联合制定的《刑事诉讼中适用技术侦查措施有关问题解答》(以下简称《北京技侦解答》),就是一种专门针对2012年《刑事诉讼法》新增的技术侦查措施所给出的“解答”。《北京技侦解答》采取一问一答的行文方式,以13个具体的提问和解答,就“如何适用技术侦查措施、调取使用技侦证据、调查核实技侦证据等”作出了规定。

再如,山西省公安厅于2014年6月20日制定的《山西省公安机关办理醉酒驾驶机动车刑事案件程序规定》(以下简称《山西醉驾程序规定》),堪称一部专门针对醉酒类“危险驾驶罪”的“单行刑事侦查法”。《山西醉驾程序规定》共分总则、管辖、查处、检验鉴定、受案立案、侦查、强制措施、侦查终结、附则九章内容，共计 47 条，总字数为 6000 余字。

从内容上来看，由于专门性规则的针对性较强，相比综合性规则内容更为完备、规定更为详细，可以为办案机关提供更为具体、明确的指导和规范。例如，在司法实践中，部分醉酒驾驶犯罪嫌疑人为逃避刑事责任追究，故意在呼气酒精测试或抽取血样前再次饮酒，从而使体内待检酒精样本被污染，导致无法准确认定驾驶期间体内的酒精浓度。《山西醉驾程序规定》第 22 条专门就此问题作出了规定：“在呼气酒精测试或者抽取血样前又饮酒，经检验其血液酒精含量达到醉酒驾驶标准的，应当认定为醉酒立案侦查。”暂且不论这种规定的证据学依据如何，该规定对于解决公安机关在执法中所遇到的难题起到了针对性化解的作用，可以为侦查人员面临难题时提供一个明确的立案标准，有利于提升诉讼的效率。

三、地方性刑事司法规则产生的动因和条件

（一）地方司法环境的客观差异

任何一种活动，都无法摆脱行为的客观环境。就刑事司法活动而言，全国各地不仅司法的外部环境存在差异，而且司法的内部环境也存在差异。司法外部环境，是指一个地方的经济、文化等社会发展水平。外部环境的差异是一个基本国情，甚至在某种程度上是中国特有的国家政策所导致的一个客观结果。总体上而言，中国的东部沿海地区的经济较为发达、市场化程度较高、当地居民的权利意识更强、更为讲究依照规则办事。司法内部环境，是指一个地方的犯罪率和犯罪类型、司法人员的专业化和职业化发展水平、公安司法机关的内部组织结构等构成要素。同样，这也是一个存在明显地域差异的现象。例如，同人口流动性较小、犯罪率较低的乡土社会下的地域相比，东部沿海地区由于传统熟人社会的约束性规范失效或者低效，就可能产生犯罪率增加尤其是面临应当以什么样的程序来处理流动人口犯罪问题。我们认为，地方性刑事司法规则的存在很大程度上是由于中国各地刑事司法所处的司法环境本身所存在的客观差异所致。

1. 外部环境的客观差异

中国自20世纪80年代推行改革开放以来，在经济上取得了巨大的进步。在整体国民经济不断提升的同时，各个地方的经济发展差距也相对拉大。这集中体现在东部与中西部地区以及城市和乡村之间的差距之中。刑事司法作为公共产品，是一种需要国家财政投入的资源耗费行为。国家不可能通过平均分配财政资源确保每个地方的司法资源能够完全均衡，因此各个地方的经济发展水平的差异就会导致各地资源投入总量的差异。在经济发展水平较高的地方，它们就可以通过增加刑事司法投入或者提高罪刑标准来促进刑事司法的人权保障水平，从而导致刑事司法人权保障的地方性差异。

例如，在许多案件中，被害人因受犯罪行为侵害致死的，犯罪嫌疑人、被告人由于自身经济赔偿能力有限，无法给予被害人的近亲属物质赔偿。如果家庭生活主要依靠被害人的劳动收入，被害人死亡得不到赔偿之后，就会导致他的家庭陷入极度困境之中。不及时化解他们面临的难题，就可能会引发新的社会问题，并可能导致被害人的亲属对诉讼施加非理性的干预，影响诉讼的顺利进行。从理论上而言，国家在此时有义务给予被害人亲属一定的救助。但是，全国统一的被害人救助制度尚未建立，被害人的亲属能否得到救助以及获得的救助款额就与各地的经济发展水平存在密切联系。无锡市作为我国东部地区经济发展水平较高的地级市，在2009年该市人大常委会就制定了地方性法规《无锡市刑事被害人特困救助条例》，以"缓解刑事被害人的家庭生活困难，维护社会和谐稳定"。根据该条例，刑事被害人因受到犯罪行为侵害致死的，依靠其收入作为主要生活来源的被赡养人、被扶养人或者被抚养人，可以获得1万元的救助，最高一次性可以获得5万元的救助。该条例明确规定，能够获得救助的对象，只能是在无锡市行政区域内遭受犯罪行为侵害的刑事被害人，且刑事案件属于该市管辖。[16] 像这种只能惠及于无锡市被害人的规则，显然属于地方性的刑事司法规则。中国很多经济较为落后的地区根本不可能为被害人的近亲属提供诸如此类的救助。

再如，2012年《刑事诉讼法》对侦查讯问制度所进行的重大改革，建立了

---

⑯ 参见《无锡市刑事被害人特困救助条例》(2009年4月29日无锡市人大常委会审议通过)第9条、第10条和第18条；另请参见蒋德：《无锡刑事被害人特困救助"不差钱"》，载《法制日报》2009年5月30日，第3版。

全程同步录音录像制度,但法律并没有要求针对所有的刑事案件必须进行全程同步录音录像。立法如此规定,是因为立法者考虑到我国各地的公安机关的物质保障还存在差异,强制性要求所有案件均必须进行录音录像,可能导致无法得到贯彻。当然,从增强诉讼的公正性角度而言,强制性的录音录像一体适用于全部案件,无疑是最好的。但这将会涉及侦查机关和看守所等办案场所的规范化改造,必须投入大量的资金。因此,2014 年 9 月 5 日《公安机关讯问犯罪嫌疑人录音录像工作规定》提出了这样的要求:“东部地区和执法办案场所规范化建设基础较好的地区,要力争在 2015 年实现对全部刑事案件讯问过程录音录像的工作目标;中西部地区要进一步加强执法办案场所的规范设置和使用管理,力争在 2016 年实现上述目标;个别执法办案场所规范化建设基础薄弱的地区,要积极创造条件,加快工作进度,加大资金投入,力争在 2017 年实现上述目标。”⑰这就意味着,在东部地区的犯罪嫌疑人可以享受通过全程录音录像而带来的保障时,中西部地区的犯罪嫌疑人却可能无法享受。这种侦查讯问规则的地方性差异,很明显是由于各地的经济发展水平不同所导致的。

在刑法的执行方面,几乎所有涉及犯罪“数额”的刑法规定,不管是定罪规则,还是量刑规则,各地均会根据当地的经济发展水平作出不同的规定。其基本规律是经济发展水平较发达的地区的入罪标准和从重量刑的标准高于经济发展水平欠发达的地区。这体现在诸如盗窃、诈骗、受贿、职务侵占、抢夺、抢劫、侵占、挪用资金、敲诈勒索、拒不支付劳动报酬等诸多犯罪当中。例如,湖南省高级人民法院于 2013 年 12 月 20 日印发的《关于审理拒不支付劳动报酬刑事案件执行数额标准的规定》,确定湖南省拒不支付一名劳动者 3 个月以上的劳动报酬且数额在 6000 元以上的或拒不支付 10 名以上劳动者的劳动报酬且数额累计在 4 万元以上的为“数额较大”。江苏省高级人民法院于 2014 年 1 月 15 日颁布的《关于我省执行拒不支付劳动报酬罪数额标准的意见》,确定江苏省执行拒不支付劳动报酬罪的“数额较大”的标准为拒不支付一名劳动者 3 个月以上的劳动报酬且数额在 1 万元以上或拒不支付 10

---

⑰ 参见《公安部关于印发〈公安机关讯问犯罪嫌疑人录音录像工作规定〉的通知》(公通字〔2014〕33 号)。

名以上劳动者的劳动报酬且数额累计在6万元以上。

中国不仅各地的经济发展水平差异较大，而且各地的文化发展水平同样也存在差异，这尤其体现在边疆少数民族地区。在青海等藏族文化传统较为浓厚的地方，至今还存在“赔命价”等刑事习惯法。所谓“赔命价”，就是在发生杀人或者伤害致死案件后，双方当事人为缓解或者消除矛盾，由加害方提出赔偿或者被害方要求赔偿，然后由当地权威人物出面，根据惯例裁定被告人向被害人家属赔偿一定数额的财产，以化解纠纷和矛盾，法院在“赔命价”履行完毕之后，通常会判处非监禁刑。据学者调查，青海省部分藏区法院适用“赔命价”不成文法调解解决的案件占案件总数的80%，甚至有的地区达到了100%。⑱ 且不说在2012年《刑事诉讼法》施行之前我国法律制度中并不存在刑事和解制度，即使是当前已经被立法确认的刑事和解，可能判处超过3年有期徒刑的故意犯罪案件，也不得通过刑事和解的方式予以处理。由于宗教、文化等因素的影响，“赔命价”这种超越了《刑法》和《刑事诉讼法》的纠纷处理方式，不可能因为制定法没有规定或者予以禁止就在短时间内消灭。在少数民族习惯法中，有关法律的理念不是“杀人者死”，而是“杀人者赎”，“以罚代刑”是它们的显著特点之一，有利于加害人和被害人之间的社会关系的修复。“赔命价”等少数民族刑事习惯法往往具有宗教性，藏传佛教认为，人被杀死后，再杀死杀人者，是一种罪孽，而且人可以轮回转世，杀死杀人犯并不是最重的惩罚；而赔命价不仅可以惩罚杀人者及其家属，而且“命价”的一部分归寺院，可用于超度亡灵。⑲

面对如此巨大的文化差异，强行地自上而下推行国家统一的刑事法律，不但将会遭遇强大的文化抵制，而且还可能引发“彻底私了”、坚决不报案等更为严重的社会问题。因此，尊重地方性法律文化的实际差异，尊重各地自生自发的纠纷处理机制，承认地方立法机关和司法机关执行法律时的变通权限，可能更有助于实现法律的价值。

---

⑱ 余慧玲：《浅议刑事和解制度及其限度——寻求藏区“赔命（血）价”习惯法与刑事司法之间的衡平》，载万鄂湘主编：《探索社会主义司法规律与完善民商事法律制度研究：全国法院第23届学术讨论会获奖论文集》（上），人民法院出版社2011年版，第410页。

⑲ 参见苏永生：《国家刑事制定法对少数民族刑事习惯法的渗透与整合——以藏族“赔命价”习惯法为视角》，载《法学研究》2007年第6期，第118页。

2. 内部环境的客观差异

司法内部环境是各地公安司法机关在办理具体的刑事案件时所面临的客观犯罪形势和各种支撑诉讼程序运作的客观条件，如技术水平、人员结构和数量、内部组织架构。在一定时期内，司法内部环境也是一个相对客观的影响诉讼程序运作的外部因素。司法内部环境和诉讼外部环境并非独立的两个系统，而是相互之间存在影响的结构性要素。一个地方的整体社会发展水平会对司法内部环境产生直接影响，例如，经济发展水平较高的地区，可能会吸引到优秀的法律职业人员，物质保障相对充裕，侦查技术较为先进，办案人员也具有较大的独立性，办案数量较多。不同地方由于司法内部环境的差异，也导致了司法过程中所要着力解决的实际问题的差异，进而产生了带有地方性色彩的刑事司法规则。

以取保候审制度为例，目前取保候审适用率与国际公约中要求的“以羁押为例外”的原则相比还有很大的距离。羁押率在我国居高不下的原因甚多，羁押替代措施无法发挥实效是核心因素之一。这在东部经济发达地区表现尤为突出。这主要是因为东部经济发达地区的外来、流动人员犯罪占据了绝对多数。以无锡所辖的某市为例，外来人员占到该市常住人口的40%，外来人员犯罪率在该市2007年达到了72%。[20] 外来流动人员涉嫌犯罪之后，一方面大多数无法交纳足够的保证金，另一方面在犯罪地也无法找到适格的保证人，即使符合取保候审的条件，也因为难以满足要求而不得不予以羁押。如果允许犯罪嫌疑人回到他以前的户籍地执行取保候审，不仅会大大增加诉讼顺利进行的办案成本，而且也客观上增加了监管的难度，容易导致脱保和逃跑。

这种由于特定地区涉嫌犯罪人员的结构差异所导致的司法难题，客观上导致了刑事诉讼法有关取保候审的条件在外来人员犯罪案件中无法得到满足，造成了外地人被普遍羁押的现状。有鉴于此，我国沿海一带检察机关开始与当地的企业进行联系，积极寻求应对办法，以提高外地人的取保候审适用率。具体来说，就是检察机关选择优秀民营企业作为取保候审的场所，将

---

[20] 参见无锡市人民检察院课题组：《涉罪外来人员适用强制措施实证研究》，载《国家检察官学院学报》2010年第4期，第123页。

其命名为“未成年人管护教育基地”和“外来人员帮教基地”,由企业推荐符合条件的企业人员作为外来涉嫌犯罪人员的保证人。作为教育、帮教基地的企业承担四个方面的义务:一是推荐保证人,解决无人担保问题;二是提供免费食宿,解决无固定场所问题;三是进行思想道德教育,解决缺少帮教问题;四是无偿传授劳动技能,以帮助他们顺利“回归社会”。2009 年年初,无锡市检察院还专门制定了《无锡市关于建立社会管护教育基地平等保护涉罪外来人员取保候审权利的指导意见》,作为规范性基础。㉑ 暂且不论这种地方性取保候审制度的合法性问题,单就制度创设的初衷而言,无疑是值得肯定的,它不仅契合了刑事司法的价值目标,也满足了地方司法实践的实际需要。

不管是源自于各地的社会发展状况所导致的外部司法环境的差异,还是源自于各地的诉讼案件、软硬件设施和司法人员状况所导致的司法内部环境的差异,均可能会对地方性差异较大的地区带来统一制定法无法解决的现实问题。这就可能会导致各地在具体贯彻刑事法律的规定时,根据各自的现实状况,作出一些符合地方客观实际的调整、变通、革新,从而形成成文的或者不成文的地方性刑事司法规则。诚如吉尔兹所言:“法律和民族志,一如航行术、园艺、政治、诗歌,都是具有地方性意义的技艺,因为它们的运作凭靠的乃是地方性的知识。”㉒

(二)弥补立法规定不足的需要

任何一个国家的立法都不可能巨细靡遗地解决司法实践中可能遇到的所有问题。立法条文的有限性和司法实践的开放性是一对永恒的矛盾。但是,这并不说法律制定得越简洁越好,而是要在法律的确定性和司法的裁量性之间寻求一个恰当的平衡,并通过法律解释和判例制度以及选拔高素质的司法人员以弥补立法规定不足可能出现的法律适用难题。

例如,我国《刑事诉讼法》制定于 1979 年,当时的法律条文共计 164 条。1996 年全国人大对《刑事诉讼法》进行了第一次修订,法律条文增加到 225 条。2012 年第二次修订时法律条文增加到 290 条。从法律的修订次数和法

㉑ 参见无锡市人民检察院课题组:《涉罪外来人员适用强制措施实证研究》,载《国家检察官学院学报》2010 年第 4 期。

㉒ [美]吉尔兹:《地方性知识:事实与法律的比较透视》,邓正来译,载梁治平主编:《法律的文化解释》(增订本),三联书店 1998 年版,第 3 页。

律条文数来看，我国《刑事诉讼法》还略显“保守”，《刑事诉讼法》中存在“大量的宣示性、口号性和倡导性的规范，条文表述过于原则、抽象和概括”。[23] 以实行制定法的国家作为比较对象，我们可以发现，这种“简易立法”的特点尤为明显。例如，《法国刑事诉讼法典》现有条文数为 803 条，《德国刑事诉讼法典》现有条文数为 495 条，《俄罗斯联邦刑事诉讼法典》现有条文数为 477 条。当然，我们不能单纯以条文数的多少比较立法质量的优劣，而应当以立法条文是否能够满足司法实践的需要作为评价标准。在美国，能够适用于全国的“刑事诉讼法”主要只有宪法修正案第 4 条、第 5 条、第 6 条和第 8 条，但通过联邦最高法院的宪法解释，俨然已经成为世界上刑事诉讼规则最为繁琐的国家之一。[24] 因此，如果一个国家有一套完备的司法解释或者判例法制度，并且具备高素质的精通法律解释原理的法律人，即使立法条文数较少，也并不会对司法实践产生太大影响。

从我国刑事法律的解释模式来看，也存在缺乏有效回应司法实践具体问题的倾向。首先，我国刑事法律的解释以司法解释为主，由于司法解释主体的部门利益化，不仅出现了一些明显违背立法目的的司法解释，而且还出现了一些相互冲突和矛盾的解释。其次，刑事法律的司法解释多是以整部法律或者某个制度作出解释性规定，并不关注个案适用过程中产生的具体问题，这种解释方法与其说是在对法律进行解释，倒不如说是在进行“二次立法”，因此对于解决全国各地司法人员在办理个案时所面临的困惑所发挥的指导、规范意义有限，尤其是忽视了各个地方的经济、文化发展水平的差异性。最后，我国并没有建立判例法制度，即使是正在推行的指导性案例制度，基本上全部都是实体法判例，且数量有限，远远不能满足地方司法机关刑事司法的需要。

从司法人员的法律素养来看，一方面，由于刑事司法的具体运作过程长期以来受到了较多案外因素的影响，刑事法律的适用技术发展滞缓，司法人员重视如何“摆平”案件，而不是如何适用《刑法》和《刑事诉讼法》；另一方

---

[23] 陈瑞华：《制度变革中的立法推动主义——以律师法实施问题为范例的分析》，载《政法论坛》2010 年第 1 期，第 46 页。

[24] 关于美国刑事诉讼“国家标准”的形成过程，参见李昌盛：《历程与方法：美国刑事诉讼的宪法化》，载徐静村主编：《刑事诉讼前沿研究》（第 7 卷），中国检察出版社 2008 年版，第 351 ~ 362 页。

面,由于司法人员的法律解释能力储备不足,加之长期以来形成的机械司法文化,以司法人员的个人法律适用技术弥补立法供给不足的问题也面临现实困难。

总之,由于立法条文较为粗疏,相关的法律解释缺乏针对具体问题的明确解释,且难以兼顾地方差异性,指导性案例数量有限且忽视刑事程序法的适用等,各地司法人员又迫切需要一些能够指导他们如何应对各种地方性问题的具体刑事司法规则,作为一种带有"地方司法解释"性质的规范性文件就应运而生,从而起到了填补"立法漏洞"、解决地方性司法适用难题的作用。

(三)通过地方性试验形成制度的法律生成模式

"改革"一直是中国1978年以后的关键词。从家庭联产承包责任制开始,我们就可以清晰地发现,中国的制度改革模式向来重视一种"由点到面"的地方试验性改革。这种改革模式的典型特点是,通过地方性的"试点"或者"试验",允许各地根据当地的实际情况探索解决问题的各种方法,从而形成一种地方试验改革竞争和淘汰筛选机制,成功的地方试点经验,会得到高层的认可,并在高层的指示下予以推广,在推广的过程中再进一步总结、完善解决方案的可行性。经过检验后的新制度最终可能会被吸收到国家的政策和法律之中,并成为一种统一适用于全国的规范性要求。[25] 对于中国这样一个地区发展不平衡的大国而言,如果不允许进行地方试验,"那么中国只有面临两种选择:或者维持原状,或者在没有任何经验积累的基础上贸然在全国范围内进行后果未知的改革,从而极大增加改革的风险和难度"。[26] 这两种情形均不是"最优方案"。

地方试验最初主要适用于经济制度方面的改革,后来逐步延伸到社会管理、政治制度和司法制度的改革,现已成为中国独具特色的政策法律生成模式。近年来,由于冤假错案时有发生、量刑失衡较为严重、诉讼分流措施有限等困扰司法公信力和司法效率的现实问题,各地要么自发要么得到上层的明示或者默示同意,也在积极地开展各种形式的地方性刑事司法试验改革。这

㉕ [德]韩博天:《通过试验制定政策:中国独具特色的经验》,载《当代中国史研究》2010年第3期,第103~104页。

㉖ 张千帆:《权利平等与地方差异——中央与地方关系法治化的另一种视角》,中国民主法制出版社2011年版,第144页。

就催生了一些带有“突破”法律的地方性刑事司法规则。

2012 年《刑事诉讼法》所确立的附条件不起诉制度和刑事和解制度，可以说就是两项经过地方试验并总结经验教训后所确立的法律制度。如前所述，早在 2002 年，南京市玄武区检察院就对涉嫌故意伤害罪的 11 名学生做出了“暂缓不起诉决定”。南京市玄武区检察院的“暂缓不起诉”的“大胆尝试”，“获得了省、市两级检察机关和最高人民检察院的赞赏，称此案为‘执法理念的一次创新’，并因而使南京市成为全国‘暂缓不起诉’试点城市。”[27]此后，全国有多个地方的检察机关都开展了与之功能上类似的不起诉制度改革试点，或名之为“暂缓起诉”，或名之为“暂缓不起诉”，或名之为“附条件不起诉”等。

针对地方检察机关自发启动的这种扩张不起诉裁量权的试验性改革，也并非没有反对意见。反对者多是以“法律依据不足”对其提出质疑。例如，有人认为诉讼制度属于立法法明确规定的“法律保留”事项，除非由全国人大及其常委会修改法律，任何人不得创设新的制度。也有人认为检察机关只有相对不起诉的裁量权，没有附条件不起诉的裁量权，这种扩张权力的行为于法无据。还有人认为这是检察院侵蚀法院刑事裁判权的越权行为。

应当说诸如此类的批评意见并无不妥。但是，如果地方性司法改革想要为国家以后制定相关的政策法律提供经验依据，按部就班地依照现有法律框架进行改革显然无法实现地方性司法改革的目标。因此，地方刑事司法试验在一定程度上“违反”法律具有现实“必要性”。更关键的是，这种试验改革只要达到了较好的效果，事后通常都会得到上级机关的追认、支持和赞赏，这就会进一步激励地方司法机关想方设法从推进司法制度革新的角度不断地进行试验性改革，以期在制度博弈中胜出，并增加自己的政治资本。

（四）地方司法机关的政绩竞争

张五常先生曾以“县际竞争”理论解释了改革开放三十年来中国的经济奇迹。该理论认为，地方政府为了在“以经济建设为中心”的指挥棒下做出政绩，促使他们相互之间展开竞争，从而使经济建设得以长期高速发展。事实上，由于司法体制等因素的影响，地方司法机关也无可避免地卷入到地方

---

[27] 参见苏辛辛：《暂缓不起诉》，载《人民日报·华东新闻》2002 年 9 月 2 日，第 2 版。

政绩竞争之中。[28]

一方面,在中国的地方治理体制中,地方司法机关的“生存和发展”离不开地方党政机关的“关心和支持”。地方司法机关不仅在组织关系上需要接受地方党委的领导,而且财政、编制、办公地点、职级等司法行政事务也受到地方政府的牵制。为了能够从地方争取到更多的编制、领导职位和预算费用等“生存和发展”资源,地方司法机关既需要直接参与地方政府所组织的地方性政绩竞争中,而且还需要与政府其他部门以及其他司法机关展开竞争,以竞争取得的良好成绩获取更多更好的资源。

另一方面,司法机关内部的行政化进一步加剧了地方司法机关出于政绩需要的相互竞争。“中国地方法院院长不仅是所在法院的‘首席法官’,更是行政院长,甚至可视为一个法院的‘家长’,对法院整体工作负责,法院的是非功过某种意义上即为院长的是非功过,院长的政绩又直接与政治升迁关联。”[29]因此,地方司法机关的政绩竞争不仅关涉到组织利益,更关涉到司法机关负责人切身的政治利益。

不管从争取地方资源的组织利益最大化考虑,还是从司法机关负责人的个人利益最大化考虑,地方司法机关都有强大的动机力图在地方性社会治理工作中获得佳绩,超越其他地方司法机关。在司法改革的大背景下,如何解决中国司法实践中所遇到的突出问题并能够提供一套切实可行的制度性解决方案,是地方司法机关政绩竞争的主要内容之一。由于中国刑事司法领域存在诸多涉及体制、机制、程序等层面的问题,这就为地方司法机关在推进司法改革的进程中发挥竞争优势,开发优质“制度性产品”,从而在竞争中获胜创造了条件,进而催生了名目繁多的各种创新性的刑事司法改革措施,也进而产生了各种地方性刑事司法规则。

(五)中央司法机关的授权、放权和默认

刑事司法事项的规则制定权和解释权是属于中央立法机关和司法机关的权限。地方司法机关本来“无权”进行规则的创设和解释活动。但是,由于我国立法本身存在的缺陷,最高司法机关有时候也无法对法律规则作出可

---

[28] 参见徐亚文、童海超:《当代中国地方法院竞争研究》,载《法学评论》2012 年第 1 期,第 22 页。

[29] 高翔:《中国地方法院竞争的实践与逻辑》,载《法制与社会发展》2015 年第 1 期,第 86 页。

以“统一”适用于全国的“具体适用法律”问题的解释，转而直接“授权”地方司法机关根据当地的经济社会发展水平确定法律条文的具体含义，这直接导致各地产生了不同的刑事司法规则。这在地方性刑事实体规则当中体现得尤为明显。例如，“在我国的实践中，最高人民法院在一些涉及数额问题的司法解释中，有时只是规定了一个幅度，授权高级人民法院确定本地区具体的数额标准。”[30]这就相当于最高司法机关把司法解释的权力“授权”给地方司法机关行使，由于各地差异的客观存在，最终必然会产生不同的地方性规则。

在20世纪90年代中期以前，地方司法机关没有多少独立性和自主性，在一定程度上只是中央和上级司法机关的“下属”，缺乏进行刑事司法改革的充分权力基础。近20多年来，由于中央和地方关系的变化，再加上西方现代司法理念的传播，上下级司法机关之间的关系也开始发生了变化。司法机关内部上下级之间的命令与服从的关系在一定程度上被修正，下级司法机关的自主性和独立性得到加强。这就为地方司法机关进行各种改革尝试创造了一定的支撑性条件。[31]

早在1987年，最高人民法院在一份批复中就明确要求：“你院下发的上述具有司法解释性的文件，地方各级法院均不应制定。对审判实践中遇到的一些具体问题，建议你们在调查研究的基础上，可写一些经验总结性的文章，供审判人员办案时参考，或者召开一定范围的会议，总结交流经验。”[32]但是，该批复并没有发挥预期功效。为此，2012年1月最高人民法院、最高人民检察院发布了《关于地方人民法院人民检察院不得制定司法解释性质文件的通知》，要求地方人民法院、人民检察院一律不得制定在本辖区普遍适用的、涉及具体应用法律问题的“指导意见”“规定”等司法解释性质文件，地方人民法院、人民检察院认为需要制定司法解释的，应通过高级人民法院、省级人民检察院向最高人民法院、最高人民检察院提出制定司法解释的建议或者对法律应用问题进行请示。但是，根据我们所收集的地方性刑事司法规则情况来看，不管是以前的“批复”，还是近期的“通知”，都没有得到切实的贯彻，尤其是我们没有看到任何地方性规则因为违反“批复”或者“通知”而被撤销的情

---

[30] 赵秉志、陈志军：《论越权刑法解释》，载《法学家》2004年第2期，第75页。

[31] 参见郭松：《刑事诉讼制度的地方性试点改革》，载《法学研究》2014年第2期，第198～199页。

[32] 《关于地方各级人民法院不应制定司法解释性文件的批复》[(1987)民他字第10号]。

况,由此也可以推断,最高司法机关表面上一直禁止地方司法机关的司法解释活动,但实际上对地方司法机关的司法解释活动采取"默认"合法的态度。这就可能会使地方司法机关"有恃无恐"地进行地方性司法解释,进而催生了各地不同的地方性刑事司法规则。

四、地方性刑事司法规则的制定颁行

前文已经提到,作为一种规范各个地方司法人员行为的地方性刑事司法规则,可以根据不同的标准,划分为不同的类型,既有成文规则也有不成文规则,既有实体规则、程序规则也有证据规则和权力运行规则,既有地方性法规、地方性司法文件也有地方政府部门规范性文件,既有重申性规则、解释性规则也有创新性规则,既有综合性规则也有专门性规则。各种不同规则的产生路径可能存在不一致的地方,例如,不成文规则主要源自于强大的文化、宗教等传统力量的直接影响,地方性法规直接来自于享有地方性法律制定权的人大及其常委会,各种各样的地方性司法文件可能是某一个司法机关制定的,也可能是几个机关协商达成一致意见后共同制定的。因此,准确地描述地方性刑事司法规则的制定过程,必须进行区别对待,不能"一刀切"。

不成文规则并非"明文规定",而是一种大家潜在认同的"习惯",探讨它的制定过程,等于探讨习惯法背后的法制传统的形成问题,因此我们不做讨论。地方性法规直接关涉刑事司法的文件并不是很多,而地方性法规的制定程序已经有了明确的法律依据,问题相对较少,我们也不会讨论地方性法规的制定过程。本节所讨论的地方性规则的制定过程,是以地方性司法文件或者地方政府部门规范性文件作为研究对象。在中国目前的司法实践中,两者占据了绝对多数,有必要对它们进行更为深入的研究。地方性司法文件和政府部门文件的制定程序,并没有任何"法律依据"可循,此节关于地方性规则产生过程的描述,主要是基于笔者参与地方性司法规则的形成过程并进行观察总结的结果。

(一)确定主题

确定拟制定的地方性规则的主题是整个规则形成过程的第一个环节。所谓"主题",就是针对刑事司法中所涉及的哪个罪名、程序、机制制定具体的实施规则。从当前司法实践中各种不同的地方性刑事司法规则的内容来看，到底选择哪个方面的内容作为主题通常取决于以下几个方面的因素：

一是所面临现实司法问题的急迫性。

中国经济、社会、文化的不断发展，对整个社会带来了许多结构性影响，加之中国部分刑事法律（如程序法）的修改时间跨度长，且有关内容带有明显移植西方国家法制的特色，司法人员在办理刑事案件过程中遇到越来越多的现实问题，例如，如何解决附带民事诉讼赔偿难的问题，如何解决量刑有失公正的问题，如何解决流动人口犯罪取保候审执行的问题等。这不仅关系到法律本身的实施效果问题，而且也关系到某个地方乃至整个国家的犯罪治理和人权保障问题。正所谓“春江水暖鸭先知”，地方司法实务部门作为具体个案的办理者，最能够体会到司法实务当中所面临的现实问题，也最迫切需要解决他们所面临的司法困境，以“解决问题”为导向是地方性刑事司法规则较为普遍的特征。

各地根据当前所面临的迫切问题，以“问题解决型”思维确定拟制定规则的主题，主动对症下药。例如，“刑事和解”运动之所以在得到立法确认之前，就已经在各地普遍开花，一个非常现实的原因就是为了解决附带民事诉讼赔偿难、被害人难以获得有效救济的问题。地方检察机关的量刑建议运动和地方法院自身开展的量刑规范化改革，则是为了解决严重影响司法公信力的量刑不公的现实问题。前文所提到的部分发达地区（如江苏无锡）所建立的取保候审管护基地制度，则是为了解决流动人口涉嫌犯罪取保候审难的问题。

二是与中央的司法改革目标和刑事政策的契合性。

中国的司法改革肇始于20世纪80年代末期，起初主要围绕审判方式改革而展开。这种由基层主动发现问题并由地方探索改革路径的司法改革方法，在1999年之后发生了重大变化。例如，从1999年开始，最高人民法院每五年就会发布一份司法改革纲要，将特定时期的司法改革措施予以通盘考虑，并为每一项具体改革措施设定基本改革方案。2008年，中央成立了司法改革领导小组，负责制定司法改革规划。地方各级司法机关在确定具体的实施方案时，不可能无视最高司法机关和中央司改领导小组所发布的改革纲要，自顾自地进行地方性规则的创制活动。因此，特定历史时期司法改革的具体目标也成为地方性刑事司法规则的“选题”来源之一。

除此之外，中央还会在一定的历史时期针对政法工作提出一些宏观的刑事政策要求。从最初的严打，到宽严相济，再到“推进社会矛盾化解、社会管理创新、公正廉洁执法”三项重点工作等政策性要求，这些都会成为地方司法机关寻找“灵感”和确定主题的依据。

从中央的司法改革纲要和刑事政策寻找地方性规则的主题，直接考验地方公安司法机关的政治敏锐性和政策贯彻力、执行力。尤为关键的是，与中央保持一致，一方面能够确保地方性刑事司法规则的制定者，可以通过构建行之有效的规则为其创造出一个得到上级乃至中央认可的“政绩”，可以在地方性司法改革竞争中“胜出”；另一方面还可以确保所构建的新的程序规则的“政治正确”，从而可以降低、避免外界对其合法性的责难，确保地方性司法规则在“良性违法”的状态下仍然可以得到执行和检验。

三是上级或者中央机关的选择性试点以及学界的试点建议。

中国当前的社会改革之所以取得了令世界瞩目的巨大成就，与其所选择的改革模式密切相关。其最为核心的特征就是自中国共产党创建以后一直延续至今的“以点及面”的试验式改革模式。[33] 这种模式也移植到了有关刑事司法制度的改革之中。最高人民法院、最高人民检察院或者省级法院、检察院，为了解决影响司法公正、效率的诸多问题，往往会直接选择某个或者某几个地方的法院、检察院作为试点单位，通过给予各种正式的或者非正式的资源保障和支持，检验某种新的诉讼程序的运作效果，并以此作为最终制定国家层面的规范性文件的实践依据。这种模式把顶层设计、控制和地方试验、探索紧密结合在一起，既可以避免地方性司法改革的盲目性和授权不足，也可以避免未经检验匆忙制定通行于全国的政策、法律的无效。

例如，为了解决捕后一押到底的问题，防止超期羁押和不必要的长期羁押，为法律修改中构建有关羁押必要性审查制度的具体方案提出有针对性的立法建议，最高人民检察院监所厅曾选择全国不同地方的检察院作为“试点”检察院，检验羁押必要性审查制度的设计方案在实践中可能遇到的问题、

---

[33] 参见[德]韩博天：《通过试验制定政策：中国独具特色的经验》，载《当代中国史研究》2010年第3期，第103～104页。

障碍和取得的成效。为此,还专门下发了有关羁押必要性审查制度的《试点工作通知》和《试点工作方案》。四川省武胜县检察院就是其中一个接受羁押必要性审查试点工作的基层检察院。被确定为试点检察院之后,无论是当地的市委政法委、公安机关、法院乃至基层组织,还是它所隶属的广安市检察院和四川省检察院,都给予了各种政策、人力、资源方面的支持和保障。据悉,2012 年《刑事诉讼法》有关羁押必要性制度的构建,吸收了地方检察院较为成功的试点做法,被武胜县检察院视为对"试点工作实践成果的充分肯定"。[34]

除由中央或者上级司法机关所推行的试点改革以外,近年来刑事法学界也有一部分学者开始积极投身刑事司法改革试点工作。学界选择的试点主题通常与学者的学术兴趣、国家宏观司法政策以及学者的学术资源存在密切关系。例如,从 2005 年开始,樊崇义教授选取了北京海淀、河南焦作、甘肃白银分别作为东部、中部、西部的代表性地方,进行侦查讯问全程律师在场、录音、录像三项制度试验,以期积累实证素材,检验实践效果,并为刑事诉讼法的修改建议提供一个扎实的实证基础。[35] 学界所推行的试点主题和实务部门推行的试点主题相比,通常具有以下特点:一是学界推行的试点主题带有一定的理论前瞻性,而实务部门通常不会把过于前瞻性的西方式的制度轻易投入试点工作之中;二是学界推行的试点通常是一种"实证研究"的具体展开,是以研究的心态进行试点,而实务部门试点通常是以"解决问题"为进路,是以务实管用的心态进行试点。

通常情况下,地方性刑事司法规则的制定者在确定主题时,可能会同时受到以上三个因素的综合影响,即选择一个能够得到中央或者最高司法机关试点权限,且符合中央司法改革精神、刑事政策并能够解决当地现实问题的"主题"作为规制对象。即使没有得到中央或者最高司法机关的授权试点,地方司法机关也会在解决现实难题的时候,尽可能确保与中央特定时期司改方案或者刑事政策的一致性。也有一些地方性规则的规制对象主要是解决

---

[34] 参见四川省武胜县人民检察院:《武胜县人民检察院羁押必要性审查试点工作总结》,载《羁押必要性审查试点工作材料汇编》(2014 年),第 3 ~ 8 页。

[35] 樊崇义、顾永忠主编:《侦查讯问程序改革实证研究——侦查讯问中律师在场、录音、录像制度实验》,中国人民公安大学出版社 2007 年版,第 3 ~ 7 页。

当地所遇到的迫切需要予以解决的现实问题。

(二)调研起草

一旦地方性规则的主题确定之后,就会进入有关规范性文件的调研起草阶段。调研的目的是尽可能充分地了解某个地方司法实践中的客观数据、案例以及司法人员在实践中遇到的具体问题和意见,以作为起草规范性文件的基本依据。

调研的具体形式可以分为以下几种:

一是通过发放内部调研通知的形式,要求下级公安司法机关按照调研提纲的具体要求,在规定的时间内报送辖区内有关问题的执行情况的汇报材料。由于公安司法机关上下级关系的行政化,[36]这种内部调研通常具有一定的"强制力",下级公安司法机关通常都较为重视,可以保证地方性规则的制定者能够在较短的时间内获得大量第一手的数据、案例、意见和建议。

二是通过直接召开座谈会的形式,召集具有司法实践经验的公安司法人员参与某个具体问题的讨论,听取他们的意见和建议,整理他们所提出的需要予以解决的问题。召开座谈会之前,调研人员通常也会提前下发座谈会的具体讨论内容,避免讨论过于分散。因此,座谈会通常是内部书面调研手段的一种补充。从司法实践的情况来看,参与座谈会的下级司法机关有时候会直接拿出已经准备好的书面材料在会议上进行"宣读",不会补充多少新的案例、问题和意见。即使是没有事前准备的临时性发言,如果确实有价值,调研人员会要求事后以书面材料的形式予以呈报。

三是通过参观访问其他地方公安司法机关,直接获取针对类似问题的地方性制度建设经验。虽然各地所面临的地方性问题可能存在一定的差异,但是许多问题具有一定的普遍性,为了避免"走弯路",提升地方性刑事司法规则的制定效率,制定者也会通过直接参观访问其他已经在地方性规则建设方面较为成熟的地方机关,将他们已经制定出来的规则、制度和有关运行情况的总结等材料直接拿来,作为当地制定规则的参照物。因此,我们就不难发现,在目前各地出台的地方性刑事司法规则中,存在许多规定完全雷同、缺乏

---

[36] 上下级法院之间的关系较为特别,从立法规定来看,上下级法院之间是一种审判监督关系,但由于绩效考评、案件请示等机制的存在,上下级法院之间的关系已经异化为行政化的领导关系。

"地方特色"的"地方性"规则。

如同地方性规则的主题确定可能会受到几个因素的同时影响一样，在对拟制定规则进行调研时，也可能采取多种方式相结合的形式进行。通常情况下，问题的重要性和规范性文件的制定主体的数量，是影响调研方式选择的主要因素。越是重要的问题和需要多个机关联合制定规范性文件的问题，越是可能采取一种扎实的、多种方式并行的调研手段。

在开展调研工作的同时，也会成立地方规范性文件的起草小组，负责调研内容的确定、材料收集和整理、调研总结报告的撰写以及草拟初步的规范性文件。同立法机关内部存在专门的立法工作人员不同，地方公安司法机关并没有专设的制定规范性文件的机构。因此，地方规范性文件的起草人员和组织都具有临时性的特点，都是因事设立的机构。一般来说，由于规范性文件的起草是一件事关当地刑事司法全局工作的事件，所以确定起草人员时会比较慎重，一般都会选择与所起草主题密切相关、具有较为丰富的实践经验和较为扎实的法学理论功底的司法人员，以保障所制定的规范性文件的质量。

起草组织确定之后，通常还会指定其中的某一个或者某几个人员作为执笔人，完成规范性文件的撰写工作。执笔人接受任务之后，会根据国家的法律和司法解释、其他地方的地方性规定、调研总结材料和学界已有研究成果，撰写出一份规范性文件的草稿。在非试验性地方性规定的起草过程中，执笔人会尽可能采取不抵触国家法律和司法解释的原则，吸收其他地方的有关规定和学界的最新研究成果，结合当地调研后反映的突出问题，撰写规范性文件草稿及其说明。

（三）讨论报审

地方规范性文件草稿拟定之后，将会进入草案的讨论阶段。较为重要的规范性文件讨论可能会分两步进行：先是由起草组组成人员及所在业务庭科室所进行的内部讨论，然后再把经过内部讨论和修改的草案交付更大范围内的群体进行讨论。这种讨论也可以视作地方规范性文件的论证会。

对于比较重要的地方规范性文件，即使只是当地公检法当中的某一机关单独制定的，在召开讨论会的时候，通常也会邀请其他机关共同参与讨论，同时还会邀请从事刑事法学研究的专家学者参与讨论，但是很少会邀请从事刑事辩护工作的律师参与讨论。[37] 在参与讨论会之前,相应的草案也会提前发给参与会议的人员,以便他们做好发言准备。这种较大规模的论证会就像是一场专门针对地方规范性文件草案的逐条评析研讨会。

讨论会通常由某个机关内部分管相应工作的副职领导主持,由其代表起草小组对某个规范性文件的起草背景、拟解决的问题、基本框架和内容进行初步介绍。然后由法学教授、其他机关参与论证会的代表和下级司法机关针对草案中存在的问题,提出各自的意见。参与讨论的人员所发表的意见,有可能涉及草案的篇章结构、语言表达等形式问题,也可能直接涉及规则的合法性、合理性和创新性等内容问题。起草小组的成员会对其中提出的某些问题在会议上直接予以回应和解答,并对整个讨论过程予以记录或者全程录音。对于草案中争议比较大的条款,讨论会主持人员也会组织大家进行有针对性的辩论。由于参与讨论会的人员的立场可能存在差异,这可以使某个机关所起草的规范性文件得到不同视角的多维审视,在一定程度上可以消除部门利益主义倾向和超越权限制定规范性文件的可能性。辩护律师群体普遍缺乏参与刑事诉讼地方规范性文件论证过程的机会,有可能导致部分规范性文件缺乏对辩护权的充分考虑,从而单纯从三机关办案便利性的角度设计地方性规则。

经过论证会讨论之后,起草小组会根据讨论过程中各方所提出的修改意见做最终修改,并完成定稿的撰写工作。定稿完成之后,将会由起草小组把规范性文件提交给地方司法机关的最高决策机构(审判委员会或者检察委员会)进行审查,并报请批准通过草案。一般情况下,审委会或者检委会都不会再对规范性文件草案做实质性审查,报请批准程序的主要功能在于赋予地方规范性文件的“合法性”地位。

(四)跟踪评估

地方规范性文件通过之后,将会进入实施阶段。对于大多数重申性或者解释性的地方性刑事司法规则,颁布实施之后,通常也就完成了全部工作,并不会对规范性文件在实践中的运作情况进行专门的实施效果跟踪考察。对

---

[37] 当然,由于有些法学教授同时兼职从事律师工作,所以部分法学教授参与地方性规则的论证可能会具有双重身份,但是法学教授之所以被邀请参与诸如此类的论证会不是因为他们的律师身份,而是因为他们的研究者身份。

于具备改革试验特征的地方创新性文件,制定机关还会进一步对实施的效果进行跟踪考察,以便及时发现规范性文件在实际执行中所产生的问题,同时调动自身的力量予以化解,以确保自己所推行的新机制、新程序能够达到预期的改革效果,并能够在地方性司法改革竞争之中作为成功经验得到上级乃至中央政法机关的肯定,并最终转化为国家的法律或者政策。

这种实施阶段的跟踪、考察、评估由制定地方性规则的公安司法机关或者学者进行,通过对典型案例的分析、有关数据的统计等方式,对改革项目的实施效果进行评价,以发现其中还需要予以解决的问题、总结所取得的成功经验。

对于所发现的问题,有的地方司法机关也会采取进一步措施予以化解。一般来说,阻碍改革项目无法得到有效推进的主要因素是新的规则缺乏相应的配套制度。刑事司法作为一种环环相扣、内在联系紧密的规则体系,如果一种新的制度只是在原有的制度框架下进行运作,难免会产生"制度不协调"的问题,进而影响到新制度的实际运行效果。

例如,羁押必要性审查制度就是一种高度依赖于配套制度改革的程序机制。从我国司法实践的情况来看,不管是初次逮捕的羁押率,还是逮捕之后的羁押维持率,都处于较高的水平,建立捕后羁押必要性审查制度的目标是为了降低捕后羁押率。但是,将犯罪嫌疑人、被告人改变为取保候审等非羁押性强制措施,面临的最大问题就是公安机关因警力资源不足等导致的执行不力问题。取保候审之后无法有效控制犯罪嫌疑人,是影响逮捕率居高不下的主要因素之一。如果不对取保候审等非羁押性强制措施进行系统改造,只是构建了羁押必要性审查制度,即使检察机关发现了犯罪嫌疑人没有羁押的必要性,并向有关机关提出变更强制措施的建议,也可能因为上述担忧而无法发挥作用。

这正是前述武胜县检察院在试点最高检羁押必要性审查项目后所发现的关键问题。为此,他们及时启动了取保候审、监视居住配套制度改革,并以武胜县社会治安综合治理委员会的名义下发了《关于加强对取保候审及监视居住人员监管工作的管理办法(试行)》。该管理办法进一步落实了公安派出所在执行方面的责任,还把乡镇司法所、基层党委政府、村委会、社区委员会纳入执行体系中,共同协助派出所执行取保候审工作。该管理办法共计

35条,具体实施程序极为细致,为了让各机关重视此项工作,该管理办法第30条专门规定,县综治委“将该项工作的完成情况纳入各单位年度综治目标考核”,以此解决配套制度的贯彻力度问题。

地方性规则运行一段时间之后,将会进入总结评估阶段。此时,地方性规则的制定者有可能会通过召开学术会议的形式邀请专家学者、上级司法机关领导、新闻媒体参与最终的评估程序。一般来说,能够召开上述评估总结会议的单位都是改革“成功”的典范,解决了司法实践中的某个方面的突出问题,取得了明显的成效。邀请专家学者是期望他们能够进一步对地方性规则给予理论上的支持和论证;邀请上级司法机关领导是为了向领导展示自己所取得的实实在在的“政绩”,以期获得各种各样的资源,并期望地方性规则能够被转化为国家的政策、法律或者地方性规则的制定机关被最高司法机关确定为某个项目的“试点单位”,成为司法机关内部某项司法改革项目的“领头羊”;邀请新闻媒体是为了透过媒体的报道形成舆论效应,让更大范围的群体知晓他们所取得的各种成绩,并期望能够吸引学界、上级机关的关注。总之,一般来说,最终的评估总结会都会成为地方政法机关的一次“庆功会”,几乎没有见到针对试点失败进行教训总结的评估会议。

五、地方性刑事司法规则的价值

地方性刑事司法规则在中国近20年的司法实践中不断涌现,必定在犯罪治理、人权保障等方面具备自身特有的优势,能够弥补统一的制定法可能无法解决的问题。

(一)发掘地方资源优势和解决地方刑事司法过程中所面临的特殊问题

由于政策导向、地理环境、人力资源等因素的综合影响,我国目前各地的经济发展水平存在不均衡的局面。部分发达地区的经济发展水平已经达到甚至超过了部分西方发达国家,而部分落后地区的经济发展水平可能还不能解决温饱问题。“社会发展差异的必然性必然导致调整规则不同的必然性,而现实中的疆域广阔的各地因发展差异巨大而对法律的需求程度明显不同。”[38]

前已述及,地方资源的差距会使刑事诉讼实际执行中的外部客观环境存

---

[38] 徐向华:《论中央与地方的立法权力关系》,载《中国法学》1997年第4期,第13页。

在较大差异。面对外部客观环境的差异，发达地区可以为刑事诉讼法的执行提供更为充足的资源和保障，而欠发达地区能够保障刑事诉讼法基本得到执行有时都会“捉襟见肘”。全国各地都在实施内容完全相同的刑事法律，但是对于经济发展程度较高的地区，就可以提供较为充分的资源保障，从而增强刑事司法的人权保障和犯罪控制的能力。因此，《刑法》和《刑事诉讼法》只能看作是各地“最低限度”的执法标准，资源较为充裕的地区可能提供一套高于法律最低限度标准的更高要求，从而做到“法治先行”。

刑事辩护权的保障程度是衡量一个国家或者地区刑事程序人权保障水平的核心指标之一。刑事诉讼的发展历史，就是一部辩护权不断得到扩张的历史。但是，被告人能否得到辩护律师的帮助一方面取决于他们是否有能力聘请到律师，另一方面取决于国家为无辩护人的被告人提供免费法律援助的范围。

据统计，“截至 2013 年 7 月，全国共有 174 个县没有律师，其中既无律师事务所又无律师的 132 个，有律师事务所而无律师的 42 个，涉及 15 个省（区）和新疆生产建设兵团。此外，还有 92 个县（市、区）只有 1 名律师”。[39]司法部近期通过设立国资律师事务所和律师法律服务志愿者行动，在一定程度上解决了无律师的问题。但是，由于客观经济发展水平的限制，短期内想要在上述以前无律师的县市区切实保障刑事辩护的质量，可能性不大。

在经济发展水平较高的浙江省，2011 年 3 月 9 日专门制定了地方规范性文件，以“扩大刑事案件被告人指定辩护范围”。除刑事诉讼法明确要求必须指定辩护的案件外，浙江省还要求对下列案件“一般也应当”为被告人指定辩护人：“（1）中级人民法院审理的一审刑事案件；（2）基层人民法院适用普通程序审理的一审刑事案件，被告人可能被判处三年以上有期徒刑刑罚的；（3）被告人本人明确要求委托辩护人但又无经济来源，无法联系其家属或者其家属经多次劝说仍不愿为其承担辩护律师费用的；（4）案件有重大社会影响或者社会公众高度关注的；（5）被告人犯罪时未满 18 周岁，开庭审理时已满 18 周岁的；（6）被告人认知能力较差，可能影响案件正常审理的；（7）法院认为起诉意见和移送的案件证据材料可能影响正确定罪量刑的；

㊴　刘子阳：《174 个县无律师已经全部解决》，载《法制日报》2014 年 10 月 18 日，第 1 版。

(8)被告人作无罪辩护的。"[40]

显而易见,各地律师数量和经济发展水平直接制约了当地的刑事法律援助的发展状况,并影响到刑事诉讼中的辩护权保障水平。对于经济发展水平较高、律师数量较为充足的地区,通过制定地方规范性文件,提供一套高于刑事诉讼法的执法标准,并非是故意制造法律适用不平等的局面,因为刑事诉讼法只是最低限度的保障标准,它并不禁止各地根据自己的经济法制发展水平提供更为优质的公共产品。它的意义在于可以在局部加快刑事程序法治化、民主化的进程。

中国刑事司法的运作不仅在外部环境上存在较大的地区差异,而且不同地区所面临的犯罪类型也具有地方特殊性。其中,外地流动人口犯罪就是困扰外地打工者众多的发达地区司法机关的地方性问题之一。总体而言,在司法实践中,外地人在审前被取保候审的概率极低。同本地犯罪人员相比,外地涉嫌犯罪人员通常具有以下特点:大多是经济欠发达地区的农村人口;职业通常不固定甚至没有职业,收入一般较低而且缺乏保障;没有固定的住所,流动性较强;在当地既没有固定资产,通常也没有亲属。因此,对他们采取取保候审,他们既难以提供足够数额的保证金,也难以找到符合条件的保证人,更没有适合执行的固定住所。为了办案的便利和效率,办案机关倾向于对外地犯罪嫌疑人适用逮捕措施。部分地区检察机关为了切实解决这种有违法律适用平等的现象,正在积极地探索应对之道。前面已经提到,2009 年年初,无锡市人民检察院专门制定了《无锡市关于建立社会管护教育基地平等保护涉罪外来人员取保候审权利的指导意见》。据统计,截至 2010 年 3 月,检察机关通过与当地的社区、社会福利机构、企业进行协调,已经建成管护教育基地 48 个。其中,以此种方式被取保候审的外地犯罪嫌疑人共计 168 人,没有一名犯罪嫌疑人脱保。在最终的处理结果上,其中 15 名被不起诉,20 名被判处罚金,90 名被判处缓刑。[41]

因此,地方性刑事司法规则的首要价值就在于它的"地方特色",可以根

---

[40] 《浙江省高级人民法院关于扩大刑事案件被告人指定辩护范围的通知》(浙高法〔2011〕69 号)第 2 条。

[41] 参见无锡市人民检察院课题组:《涉罪外来人员适用强制措施实证研究》,载《国家检察官学院学报》2010 年第 4 期,第 129 页。

据各个地方经济法制发展水平以及当地刑事程序所面对的特殊问题,提供高于刑事诉讼法标准的地方执法标准,并针对特殊问题采取地方性解决方案予以化解,从而确保刑事诉讼法在地方司法实践中能够得到更为有效的贯彻实施。

(二)为刑事司法所面临的普遍性难题的化解累积经验教训

我国刑事司法不仅面临着一些带有地方特殊性的问题,更面临着一些影响人权保障和犯罪控制的普遍性问题,某些所谓"地方性问题",如果放在全国范围内来看,可能也是一种普遍性问题。例如,前文所说的外地犯罪嫌疑人取保候审率较低的问题,实际上反映了我国刑事诉讼羁押率较高的普遍现状,不单是发达地区需要解决这个问题,也不单是外地犯罪嫌疑人羁押率较高,而是全国各地普遍存在羁押率较高的现状。[42] 这与刑事诉讼无罪推定所要求的"羁押为例外"基本原则有较大的距离。

对于关系到整个国家刑事程序治理的宏观问题,解决的路径不外乎三个方面:一是允许地方政法机关根据各地的实际情况,主动就某个全局性问题的解决,创造性地进行局部改革和试验;二是在中央或者上级司法机关的指导下,某些地方司法机关结合中央的试点方案和意见,有针对性地对普遍性问题进行地方性改革探索;三是由国家直接通过立法的形式"一揽子"解决事关全国性的普遍性问题。第一种方式可以称为"地方主动性探索模式",第二种方式可以称为"中央选择性控制和地方配合性探索相结合模式",第三种方式可以称为"立法改革模式"。

这三种模式各有所长,并且可以相互补充。地方主动探索解决刑事司法的普遍性问题,可以为国家制定法律提供各种各样的"样本",以作为宏观层面制度改革的"参照物"。"中央选择性控制和地方配合性探索相结合模式"可以确保地方试验改革能够始终沿着国家给定的方向进行制度试验,可以避免各地主动改革的无序、低效和重复性,同样也可以为国家提供制度改革的"参照物"。"立法改革模式"可以一步到位地解决地方司法实践无法或者不敢触及的体制性问题,实现制度的转型升格。

---

[42] 参见孙长永主编:《侦查程序与人权保障——中国侦查程序的改革和完善》,中国法制出版社2009年版,第35~37页。

在中国这样一个人口、地域辽阔且社会发展不均衡的大国,“立法改革模式”必须要慎之又慎。以立法的形式仓促进行改革,可能非但不会促进法治进步,还可能因为欠缺对制度效果的充分预测,造成社会动荡、犯罪率增加、人权保障水平降低的结果。不管是地方主动改革,还是国家选择性控制的地方性改革,可以为“立法改革模式”创造一个必要的前提:检验某种新制度、新方案的实效。

人们通常把地方先行探索的改革模式称为“摸着石头过河”,强调不可轻易地进行全局性改革,更不可“蛮进”,而应当边学习边适应边调整,以渐进的策略推进法律制度的革新。对于中国这种转型期的大国而言,我们面临着充满各种不确定性的未来,同时立法者的理性也是有限的,无法充分预测一步到位式的改革可能会产生的各种叠加性后果,因此通过地方性刑事司法规则的创设和检验,在不断的试错中,总结经验教训,比较不同的选择,可以为我们最终提供一个“未必最佳但令人满意”的解决全局性问题的方案。㊸

这在2012年《刑事诉讼法》所确立的刑事和解制度中体现得尤为明显。1979年《刑事诉讼法》和1996年《刑事诉讼法》均对自诉案件的和解程序作出了规定,对公诉案件则没有规定当事人和解程序。公诉案件成为国家专门机关单方面主导的一种职权垄断型案件,遭受犯罪侵害的被害人在这种诉讼程序中形式上被确定为“当事人”,实质上却沦为诉讼的证人,他们因犯罪所遭受的精神、物质方面的损失未得到充分重视,更是忽视了他们在是否追究刑事责任方面的意见。随着构建和谐社会话语的出现,许多地方政法机关均发现了公诉案件当事人自行和解制度与国家话语之间的契合性,尝试在公诉案件中主动推行刑事和解制度。如此大规模的全国性刑事程序改革运动,堪称罕见,以至于有学者认为中国在司法实践中兴起了一种新的刑事诉讼模式——“私力合作模式”。㊹

从司法实践的情况来看,各地兴起的刑事和解制度确实在诸如故意伤害、交通肇事等案件中起到了积极的作用,相对于附带民事诉讼而言,它们能

㊸ 参见王绍光:《学习机制与适应能力:中国农村合作医疗体制变迁的启示》,载《中国社会科学》2008年第6期,第113~114页。

㊹ 参见陈瑞华:《刑事诉讼的私力合作模式——刑事和解在中国的兴起》,载《中国法学》2006年第5期。

够使被害人得到更多的赔偿，也得到了精神上的宽慰，更使被害人在诉讼中的参与权得到了尊重，也有利于被告人认罪悔罪，可以在一定程度上消除因犯罪行为所引发的社会关系的紊乱，具有较为明显的积极效果。但是，部分司法机关甚至把诸如危害公共安全等严重犯罪也纳入刑事和解之中，导致人们提出了“花钱买刑”的质疑，降低了司法的公信力，成为一种破坏法律信仰的力量。

不管如何，这场由全国各地司法机关自发进行的刑事和解运动，为我们检验刑事公诉案件当事人“私了”的可行性、效果、范围、社会认可度提供了大量的经验，也提供了许多教训。这恰恰就是2012年《刑事诉讼法》确立公诉案件和解制度的基本条件，正如参与立法工作的人员在刑事诉讼法修正案的立法说明中所言：

近年来，在创新社会管理、创建和谐社会的司法实践中，有些地方尝试在公诉案件中加强对被害人的保护，在国家追诉的前提下，允许犯罪嫌疑人、被告人真诚悔罪，通过向被害人赔偿损失、赔礼道歉等方式获得被害人的谅解，被害人自愿与犯罪嫌疑人、被告人和解的……取得了较好的社会效果和法律效果。此次修改《刑事诉讼法》，根据各方面的意见，吸收了司法实践中的有益做法……同时，考虑到公诉案件的国家追诉性质和《刑法》的严肃性，防止出现以罚代刑或者放纵一些严重犯罪等新的不公正，对建立这一新的诉讼制度应审慎把握。[45]

由此可见，刑事和解制度在2012年《刑事诉讼法》中的确立就是立法机关在总结全国各地有关刑事和解的地方性规定及实践的经验和教训后的产物。这种由地方自生自发的司法实践再上升为立法的法制变革模式，恰恰就是地方性刑事司法规则对于解决普遍性问题的价值之所在。它可以在一定程度上克服人类的有限理性，避免了理性建构刑事诉讼制度行动失误的风险，通过地方政法机关进行多样性的制度创新，可以激励地方政法机关之间的竞争，不断改进和完善改革方案，形成刑事程序改革的“制度竞赛”，“最终从中优选出更加科学、合理和有效的方案在全国推广施行”。[46]

---

[45] 全国人大常委会法制工作委员会刑法室编：《关于修改中华人民共和国刑事诉讼法的决定：条文说明、立法理由及相关规定》，北京大学出版社2012年版，第340页。

[46] 参见徐亚文、童海超：《当代中国地方法院竞争研究》，载《法学评论》2012年第1期，第28页。

(三)避免激进式的自上而下的刑事司法变革所引发的秩序混乱

制度永远都不可能停滞不前,废弃旧制度,确立符合时代需要的新制度,是任何社会都无可避免的问题。人类历史的无数次教训已经告知我们,任何想要一步到位的激进改革,都可能造成新制度与旧的观念、环境和行为模式的巨大冲突和紧张,进而可能会因为制度不协调而导致结构性混乱,最终导致制度变革失败。刑事诉讼制度的变革概莫能外。一个理想的刑事诉讼制度改革,应当既能够实现制度的平稳革新,也能够在制度改变的进程中保持刑事程序的安定,不会引发程序失控甚至倒退,也不会引发社会秩序的混乱。相反,激进的制度变革可能非但不能取得预期的效果,反而可能会引发新的更多的问题。

中国刑事司法制度变革的反面典型例证之一就是1996年《刑事诉讼法》关于公诉方式的改革。当时,立法者为了改变法院先定后审、开庭审判走过场的问题,希望引进英美法系的当事人主义诉讼模式,构建"控辩式审判"模式。为此,不仅在庭审程序中赋予了控辩双方相当程度的程序推进和主导权,而且吸收了英美法系的"起诉书一本主义"起诉方式,确立了"复印件主义"起诉方式。概言之,为了防止法官在阅卷后产生有罪心证,难以做到公正客观听审,使审判实质化,检察院在提起公诉的时候,除起诉书外,只能移送"证据目录、证人名单和主要证据复印件"。立法者的改革目标是值得肯定的,但在没有任何一个地方司法机关进行地方试验之前,进行如此激进的公诉模式改革,将会面临巨大的风险。

1996年《刑事诉讼法》实施后不久,问题马上就凸显出来。由于诉讼理念、诉讼结构和司法现状的综合制约,法官对案卷材料高度依赖,最终导致公诉方式改革有名无实。案卷材料只不过由以前的庭前移送改变为1996年以后的庭后移送,法官照样是以案卷材料作出裁判。[47] 也就是说,改革宣告失败。更关键的是,它还引发了新的问题,例如,辩护权的保障发生了某种"倒退"现象:在1996年之前,辩护律师可以在法院查阅检察院所移送的全部案卷材料,进行较充分的开庭辩护准备;1996年起诉方式的修改,辩护律师在法院能够查阅的案卷材料大为减少,而且所阅材料还要经过检察院的选择性

---

[47] 参见李昌盛:《事实认定的中立性》,载《清华法学》2012年第4期,第142页。

“过滤”，[48]导致更难以发现有利于辩护的证据材料。因此，“一些律师反映，在修改后的刑事诉讼法实施之后，刑事案件辩护成功率反而明显下降，其主要原因在于阅卷权受到了不应有的限制。”[49]

可以设想，如果当初立法机关在对公诉方式进行立法变革之前，能够有选择性地在全国某些地方进行试点，检验这种新制度的可行性和效果，那么就可能会获得相应的“教训”，避免如此激进的改革所导致的混乱甚至倒退局面。实际上，经过16年的运行之后，2012年《刑事诉讼法》终于回归到了1979年的公诉方式，重新确立了全案卷宗移送主义，但是我们为此也付出了较高的代价。

以地方性刑事司法实验先行探索的模式进行渐进性改革，之所以能够避免这种现象，主要是因为我们可以把刑事司法变革的地域控制在一定范围之内，即使改革失败，成本也相对较低，而且国家也可以从中汲取到教训，避免全国整体性改革所带来的失序结果和高昂代价。此外，由于不同地区可以分别开展不同类型的制度试验，可以为制定新的法律提供多样化的实践经验，也有利于国家对它们作出比较评估，并选择一种比较切实可行的方案，从而可以保证其后所推行的自上而下的全国性改革切合中国实际情况，避免引发混乱甚至倒退的结果。

（四）有利于暂时搁置价值之争和刑事司法改革的启动

在中国很多理论上的争议最终都可能转化为价值或意识形态上的争议。改革开放之初到底是姓“资”还是姓“社”的诘难就是集中表现。为了避免价值之争难以达成一致意见导致改革进程延误，邓小平主张“不争论”，从而启动了各地区、各领域的具体的政策制度试验，而成功的地方性试验增加了改革的信心，并通过“让事实说话”的方式回应了反对意见所提出的诘难，确保改革得以进一步顺利推进。[50]

在刑事司法领域内也存在许多不同诉讼理念的价值之争，如自由与秩序

---

[48] 所谓选择性“过滤”，是指检察院有权依法自行确定何谓需要向法院移送的“主要证据”。有学者将其称为“依法隐瞒证据”。参见孙长永：《刑事庭审方式改革出现的问题评析》，载《中国法学》2002年第3期，第144页。

[49] 陈光中主编：《刑事诉讼法实施问题研究》，中国法制出版社2000年版，第44页。

[50] 参见吴昊、温天力：《中国地方政策试验式改革的优势与局限性》，载《社会科学战线》2010年第10期，第40页。

之争、实体真实与正当程序之争、惩罚犯罪与保障人权之争、特殊对待与诉讼平等之争等。不同诉讼价值之争,背后则是不同社会治理观念之争。无论如何,刑事诉讼只是一种维护社会秩序的手段。只要能够有效地解决司法实践中存在的迫切问题,使公民免于权力和犯罪的侵害,享受幸福安宁的社会秩序,就是成功的制度。无论它是借鉴于国外,还是源自于传统,抑或是我们的自我创新。

刑事法治的实现高度依赖于承担诉讼职能的国家机关的独立办案能力。否则,程序外的各种影响因素就可能通过各种途径进入诉讼之中,从而使程序丧失了自治性,既无法保障依照法定程序得到确定的结果,也严重影响司法人员职业化水平的提升,还会在相当程度上降低诉讼的效率。但是长期以来,司法独立(包括审判独立和检察独立)一直是一个较为敏感的话题,包括最高司法机关在内的国家机关都不敢轻易启动这一领域内的司法改革。其背后的核心原因在于担心自己被指责为路线错误。这种源自于意识形态方面的桎梏已经严重影响到刑事司法改革的整体质量,导致刑事司法权力运行不畅。

鉴于司法机关内部行政化和外部地方化所导致的各种违背法治规律的问题,中央司法改革领导小组近年来开始进入这个深水领域,启动法官和检察官办案责任制改革。所谓法官、检察官办案责任制,无非就是赋予办理案件的法官、检察官享有依照法律和事实独立作出判断的权力。这在相当程度上是赋予了承担"责任"的法官、检察官的独立司法权,但是以所谓办案责任制的提法进行改革就可以避免提倡司法独立所带来的意识形态之争,有利于各地根据自己的实际情况启动改革进程。据悉,2013 年 12 月底,最高人民检察院决定在全国 7 个省份 17 个检察院试点开展"检察官办案责任制改革",并下发了《检察官办案责任制改革试点方案》,各地根据最高人民检察院的方案,结合自己的实际情况,也制定了相应的规范性文件。其核心在于改变检察院内部以前事无巨细一律经过三级审批的办案模式,赋予主任检察官独立决策权。据媒体报道,经过近 1 年的全国选择性试点,未发现主任检察官独立办案之后,存在滥用职权、违法违纪的行为,而且还增强了办案检察官的责任意识,提升了诉讼效率,也提高了办案检察官的职业化水平和能力。[51]

在涉及较大价值之争或者意识形态之争的领域中，社会各界往往很难达成改革的共识，地方性刑事司法规则在此可以发挥其独特的作用，它们"无需在价值之争上花费太多的精力，只需在法治框架内将政策目标或法理价值以适当的方式转化为可操作性之规范即可"。[52] 通过地方先行改革，可以暂时搁浅所面临的价值争议，降低全面改革所产生的阻力，减少拖延，避免因严重的价值分歧导致改革陷入"死机"状态，从而有利于刑事司法体制性改革的启动和推进。

（五）有利于填补立法和司法解释的漏洞

作为实行统一制定法的国家，通常在实施法律的过程中都会面临两组矛盾：一是法律条文的有限性和司法实践所面临问题的无限性之间的矛盾；二是法律的滞后性和社会不断发展所面临的新问题之间的矛盾。对于这两组矛盾，固然可以通过立法机关或者最高司法机关的法律解释在一定程度上予以化解，甚至直接通过制定新的法律或者修改旧法予以解决，但是并不能从根本上化解地方司法机关在执行法律时所面临的这两组困境。

因此，地方司法机关根据司法实践中出现的各种问题，根据立法意旨和法律原则，有针对性地对法律实施过程中所遇到的各种问题做出解释、规范，既可以避免全国性修改法律或者颁布司法解释所引发的急剧制度性变革，更有利于填补立法和司法解释的"法律漏洞"，快速回应各地司法实践所面临的突出问题。这是具备司法解释性质的地方规范性文件的主要价值之所在。

让我们以犯罪而引起的民事诉讼为例。众所周知，我国实行刑事附带民事诉讼制度，可以把因犯罪所引起的侵权行为赔偿问题纳入刑事诉讼中一并处理。不管是1996年《刑事诉讼法》，还是2012年《刑事诉讼法》，附带民事

---

[51] 例如，北京市朝阳区人民检察院2013年1月至7月受理公诉案件2331件，同比上升20.3%，办案周期由改革前的45.7天，下降为37.9天，缩短近8天；湖北省随州市人民检察院审查批捕案件办理时间较改革之前平均缩短1至2天，审查起诉案件办理时间较改革之前平均缩短3至5天。自试点以来，重庆市渝北区人民检察院共有17名干警和10个集体获得区以上表彰，4名干警在重庆市业务竞赛中被评为"业务能手"。上海市闵行区人民检察院在2014年任命的26名主任检察官中，具有全国或省市级业务标兵称号的共11名。参见徐盈雁：《检察官办案责任制改革试点一年回眸：有收获更有希望》，载《检察日报》2014年12月22日，第1版。

[52] 牟军、张青：《刑事诉讼的立法模式与立法技术批判——以〈刑事诉讼法第二次修正案〉为中心》，载《法制与社会发展》2012年第6期，第124页。

诉讼的赔偿范围都被限定在因犯罪所遭受的“物质损失”。换言之,精神损失并没有被纳入附带民事诉讼的赔偿范围之内。但是,如果被害人是在刑事判决生效之后,单独提起民事诉讼,可不可以提出精神损害赔偿要求,则是一个“悬而未决”的问题。之所以说它是“悬而未决”,是因为最高人民法院之前所作出的司法解释明确禁止法院受理被害人的精神损害赔偿请求,即使是判决生效后单独提起的民事诉讼,也不得受理。[53] 但是,依据2009年12月26日全国人大常委会所制定的《侵权责任法》第4条的规定,侵权人因同一行为应当承担行政责任或者刑事责任的,不影响依法承担侵权责任。也就是说,不能因为侵权人构成犯罪并被判处刑罚,就可以免除他的侵权责任。《侵权责任法》同样适用于被追究了刑事责任的罪犯。《侵权责任法》第22条还明确规定,侵害他人人身权益,造成他人严重精神损害的,被侵权人可以请求精神损害赔偿。因此,如果针对人身的犯罪行为已经“造成他人严重精神损害的”,被害人“依法”有权主张精神损害赔偿。否则受害人对最严重的侵权行为(犯罪)无法主张精神损害赔偿,而对不太严重的普通的民事侵权行为反而可以主张精神损害赔偿。这与《侵权责任法》的法律规定和精神是相悖的。

面对最高司法机关的司法解释与基本法律规定发生不一致的情形,到底如何做出选择,困扰着许多地方的司法机关。2012年《刑事诉讼法》施行后不久,广州市中级人民法院专门就“已被追究刑事责任的犯罪人应否承担精神损害赔偿民事责任”的问题向广东省高级人民法院进行请示。广东省高级人民法院在2013年1月30日的批复中写道:“关于已被追究刑事责任的犯罪人应否承担精神损害赔偿民事责任的问题,依据《中华人民共和国侵权责任法》、最高人民法院《关于确定民事侵权精神损害赔偿责任若干问题的解释》、《关于审理人身损害赔偿案件适用法律若干问题的解释》及其他相关规定,人民法院应对当事人关于精神损害赔偿的诉讼请求进行实体审理,并依

---

[53] 2002年7月最高人民法院针对云南省高级人民法院的请示批复中明确写道:“对于刑事案件被害人由于被告人的犯罪行为而遭受精神损失提起的附带民事诉讼,或者在该刑事案件审结以后,被害人另行提起精神损害赔偿民事诉讼的,人民法院不予受理。”参见《最高人民法院关于人民法院是否受理刑事案件被害人提起精神损害赔偿民事诉讼问题的批复》(法释〔2002〕17号)。2012年《最高人民法院关于适用〈中华人民共和国刑事诉讼法〉的解释》第138条第2款有类似规定,即因受到犯罪侵犯,提起附带民事诉讼或者单独提起民事诉讼要求赔偿精神损失的,人民法院不予受理。

法认定应否予以支持。”[54]

该批复完全认可了因犯罪行为而单独提起的民事诉讼可以提出精神损害赔偿请求,是对先前最高人民法院所作出的司法解释的否定,认可了精神损害请求的合法性。由于最高人民法院先前的批复中明确否定这个请求,再加上立法机关也没有给出权威解释,广东省高级人民法院的批复事实上充当了地方性司法解释的作用,在一定程度上也可以反过来影响到附带民事诉讼受案范围的不合理的界定,从而可以推动刑事诉讼被害人人权保障水平的发展。

六、地方性刑事司法规则的局限性

地方性刑事司法规则不仅有利于充分挖掘地方资源优势和解决本地所面临的特殊问题,而且还有利于为普遍性问题的解决积累经验教训,避免激进式改革所引发的秩序混乱,搁置抽象的价值之争并使程序改革得以启动,还有利于解决本地政法机关之间的职权冲突和填补立法、司法解释的漏洞。但是,我们也必须看到,地方性刑事司法规则不管是在内容、制定程序上还是在效果上都有其自身的局限性。尤其是在法制建设已经走到如今较为完备的现实背景下,地方性刑事司法规则的局限性日趋明显。因此,为了扬长避短,我们不仅要认识到地方性刑事司法规则的价值和优势,还应当清醒地把握它的不足和局限。

(一)参与性和公开性不足

地方性刑事司法规则是一种针对特定地区诉讼程序的普遍性规范,即使不是地方立法机关所制定的,也无疑具有“地方立法”的色彩,可能会直接影响到当地司法机关的行为模式和诉讼参与人的权益保障。从目前地方政法机关制定规范性文件的流程来看,也基本参考了立法程序的基本步骤:确定主题—调研起草—讨论报审。但是,从整体上而言,地方规范性文件的制定基本被地方政法机关视为“内部事务”,缺乏有效的民主决策、社会参与和程序公开等程序性保障。

作为一种普遍性的规范,地方性刑事司法规则不但会影响到制定机关自己的行为模式,而且还影响到其他机关、诉讼参与人尤其是辩护方、被害方的

---

[54] 《广东省高级人民法院关于已被追究刑事责任的犯罪人应否承担精神损害赔偿民事责任的批复》(粤高法民一复字〔2012〕3号)。

权益。因此,所有可能受到地方性诉讼规则影响的人员,都应当有机会由自己或者通过代表参与到地方性规则的制定程序之中,防止制定机关利用制定规范性文件任意扩张权力、增加诉讼参与人的义务或者减损辩护权,这是规则形成程序公正性的基本保障。

从地方性规则的制定实践来看,除了由地方立法机关所制定的地方性法规基本上做到了上述要求之外,在地方性规则中占据绝对多数的政法机关所制定的规范性文件,大多缺乏社会的有效参与。对什么内容进行规制的地方性规则的主题,是由政法机关自己确定的;调研是由自己进行的;起草是由自己完成的;报审是按照内部程序进行的。通常只是在规范性文件的合法性、合理性论证阶段,才会邀请其他机关或者专家学者参与讨论。但是,其他机关或者法学专家在论证会上的作用通常仅限于提供部门或者专业意见,并没有任何机制能够确保合理的专业意见得到采纳,也不会有任何事后的反馈程序。尤为关键的是,正如前文所述,地方政法机关在制定规范性文件的时候,通常并不把作为法律共同体一员的辩护律师纳入规则制定程序之中,即使是多个部门联合颁布的规范性文件,通常也是如此。因此,缺乏辩护方有效参与的地方性规则,难免可能会出现利用规范性文件限制辩护权的情形。一旦形成这种规则,它的危害性远大于个案当中对辩护权的违法限制,因为作为一种规则,它会导致大面积的权利限制结果。

地方性规则作为一种在特定地区具有普遍约束力的规范性文件,一旦做出之后,理应向全社会公开。一个不向社会公开但是又影响到不特定多数人利益的规则,将会完全沦为一种内部把握的"潜规则"。这不仅会导致社会无法对其进行有效的监督,而且容易导致司法的恣意。我们发现,有些地方的规范性文件确实已经做到了公开,但是在调研中,也发现部分规范性文件完全属于内部掌握的"秘密规则"。我们只有通过熟人关系或者挂职进入司法机关工作,才能得到有些地方的规范性文件。有时候,还要向规范性文件的提供者做出保密承诺,对方才放心将有关文件交付给我们。我们且不问这些内部把握的"保密性"地方规则的内容为何,[55]单是从程序上而言,这就是

---

[55] 部分不向社会公开的"秘密性"地方规则,确实存在较为严重的"合法性"瑕疵,之所以不向社会公开的一个重要原因,就是担心公开之后会遭受社会的指责。

一种极不符合公正性要求的行为，违背了法治的基本原理。正如美国前司法部部长克拉克所言："如果一个政府真正地是民有、民治、民享的政府的话，人民必须能够详细地知道政府的活动。没有任何东西比秘密更能损害民主，公众没有了解情况，所谓自治，所谓公民最大限度地参与国家事务只是一句空话。如果我们不知道我们怎样受管理，我们怎么能够管理自己呢？在当前群众时代的社会中，当政府在很多方面影响每个人的时候，保障人民了解政府活动的权利，比任何时代更为重要。"[56]不公开地方性刑事司法规则，会对辩护律师、诉讼代理人的辩护、代理活动带来消极影响。由于地方规范性文件没有公开，通常也就是无法了解当地的某些内部司法政策，"他们提出的代理、辩护意见常常不具有'针对性'，代理、辩护成功的概率就可能大大降低"。[57]

（二）中立性不足

刑事诉讼法素有"小宪法"之称，被誉为"宪法的测振仪"。刑法则被誉为犯罪人权利的"大宪章"。它们之所以享有如此声誉，主要是因为刑事法律与宪法在内在特质上具有高度统一性：限制国家权力对公民权利的任意干预。从本质上而言，刑事诉讼法是一部限制侦查、起诉、审判等国家权力的"限权法"。但是，凡是享有权力的组织和人员都想扩充自己的权力版图，这是一个亘古不变的权力法则。为了防止国家机关在刑事司法过程中任意扩充权力、限制和剥夺公民的基本权利，将国家权力的边界划定在一个合理的范围内，通常都是由独立于办案机关之外的立法机关制定法律规则，以防止出现"恶法"。

在地方性刑事司法规则的制定过程中，规则的制定者与规则的执行者出现了高度统一。如果说任何一个组织都存在追求利益最大化或者权力扩张的动机，那么由规则的执行者来制定游戏规则，就可能会出现利用制定规则的权力进一步为自己谋取利益或者便利。在中国当前由司法机关主导的地方性规则制定过程中，由于缺乏对规则制定程序的规范，某些司法机关就可能会乘着司法改革的"东风"，通过解读中央文件或者最高司法机关刑事政

[56] 王名扬：《美国行政法（下）》，中国法制出版社 1995 年版，第 959～960 页。

[57] 游伟：《统一司法要去除"地方性司法解释"》，载《法制日报》2009 年 11 月 4 日，第 5 版。

策的“微言大义”,以功利主义的效果论证地方性规则的正当性,并借此静悄悄地扩张自己的权力边界或者增加诉讼参与人的义务。

这种现象比较明显地反映在2012年《刑事诉讼法》修改之前各地的附条件不起诉的制度创新活动之中。例如,山东省蓬莱市检察院在2006年11月就开始试点附条件不起诉制度。据媒体报道,运行效果良好,不仅可以满足被害人的“精神抚慰和经济赔偿(补偿)的需要,消除犯罪诱因、潜在隐患,使犯有轻罪的人以自己的悔改态度和积极表现重返社会”,而且可以使“未成年人、偶犯、初犯、过失犯、胁从犯等拥有免除‘罪犯’标签的可能,有利于减少他们重新犯罪的概率”。[58] 附条件不起诉制度不仅涉及检察院起诉裁量权的配置问题,还涉及法院刑事裁判权的分割问题,不单是一个合目的性的价值论证问题,还是一个形式合法性的权力分配问题。依照1996年《刑事诉讼法》的规定,检察院在诉与不诉之间的自由裁量权极其有限,只限于相对不起诉(或称酌定不起诉)这一种情形,即犯罪情节轻微,依照刑法规定不需要判处刑罚或者免除刑罚的。但是,根据当地所制定的规范性文件,蓬莱市检察院附条件不起诉的范围扩充到“特定主体可能判处三年以下有期徒刑、管制、拘役的”,而对于未成年人等特殊主体,“在符合一定条件的前提下,即使法定刑在三年以上”也可以进行附条件不起诉。除此之外,他们还对作出附条件不起诉决定的犯罪嫌疑人科加立法没有任何规定的6个必须遵守的义务和2个可选择性义务。[59]

从理论上而言,当时的学术界对这项新程序基本上是肯定的,大多也是从效果、目标角度进行论证的。透过功利主义的效果论证,我们可以发现,这种附条件不起诉不仅在范围上大大扩展了检察院的起诉权,使起诉裁量权的

---

[58] 参见蒋安杰:《“我们不是在越俎代庖”——对蓬莱市检察院“附条件不起诉制度”的调查》,载《法制日报》2007年12月5日,第4版;蒋安杰:《蓬莱市检察院“附条件不起诉制度”引发激烈争议》,载《法制日报》2007年12月6日,第4版。

[59] 六个必须遵守的义务是:“有被害人的案件,通过书面悔过、向被害人道歉等方式,双方达成谅解或和解;对被害人有物质损失的案件,作出赔偿或者给予被害人适当的补偿;不得侵扰被害人、证人、被害人家属;人民检察院认为必要的,可以禁止被附条件不起诉人出入特定场所,或者必须在特定场所接受特定的疾患治疗;对未成年被附条件不起诉人进行帮教,确定帮教单位和帮教责任人,落实帮教责任;确定三个月以上,一年以下的考察期,必要时可以延长三个月。”两个可选择性义务是:“向当地民政部门支付一定的公益金;在所在单位、社区、村民委员会、学校等履行一定义务劳动,被附条件不起诉人为外出打工者的,应就地劳动或根据有关责任部门的安排到专门场所进行劳动。”

运作空间大大超出了相对不起诉的范围,也因此实际上分割了法院在一部分案件当中的“裁判权”,而且还为被不起诉人科加了诸多的法律规定之外的义务。但是,它们的试点却没有经过立法机关的任何授权。实际上,早在2004年7月2日,最高人民检察院面对基层检察院所进行的“暂缓起诉”试点改革行为,就专门下发“暂缓起诉没有法律依据不宜推广”的通知。[60] 假如地方性规则的运行可以按照这种路径走下去,那么到时候诸如美国式的辩诉交易制度也完全可以找到适当的理由在中国进行试点。

鉴于地方性规则的制定权存在的追求自我利益最大化的特性,我们必须谨慎地对待所谓的以创新为名义的各种试点,防止以此名义进行权力扩张。事实上,我们可以发现,在近年来所进行的各种地方性试点项目中,严格规制自己的权力行使或者扩大犯罪嫌疑人、被告人及其辩护人权利的举措并不是很多。相反,有的地方刑事司法规则直接剥夺或者限制犯罪嫌疑人或者辩护人的诉讼权利。

例如,根据重庆市“五机关”联合制定的《律师会见在押犯罪嫌疑人被告人办法》(以下简称《重庆办法》),“在侦查阶段,对于组织、领导、参加黑社会性质组织罪,组织、领导、参加恐怖组织罪或者走私犯罪、毒品犯罪、贪污贿赂及渎职犯罪等重大复杂案件,律师要求会见在押犯罪嫌疑人的,应当向办案机关提出申请。办案机关应当在律师提出申请之日起五日内做出批准或不批准的决定,并向律师开具《批准会见在押犯罪嫌疑人决定书》或《不批准会见在押犯罪嫌疑人决定书》”。[61]《重庆办法》制定的2009年,《律师法》已经颁行,该条规定完全改变了《律师法》有关律师会见权的法律规定。即使按照1996年《刑事诉讼法》的规定,这一规定也不符合有关律师会见权的规定。根据1996年《刑事诉讼法》第96条的规定,只有涉及国家秘密的案件,律师会见犯罪嫌疑人才需要经过批准。《重庆办法》第16条却要求所有的“组织、领导、参加黑社会性质组织罪,组织、领导、参加恐怖组织罪或者走私犯罪、毒品犯罪、贪污贿赂及渎职犯罪等重大复杂案件”,都应当在申请获得批准后才能会见犯罪嫌疑人。这无疑对辩护律师的会见权进行了“法外”限制

---

[60] 左卫民:《刑事诉讼制度变迁的实践阐释》,载《中国法学》2011年第2期,第121页。

[61] 重庆市高级人民法院、重庆市人民检察院、重庆市公安局、重庆市国家安全局、重庆市司法局《律师会见在押犯罪嫌疑人被告人办法》(渝司发〔2009〕18号)第16条。

甚至剥夺。

中立性不足还体现在有关地方性规则运行效果的评估方面。实践中,某些地方公安司法机关之所以热衷于进行地方性司法程序规则的创建活动,其主要原因是想要通过制度创新吸引到媒体、学者尤其是上级机关乃至中央的认可。一旦得到了上级或者中央机关的确认、支持和肯定,地方性规则的创建活动就会转化为一种"看得见的"政绩,可以为所在组织及其领导获得项目、资源和职务提升创造条件。

因此,我们很少能够从媒体上看到某种地方性规则创建后一败涂地、毫无效果的报道,我们总是能够看到产生了许多积极效果的各种报道。至于那些所谓的积极效果到底与地方性规则之间有没有关系,有多大的关系,地方性规则存在什么问题和缺陷,则几乎罕见于报道之中。这是由地方性规则的评估者与操作者高度统一所致,正如有学者所言,地方性规则多是"由实务部门出于追求政绩的目的发起和主导,他们往往既是实验者又是实验对象,既设计又评估,如同既当裁判又当运动员一样,对结果的倾向性明显,而依赖实务部门协助的学者也往往会受到实务部门立场的影响,失去对实验结果的客观追求"。[62]

(三)部分地方性规则因缺乏配套措施而效果不佳

地方性规则的主要目标之一是解决司法过程中产生的现实问题。但是,导致某种现实问题的因素通常并非某一个方面的制度缺陷所致,而是一种系统性问题。刑事司法作为一种由不同主体参与的前后相互影响的制度体系,各种规则之间以及刑事法律与程序外的司法体制和司法环境都存在相互兼容和相互协调的问题。用一句话来形容,可谓"牵一发而动全身"。因此,在以解决问题为导向的地方性规则创制活动中,确保各种相互联系的司法机制能够协调并进,才可能降低不协调所导致的低效或者无效。否则,要么因为缺乏其他配套规则的齐头并进导致出现"瓶颈"效应,要么因为地方性规则过于超越于现实条件而产生"早熟"效应。[63]

从目前司法实践中的地方性规则的运行情况来看,注重"综合配套"改

---

[62] 葛琳:《从理念到技术:在司法领域中运用试验方法的局限性》,载《清华法学》2011 年第 6 期,第 118 页。

[63] 参见樊纲、胡永泰:《"平行推进"而不是"循序渐进":关于体制转轨最后路径的理论与政策》,载《开放时代》2009 年第 7 期,第 34 页。

革的模式也并非完全没有。例如,前述武胜县检察院在羁押必要性审查制度试点之后,又对取保候审、监视居住的监管制定了配套性规则。但是,总体上而言,目前仅就某个方面的特定问题进行完善的地方性规则为数较多。

量刑规范化改革是近年来最高人民法院推行的以遏制不当量刑裁量权,提升量刑结果公信力的改革。量刑规范化改革目前采取的是实体和程序齐头并进的改革模式。不管量刑实体规则如何细致入微,量刑程序设计如何公正无偏,它们都面临着一个最为核心的问题:如何能够收集到充分的量刑信息以及由谁负责收集。如果缺乏充分的量刑信息,尤其是缺乏有关被告人个人社会危险性的充分信息,量刑实体规则如何能够激活?构建量刑程序的价值和意义何在?只不过是把以前合并在一起进行调查的证据,分置于不同的程序进行调查,有时候还会导致重复调查和评价证据的问题,这不仅可能导致效率的低下,也可能会使被告人的量刑待遇更为不利。[64]

由于量刑程序改革是一场完全由法院主导并推动的程序改革,公安机关、检察院并没有付诸多大热情,加之受限于资源不足,客观上也无力进行量刑信息的充分调查,辩护律师因各种因素的影响也无法开展有效的调查活动。因此,如果没有像对犯罪事实的调查那样由专门的机关进行充分调查,量刑信息的匮乏必然导致任何量刑规范化改革的实效大打折扣,其形式意义大于实质意义。我们从有关量刑程序改革的试点情况来看,有关机关并没有对这个问题给予足够的重视,而是争论于到底是"相对独立"还是"完全独立"的量刑程序。缺乏对量刑信息调查制度的配套跟进,量刑规范化改革好比是无源之水、无本之木。

(四)地方性规则的发展空间越来越有限

前已述及,地方性刑事司法规则在中国20世纪90年代之后得到迅猛发展,其与刑事法律自身存在的立法缺陷密切相关。这主要体现在法律条文数量有限、原则性规则较多。随着中国法制建设的不断发展,2008年3月8日,全国人大常委会委员长吴邦国向全国人大做工作报告宣布:中国特色社会主义法律体系已经基本形成。截至2008年"两会"期间,中国现行有效的法律已达229件,现行有效的行政法规近600件,地方性法规7000多件。《刑事

---

[64] 参见左卫民:《中国量刑程序改革:误区与正道》,载《法学研究》2010年第4期,第156~157页。

诉讼法》在经过多年酝酿、讨论后终于在2012年做出了第二次修改，将近增加或者修改了原法的二分之一内容。随后最高人民法院、最高人民检察院和公安部也向社会公布了各自有关刑事诉讼法的解释或者实施办法，加上最高人民法院、最高人民检察院单独或者联合其他机关所发布的司法解释性文件，我国俨然已经形成了一套规模庞大的“刑事诉讼法律体系”。单是《最高法解释》《最高检规则》《公安部规定》和修改后的《刑事诉讼法》法律条文加起来，累计数就多达1922条。[65] 刑事实体法的发展则更为完善，从1997年开始，刑法修正采用了修正案模式。从1999年至2011年，八部刑法修正案先后生效，每一次均对刑法典进行了较大规模的修改、补充或者废止。2015年8月29日，第十二届全国人大常委会第十六次会议通过了《中华人民共和国刑法修正案(九)》，并于2015年11月1日起开始实施。如果再加上立法解释和最高司法机关有关《刑法》的司法解释，刑法的法律体系已经日趋完备，并通过修正案的方式实现了短期内的自我更新。

在以前法律体系不完善的历史条件下，进行地方性刑事司法规则创制活动的空间相对较大，“只要地方司法机关能够从中央层面的文件中找到政策依据并论证其符合中央精神，就可以进行相关的试点改革”。[66] 在刑事司法规则已经较为完备的今天，地方司法机关制定地方性规则的空间日趋缩小，地方性规则的创制活动将会面临着规则创制是否合法的激烈争议。

这个问题在以前勉强可以通过“良性违法”为自己进行辩护，有时在事后还会得到上级和中央机关的追认和表彰。但鉴于中国地方性改革所出现的各种混乱景象，为改变当前部门利益立法和地方保护主义立法的现状，中央第十八届四中全会提出了“改革必须于法有据”的要求，建立以立法引导改革的社会发展模式。也就是说，先立法、后改革，即便是先行先试，“摸着石头过河”，也必须于法有据。在这种新的社会改革模式下，不要说地方政法机关的规则创制活动受到了限制，即使是最高司法机关也无权授权地方司法机关进行于法无据、超越法律的试点。

---

[65] 其中，《最高人民法院关于执行〈中华人民共和国刑事诉讼法〉若干问题的解释》条文数为548条，《最高人民检察院刑事诉讼规则(试行)》条文数则高达708条，《公安机关办理刑事案件程序规定》条文数为376条，《刑事诉讼法》条文数为290条。

[66] 郭松：《刑事诉讼制度的地方性试点改革》，载《法学研究》2014年第2期，第198页。

"改革必须于法有据"的要求充分体现在2014年有关刑事案件速裁程序的试点工作之中。2014年6月27日,第十二届全国人大常委会第九次会议表决通过了《关于授权在部分地区开展刑事案件速裁程序试点工作的决定》,以进一步优化司法资源,提升刑事诉讼的效率。据说,"全国人大常委会授权'两高'开展试点,这在历史上是第一次",之所以此次需要全国人大的授权,主要是为了确保改革要"于法有据"的依法治国精神。[67]

2015年修订的《立法法》还进一步对司法机关制定司法解释性文件的主体作出了明确的限制性规定,根据《立法法》第104条的规定,最高人民法院、最高人民检察院以外的审判机关和检察机关,不得作出具体应用法律的解释。这就意味着地方司法机关没有任何权力"就审判、检察工作中具体应用法律的问题"制定任何司法解释性文件。

由此可见,一方面,我国的刑事诉讼法律体系日益完善,相关规范越来越多;另一方面,中央要求地方进行任何改革必须"于法有据"并得到全国人大的授权,再加上《立法法》禁止地方司法机关行使司法解释的权力,两个方面因素的综合作用必然导致将来地方性刑事司法规则的发展空间越来越有限。

七、地方性刑事司法规则的前景展望

地方性刑事司法规则在中国不断发展、壮大与单一制下的地方司法需要、法律过于原则化和以试点推动司法改革的法制发展模式存在密切联系。作为一种行之于特定地域的法律规范,它确实具备自身的优势。由于长期以来缺乏对地方性规则进行有效的控制、地方制度创新的功利主义倾向,地方性刑事司法规则也出现了许多亟待解决的问题。刑事法律体系的日趋完备和中央关于改革必须于法有据的要求,使得地方性刑事司法规则的发展空间日趋有限。因此,地方性刑事司法规则的未来发展之路,应当在充分考虑其优势的基础上,克服其自身的弊端,根据全面深化改革和全面推进依法治国的基本原则和精神,特别是结合司法改革的要求和现实背景,对其予以完善。

地方性刑事司法规则所要解决的核心问题,主要包括两大方面:一是单

---

[67] 参见郑赫南:《司法领域"试验性立法"开先河——全国人大作出授权在部分地区开展刑事速裁程序试点决定》,载《检察日报》2014年6月30日,第5版。

一制下的中央立法权与地方公安司法机关的规则创制权之间的矛盾如何解决；二是地方性刑事司法规则自身促进当地乃至中国刑事司法的公正化问题如何解决。前者主要涉及合法性问题，后者主要涉及正当性问题。

（一）合法性之维

按照目前中国的立法权力配置，地方具有一定的立法权限，但并不及于地方公安司法机关。换言之，地方公安司法机关并没有制定具有普遍约束力的法律规则的权限。不仅如此，由于全国人大只是授权最高人民法院和最高人民检察院对适用法律过程中所遇到的问题进行解释，所以地方司法机关也并不享有司法解释权。地方公安司法机关作为把国家制定的统一法律适用于具体案件的执法机关，它们的职责是在规则的指引下结合自由裁量权的合理运用，实现个案的正义，并无创制规则的合法权力来源。

由此可见，地方司法机关制定地方性刑事司法规则时所面临的第一个困境就是它们制定地方性规则的权力依据何在？除了前文所提到的没有任何实质意义的重申性规定之外，解释性规则涉及司法解释权的依据问题，创新性规则直接涉及立法权的依据问题。站在形式法治立场的学者对地方性规则的合法性追问不无道理："以违法的司法改革试验来促进司法的进步，在根本上动摇的是法治基础——违法一旦养成习惯，怎能期望会有一个好的法治之局？"[68]对于这个追问，以前都是由最高司法机关的默认违法甚至直接授权进行"违法试点"予以解决的，但这不是长久之计，也不符合中国建设法治国家的现实需要，更不符合当前中央所提出的重大改革必须于法有据的基本要求，也违反了《立法法》的基本原则。

但是，以形式违法一棍子打死地方性刑事司法规则，无疑也是欠妥的，毕竟地方性刑事司法规则在整体上推进中国刑事法治化的过程中发挥了积极的作用，而且它的优势是统一的制定法无法取代的。更为严重的是，如果一律禁止地方政法机关制定任何地方性规则，那么就可能导致地方政法机关采取其他更为隐蔽的手段满足地方性司法需要，例如通过内部讲话统一法律适用标准，制定不向任何外部主体公开的"秘密"文件，这非但没有达到法治统

---

[68] 张建伟：《法学方法、改革试验与正当程序意识》，载《法治论坛》2010 年第 3 辑（总第 19 辑），中国法制出版社 2010 年版，第 3 页。

一的目标,还可能进一步减损社会的知情权以及诉讼参与人的权利保障。我们认为,为了解决部分地方性规则所面临的不合法但合理的悖论,必须要通过以法治为基础的集中授权模式和差异化授权模式予以化解,即需要国家在顶层设计上解决地方政法机关制定规则的合法性难题,并辅之以地方性规则的创制模式的革新。

“授权是指权力在归属中央的前提下,中央将所掌控的权力部分地授予地方的一种权力配置方式。”[69]中央授予地方的权力,可以是行政性权力,也可以是经济性权力,还包括立法性权力。授权本质上就是单一制国家体制下的中央与地方的“分权”。就立法权分配而言,集中授权就是全国人大及其常委会通过制定宪法、法律把部分立法事项一次性全部赋予地方行使的授权模式,如授予省级人大及其常委会制定地方性法规的权力;差异化授权是指全国人大针对不同地方的特点、为达到不同目标对部分地区授予制定法律权力的授权模式,如前述《关于授权在部分地区开展刑事案件速裁程序试点工作的决定》。

首先,对于民族区域自治地方制定创新性规则采取集中授权模式,其他地方的创新性规则的制定采取差异化授权模式。

民族区域自治制度是我国的基本政治制度之一,体现了对少数民族人民的文化、风俗、习惯的尊重。历史文化传统的差异造成了民族区域自治地方至今保留着一些特殊的不同于其他地方的纠纷解决办法,例如前述的“赔命价”传统。即使在当前的刑事和解法律框架下,故意杀人、故意伤害致人死亡等严重暴力犯罪案件还是属于刑事和解的“法外之地”。在这种背景下,除非通过修改法律或者授权民族区域自治地方根据自己的情况对刑事法律的执行制定变通规定,否则它们的合法性始终无法解决。鉴于民族自治地方的纠纷解决方式具有较为深厚的历史根基和宗教背景,无法在短时间内解决,因此通过暂时性的差异化授权可能无济于事。

因此,《刑法》第90条规定:“民族自治地方不能全部适用本法规定的,可以由自治区或者省的人民代表大会根据当地民族的政治、经济、文化的特

---

[69] 王国华、方付建:《差异化授权:中央地方权力关系改革的新路向》,载《华中科技大学学报》(社会科学版)2009年第5期,第50页。

点和本法规定的基本原则,制定变通或者补充的规定,报请全国人民代表大会常务委员会批准施行。"既然有关犯罪与刑罚的问题,《刑法》都可以直接授权民族自治地方制定变通或者补充规定,那么作为追究刑事责任的《刑事诉讼法》也应当与此保持一致,即在《刑事诉讼法》中增加一条完全相同的规定。这不仅满足了民族自治地方极为强烈的地方性司法实践的需要,也解决了地方性规则的合法性问题。

对于民族自治地方以外的其他地方而言,由于它们本身并不具有制定自治条例或者单行条例的权力,必须要严格执行由国家、地方所制定的法律、行政法规、部门规章和地方性法规,所以必须要采取不同的授权方式解决合法性问题。一般来说,其他地方制定超越制定法规定的刑事司法规则的需要,主要源自于进行刑事司法制度的改革创新,可能是期望解决某个地方所面临的突出问题,也可能是期望在法治发展上优先一步,还可能是期望落实国家的宏观司法改革精神和政策,等等。无论出于什么动机,只要是打破了刑事司法既定的权力——权力或者权力——权利配置格局,就是一种准立法行为,除非得到立法机关的授权,否则不得任意制定地方创新性司法规则。

结合当前有关刑事速裁程序试点授权的经验,可以考虑构建两种授权方式以解决合法性问题:主动授权方式和被动授权方式。

主动授权方式,是指全国人大常委会根据刑事司法的实施状况,对于事关法律修改的重大问题,依职权主动授予部分地区的政法机关先行试点的授权方式。为了尽可能检验不同地区试点方案的可行性,主动授权模式下的地区选择需要尽可能地具有代表性,选择不同政治、经济和文化发展水平的地域进行试点尝试,以积累充分的实证素材和经验数据,为最终的法律修订提供一个丰富的数据库。

全国人大常委会进行主动授权的事项往往都是事关刑事司法的普遍性问题,且依赖于他们发现问题并及时授权。由于信息不对称和部分地区司法实践的特殊需要,这种主动授权模式可能无法满足地方政法机关制定创新性规则的现实需要。因此,有必要构建另外一种被动授权方式。所谓被动授权方式,是指地方政法机关出于制定地方性司法规则的需要,通过最高司法机关申请全国人大常委会审议批准试点方案的授权模式。被动授权方式就好比是没有具体课题指南的课题申报,申报的具体事项由地方政法机关根据地方实际情况进行确定,但不是以前那种先自由试点再事后确认的追认方式,而是先申报获批后再进行试点的事前授权方式。被动授权方式可以充分地调动地方政法机关进行制度创新的积极性,且由于地方司法机关具有发现现实问题的信息优势,有助于发挥我国以前渐进式由下到上的法律变革模式的积极作用,也解决了试点任意混乱和合法性的质疑。

其次,赋予省级法院和检察院的司法解释权。

据全国人大常委会《关于加强法律解释工作的决议》以及《立法法》的有关规定,人民法院在审判工作中具体应用法律的问题,由最高人民法院作出解释;人民检察院在检察工作中具体应用法律的问题,由最高人民检察院作出解释。也就是说,目前有权进行司法解释的机关只有最高人民法院和最高人民检察院,其他任何机关(不管是中央机关还是地方机关)都无权进行司法解释或者制定司法解释性质的文件。

为了控制地方司法机关"越权"进行司法解释,2012 年 1 月 18 日,最高人民法院和最高人民检察院还专门下发了《关于地方人民法院、人民检察院不得制定司法解释性质文件的通知》(以下简称《司法解释通知》)。《司法解释通知》第 1 条明确要求:"自本通知下发之日起,地方人民法院、人民检察院一律不得制定在本辖区普遍适用的、涉及具体应用法律问题的'指导意见'、'规定'等司法解释性质文件,制定的其他规范性文件不得在法律文书中援引。"按照《司法解释通知》的要求,地方人民法院、人民检察院认为需要制定司法解释的,只能通过高级人民法院、省级人民检察院向最高人民法院、最高人民检察院提出制定司法解释的建议或者对法律应用问题进行请示。[70] 2015 年《立法法》将其基本内涵吸收到第 104 条规定之中。据此,地方各级人民法院、人民检察院完全丧失了制定司法解释文件的权力,地方司法机关制定的司法解释性文件、规则也没有任何"合法性"。

但是,2012 年的《司法解释通知》并没有产生较大的拘束力。[71] 自《司法

---

[70] 参见《最高人民法、最高人民检察院关于地方人民法院、人民检察院不得制定司法解释性质文件的通知》(法发〔2012〕2 号)第 3 条。

[71] 据记者观察,2015 年《立法法》禁止制定地方性司法解释文件的规定也没有得到遵守。最高人民法院也知道下级法院并没有严格遵守《司法解释通知》或者《立法法》的禁令,但由于"内部意见"不统一,实际上也是默认了下级法院的"越权"解释的"有效性"。参见任重远、罗欢欢:《上面不提倡,下面继续干——地方性"司法解释"立法法管不管》,载《南方周末》2015 年 4 月 3 日,第 3 版。

解释通知》发布之后,各地司法机关还是“我行我素”,没有理会最高司法机关的禁止性要求,制定了许多带有一定司法解释性质的指导意见、批复、解答、实施细则等规范性文件。这在前文的分析可见一斑。这种“实践”反对“理论”现象的产生主要可能存在两个方面的原因:一是地方司法机关在应用法律的时候确实具有制定司法解释性文件的现实需要;二是最高司法机关并没有及时地回应地方需要,同时也没有严格按照《司法解释通知》的要求对“违法”解释行为予以有效监督。

因此,只是“一刀切”地叫停地方司法机关进行司法解释工作,可能并不是一种理想的解决方案。从理论上而言,如何应用法律的解释活动是内在于每一个司法人员的自由裁量权之内的,并非级别越高所作出的解释就越符合法律文本的真实含义和价值目标,而是要看所作出的解释本身是否符合法律解释的基本原理。在地方司法机关的法律职业素养已经得到显著提升的今天,地方司法机关完全有能力作出符合立法意旨的法律解释。最高司法机关叫停地方司法机关的司法解释权,可能是出于对随意、任意解释所导致的法律矛盾、不统一的担忧,而不是认为地方司法机关缺乏能力。

实际上,最高司法机关有时自己也会直接“授权”地方司法机关对法律应用问题进行地方性解释。例如,1998 年 3 月 10 日发布的《最高人民法院关于审理盗窃案件具体应用法律若干问题的解释》(已被 2013 年发布的新解释所替代,新解释有类似规定)第 3 条规定:“各省、自治区、直辖市高级人民法院可根据本地区经济发展状况,并考虑社会治安状况,在前款规定的数额幅度内,分别确定本地区执行的‘数额较大’、‘数额巨大’、‘数额特别巨大’的标准。”然而,最高人民法院是否可以进行这样的授权,其合法性值得怀疑。“因为宪法明确规定,上下级法院之间是监督与被监督的关系,而监督并不能解释出‘授权’的意思,进言之,《宪法》和其他宪法性文件并没有授权最高人民法院再行授权下级法院对刑事法律进行解释或者作出规定的权力。”[72]

如果最高人民法院和最高人民检察院没有权力将全国人大常委会的授权再次转授权给地方人民法院和地方人民检察院,那么解决这个问题的办法

---

[72] 时延安:《刑罚权运作的秩序——刑事法制中的“中央与地方”问题研究》,载《法学家》2010 年第 5 期,第 5 页。

就只能通过全国人大常委会的直接授权予以解决。鉴于地方司法机关制定司法解释性文件的需要，可以采取集中授权的方式，由全国人大常委会授权赋予地方司法机关制定地方司法解释性文件的权力。为了防止解释主体过多所导致的规范性文件泛滥的问题，应当把授权解释主体限定为高级法院和省级检察院。同时，为了防止地方司法机关利用司法解释权任意解释法律，还必须要建立司法解释性文件的审查、备案、撤销制度。审查撤销解释性文件的权力，也可以由全国人大常委会授权给最高人民法院和最高人民检察院行使。这既可以满足地方司法机关制定解释性规则的需要，也可以防止目前规则制定主体泛滥和任意解释的现象，还解决了规则制定的合法性问题。

最后，以地方指导性案例作为地方性刑事司法规则的有益补充。

判例法是英美法系的重要法律渊源，我国属于制定法国家，并不承认法律判决的拘束力。但是，相对于僵化、滞后的法律规则乃至司法解释性文件而言，判例具有迅速、灵活回应司法实践问题的特殊优势。正是由于判例独特的价值，中国式的“判例”制度正在逐步形成。这就是最高人民法院和最高人民检察院所推行的案例指导制度。当然，同普通法系国家的判例法相比，指导性案例还有很大的局限性。这主要体现在它是“指导性的”而不是“拘束性的”案例，“案例既非法律，也非司法解释，对于同类案件不具有法律上的拘束力和司法解释的效力，不能替代法律条文本身”。[73]

即使如此，一个无可否认的事实是，比较有代表性的指导性案例在有关如何适用法律方面的具体意见和解释，对于下级法院如何处理类似问题可以起到“约束”作用，因为按照中国目前的审级监督原则，上级法院有权撤销下级法院错误适用法律的裁判。指导性案例当中对法律适用问题的观点、意见、看法，无疑会得到下级法院的重视。相对于制定一般性的法律规则，以司法判决的方式解决现实问题也具有自己的明显优势，正如庞德所言：“司法对法律的发现在与立法竞争时具有一种现实的优势，就是它对具体案件发生作用，并只在经长期试错、努力设计出一种切实可行的原则后方予以一般化。”[74]

---

[73] 张建伟：《“指导性案例”的功能定位与判例化前景》，载《光明日报》2014 年 1 月 29 日，第 16 版。

[74] R. Pound, The Formative Era of American Law 51(1938). 转引自[意]莫诺·卡佩莱蒂：《比较视野中的司法程序》，徐昕、王奕译，清华大学出版社 2005 年版，第 61 页。

同制定地方性规则所面临的诸多合法性争议不同,地方法院发布指导性案例并不会遇到多大合法性争议,这本身就是上级法院监督下级法院审判的应然作为。因此,地方法院和检察院均可以在自己的管辖范围内发布有代表性的指导性案例,以“指导”司法人员如何做出裁判,起到“准司法解释”的作用。

(二)正当性之维

解决了地方性刑事司法规则的合法性问题,并不意味着地方公安司法机关就可以据此“任意”制定规范性文件。我们还需要从内容和过程两个方面对地方性规则的制定权进行合理限制。

1. 内容正当

所谓内容正当,是指地方性刑事司法规则的具体条文必须要同时满足积极和消极两个方面的要求。从积极要件来看,地方性刑事司法规则的具体内容必须有利于实现刑事司法的价值目标,且具有制定地方性规则的现实必要性。从消极要件来看,地方性刑事司法规则的具体内容,应当遵循不重复、不抵触和不越权原则。

让我们先来分析一下积极要件的基本要求。积极要件两个方面的要求,可以看作是地方性规则具有目的正当性。刑事司法制度作为一种依照法定程序认定罪刑和保障人权的机制,具有自己特有的目标。例如,我们评价一个诉讼规则是否正当,主要是根据它们是否有利于实现公正和效率以及两者之间的合理平衡来进行判定。我们评价一个实体规则是否正当,主要是根据它们是否符合罪责刑相一致原则来进行判断。这不仅构成了对国家立法行为的限制,也是制定地方性刑事司法规则必须要遵守的基本原则。如果与诉讼价值目标相悖,对诉讼参与人的法定权利进行限制、剥夺或者增加法律之外的诉讼义务,明显降低国家法律所给予的最低限度权利保障标准,都应当认定为无效的地方规范性文件。

即使地方性规则在目的上是正当的,有利于刑事司法价值目标的实现,还必须要考虑通过制定地方性规则实现司法目标的必要性,也就是说,它是不是解决现实问题的“最后一招”?如果通过及时修改法律或者由全国人大常委会、最高司法机关及时颁布法律解释、司法解释,就可以达到同样的目标,那么就不应当以制定地方性规则的方式来解决,以严格控制地方性司法规则的数量,确保国家法制的整体统一性和法律平等原则的实现。

在必要性要件的制约下，地方司法机关有权制定地方性刑事司法规则的事项主要包括以下两个方面：一是法律无法及时回应地方司法实践需要的领域；二是在较长时期内无法上升为国家统一制定法的地方性问题。

同《刑法》时隔几年全国人大常委会就会颁布一个修正案相比，我国《刑事诉讼法》的修改步伐较为缓慢，而且也没有采取《刑法》修订时的"包裹立法"的修改模式，而是一种全面修订的模式。因此，《刑事诉讼法》确实存在立法滞后性较为明显的问题。地方司法机关可能受制于此，无法按照当地的经济、社会、文化发展水平提供更加优质的"公共产品"，于是有必要先行一步，通过地方试验积累经验。这种法律发展模式在2012年《刑事诉讼法》修改时的诸多制度中均有所体现。这种必要性就是国家默认、支持地方司法机关进行普遍性问题的地方探索的必要性，是一种颇具中国特色的法律生长方式。但是，我们必须要强调的是，地方司法机关如果认为法律规定无法满足现实需要，认为有必要突破现行有效的法律规定进行地方试点改革，必须要得到全国人大常委会的授权。

有必要制定地方性刑事司法规则的另一种情形，不是针对普遍性问题的地方探索的必要性，而是由地方的特殊性所致，它们并不具有可推广性，在较长时间内也没有上升为国家立法或者政策的可能性，但是符合地方特色，国家根本不应当对此作出全国"一刀切"的规定。"广东试验可能适合珠江三角洲及其他沿海地区，但是未必适合宁夏或广西，因而不仅现在而且以后也未必出台统一的相关立法。"[75]这种规则属于真正意义上的"地方性"规则，本质上是由于我国地域辽阔而各地社会发展不均衡所致。

地方性刑事司法规则除了要满足这两个积极要件之外，还要必须符合以下三个消极要件，即不重复、不抵触和不越权。

前已述及，许多地方性规则中存在较为严重的重复性规定的弊端，导致规则制定资源的浪费、低效和混乱。有些地方性规则几乎沦为一种法律规则汇编文件，无任何实质意义。因此，我们认为制定地方性规则时必须要遵守不重复原则。当然，在制定地方性规则的时候，在确有必要且合理的情况下，

---

[75] 张千帆：《权利平等与地方差异——中央与地方关系法治化的另一种视角》，中国民主法制出版社2011年版，第151页。

引用法律解释、司法解释当中的规则也并无不可。但是一定要控制在“必要而合理”的限度以内。具体来说,所谓必要而合理的限度是指:(1)作为地方性规则的立法依据而引用法律的有关条款;(2)作为地方性规则的适用依据或适用条款而引用法律的有关规定;(3)法律规定必须由地方性规则援引规定的内容。以量来表示,一般以不超过地方规范性文件文本总字数的20%为宜。[76]

不抵触原则是地方性规则的一般要求。《立法法》第72条规定,地方各级人大及其常委会“在不同宪法、法律、行政法规相抵触的前提下”有权针对“地方性事务”制定地方性法规。这个原则应当一体适用于所有的地方性规则,不仅地方人大及其常委会所制定的地方性法规应当遵守,而且地方政法机关在制定地方性规则时也必须遵守。“不抵触”原则界定了地方国家机关“立法权”的大小程度,构成了地方“立法权”的外在界限。此处关键问题就在于:判定地方性规则“抵触”宪法、法律和行政法规的标准是什么?[77]

具体来说,不抵触原则包括两个方面:一是不得直接抵触,即地方性刑事司法规则不得与宪法、法律的具体条文内容相抵触。例如,刑事法律允许的行为,地方性规则却禁止;刑事法律禁止的行为,地方性规则却允许;法律规定某种权力由甲机关行使,地方性规则却赋予乙机关行使;法律只为犯罪嫌疑人、被告人设定了一种义务,地方性规则却增加了额外的义务。这是没有得到特别授权时地方性刑事司法规则制定者必须遵守的原则。二是不得间接抵触,既不得与宪法、法律的基本原则和精神实质相抵触,也不得与宪法、法律所确立的基本法律制度相抵触。例如,《刑事诉讼法》的立法精神和目的是为了扩大辩护权,而地方性规则却对辩护权加以种种限制;法律规定的是自愿原则,而地方性规则却将其变为强制原则。这可能并非是具体条文的冲突,但与立法目的、精神相抵触,也应当予以撤销。这主要适用于上位法没有具体规定,通过合法授权后制定地方创新性规则应当遵循的原则。

“不抵触”原则实际上已经包含了“不越权”原则的要求,不抵触要求在自己的法定权限内制定地方性规则。我们在此把“不越权”原则作为一项独

---

[76] 参见李林:《关于立法权限划分的理论与实践》,载《法学研究》1998年第5期,第69~70页。

[77] 参见孙波:《地方立法“不抵触”原则探析——兼论日本“法律先占”理论》,载《政治与法律》2013年第6期,第122页。

立的评价标准，主要是因为部分地方性规则确实因为地方性需要而不得不与法律条文乃至基本原则产生冲突，此时有关机关必须得到全国人大常委会的授权后才有权制定。有关内容，我们已经在前文集中授权和差异化授权中进行过阐述，兹不赘述。

2. 过程正当

地方性刑事司法规则，作为一种可能会对当事人等诉讼参与人的诉讼权利和公检法司等国家机关之间职权配置产生影响的规范性文件，除了内容要正当之外，还必须要确保过程正当。过程正当既是保障实体内容正当的手段，也是评价任何一项规则制定程序本身是否公正的基本标尺。从当前地方性规则的制定颁行评估过程来看，我们认为可以从以下四个方面加强过程正当性的建设：一是加强参与性；二是加强中立性；三是加强公开性；四是加强监督性。

加强地方性规则的参与性，是指扩大地方性规则制定程序的参与主体的范围，不能把地方性规则的制定主体局限于某个机关或者某几个机关的"闭门造车"活动，而应当在条件允许的前提下尽可能吸收专家学者、社会民众和媒体的合理意见。首先，所有可能影响到犯罪嫌疑人、被告人的基本权利、义务以及辩护权有效行使的地方性规则，必须要确保有一定数量的辩护律师参与到规则制定程序，并保障他们在地方性规则当中的发言权。其次，对于涉及基本制度变革的创新性规则，应当在审议之前，通过网络、报纸、广播电视等渠道向社会公布规则草案及其说明，给予所有关注规则的民众、专家提出意见的机会。最后，必须要建立意见反馈机制，对于辩护律师、普通民众、专家所提出的显属合理的不同意见，制定地方性规则的机关最终没有采纳不同意见必须要给出合理的解释、说明，以保障社会参与的积极性和防止参与程序沦为形式。

加强中立性是为了克服地方性规则可能出现的地方保护主义和部门保护主义倾向，要求地方性规则的制定、实施和评估尽可能做到"利益无涉"，客观无偏私。一方面，地方公安司法机关必须要摒弃功利心态和"结果偏见"，真正以解决地方性司法问题的思路来设计和实施地方性规则，并且努力克服先入为主的心理偏差，以客观的立场评估地方性规则的实际效果。另一方面，应当建立地方性规则的制定、实施和评估主体分离机制。也就是说，即使是一个机关所制定的地方性规则,也应当由不同的人员参与不同阶段的工作,防止先入为主和部门利益化。具体来说,地方性规则的制定主体不得是具体业务部门,而应当由司法机关内部专门从事调研工作的机构或者人员起草规则;具体业务部门负责地方性规则的实施工作;对地方性规则的评估工作则应当由司法机关另行委托社会第三方机构(如学者、人大、上级机关组成的评估组)进行。相对而言,这比当前由业务部门自行制定规则、实施规则和评估规则要更为中立、客观。在条件允许的地区,可以采取"法律服务外包"的方式,仿效美国维拉司法研究所的司法改革模式,由私立的非营利性组织为司法实务部门设计、制作和推销某种"制度产品",由司法机关选择是否予以接受。[78]

加强公开性是指进一步增强地方性规则的透明性,防止"暗箱"操作所导致的"立法"不公。首先,应当向社会公布地方性规则立法规划草案,可以让社会公众发表意见,然后由司法机关研究是否采纳,再对草案进行修改。这既是公开性的要求,也是公民行使参与权的基本条件。其次,除法律规定涉及国家秘密、商业秘密、个人隐私等不得公开的信息以外,地方性规则的背景资料、公众所提出的意见和建议、论证会、审议会的记录或者纪要,都应当向社会公开,允许公众按照法定方式进行查阅和复制。再次,公开地方性规则制定过程,对于涉及变更基本诉讼制度以及罪刑标准的重大创新性规则,应当建立听证制度,还应当允许新闻媒体对起草、征求意见、咨询、座谈会、论证会等环节进行自由采访和自由报道。最后,应当公布地方性规则的最终成果。任何一项地方性规则,经法定程序制定完成之后,都应当通过公报、网络、报纸等方式公布正式文本。对于争议比较大的条文,还应当一并公布说明材料,阐述采纳与不采纳的理由。

加强监督性是指建立一套较为完善的地方性规则的专门监督机制,防止地方政法机关制定地方性规则的无序、混乱和任意性,及时撤销违法或者不合理的地方性规则。首先,在前述授权制定地方性规则的框架下,我们建议在中央立法机关和最高司法机关成立专门的统筹监管机构,由其负责地方性

---

[78] 参见葛琳:《从理念到技术:在司法领域中运用试验方法的局限性》,载《清华法学》2011年第6期,第120页。

规则的监督工作。具体来说，中央立法机关负责授权立法领域内的地方性规则监督工作，最高司法机关负责司法解释性质的地方性规则的监督工作。其次，对于未经授权的地方性创新性立法或者超越法律的地方性司法解释，不管是监管机构主动发现的，还是接受当事人或者有关人员的投诉后发现的，一经发现，应当及时予以撤销、宣布无效或者予以纠正。最后，在时机成熟的时候，有必要在我国建立三审制度，明确限定三审的功能主要是法律审，以一种常态机制通过对个案的审理发挥最高人民法院在发现“违法”地方性规则方面的作用。

第二章　地方性定罪规则研究

一、地方性定罪规则概述

（一）地方性定罪规则的界定

在当今中国，地方各级法院在处理本地的刑事案件时，除依据刑法处理被告人的行为的定性问题外，还会或明或暗地引用法院所属地方的权力机关或司法机关制定的规则。公安检察机关在刑事立案、侦查、审查起诉过程中，除要依据刑法、立法解释和司法解释、最高司法机关的司法文件外，还要熟悉本辖区权力机关和司法机关颁布的地方性规则，才能决定犯罪嫌疑人的行为是否应当被立案侦查，以及是否因为涉嫌犯罪而应当被提起公诉。辩护人在处理刑事案件时，也要了解当地涉及定罪的相关规定，根据相关规定进行辩护。

现在各地方颁行的涉及犯罪嫌疑人、被告人行为是否构成犯罪、构成何种犯罪、是否构成共同犯罪、犯罪处于何种形态的规定数量多、内容广，那么它们是否都属于笔者文中所指的地方性定罪规则？这首先就涉及地方性定罪规则的界定问题。笔者认为，刑事司法中的地方性定罪规则，是指地方权力机关或司法机关依据刑法的规定和当地经济、社会和文化发展水平所发布的、司法机关据以确定某一行为是否构成犯罪、构成何种犯罪、是否为共同犯罪以及犯罪处于何种停止形态的地方性规定。

（二）地方性定罪规则的基本特征

根据上述地方性定罪规则的概念和基本内容，笔者认为，刑事司法中的地方性定罪规则具有以下几个方面的特征：

1. 地方性定罪规则的制定主体是民族区域自治地方的权力机关、高级人民法院和省级人民检察院

规则制定主体的科学确定是地方性定罪规则在司法实践中具有强制约束力的前提条件。我国是以人民代表大会制度为根本政治制度的国家,全国人民代表大会是国家最高权力机关,根据《宪法》第62条的规定,只有全国人民代表大会有权制定和修改刑事、民事、国家机构的和其他的基本法律,因此作为公民或单位的行为是否构成犯罪的认定依据的刑法是我国的基本法,只能由全国人民代表大会制定。《立法法》第7条第2款也规定:“全国人民代表大会制定和修改刑事、民事、国家机构的和其他的基本法律。”而且,依据该法第8条的规定,犯罪和刑罚只能通过制定法律加以规定。根据该法第9条的规定,全国人民代表大会及其常务委员会有权作出决定,授权国务院根据实际需要,对其中的部分事项制定行政法规,但是有关犯罪和刑罚、对公民政治权利的剥夺和限制人身自由的强制措施和处罚、司法制度等事项除外。也就是说,《立法法》将犯罪和刑罚的制定权主体限定为全国人民代表大会,因此行政法规不得对某行为是否构成犯罪、构成何种犯罪、是否属于共同犯罪、处于何种犯罪停止形态作出创制性规定。这里所谓的创制性规定是指在全国人民代表大会制定的法律中没有对某行为的构罪问题作出规定的情况下,行政法规就该问题作出规定。我们会看到,一些行政法规的法律责任部分也有一些涉及行为构罪的规定。例如,2014年7月1日起施行的《事业单位人事管理条例》(国务院令第652号)第43条规定:“事业单位人事综合管理部门和主管部门的工作人员在事业单位人事管理工作中滥用职权、玩忽职守、徇私舞弊的,依法给予处分;构成犯罪的,依法追究刑事责任。”这是国务院颁布的一个行政法规,其中也有关于刑事责任追究的规定。但这种规定不是创设性的,而是照应性的规定。所谓照应性的规定,是指刑法中对滥用职权、玩忽职守、徇私舞弊的行为作了规定,行政法规只是对某一领域的这些行为作出相应的规定。在这种情况下,行政法规并没有创设新的罪名或将本不属于刑法管辖的行为纳入刑法管辖中。既然中央人民政府都没有权力在其颁布的行政法规中对行为构罪问题作出规定,那么其内设部门和地方各级行政机关就更无权在部门规章、地方性规章中就行为的构罪问题作出规定。

根据《立法法》第42条的规定,立法解释权属于全国人民代表大会常务

委员会,其他任何国家机关都无立法解释权。根据《立法法》第43条的规定,国务院、中央军事委员会、最高人民法院、最高人民检察院和全国人民代表大会各专门委员会以及省、自治区、直辖市的人民代表大会常务委员会可以向全国人民代表大会常务委员会提出法律解释要求,但它们不能直接进行立法解释。

另外,1981年6月发布的《全国人民代表大会常务委员会关于加强法律解释工作的决议》规定:凡属于法院审判工作中具体应用法律、法令的问题,由最高人民法院进行解释;凡属于检察院检察工作中具体应用法律、法令的问题,由最高人民检察院进行解释。《人民法院组织法》第32条也规定,最高人民法院对于在审判过程中如何具体应用法律、法令的问题进行解释。显然,最高人民法院和最高人民检察院可以对刑法适用问题作出解释,这就是司法解释。由于立法存在原则性、抽象性、概括性等特点,司法解释在我国刑法适用过程中发挥着重要的作用。各级司法机关在对被告人进行行为定性时经常要援引司法解释的规定。但全国人大及其常委会并未在任何立法中将法律解释的权力授予包括公安部、司法部、国家安全部等部门,这些部门没有进行抽象性法律解释的权力,所以在这些部门颁布的规则或规定中都不得有关于认定行为人行为性质的解释性规定。值得注意的是,为了保证司法解释畅通执行,最高人民法院或最高人民检察院在作出司法解释时经常会将这些机构列入司法解释性文件的颁布主体中,例如最高人民法院、最高人民检察院、公安部、国家安全部、司法部、全国人大常委会法制工作委员就曾经联合作出《关于刑事诉讼法实施中若干问题的规定》。从实质内容上看,这是一个类似于司法解释的文件,但制定主体却包括了一些不具有司法解释权的中央单位。既然作为中央机关的公安部、国家安全部和司法部都无权对行为人行为定罪问题作出解释性规定,那么地方各级公安机关、国家安全机关和司法行政机关就更无相应权力了。从定罪的主体上看,我国的定罪主体只有人民法院,所以一般而言,只能由人民法院发布定罪规则,检察机关没有权力发布定罪规则,检察机关发布的规则只对检察机关的批捕、起诉发挥约束作用。因此,严格来说,检察机关发布的规则并不是定罪规则。但检察机关在办案的过程中,也要有相应的规则以指导、约束检察机关处理刑事案件,而且从实际效果上看,我国检察机关依据其制定的规则批捕、起诉的案件到了法院后作无罪判决的极其少见。

根据《地方各级人民代表大会和地方各级人民政府组织法》的规定，省、自治区、直辖市的人民代表大会根据本行政区域的具体情况和实际需要，在不同宪法、法律、行政法规相抵触的前提下，可以制定和颁布地方性法规；省、自治区的人民政府所在地的市和经国务院批准的较大的市的人民代表大会根据本市的具体情况和实际需要，在不同宪法、法律、行政法规和本省、自治区的地方性法规相抵触的前提下，可以制定地方性法规。但如前所述，《宪法》和《立法法》已经将刑法的制定权和修改权赋予了全国人民代表大会，地方各级人民代表大会不得在地方性法规中对行为构罪与否作出创制性的规定。因此，通常情况下，地方各级权力机关无刑法的制定和修订权。但针对民族自治地方政治、经济、文化方面的差异，立法者在《刑法》第 90 条还是作了例外性的规定，即民族自治地方不能全部适用本法规定的，可以由自治区或者省的人民代表大会根据当地民族的政治、经济、文化的特点和本法规定的基本原则，制定变通或者补充的规定，报请全国人民代表大会常务委员会批准施行。[①] 根据这一规定，自治地方的省级人民代表大会在不违背刑法基本原则的前提下有权根据当地的政治、经济和文化特点制定部分的变通规定或补充规定。其中变通规定是改变刑法内容的规定，而补充规定则是对刑法规定的空白加以填补。这些规定中必然存在涉及定罪问题的内容。

地方司法机关是否有权制定定罪规则？现在没有任何法律规定地方法院、检察院有权制定定罪规则，但各地高级人民法院、省级人民检察院却出台了大量的与定罪相关的规定。例如，各省都出台了盗窃罪“数额较大”“数额巨大”“数额特别巨大”的认定标准，这些标准决定着行为是否构成犯罪、构成多重的犯罪等定罪问题。各地高级人民法院、省级人民检察院制定这一规定的权力来自哪里呢？应该说，这来自最高人民法院、最高人民检察院在相关司法解释中的授权。例如，2013 年 3 月最高人民法院和最高人民检察院共同颁布的《关于办理盗窃刑事案件适用法律若干问题的解释》规定：“各省、自治区、直辖市高级人民法院、人民检察院可以根据本地区经济发展状况，并

---

① 需要注意的是，虽然《刑法》第 90 条有此规定，但据学者考察，到 2013 年为止，还没有一个民族自治地方的省级立法机关对刑法进行变通或制定刑法的补充规定。参见苏永生：《区域刑事法治的经验与逻辑》，人民出版社 2013 年版，第 187 页。

考虑社会治安状况,在前款规定的数额幅度内,确定本地区执行的具体数额标准,报最高人民法院、最高人民检察院批准。”②这说明,高级人民法院和省级人民检察院事实上有权制定地方性定罪规则,在一些案件的处理中这些规则还起到了较为重要的作用。

2. 地方性定罪规则的制定依据是当地的经济、社会和文化发展水平

我国是单一制国家,实行的是由若干行政区域单位和自治单位组成单一主权国家的结构形式,各地方不具有独立的立法权和最终司法权。但我国也是一个经济、社会、文化发展很不均衡的国家,各地差异很大。以经济发展水平为例,2013 年人均 GDP 的前三强分别为天津(101,689 元)、北京(94,238 元)、上海(90,749 元),而最后三名分别是云南(25,158 元)、甘肃(24,318 元)、贵州(22,982 元),差距之大显而易见。这样的经济差异下,不同地区的人对财物数额的感受能力有着明显的差异,法律上也应当对此有不同的规定。正因如此,最高人民法院和最高人民检察院才会在经济犯罪、财产犯罪数额确定中授权各地高级人民法院和省级人民检察院根据当地的经济发展水平来确定与其相应的数额认定标准。例如,自 2013 年 8 月 1 日起施行的云南省人民检察院、云南省高级人民法院《关于云南省办理盗窃刑事案件执行具体数额标准的通知》确定:云南省盗窃公私财物“数额较大”以 1500 元为起点,“数额巨大”以 4 万元为起点,“数额特别巨大”以 35 万元为起点。而北京市高级人民法院制定的《关于适用办理盗窃刑事案件司法解释的若干意见(2013)》规定:全市法院审理刑法第 264 条规定的盗窃刑事案件,“数额较大”认定标准为 2000 元以上,“数额巨大”认定标准为 6 万元以上,“数额特别巨大”认定标准为 40 万元以上。由此可见,虽然同为盗窃行为,发生在不同地域,行为构罪与否、构成何种程度的犯罪均有较大不同。行为人在云南盗窃 1500 元就可以依法定罪,而这种行为在北京则不构成犯罪,只能作为违反治安管理的行为依据《治安管理处罚法》第 49 条的规定处以行政拘留、罚款。行为人在云南盗窃 50,000 元,由于数额巨大,其量刑可以在 3 年至 10

---

② 2011 年 2 月,最高人民法院和最高人民检察院颁布的《关于办理诈骗刑事案件具体应用法律若干问题的解释》也规定:“各省、自治区、直辖市高级人民法院、人民检察院可以结合本地区经济社会发展状况,在前款规定的数额幅度内,共同研究确定本地区执行的具体数额标准,报最高人民法院、最高人民检察院备案。”

年的法定刑中选择确定宣告刑；但行为人如果在北京盗窃50,000元，由于只是“数额较大”，依法可以在3年以下有期徒刑、拘役、管制，单处或并处罚金中选择确定宣告刑。由此可以看出，两地之间存在巨大差异。

由于各省所处的地理位置、人口密度、开放程度、就业机会、管理水平等各不相同，因此与此相应的社会状况也存在诸多的差异。法律的适用应当对各地的社会状况加以区别，这样才能达到社会管理的良好效果。因此，各地也可以根据本地的社会发展状况在定罪方面作出与此相应的规定。例如，广州处于我国改革开放的前沿地带，为获得工作机会，大量外来人口涌入广州。但并非人人都能找到合适的工作，许多人成为无业人员，流落街头，最终成了广州的治安隐患。“两抢一盗”问题长期以来是广州的治安难题，在街道上人身安全得不到充分的保障。自2000年以来，广州市刑事发案最高时达14万件，严重影响群众安全感的“两抢一盗”案件所占比例最多时为67%，抓获的犯罪嫌疑人中非本市户籍人员最高时占89%。③ 为应对如此严重的治安状况，2006年广东省高级人民法院专门发布《关于依法严厉打击抢劫、抢夺犯罪适用法律的指导意见》，其目的就是为更加有效、准确、严厉地打击抢劫、抢夺犯罪分子，维护广东省的社会稳定。

中国是一个具有悠久历史文化传统的国家，又是一个多民族的国家。不同民族的文化传统各不相同。为保持文化的多样性和多元性，国家鼓励支持各民族继承、传扬本民族优良传统和习惯。但民族习惯中也有一些与现行法律相冲突，④对于与现行法律冲突的民族习惯也不能“一刀切”地要求各民族革除，只能慢慢引导，让这种习惯逐渐从其生活中淡出。因此，《刑法》第90条规定民族自治地方可以根据文化特点对《刑法》作出变通或补充规定。除民族自治地方外，我国一些地方高级人民法院也关注民俗习惯在审判工作中的积极作用。例如江苏省高级人民法院2009年1月12日颁布了《关于在审判工作中运用善良民俗习惯有效化解社会矛盾纠纷的指导意见》，强调在审

---

③ 王银胜等：《广州法院打击“两抢”犯罪成效显著》，载《人民法院报》2008年4月11日，第1版。

④ 如有的少数民族男女一旦有了婚约，男方不管女方是否同意就硬行抢亲、强行同居；有些民族如拉祜族、哈尼族、傣族等广泛延续早婚传统，女孩13岁就举行成人礼（如藏族幼女的“戴天头”习俗），此后男子与其发生性行为或结婚都是习俗所允许的，不会受到社会的谴责和干预。参见郑鹤瑜：《论我国少数民族习惯法与刑法的冲突及其解决》，载《中州学刊》2007年第2期，第82页。

判工作中应更好地发挥民俗习惯的积极作用，有效化解社会矛盾纠纷，努力实现审判活动法律效果与社会效果的有机统一，不断满足人民群众对司法工作的新要求、新期待，进一步提升司法公信力与社会认同度。

3. 地方性定罪规则的内容是定罪

定罪规则的内容当然是对定罪问题作出规定。从具体内容上看，定罪包括确定某一行为是否构成犯罪、构成何种犯罪、是否为共同犯罪及犯罪处于何种停止形态，简单地说就是包括罪与非罪、此罪与彼罪、犯罪形态问题。罪与非罪是定罪中涉及的第一个问题，也是最关键的问题。如果在罪与非罪的问题上作出了错误的处理，接下来的其他刑事审判工作就是完全错误的。对于罪与非罪问题，我国有犯罪概念和基本犯罪构成加以统辖，地方性定罪规则不能违反刑法中规定的犯罪概念和基本犯罪构成的规定。根据我国刑法关于具体犯罪罪状的描述，我们可以概括出每一种犯罪的构成要件，地方性定罪规则也受这些要件约束。对于犯罪形态问题，地方性定罪规则要根据修正的犯罪构成对行为是否构成共同犯罪、属于何种犯罪停止形态进行规制。至于罪重与罪轻问题，除涉及不同罪名的确定问题以外，不属于定罪问题。因为罪重与罪轻的划分要解决的是行为人刑事责任大小问题，这是量刑内容，不属于笔者在此讨论的定罪规则。

在地方性司法规则中，有少数是纯粹的定罪规则，例如，1999 年四川省高级人民法院、四川省人民检察院和四川省公安厅发布的《关于不申报纳税的行为如何定性处理的意见》只对两个问题作了规定："单纯只是不申报纳税的行为属于违反税收法律、法规的行为，不适用刑法，不应以偷税罪论处。""纳税人未按规定的期限办理纳税申报，经税务机关通知申报而拒不申报或者进行虚假申报的属偷税行为。根据《刑法》第二百零一条之规定，偷税达到刑法规定的数额，或具备构成犯罪的其他法定情节，构成偷税罪的，应依法追究刑事责任。"这一规定只涉及行为人的行为是否构成犯罪的问题，所以该意见是一个纯粹的地方性定罪规则。但绝大多数地方性司法规则中既包括定罪规则，也包括量刑规则。例如，重庆市高级人民法院、重庆市人民检察院和重庆市公安局于 2005 年发布的《关于办理妨害人民法院执行的刑事案件若干问题的意见》，上海市高级人民法院于 2011 年 5 月发布的《上海市高级人民法院关于办理聚众斗殴犯罪案件的若干意见》等。当然，也有一些地方性司法规则是纯粹的量刑规则，例如，广东省高级人民法院于 2003 年颁布的《关于毒品犯罪案件有关数量量刑标准的参考意见》，其规定的内容就只是量刑问题。实际上，《刑法》第 347 条规定："走私、贩卖、运输、制造毒品，无论数量多少，都应当追究刑事责任，予以刑事处罚。"因此，走私、贩卖、运输、制造毒品的数量与定罪无关，只与量刑有关。

(三)地方性定罪规则产生的原因及意义

在过去 30 多年中，我国刑事立法走的是一条不断扩大犯罪圈的道路，罪名不断增加，刑法条文也爆发性增长，1979 年《刑法》共 192 条，而 1997 年《刑法》达到了 452 条，此后的单行刑法和刑法修正案实际上又增加了一些刑法条款，罪名从原来的 192 个增加到了现在的 450 多个。应当说，现在我国刑法条文的规定已经比较完善，正因如此，刑法中才可以规定罪刑法定原则、删除类推的规定。而且，最高人民法院和最高人民检察院还出台了大量的司法解释，这些司法解释对于明确刑法条文、用语的含义具有重要意义，它们也是我国司法机关定罪过程中引用的重要法律渊源。那么，在刑法条文日益完善、司法解释日益增加的今天，为什么还要有地方性定罪规则的存在？其存在的意义又是什么？笔者认为，这其中的原因及其意义有以下几个方面：

1. 刑法条文中定罪内容的明确化

虽然我国《刑法》已经规定了罪刑法定原则，但法律作为社会关系调控的规则不可能达到人们所期望的明确化要求，立法用语的原则性和概括性使人们在理解刑法条文时不可避免地出现分歧。刑法条文的模糊性不利于刑法的正确适用。为解决这一问题，使刑法条文明确化，司法解释登堂入室，最高人民法院和最高人民检察院各自或联合制定了大量的司法解释以解决法律适用的模糊性问题。⑤ 在这些司法解释中，有相当一部分涉及具体的定罪问题。但法律、司法解释、司法解释性文件并没有完全解决定罪中的模糊界

---

⑤ 2013 年 3 月 6 日和 2 月 5 日，最高人民法院和最高人民检察院分别向全国人大常委会提交了《最高人民法院关于司法解释集中清理工作情况的报告》和《最高人民检察院关于司法解释集中清理工作情况的报告》。最高人民法院共梳理出单独或联合制发的现行有效的司法解释、司法解释性文件以及其他规范性文件共计 3351 件；最高人民检察院梳理出单独或联合制发的现行有效的司法解释、司法解释性文件以及其他规范性文件共计 1000 余件。参见信春鹰：《全国人民代表大会常务委员会法制工作委员会关于司法解释集中清理工作情况的报告》，载《全国人民代表大会常务委员会公报》2013 年第 3 期，第 475 页。

限问题,[⑥]地方司法机关仍然很难把握某些行为到底如何定罪处理。

另外,从刑事立法技术来看,我国刑法中存在所谓的空白罪状。它是指刑法条文没有直接规定某一罪名的犯罪构成,而是指明确定该罪的构成需要参照的法律、法规的规定。空白罪状在我国不但是客观存在的,也是非常有必要的,其通过援引其他有关规范以补充刑法条文的原则性规定,实现刑法条文文字表述的简洁以及法律规范与司法实践的契合。空白罪状最重要的特征在于,某种犯罪的全部或者部分行为要件在刑法中不作规定,而参照其他规范性法律文件的相关规定加以确定。从一定意义上说,空白罪状相当于国家立法机关对有关要件的"立法授权",即将某种特定犯罪的构成要件的全部或部分授权其他国家机关通过制定规范性法律文件的方式予以填充。从罪刑法定的角度来看,空白罪状的参照依据只能是指《立法法》中规定的法律、行政法规、地方性法规、部门规章、自治条例、单行条例和地方政府规章等规范性法律文件,不享有立法权的机关制定的规范性文件不能作为空白罪状的规范来源。换言之,地方政府规章也可以成为空白罪状的引证来源之一,因此,从某种意义上说,"通过制定地方政府规章以补充空白罪状"是司法中地方性定罪规则产生的缘由之一。

从实践来看,司法机关在工作中遇到具体的法律问题需要明确时,无论是法院系统还是检察系统都有系统内的请示程序。这种请示是由法院或检察院逐级申报,最后由最高人民法院或最高人民检察院作出解释。[⑦] 但实践中出现的不明确的、界限模糊的问题多,各地方人民法院、人民检察院无法全部申报最高人民法院、最高人民检察院,最高司法机关亦无精力解释实践中出现的全部问题。但这些问题又亟须解决,因此各地高级人民法院和省级人民检察院就担负起了这个解释的任务。例如,《刑法》第 140 条规定构成生产、销售伪劣产品罪是因生产者、销售者在产品中掺杂、掺假,以假充真,以次

---

⑥ 正如有学者所指出的:"不论一个国家的成文立法有多发达、多具体,总无法与丰富多彩的社会生活一一'对号入座'。"参见汪世荣:《司法解释批复四题》,载《法律科学》2000 年第 4 期,第 23 页。

⑦ 原来最高人民法院对于各地高级人民法院的请示会给予电话答复,这种电话答复不属于司法解释,因为根据 2007 年《最高人民法院关于司法解释工作的规定》,司法解释的形式分为"解释""规定""批复"和"决定"四种,不包括电话答复这一形式。但这一方式在明确具体法律适用问题时曾经发挥了重要作用,例如,最高人民法院研究室《关于容留不满 14 岁的幼女卖淫应如何定罪处罚问题的电话答复》《关于利用职务上的便利条件窃取技术资料转让获利是否构成犯罪问题的电话答复》等都解决了相应的争议问题。不过,从公开的资料来看,在刑法适用中电话答复这一形式已经很少被最高人民法院作为解决实践中疑难问题的方式。

充好或者以不合格产品冒充合格产品。那么实践中如何认定“以不合格产品冒充合格产品”？这里的不合格是仅指产品内在质量不合格还是也包括外在包装不合格？不合格从程序上如何认定？这一问题涉及行为人的行为是否构罪，实践中司法人员对此有不同的认识，2001年最高人民法院和最高人民检察院发布的《关于办理生产、销售伪劣商品刑事案件具体应用法律若干问题的解释》对此也没有作出明确的规定。基于这一现实，上海市高级人民法院、上海市人民检察院、上海市公安局和上海市司法局于2006年联合发布了《关于办理生产、销售伪劣产品刑事案件中如何认定“以不合格产品冒充合格产品”的意见》，对上述问题作出了明确的回答。[⑧]

当然，地方性定罪规则使刑法条文中定罪内容的明确化并不单纯是出入罪的问题，还包括进一步明确是此罪还是彼罪（罪名）、一罪还是数罪（罪数）、是否为共同犯罪以及属于何种犯罪形态等方面的内容。例如，刑法规定了票据诈骗罪和金融凭证诈骗罪，但如果行为人在实施诈骗行为过程中既使用了支票、汇票、本票等票据，又使用了其他银行结算凭证，如何定罪？司法解释并没有对此加以规定。广东省高级人民法院于2002年7月2日出台的《关于办理破坏社会主义市场经济秩序犯罪案件若干具体问题的指导意见》规定：“行为人在实施一宗诈骗行为中，既使用了支票、汇票、本票等票据，又使用了其他银行结算凭证的，视其以何种票据、凭证为主，在票据诈骗和金融凭证诈骗罪中择一重罪处罚，不实行数罪并罚。”又如，行为人明知他人生产伪劣产品而为其提供生产原料、辅料、包装材料，是否可以构成生产伪劣产品罪的共犯？刑法对此没有明文规定，司法解释的规定也不明确。[⑨] 但浙江省高级人民法院、浙江省人民检察院和浙江省公安厅于2012年9月28日联合发布的《关于办理危害食品、药品安全犯罪案件适用法律若干问题的会议纪

---

⑧　该意见规定：关于“以不合格产品冒充合格产品”的认定问题，应当根据产品质量检验机构出具“该产品系不合格产品”的鉴定结论结合司法机关的审查予以认定。产品质量检验机构出具鉴定结论时，应当同时提供出具鉴定结论的参数依据或理由。司法机关根据该鉴定结论的参数依据或理由进行审查。如果“不合格产品”的鉴定结论是针对产品的内在质量而言的，则可认为该“不合格产品”系伪劣产品；如果鉴定结论仅针对产品的外在包装的，一般不能认为该“不合格产品”系伪劣产品。

⑨　《最高人民法院、最高人民检察院关于办理生产、销售伪劣商品刑事案件具体应用法律若干问题的解释》第9条规定：“知道或者应当知道他人实施生产、销售伪劣商品犯罪，而为其提供贷款、资金、账号、发票、证明、许可证件，或者提供生产、经营场所或者运输、仓储、保管、邮寄等便利条件，或者提供制假生产技术的，以生产、销售伪劣商品犯罪的共犯论处。”

要》明确将“明知他人生产伪劣产品而为其提供生产原料、辅料、包装材料”的行为作为生产伪劣产品罪的共犯处理。再如，刑法规定走私毒品罪时将邮寄纳入行为方式之中。如果行为人在办理邮寄出境手续时被查获毒品的，是作为未遂处理还是既遂处理？刑法对此没有规定，相关司法解释也没有明确，但上海市高级人民法院于2000年5月18日发布的《关于审理毒品犯罪案件具体应用法律若干问题的意见》对此作了规定，即“如行为人在办理邮寄出境手续时被查获毒品的，应当认定走私毒品罪的既遂”。

2. 刑法部分条文中定罪内容的特定化

我国的犯罪构成是定性加定量模式，这与大陆法系国家的“立法定性、司法定量”的模式不同。[⑩] “立法既定性又定量”的处理模式，即不仅对行为的性质进行考察，而且对行为所包含的数量进行评价，是否达到一定的数量对决定某些行为是否构成犯罪以及构成何种形态的犯罪具有重要意义。例如，在我国1997年《刑法》第13条的规定[⑪]中“但书”的基本精神就在于通过把定量因素引入犯罪概念中，限制我国刑法的处罚范围，从而把大量仅具有轻微社会危害性的行为排除在刑法的管辖范围之外。但也因此带来了困惑，即定量因素如何确定的问题。一般认为，我国刑法中犯罪构成的定量因素包括数额和情节两大类，[⑫]例外，我国《刑法》第178条关于“伪造、变造国家有价证券罪”就是一个典型的数额犯立法例。[⑬] 该条规定了“数额较大”“数额巨大”“数额特别巨大”三个档次的罪刑标准。而何为“数额较大”“数额巨大”和“数额特别巨大”，均需要制定明确的司法解释。问题在于，我国是一个幅

⑩ 例如，“日本刑法采取分立式来处理刑事违法行为类型与其他违法行为类型的关系，即两种行为类型之间不存在交叉重合关系，若某类型行为被规定为刑事违法，无论多么轻微，也不会因其程度而转变为一般违法，反之也是如此。”李洁：《中日刑事违法行为类型与其他违法行为类型关系之比较研究》，载《环球法律评论》2003年秋季号，第45~46页。

⑪ 该条规定：“一切危害国家主权、领土完整和安全，分裂国家、颠覆人民民主专政的政权和推翻社会主义制度，破坏社会秩序和经济秩序，侵犯国有财产或者劳动群众集体所有的财产，侵犯公民私人所有的财产，侵犯公民的人身权利、民主权利和其他权利，以及其他危害社会的行为，依照法律应当受刑罚处罚的，都是犯罪，但是情节显著轻微危害不大的，不认为是犯罪。”

⑫ 陈兴良：《陈兴良刑法教科书之规范刑法学》，中国政法大学出版社2003年版，第96页。

⑬ 该条规定：伪造、变造国库券或者国家发行的其他有价证券，数额较大的，处3年以下有期徒刑或者拘役，并处或者单处2万元以上20万元以下罚金；数额巨大的，处3年以上10年以下有期徒刑，并处5万元以上50万元以下罚金；数额特别巨大的，处10年以上有期徒刑或者无期徒刑，并处5万元以上50万元以下罚金或者没收财产。

员辽阔的国家，各地的经济发展不平衡、治安状况也不尽相同，刑法规定如何适应各地的需要？显然不能仅仅依靠“两高”的统一解释。刑事法治的统一与刑法要适应地方实际情况的需要之间存在一定程度的矛盾。如果过分强调刑事法治的统一，刑法就无法适应各地方的需要；如果过分强调地方的实际需要，刑事法治的统一就会受到破坏。这一问题应如何解决？目前我国司法实践的做法是，在保持国家刑法整体统一性的基础上，允许对部分条款的内容作出一定的特定化。

例如，最高人民法院于 2013 年 1 月 16 日公布的《关于审理拒不支付劳动报酬刑事案件适用法律若干问题的解释》仅仅确定了审理拒不支付劳动报酬罪定罪标准的数额幅度，即“数额较大”为：拒不支付 1 名劳动者 3 个月以上的劳动报酬且数额在 5000 元至 2 万元以上或拒不支付 10 名以上劳动者的劳动报酬且数额累计在 3 万元至 10 万元以上。同时，最高人民法院授权各省、自治区、直辖市高级人民法院根据本地区经济社会发展状况，在该数额幅度内，研究确定本地区执行的具体数额标准。这显然是考虑到了各地实际情况的差异。正是根据这一授权，各地高级人民法院根据本地经济社会发展状况，在这一数额幅度内确定了各自的定罪标准。例如，湖南省高级人民法院出台了《关于审理拒不支付劳动报酬刑事案件执行数额标准的规定》，该规定具体规定：拒不支付 1 名劳动者 3 个月以上的劳动报酬且数额在 6000 元以上的或拒不支付 10 名以上劳动者的劳动报酬且数额累计在 4 万元以上的为“数额较大”。又如，江苏省高级人民法院根据该省经济社会发展的实际状况出台了《关于我省执行拒不支付劳动报酬罪数额标准的意见》，确定江苏省认定拒不支付劳动报酬罪的“数额较大”的标准为“拒不支付 1 名劳动者 3 个月以上的劳动报酬且数额在 1 万元以上或拒不支付 10 名以上劳动者的劳动报酬且数额累计在 6 万元以上”。

3. 刑法条文中定罪内容的民族化

我国是有 56 个民族的多民族国家，各民族有自己的文化传统、风俗习惯。这些文化、习惯的形成有其自然条件、历史条件和社会条件，正是在不同的环境下、在历史的长河中，我国形成了丰富多彩的民族文化。在民族大融合的今天，我们倡导各民族的优秀文化传统和习俗习惯，引导各民族抛弃不符合时代潮流的习俗。民族习俗的形成既然有其外在环境，那么在这些环境还没有消除的情况下,国家不可能"一刀切"地革除这些不符合现代文明的民族习俗,即使这种民族习俗与国家的法律冲突,也不能完全牺牲民族习俗而一味强调法治的统一。因此我国允许民族自治地方根据其政治、文化、经济、社会情况对某些法律条文作出变通规定或补充规定,以防止当地民众因遵行习惯而违法甚至犯罪。⑭

如前所述,我国《刑法》第 90 条授权民族自治地方的自治区或者省的人民代表大会根据当地民族的政治、经济、文化的特点制定变通或者补充的规定。其目的就是为了实现部分《刑法》条文内容的民族化。从实际情况来看,我国确实也有民族自治地方根据当地政治、经济、文化的特点对国家法律作了变通规定。例如,1981 年西藏自治区人大常委会结合当地具体情况,制定了《西藏自治区施行〈中华人民共和国婚姻法〉的变通条例》(以下简称《变通条例》),并于 2004 年进行了修正。《变通条例》第 2 条规定:"废除一夫多妻,一妻多夫等封建婚姻,对执行本条例之前形成的上述婚姻关系,凡不主动提出解除婚姻关系者,准予维持。"我国《婚姻法》确立了一夫一妻制的原则,《刑法》第 258 条规定了重婚罪,即有配偶而重婚的,或者明知他人有配偶而与之结婚的构成犯罪。但一夫多妻和一妻多夫,是我国西藏地区长期以来形成的习俗,⑮对于法律制定前已经形成的一夫多妻和一妻多夫的婚姻,国家不能强制解除,否则会带来一系列的社会问题。因此,西藏自治区人大常委会对此依法制定了变通条例。这一规定,实际上使部分处于一夫多妻或一妻多夫状况下的西藏民众免予受到重婚罪的刑事追究。

二、地方性定罪规则的基本内容

地方性定罪规则的内容非常庞杂,但主要是依照以下三种类别展开的:

---

⑭ "法律变通权是我国宪法和有关法律赋予少数民族的权力,用它来解决各个民族之间的差异造成的不能全部适用国家法律的实际情况,避免国家法律暂不能改变民族风俗习惯的冲突。"参见张晓辉:《中国法律在少数民族地区的实施》,云南大学出版社 1994 年版,第 175 页。

⑮ 据西藏大学 1988 年的调查,西藏农牧区一妻多夫家庭占调查家庭总数(753 户)的 13.3%。据昌都地区察雅县 1994 年的调查:"一妻多夫的婚姻家庭占 60% 至 70%,其中左贡县东坝乡角荣村一妻多夫的家庭占 90% 以上,一夫一妻的家庭不到 5%。"另据昌都地区 1996 年对芒康县二区一镇 23 个乡的调查:"全县总户数为 10,875 户,总人口 70,149 人,一妻多夫的家庭有 4579 户,占总户数的 42.27%。"参见张凯:《西藏一妻多夫婚姻习俗与国家法的冲突和调适》,载《西藏发展论坛》2012 年第 6 期,第 61 页。

一是确定犯罪定量内容的地方性定罪规则，主要是为了明确罪与非罪的界限问题；二是确定犯罪定性内容的地方性定罪规则，主要是为了明确此罪与彼罪的界限问题；三是确定共犯及犯罪停止形态的地方性定罪规则。以下将逐一说明。

（一）确定犯罪定量因素的地方性定罪规则

实践中，大多数的地方性定罪规则都是以确定犯罪定量因素为目的制定的，根据定量因素的性质不同，具体又可以分为两类，即确定犯罪数额的地方性定罪规则与确定犯罪情节的地方性定罪规则，二者都关乎罪与非罪的区别。就数额犯而言，有学者统计，当前我国所有罪名中，涉及犯罪数额的约占全部罪名的45.83%。[16] 由此决定了各地定罪规则中大多涉及确定犯罪数额的定量因素问题。应该说，确定犯罪数额的定罪规则，主要是根据各地的经济发展水平而定的。以《刑法》第224条合同诈骗罪为例，2011年7月12日上海市高级人民法院、上海市人民检察院、上海市公安局、上海市司法局联合发布的《关于本市办理部分诈骗类犯罪案件具体数额标准的意见》第2条规定：合同诈骗财物价值2万元以上不满20万元，属于“数额较大”；合同诈骗财物价值20万元以上不满100万元，属于“数额巨大”；合同诈骗财物价值100万元以上，属于“数额特别巨大”。同一时期与上海经济发展水平差不多的浙江，浙江省高级人民法院于2012年11月9日发布的《浙江省高级人民法院关于部分罪名定罪量刑情节及数额标准的意见》第57条规定：合同诈骗数额在2万元以上不满20万元的，属于“数额较大”，处三年以下有期徒刑或者拘役，并处或者单处罚金；合同诈骗数额在20万元以上不满100万元的，属于“数额巨大”，处三年以上十年以下有期徒刑，并处罚金。这与上海规定的上述标准完全一致。而四川省高级人民法院在1999年6月9日发布的《四川省高级人民法院关于审理破坏社会主义市场经济秩序罪案件适用法律若干问题的意见》第36条则规定：《刑法》第224条规定的合同诈骗罪中的“数额较大”以1万元以上为标准；“数额巨大”，以10万元以上为标准；“数额特别巨大”，以50万元以上为标准。[17] 将四川的规定与上海、浙江的相比

---

[16] 张伟：《数额犯若干问题研究》，载《中国刑事法杂志》2010年第3期，第53页。

[17] 需要注意的是，《四川省高级人民法院关于审理破坏社会主义市场经济秩序罪案件适用法律若干问题的意见》中的有些规定已经废止，但截至2015年11月19日，有关合同诈骗罪的规定仍然有效。

较,从中就可以明显看出确定定量因素的地方性定罪规则背后所依据的各地经济发展水平这一因素了。

另外,各地确定定量因素的定罪规则中很大比例是涉及确定情节犯的类型。从司法实践来看,情节犯确定规则与数额犯确定规则的依据有所不同,如果说数额犯的确定主要是根据当地的经济发展水平的话,那么情节犯的确定则主要是依据对特定犯罪常发行为类型的归纳总结。所以确定情节犯的地方性定罪规则具有一定的可借鉴性,一些地方性定罪规则中的情节类型甚至为日后全国性的司法解释、立法解释所吸收、借鉴。例如,2000 年 5 月 25 日发布的《江苏省高级人民法院关于审理刑事案件中具体应用法律的若干问题的意见(试行)》(以下简称《江苏意见(试行)》第 10 条第 2 项对寻衅滋事罪中的若干构成要件的类型作出了规定,其中关于强拿硬要或任意损毁、占用公私财物类型中的"情节严重"规定[18]与最高人民法院、最高人民检察院于 2013 年 7 月 15 日联合发布的《最高人民法院、最高人民检察院关于办理寻衅滋事刑事案件适用法律若干问题的解释》(以下简称 2013 年《寻衅滋事解释》)中的相关规定很接近。[19] 对于寻衅滋事罪中的"在公共场所起哄闹事"的构成类型,《江苏意见(试行)》规定:有下列情形之一的,属"在公共场所起哄闹事,造成公共场所秩序严重混乱":(1)在公共场所横冲直撞、制造事端或故意制造危险信号引起人群惊恐、逃离等或严重影响人们生产、经营活动的;(2)故意制造障碍导致交通堵塞的;(3)多人结伙窜入街、巷、居民住宅区,高速驾驶机动车互相追逐,或以其他方法故意制造噪音扰民,造成群众人心不安、引起公愤的;(4)因起哄闹事,造成群众伤亡或者公私财物遭受重大

---

[18] 强拿硬要或者任意损毁、占用公私财物,有下列情形之一的,属情节严重:(1)强拿硬要他人财物或者任意损毁、占用公私财物价值达人民币 1000 元左右的;(2)在城乡市场强拿硬要他人财物,扰乱正常贸易秩序,引起公愤、造成恶劣影响的;(3)多人结伙多次强拿硬要他人财物或多人结伙多次任意损毁、占用公私财物的;(4)因任意损毁、占用公私财物,致使停工、造成直接经济损失达人民币 10,000 元左右的;(5)强拿硬要他人财物,以未成年人或学生为主要侵害对象,情节恶劣的;(6)强拿硬要他人财物屡教不改的;(7)其他严重情节。

[19] 《寻衅滋事解释》第 4 条规定:"强拿硬要或者任意损毁、占用公私财物,破坏社会秩序,具有下列情形之一的,应当认定为刑法第 293 条第 1 款第 3 项规定的'情节严重':(一)强拿硬要公私财物价值一千元以上,或者任意损毁、占用公私财物价值二千元以上的;(二)多次强拿硬要或者任意损毁、占用公私财物,造成恶劣社会影响的;(三)强拿硬要或者任意损毁、占用精神病人、残疾人、流浪乞讨人员、老年人、孕妇、未成年人的财物,造成恶劣社会影响的;(四)引起他人精神失常、自杀等严重后果的;(五)严重影响他人的工作、生活、生产、经营的;(六)其他情节严重的情形。"

损失的;(5)其他造成公共场所秩序严重混乱的情形。与 2013 年《寻衅滋事解释》第 5 条的规定相比,[20]《江苏意见(试行)》的规定显然更为明确,指导司法实践的作用更加明显。

需要注意的是,并不是所有关于数额、情节的定量因素都属于地方性定罪规则,其中有一些是属于地方性量刑规则,例如,刑法条文中规定的“数额巨大”“数额特别巨大”“情节严重”和“情节特别严重”,一般不涉及基本犯的成立,而是属于法定刑升格的条件。[21] 上述浙江与四川的规定中,在对合同诈骗成立的基本数额进行定量的同时也对关乎量刑的因素进行了定量规定,且两者相互补充。以浙江的规定为例:合同诈骗达到数额较大的标准,并具有下列情形之一的,属于“其他严重情节”,处三年以上十年以下有期徒刑,并处罚金:(1)诈骗救灾、抢险、防汛、优抚、扶贫、移民、救济、医疗款物的;(2)以赈灾募捐名义实施诈骗的;(3)诈骗残疾人、老年人或者丧失劳动能力人的财物的;(4)造成被害人自杀、精神失常或者其他严重后果的;(5)属于诈骗集团首要分子的;(6)严重情节的其他情形。应该说,将数额与情节做互通考虑,是值得肯定的,有利于统一司法,减少裁判的任意性。

(二)确定犯罪定性内容的地方性定罪规则

各地司法实践中有一些定罪规则是关乎各罪罪名确定内容的,这一部分定罪规则主要是明确此罪与彼罪的界限问题。需要指出的是,这部分内容大多涉及刑法规范在当时没有论及且学术界有争议的问题。

例如,就《刑法》第 347 条“走私、贩卖、运输、制造毒品罪”与第 348 条“非法持有毒品罪”的关系如何界定,在学界一直存在争议。如果运输过程中夹带自己吸食的毒品应该如何认定?贩卖毒品时在毒贩住所查获的毒品应该如何定性?对此,2000 年 5 月 18 日发布的《上海市高级人民法院关于审

---

[20] 该条内容为:“在车站、码头、机场、医院、商场、公园、影剧院、展览会、运动场或者其他公共场所起哄闹事,应当根据公共场所的性质、公共活动的重要程度、公共场所的人数、起哄闹事的时间、公共场所受影响的范围与程度等因素,综合判断是否‘造成公共场所秩序严重混乱’。”

[21] 以《刑法》第 224 条合同诈骗罪为例,其规定:有下列情形之一,以非法占有为目的,在签订、履行合同过程中,骗取对方当事人财物,数额较大的,处三年以下有期徒刑或者拘役,并处或者单处罚金;数额巨大或者有其他严重情节的,处三年以上十年以下有期徒刑,并处罚金;数额特别巨大或者有其他特别严重情节的,处十年以上有期徒刑或者无期徒刑,并处罚金或者没收财产……其中数额较大是涉及定罪的定量因素,而数额巨大、有其他严重情节、数额特别巨大、有其他特别严重情节,属于法定刑升格的定量因素。

理毒品犯罪案件具体应用法律若干问题的意见》对这些问题给出了明确的答案。[22] 另外，对于司法实践中经常出现的“以假充真的”贩卖假毒品的案件如何定性的问题，该意见也一并给予了回答：“2. 对于不知是假毒品而当作真毒品予以贩卖、运输的行为，应以贩卖、运输毒品罪的未遂论处。对于明知是假毒品而冒充真毒品予以贩卖的行为，应以诈骗罪定罪处刑。”应该说，对于这些关乎此罪与彼罪、相关法定刑相差很大且司法实践中又经常出现的情况，确实有必要通过制定地方性定罪规则的方式予以确定、统一。

从司法实践来看，一个论证合理的地方性定罪规则能够起到良好的司法指引作用，且能够对相关学术通说的形成起到一定的促进作用。例如，针对2005 年前后广东省某些经济发达地区经常发生的飞车抢夺案件，广东省高级人民法院及时发布地方性定罪规则，指导诸如此类“新型犯罪”的定性，在2006 年 1 月 28 日发布的《广东省高级人民法院关于依法严厉打击抢劫、抢夺犯罪适用法律的指导意见》第 1 条明确规定：“驾驶车辆强行夺取他人财物，有下列情形之一的，应当以抢劫罪定罪处罚：1. 驾驶车辆，逼挤、撞击或强行逼倒他人以排除他人反抗乘机夺取财物的；2. 驾驶车辆夺取财物时，因被害人不放手而采取强拉硬拽方法的；3. 行为人明知其驾驶车辆强行夺取他人财物的手段会造成他人伤亡的后果，仍然强行夺取财物并放任造成他人轻伤以上后果的；4. 驾驶车辆夺取财物过程中，将被害人拖倒或拖拉着行驶的；5. 携带凶器并驾驶车辆抢夺的；6. 驾驶车辆夺取财物后，使用暴力或胁迫手段抗拒抓捕的；7. 驾驶车辆夺取财物后，行为人为掩护同案人而使用暴力或胁迫手段的。”这一意见的出台，某种程度上促进了学界关于飞车抢夺案件的定性（主要涉及抢夺罪与抢劫罪的转化问题）的研究。该意见第 5 条还规定：刑法所规定的“入户抢劫”等八种处 10 年以上有期徒刑刑罚的情节，应当从实质

---

[22] “……2. 行为人在长途运行中随身携带数量不大（如海洛因 50 克以下）的毒品，且有证据证明行为人自己也将吸食其中的毒品的，一般应当认定运输毒品罪，酌情从轻处罚。如果确有证据证明行为人所携带的毒品仅用于自己吸食，不会向社会扩散的，可以认定非法持有毒品罪。如果行为人随身携带很少数量的毒品（如海洛因 5 克左右），且有证据证明系供自己吸食的，也可以依法认定为情节显著轻微危害不大的行为，不以犯罪论处。3. 对于抓获贩毒分子以后，在其住所等藏匿地点查获的毒品，应一并计入贩毒数量，酌情从轻处罚，而不能另行认定非法持有毒品罪，与贩卖毒品罪实行数罪并罚。对于以贩养吸的毒品犯罪分子，其处理方法亦同。但是，如果只是怀疑犯罪分子以贩养吸，缺少贩卖证据的，对于在其住所等处查获的数量较大的毒品，只能认定非法持有毒品罪。”

要件予以掌握。对发生于“日店夜宅”“前店后宅”“上宅下店”等生产经营与生活场所密切相关的抢劫行为,必须根据行为人进入场所时的功能予以准确认定。行为人在他人入住时抢劫的,应当认定为“入户抢劫”,从而明确了当时学界争议颇多的入户抢劫之“户”的含义。类似指导意见的出台对于地方上正确定罪、统一裁判标准具有较为积极的意义。

但从实践中看,地方性司法文件规定的定罪规则也存在一些问题。某些问题相比较而言更应该交由学界讨论,由学术通说来决定,而非制定相关定罪规则。例如,2000 年 5 月 25 日发布的《江苏省高级人民法院关于审理刑事案件中具体应用法律的若干问题的意见(试行)》规定:强制猥亵、侮辱妇女罪必须是“违背妇女意志,以性刺激为目的”,即强制猥亵、侮辱妇女罪必须是内心倾向犯。这种规定忽视了诸如出于报复等因素的猥亵妇女罪同样侵犯了该罪所保护的法益——妇女的性的自主决定权。对于司法实践中经常出现的出于报复等目的猥亵妇女的行为,[23]以强制猥亵、侮辱妇女罪定罪处罚比以侮辱罪定罪处罚显然更具有保护的针对性。但根据《江苏意见(试行)》的规定,此类行为只能认定为侮辱罪,这不能不说是与学界的通说相背离的。

(三)确定共犯及犯罪停止形态的地方性定罪规则

在司法实践中,还存在一部分关于确定共犯及犯罪停止形态的地方性定罪规则,这部分内容虽然不多,但对于一些共犯形态与既、未遂形态界限比较模糊的罪名而言无疑是有必要的。以刑法中的走私、贩卖、运输、制造毒品罪为例,一直以来,以什么为标志界定走私、贩卖、运输等行为类型的既遂,在理论和实务界是存在争议的。对此,2000 年 5 月 18 日发布的《上海市高级人民法院关于审理毒品犯罪案件具体应用法律若干问题的意见》(以下简称 2000

---

[23] 例如,2015 年 4 月 24 日晚,河南郑州中牟县新世纪广场,一名年轻女子被一群人全裸从车内拽出,而后被拉扯着游街,遭当众羞辱,引发路人围观。当地警方以涉嫌强制猥亵、侮辱妇女罪刑事立案。载网易新闻中心:http://news. 163. com/photoview/00AP0001/88934. html # p = AO0067BM00AP0001,最后访问日期:2015 年 5 月 27 日。无独有偶,2014 年 10 月 10 日,在河南省濮阳县老城的棉花站街街头,一名年轻女子被几名中年妇女殴打并扒光衣服。事发后,警方以强制猥亵、侮辱妇女罪进行立案查处。载网易新闻中心:http://news. 163. com/14/1022/01/A94GGE0A00014AED. html,最后访问日期:2015 年 4 月 26 日。应该说,警方的上述判断是符合当前关于强制猥亵、侮辱妇女罪的学术通说的。

年《上海毒品意见》)中对其做了较为全面、明确的规定。[24] 虽然其中个别规定的合理性有待商榷,但从形式上看,各种情形可谓考虑得较为全面,界定得较为详细,具有很强的指导性。

与之相对应的是,有些确定共犯与犯罪停止形态的地方性定罪规则,在某种意义上可以说是对刑法总论中关于共同犯罪和犯罪既遂标准的简单应用,而没有涉及司法实践中具体行为类型的处理。例如,2004 年 11 月 23 日湖南省高级人民法院、湖南省人民检察院、湖南公安厅共同发布的《关于办理毒品犯罪案件有关问题的指导性意见》(以下简称 2004 年《湖南毒品意见》)第 37 条规定:"依法准确认定毒品犯罪的犯罪形态。对同一宗毒品实施走私贩卖、运输、制造两种行为以上犯罪行为的,只要其中一种行为构成既遂,应当认定为既遂。"这一规定显得较为笼统,忽视了司法实践中毒品犯罪既、未遂行为的常见类型,对司法实践的实际指导作用有限。

这种明显差异在关于共同犯罪的地方性定罪规则中体现得更为明显。2000 年《上海毒品意见》第 3 条规定关于毒品共犯的规定非常详细。[25] 而

---

[24] 例如,该意见第 2 条规定:"1. 走私毒品罪,是指……对于走私毒品入境的行为,只要行为人将毒品带至我国(边)境线内即为本罪的既遂,而不问是否通过海关检查;对于走私毒品出境的行为,只要有证据证明行为人已将毒品带至运输出境的动态过程即为本罪的既遂,而不问是否已将毒品走私出境。如行为人在办理邮寄出境手续时被查获毒品的,应当认定走私毒品罪的既遂。2. 贩卖毒品罪,是指……只要行为人将毒品现实地带入了交易环节的(即贩毒者已将毒品带到购买者面前着手交易的),不论是否完成交易行为,均应以贩卖毒品罪的既遂论处。如果有证据证明行为人以贩卖为目的而购买了毒品或正在向贩毒者购进毒品的,亦应认定为贩卖毒品罪的既遂。如果没有证据证明正在购买毒品者在主观上具有贩卖的目的(如系为自己吸食),而涉毒数量达到了刑法第 348 条规定的最低标准的,应当以非法持有毒品罪定罪处刑。3. 运输毒品罪,是指……有证据证实行为人以长途贩运为目的而实施了携带、邮寄、利用他人或使用交通工具非法运送毒品的行为;如行为人已将毒品带上从事长途运输的交通工具,或带入火车站、候机楼,或者正在办理邮寄外地的手续等行为,均应认定运输毒品罪的既遂。"

[25] 该条规定:"1. 毒品买卖的双方在客观行为上必然相互连接,但其分别实行的是买和卖两个不同的行为,其主观故意内容也有区别,故毒品买卖双方的行为一般不能以共同犯罪论处。对于不能查明买方购买毒品的真实用途的案件,不能以系贩卖毒品者的帮助犯为由,认定为贩卖毒品罪的共犯;也不能单纯以所购买的毒品数量巨大一个事实为据,推定为贩卖毒品罪,该种情形一般应当以非法持有毒品罪定罪处刑。2. 多人分别对同一宗毒品实施了购买、运输、窝藏、转移、出售等行为之一的,如果有证据证实其事前进行了共同贩卖毒品的合谋、商议,然后分工协作、分担实行不同行为的,应当以其共同预谋实施的目的行为确定罪名,即应当认定为贩卖毒品罪的共同犯罪。如果没有证据证实其中的行为人参与了事前的共同谋议,现有证据只能证明其系临时受人雇佣或指使,单纯实施了运输、窝藏或转移毒品的行为,其主观上对雇佣者的贩毒行为也只是凭推测或估计而有所知悉的,则应当以其具体实施的行为确定罪名,即分别认定运输、窝藏或转移毒品罪。"

2004年《湖南毒品意见》的规定则可以说是对刑法总论中关于共犯理论的复述。[26] 例如,2004年《湖南毒品意见》第35条规定:毒品共同犯罪应当依法认定主犯、从犯。没有共同犯罪故意,仅有在客观上相互关联的毒品犯罪行为,不构成共同犯罪。在共同犯罪中提起犯意,提供毒品、策划、组织、指挥或者积极实施犯罪,毒资、分赃较多等,起主要作用的,是主犯;在共同犯罪中被引诱、蒙骗参与犯罪,在犯罪中受人指使,没有出资、出资较少,分赃较少等,起次要或者辅助作用的,是从犯。受雇于他人后积极实施毒品犯罪,或者再雇佣别人实施毒品犯罪,或者在毒品犯罪中的作用十分突出的,可以认定为主犯。受他人指使实施毒品犯罪并在犯罪中起次要作用的,一般认定为从犯。第36条规定:对于毒品犯罪集团的首要分子,应当按集团毒品犯罪的毒品总数量处罚;对一般共同犯罪的主犯,应当按其组织、指挥的毒品犯罪毒品数量处罚。这些内容,实际上无需专门制定一个定罪规则予以指导,其可能起的作用在于将刑法总论中关于共犯的规定在毒品犯罪中的应用通过制定规则的方式再强调一遍,以提醒办案人员不偏离正确的理解,另一个作用可能在于保持该意见的体系完整性,而实际上完全不必要。

三、地方性定罪规则存在的问题

(一)地方性定罪规则的合法性模糊

定罪规则涉及行为人的行为是否构成犯罪、构成何种犯罪、构成轻罪还是重罪、构成一罪还是数罪、是否属于共同犯罪,而犯罪成立的后果将主要通过刑罚惩罚的方式实现责任的承担。因此,定罪规则最终涉及公民的自由权、名誉权、财产权等基本权利的限制或剥夺。正因如此,《立法法》才规定全国人民代表大会制定和修改刑事法律;在全国人民代表大会闭会期间,全国人大常委会在对全国人民代表大会制定的刑事法律进行部分补充和修改时,不得同该法律的基本原则相抵触。国家对刑事法律规范的制定权控制得

---

[26] 同样的例子可见于广东省高级人民法院于2002年10月16日发布的《关于办理毒品犯罪案件适用法律若干问题的指导意见》第21条的规定:对于受纠合、雇用实施毒品犯罪的被告人,应当根据其在犯罪中的地位作用确定其属于主犯还是从犯,不能将其一律都视为从犯。对于受纠合、雇请后积极实施并单独或继续纠合他人完成毒品犯罪行为的,一般应当认定为主犯。实际上,无须依赖这一专门规定,直接通过刑法总论中的共犯理论就可以做出类似的解释。

极为严格。在对立法主体的限制如此严格的情况下,地方性定罪规则的合法性问题无疑会受到质疑。

《立法法》第66条授权民族自治地方的人民代表大会依照当地民族的政治、经济和文化特点,制定自治条例和单行条例。从现有规定看,只有民族自治地方的变通规定和补充规定有合法的授权,其他任何形式的定罪规则制定都没有法律的授权。但司法实践中,各类地方性定罪规则大行其道,其制定权力来自哪里呢?查阅我国各类地方性定罪规则,我们不难发现,这些定罪规则有一部分是基于最高人民法院、最高人民检察院的授权而制定的。[27] 这种授权有没有法律依据呢?实际上,《人民法院组织法》第32条只规定了最高人民法院对于在审判过程中如何具体应用法律、法令的问题有权进行解释。相关立法中并没有关于最高人民法院、最高人民检察院可以授权各地高级人民法院、省级人民检察院制定定罪规则的规定。

另外,一些高级人民法院和省级人民检察院甚至在没有最高人民法院和最高人民检察明确授权的情况下发布了大量的定罪规则。例如,1999年6月9日发布的《四川省高级人民法院关于审理破坏社会主义市场经济秩序罪案件适用法律若干问题的意见》、2000年10月25日上海市高级人民法院、上海市人民检察院、上海市公安局、上海市司法局联合发布的《关于本市办理部分刑事犯罪案件标准的意见》、[28]2002年7月2日广东省高级人民法院发布的《关于办理破坏社会主义市场经济秩序犯罪案件若干具体问题的指导意见》、2012年11月9日浙江省高级人民法院发布的《关于部分罪名定罪量刑情节及数额标准的意见》等,都没有得到最高司法机关的授权。制定这些规定的权力根据在哪里?这些意见有的在明确规则制定依据时强调"根据《中华人民共和国刑法》和最高人民法院、最高人民检察院的有关司法解释"制定本规则,有的则没有规则制定根据的阐述,直接规定规则的具体内容。其实,即使强调地方性定罪规则是依据《刑法》以及相关司法解释而制定,这亦

[27] 例如,2013年4月27日起施行的最高人民法院、最高人民检察院《关于办理敲诈勒索刑事案件适用法律若干问题的解释》规定,各省、自治区、直辖市高级人民法院、人民检察院可以根据本地区经济发展状况和社会治安状况,在该解释规定的数额幅度内,共同研究确定本地区执行的具体数额标准,报最高人民法院、最高人民检察院批准。

[28] 需要注意的是,上海市高级人民法院、上海市人民检察院、上海市公安局、上海市司法局于2008年6月24日联合发布了新的《关于本市办理部分刑事犯罪案件标准的意见》。

非是关于这些规则制定权力来源的表达。因此,可以说,现行的许多地方性定罪规则的制定并没有正当的权力根据。

(二)地方性定罪规则的制定主体混乱

现有地方性定罪规则的制定主体呈现出两大特点:颁布主体多层化和颁布主体多部门化。这种主体的多元化使得地方性定罪规则的颁布主体十分混乱。

从颁布主体的层级来看,既有高级人民法院、省级人民检察院颁布的定罪规则,也有中级人民法院、地级市人民检察院颁布的定罪规则,还有基层人民法院和人民检察院颁布的定罪规则。其中,高级人民法院和省级人民检察院颁布的最多。这一方面是因为高级人民法院和省级人民检察院本就有最高人民法院和最高人民检察院在部分司法解释中的授权,另一方面也是因为省级司法机关的司法文件在全省、自治区、直辖市范围内适用,一些具有普遍性的法律适用问题,可以通过省级司法机关在司法文件中作出规定。除省级司法机关外,一些中级人民法院、地级市人民检察院也颁布了定罪规则。例如,2011 年 4 月 26 日宁波市中级人民法院、宁波市人民检察院、宁波市公安局、宁波市司法局联合发布的《关于审理未成年人刑事案件若干问题的指导意见》、2011 年 4 月 26 日发布的《浙江省杭州市中级人民法院关于修订诈骗类犯罪数额标准的意见》、2011 年 5 月无锡市中级人民法院发布的《充分发挥刑事审判职能作用依法严惩制售假冒伪劣商品犯罪的若干意见》等。中级人民法院和地级市人民检察院制定定罪规则的主要目的是解决本辖区内司法机关遇到的法律适用问题,应当说有其现实意义。但它们制定地方性定罪规则的权力来源于哪里?不但如此,一些基层人民法院和人民检察院也出台了地方性定罪规则。例如,2014 年 5 月四川省眉山市洪雅县人民法院发布的《关于进一步加强刑事和解工作的若干意见(试行)》规定:“人民检察院提起公诉的轻微刑事案件,被害人与被告人达成和解协议并明确表示不再要求追究被告人刑事责任,人民法院审查后认为可以不追究被告人刑事责任的,可以要求人民检察院撤回起诉。人民检察院坚持不撤诉的,可以宣告被告人免于刑事处罚。”这一规定显然涉及被告人的行为构罪问题。中级人民法院和地级市人民检察院的地方性定罪规则之制定权的来源尚且存疑,基层司法机关定罪规则的制定权就更无从说起了。

从制定主体的属性来看，地方性定罪规则的制定主体既有法院、检察院，也有公安机关和其他政府部门。其中，法院、检察院制定的规则占了大部分。例如，四川省、浙江省、上海市高级人民法院和同级人民检察院制定的地方性定罪规则就非常多。公安机关在打击犯罪活动中发挥了重要作用，为强化打击犯罪的力度，我国地方公安机关经常开展针对性的严打活动，如打击非法经营犯罪、交通肇事犯罪、黑社会性质组织犯罪等。例如，2013 年 12 月 1 日福建省公安厅发布《关于全力收缴非法爆炸物品严厉打击涉爆违法犯罪活动的通告》，该通告的制定目的在于“为全力收缴非法爆炸物品，严厉打击涉爆违法犯罪活动，保护群众生命财产安全”。该通告第 3 条规定：“凡在本通告公布之日起至 2013 年 12 月 31 日前投案自首并主动上缴非法爆炸物品的，予以从宽处理；逾期不交将依法从严惩处。”什么是“从宽处理”？什么是“从严惩处”？笔者认为，这里的“从宽处理”可以理解为本来依法构成犯罪的行为不作犯罪处理或虽作犯罪处理但从宽处罚。既然如此，那么该通告就涉及定罪的问题，可以视为定罪规范。地方政府在社会管理中常常也会出台一些地方性的规范，这些规范有的也可能涉及定罪的问题。例如，2012 年 4 月 19 日山西省运城市人民政府办公厅发布的《关于进一步严厉打击非法违法采矿行为的通知》规定：“对拒不停止开采或取缔后又违法开采，造成矿产资源破坏的，要依法追究有关人员的刑事责任。”“对拒不退回本矿区范围内开采，拒不进行恢复治理的，依法吊销其采矿许可证和其他证照，直至追究刑事责任。”“追究刑事责任”涉及定罪的问题，因此该通知可能是一份地方性定罪规则。

（三）有些地方性定罪规则的内容违反刑法的规定

《立法法》(2000 年)第 63 条规定，省、自治区、直辖市的人民代表大会及其常务委员会、较大的市的人民代表大会及其常务委员会根据本行政区域的具体情况和实际需要，可以制定地方性法规，但这些地方性规定不得同宪法、法律、行政法规相抵触。《刑法》第 90 条规定，民族自治地方的自治区或者省的人民代表大会可以根据当地民族的政治、经济、文化特点制定变通或者补充的规定，但不得违反刑法的基本原则。从这些规定可以看出，民族自治地方的自治区或者省的人民代表大会制定的变通或者补充规定，不得违反刑法的基本原则，内容可以与刑法不同；但其他的省、自治区、直辖市的人民代表大会及其常务委员会、较大的市的人民代表大会及其常务委员会制定地方性法规不但不能与宪法、法律、行政法规的基本原则相违背,内容上也不得与其冲突,否则就是违宪或违法。这些法律均是对地方人民代表大会及其常务委员会制定地方性法规的要求,并不是对地方司法机关、行政机关制定地方性规则提出的要求。但这并不说明这些地方性国家机关可以违反上位法出台地方性规则。

在实践中,一些地方性定罪规则在内容上确实与刑法的规定冲突。例如,2012 年运城市人民政府办公厅发布的《关于进一步严厉打击非法违法采矿行为的通知》(以下简称《运城市通知》)规定:对拒不停止开采或取缔后又违法开采,造成矿产资源破坏的,"要依法追究有关人员的刑事责任";对拒不退回本矿区范围内开采,拒不进行恢复治理的,依法吊销其采矿许可证和其他证照,"直至追究刑事责任"。这一规定并不符合《刑法》的相关规定。《刑法》第 343 条关于非法采矿罪的规定强调:违反矿产资源法的规定,未取得采矿许可证擅自采矿,擅自进入国家规划矿区、对国民经济具有重要价值的矿区和他人矿区范围采矿,或者擅自开采国家规定实行保护性开采的特定矿种且"情节严重的",才构成犯罪。《运城市通知》对于非法采矿的行为没有任何程度性的规定。另外,"拒不停止""拒不退回""拒不进行恢复"只是主观上的表现,不包含客观评价,而刑法的基本原则是主客观相统一,不能仅凭行为人的主观方面确定行为的社会危害程度。因此,《运城市通知》不但违反了《刑法》的基本原则,也违反了刑法关于非法采矿罪构成中"情节严重"的规定。又如,福建省公安厅发布的《关于全力收缴非法爆炸物品严厉打击涉爆违法犯罪活动的通告》规定:"凡在本通告公布之日起至 2013 年 12 月 31 日前投案自首并主动上缴非法爆炸物品的,予以从宽处理;逾期不交将依法从严惩处。"这一内容也与《刑法》的规定不符。虽然"从宽处理"和"从严惩处"可以作多方面理解,但从用词来看,显然也包括将本来构成犯罪的行为作非罪化处理或将本来不构成犯罪的行为作犯罪化处理,这与刑法规定的罪刑法定原则相冲突。从《刑法》的规定来看,自首是我国的一项重要量刑制度,对于自首的犯罪分子,可以从轻或者减轻处罚。其中犯罪较轻的,可以免除处罚。因此,自首只涉及对犯罪人处罚的轻重问题,并不能作为司法机关将行为人的构罪行为非罪化的理由。而且,司法机关也不能将不自首作为从严处理的理由,自首不是违法行为人的法定义务,相反自首是法律上对违法行为人自动投案、如实供述的鼓励措施。因此,司法机关不得因为犯罪嫌疑人或被告人没有自首就对其从重处罚,更不能因为犯罪嫌疑人或被告人没有"自首"就降低追诉标准,将一般违法行为作为犯罪来处理。

即使是高级人民法院和省级人民检察院制定的地方性定罪规则也有的与《刑法》的规定相冲突。例如,湖南省高级人民法院、湖南省人民检察院、湖南省公安厅、湖南省司法厅于2006年9月17日联合发布的《关于处理涉访违法犯罪行为若干问题的意见(试行)》规定:"扰乱企事业单位工作、生产、营业、教学、科研活动情节严重,致使企事业单位工作、生产、营业、教学、科研无法进行,造成严重损失的,对首要分子和其他积极参加者,可依照《刑法》第二百九十一条第一款的规定,以聚众扰乱社会秩序罪追究刑事责任。"[29]《刑法》291条第1款规定,聚众扰乱车站、码头、民用航空站、商场、公园、影剧院、展览会、运动场或者其他公共场所秩序,聚众堵塞交通或者破坏交通秩序,抗拒、阻碍国家治安管理工作人员依法执行职务,情节严重的,对首要分子,处五年以下有期徒刑、拘役或者管制。显然两者之间的规定是有矛盾的。按照《刑法》第291条的规定,对于聚众扰乱公共场所秩序、交通秩序情节严重的,只追究首要分子的刑事责任,但按湖南省的上述意见,对于首要分子和"其他积极参加者"都要追究刑事责任,这无疑是扩大了刑事打击范围。

(四)不同地方的定罪规则对同一问题的解释之间存在矛盾

由于不同地方性定罪规则的制定者对问题的理解角度、考虑问题的出发点等方面存在差异,不同地方的定罪规则对同一问题往往出现不同的解释性规定。这就会破坏法律的严肃性、统一性,不利于民众法治观念的建立。

以打击发廊推出的"打飞机""洗飞机""波推飞机"等手淫服务为例,不同地方在法律责任追究的方式上就出现了严重的分歧。2007年广东省高级人民法院曾经在关于介绍、容留妇女卖淫案适用法律问题的批复中认为,介绍、容留妇女为他人提供手淫服务的行为,不属于刑法明文规定的犯罪行为。正是由于这个批复的存在,广东法院系统在处理该类行为时往往作无罪处理。例如,2011年广东省佛山市检察院以"涉嫌组织卖淫罪"将雇请多名按摩女提供"波推""打飞机"等色情服务的南海区一家理发店店主起诉到法院,三名被告人被一审法院以组织卖淫罪判处5年不等的刑罚;一审判决后

---

[29] 《刑法修正案(九)》对此已做修改,此处仍以之前的条文作为分析对象。

被告人提出上诉,检察院于2012年以“不应当追究被告人刑事责任”为由撤诉,三名被告人被无罪释放。但江苏省公安厅于2006年发布的《关于办理卖淫嫖娼案件的指导意见》却明确将以金钱、财物为媒介发生性关系的行为(包括口淫、手淫等方式)规定为卖淫嫖娼。此外,更多的地方则对卖淫嫖娼作了概括性的规定。[30] 由于2001年公安部《关于对同性之间以钱财为媒介的性行为定性处理问题的批复》认为不特定的异性之间或者同性之间以金钱、财物为媒介发生不正当性关系的行为,包括口淫、手淫、鸡奸等行为,都属于卖淫嫖娼行为,司法实践中更多地将容留、组织提供“打飞机”“波推”等手淫服务的行为作为犯罪予以处理。例如,2004年福建省福清市人民法院审理的汤某等涉嫌按摩店手淫服务案,法院认定手淫服务属于卖淫,被告人的行为构成容留卖淫罪;2010年上海市徐汇区人民法院审理的徐某涉嫌发廊手淫服务案,亦认定行为人构成容留卖淫罪。[31]

另一个例子是关于《刑法》第292条聚众斗殴罪之“聚众”的认定。由于该款罪名使用的是简单罪状的表述,何为“聚众”并不清晰,学界对此也没有统一的定论。究竟要聚集几人以上才算是“聚众”?如果只是一方聚集了相应人数,是仅仅该方构成本罪还是双方都构成本罪?对于这些问题,司法实践中的分歧较大,这也间接导致了相关地方性定罪规则的对立。例如,上海市高级人民法院和江苏省高级人民法院关于这一问题的规定就明显不同。[32]

---

[30] 例如,2004年修订的《贵州省禁止卖淫嫖娼的规定》第2条规定:“凡以索取财物为目的与男性发生性行为的是卖淫行为;以给付财物为条件与卖淫妇女发生性行为的是嫖娼行为。”1990年8月19日生效1999年1月24日失效的《湖南省禁止卖淫嫖娼条例》第3条规定:“本条例所称卖淫,系指女性以谋取财物为目的,与男性非法发生性关系的行为。本条例所称嫖娼,系指男性以给付财物为手段,与女性非法发生性关系的行为。”

[31] 佚名:《“打飞机”究竟算不算卖淫》,载京华网 http://www.jinghua.cn/zhuanti/2013/dfj/,最后访问日期:2015年2月10日。

[32] 2006年9月5日发布的《上海市高级人民法院关于办理聚众斗殴犯罪案件的若干意见》第1条第3款规定:本罪中的“聚众”是指为实施斗殴而聚集3人或3人以上的行为。3人或3人以上”既包括首要分子、积极参加者,也包括其他一般参加者。聚众斗殴罪可以由单方构成。如甲方出于报复他人、争霸一方等不法动机而纠集3人或3人以上与出于相同动机的乙方进行斗殴,乙方人数即使不满3人,对甲方亦可以聚众斗殴罪认定。鉴于乙方不足3人,不符合“聚众”要件,不应以本罪论处,构成其他犯罪的,依法处理。而2000年5月25日发布的《江苏省高级人民法院关于审理刑事案件中具体应用法律的若干问题的意见(试行)》第10条第1款第1项则规定:聚众就是拉帮结伙,人数达3人以上。对斗殴双方均有聚众斗殴故意的,只要一方达到3人以上的,对双方均应认定聚众斗殴。但对没有聚众斗殴故意的一方,不应认定聚众斗殴。

由于两地规则的不一致,导致同一行为,在两地的定性就不相同,这显然有损刑法的统一。

(五)地方性定罪规则的形式、名称泛化

从现有地方性定罪规则的形式来看,既有成文的规则,也有不成文的规则,而且成文规则的名称比较混乱。

大量的地方性定罪规则是以成文的形式出现的,但实践中不成文的规则也确实存在,主要出现在某地突发事件、重大影响事件的处理过程中。例如,在某地发生了严重的非法集资犯罪案件,参与非法融资的企业近百家,集资涉及 30 万余人次,本金总额 170 亿余元。面对如此严重的非法集资状况,当地政府出台了不成文的规定,大幅提高了当地非法集资案刑事立案标准。在当地的领导者看来,如果依据当时司法解释立案,打击的面会过大,受追诉的人数会非常多,因此无奈提高追诉标准。

在名称使用上,现有地方性定罪规则有的贯之以"规定"的名称,例如,2013 年河南省高级人民法院发布的《关于我省拒不支付劳动报酬犯罪数额认定标准的规定》;有的在"规定"之后加上"(试行)",例如 2007 年浙江省人民检察院发布的《关于办理当事人达成和解的轻微刑事案件的规定(试行)》。有的贯之以"意见"的名称,例如 2013 年湖南省高级人民法院、湖南省人民检察院、湖南省公安厅联合发布的《关于确定我省办理八种财产犯罪案件数额认定标准的意见》;有的在"意见"后加上"(试行)",例如 2000 年江苏省高级人民法院发布的《关于审理刑事案件中具体应用法律的若干问题的意见(试行)》。有的贯之以"参考意见"或者"指导性意见",例如 2003 年广东省高级人民法院发布的《关于毒品犯罪案件有关数量量刑标准的参考意见》、2004 年湖南省高级人民法院、湖南省人民检察院、湖南省公安厅联合发布的《关于办理毒品犯罪案件有关问题的指导性意见》等。有的贯之以"通知"的名称,例如 2013 年广东省高级人民法院和广东省人民检察院联合发布的《关于确定抢劫刑事案件数额巨大标准的通知》。还有的以"会议纪要"的形式出现,例如 2010 年浙江省高级人民法院印发的《关于办理容留他人吸毒罪有关法律适用问题的会议纪要》、2011 年浙江省高级人民法院印发的《关于在审理交通肇事刑事案件中正确认定逃逸等问题的会议纪要》、2011 年浙江省高级人民法院、浙江省人民检察院和浙江省公安厅联合印发的《关于当前办理集资类刑事案件适用法律若干问题的会议纪要(二)》等。如此繁杂的名称使用,使地方性定罪规则的名称杂乱无章。有些规则即使是对同一问题的规定,不同地方使用的名称也不相同。例如,对于案件数额标准确定的规则,有的使用"通知",有的使用"规定",有的则使用"意见"。这种名称使用上的不统一,折射出来的是地方性定罪规则制定的随意性,这与规范性司法文件应有的严肃性、严谨性是不相融的。

(六)某些地方性定罪规则的制定存在较严重的地方实用主义因素

从根本上说,地方性定罪规则的制定依据是地方经济社会的发展状况,从各地的司法实践来看,地方性定罪规则也确实起到了使刑事法律的适用更加适应地方社会现实的效果。但不得不说的是,某些地方性定罪规则在制定过程中,过多地渗入了地方实用主义的因素,导致规则与法治理念及刑法规范的不协调。

以2001年8月16日重庆市高级人民法院、重庆市人民检察院、重庆市公安局联合发布的《关于严厉打击破坏电力设备违法犯罪活动的意见》为例,其制定的背景是当时重庆市破坏电力设备的案件呈现高发态势。[33] 虽然从这一现实情况来看,该规则的制定是较为及时的,但为了压制破坏电力设备的犯罪态势,该规则不惜放弃宽严相济刑事政策,而重提"从重从快"、召开公判大会等类似严打政策的举措。这明显违背了现代刑事法治理念,在此背景下,这一规则的相关条款存在超出刑法处罚范围的弊端。例如,该意见第4条规定:"凡破坏电力设备,危害公共安全,尚未造成严重后果,具有下列行为之一的,依照《中华人民共和国刑法》第一百一十八条[34]规定处罚。1. 非法拆卸国家规定的重点要害单位和部门的电力设备的;2. 盗割国家规定的重点要害单位和部门的输电导线、电力电缆和变压器、输电线杆塔等电力设备的;3. 采用放火、撞击、设置异物、实施爆炸等方式破坏电力设备的;4. 以其他方法破坏电力设备的。"其中,第四项是一个兜底条款。如果说前三项是通过

---

[33] 2001年1月至8月重庆市全市已经发生破坏电力设备案件644起,是2000年全年该类案件总和的两倍。参见重庆新闻网:http://www.cq.chinanews.com.cn/Shtml/8627.shtml,最后访问日期:2015年4月25日。

[34] 《刑法》第118条规定:破坏电力、燃气或者其他易燃易爆设备,危害公共安全,尚未造成严重后果的,处3年以上10年以下有期徒刑。

明示侵害客体、对象和手段的严重性,以明确本罪名中“危害公共安全”内涵的话,那么,第四项可能背离“危害公共安全”的本意而将该款处罚的范围无限扩大。[35] 另外,什么是“造成电力设备严重损坏,30 日内不能修复或修复后不能达到原性能和安全生产的”? 该意见第 8 条的解释是“设备损失修复时间是指损坏停止开始至设备重新投入运行或修复后能转入备用为止”。这一解释使得该条规则的客观性大打折扣,特别是在《刑法》第 119 条对破坏交通工具罪、破坏交通设施罪、破坏电力设备罪、破坏易燃易爆设备罪配置了死刑的情况下,是极不慎重和严肃的。由此可见,地方性定罪规则的制定要考虑各地经济社会发展的现实需要,但不能一味地追求地方利益,将规则当作治愈地方经济社会发展中的问题的实用主义处方,否则可能背离刑事法治的基本原则和精神。

此外,有的地方性定罪规则过多地考虑了所辖区域各地的实际经济发展水平,以至于同一司法文件针对同一问题所确定的规则之间出现了严重不统一的情况。例如,广东省高级人民法院于 2008 年 10 月 16 日发布的《关于办理破坏社会主义市场经济秩序犯罪案件若干具体问题的指导意见》第 21 条规定:关于个人进行合同诈骗犯罪定罪量刑的数额标准,广州、深圳、珠海、汕头、佛山、中山、东莞、江门市及其所辖市、县、区以 5 万元以下为“数额较大”,5 万元以上不满 50 万元为“数额巨大”,50 万元以上为“数额特别巨大”;湛江、茂名、惠州、潮州、揭阳、汕尾、梅州、河源、肇庆、韶关、清远、阳江、云浮及其所辖市、县、区以 4 万元以下为“数额较大”,4 万元以上不满 40 万元为“数额巨大”,40 万元以上为“数额特别巨大”;广州铁路运输各级法院审理犯罪地在广东省内的合同诈骗案件,按照犯罪行为发生地的标准掌握;犯罪地在广东省以外的案件,按照本意见第 21 条第 2 款的标准掌握。虽然广东各地的经济发展水平不一,但如果关于合同诈骗罪的定罪量刑标准的确定要考虑

---

[35] 除此之外,该规则第 5 条规定:“凡破坏电力设备,危害公共安全,造成严重后果的,具有下列行为之一的,依照《中华人民共和国刑法》第一百一十九条规定处罚。1. 造成死亡 1 人以上或重伤 3 人以上或轻伤 10 人以上的;2. 造成重大停电事故导致电网瘫痪的;3. 造成重大火灾事故死亡 3 人以上,重伤 10 人以上,死亡、重伤 10 人以上,受灾 30 户以上,直接财物损失 30 万元以上的;4. 造成直接经济损失 10 万元以上的;5. 造成电力设备严重损坏,30 日内不能修复或修复后不能达到原性能和安全生产的;6. 严重损害国家声誉,或者造成恶劣社会影响的;7. 其他使公共财产、国家和人民利益受重大损失的。”其中,第七点的兜底条款存在与上述同样的问题。

到每个县市的具体情况，那么，不能不说，这一标准的完整性、统一性将大打折扣，也必将出现广东各地市针对同一或相近的合同诈骗犯罪数额的案件判决不一的情况，有损刑法的严肃性。

四、地方性定罪规则的完善

(一)地方性定罪规则合法性的确立

如前所述，现在一些省公安厅、司法厅甚至市级、县级司法机关都制定各自的地方性定罪规则，这些地方性定罪规则中大多数并不具有合法性，因为众多的机关并没有地方性定罪规则的制定权。要解决地方性定罪规则的合法性问题，就要解决制定主体的正当权力的根据。

《刑法》第 90 条规定：民族自治地方的自治区或者省的人民代表大会可以制定《刑法》的变通或者补充规定。这种规定既可以是对《刑法》的补充，也可以是在不违反刑法基本原则的前提下对《刑法》内容的改变。依据《地方各级人民代表大会和地方各级人民政府组织法》的规定，省、自治区、直辖市的人民代表大会和省、自治区的人民政府所在地的市和经国务院批准的较大的市的人民代表大会可以制定地方性法规。但根据《立法法》的相关规定精神，这些地方权力机关制定的只能是照应性或具体化的定罪规则，不允许制定创制性的定罪规则。这些规定确立了省级(部分市级)人民代表大会制定地方性定罪规则的正当性，除此之外的其他市级、县级人民代表大会则无权制定地方性定罪规则。

对于各高级人民法院和省级人民检察院而言，立法上并没有授权其制定地方性定罪规则。只是最高人民法院和最高人民检察院授权高级人民法院和省级人民检察院针对个别问题行使规则制定权，以使司法解释中的某个问题更为具体、更加具有可操作性。笔者认为，即使存在最高人民法院或最高人民检察院的授权，也不能使省级司法机关制定地方性定罪规则这一行为正当化与合法化。因为《全国人民代表大会常务委员会关于加强法律解释工作的决议》和《人民法院组织法》只是授权最高人民法院和最高人民检察院作出司法解释，并没有授权这两个最高司法机关再授权省级司法机关制定关于罪与刑的解释或规定。不过，从现在最高人民法院和最高人民检察院的实际操作来看，均是先由它们确立一个具体的范围，然后允许各高级人民法院和省级人民检察院在这个范围内确立各自的具体标准;而且最高人民法院和最高人民检察院还要求高级人民法院和省级人民检察院制定各自规则后上报备案。这在一定程度上能够确保各高级人民法院和省级人民检察院制定的规则不违反司法解释的规定。笔者认为,最高人民法院和最高人民检察院完全可以不授权高级人民法院和省级人民检察院制定地方性规则,对于授权的内容,可以要求高级人民法院和省级人民检察院根据本地的实际情况,上报具体的标准,然后由最高人民法院或最高人民检察院统一规定在司法解释中。这也能从根本上防止高级人民法院和省级人民检察院随意出现"根据最高人民法院的司法解释制定本规则"或"根据最高人民检察院的司法解释制定本规则"的情况。[36] 如果要解决高级人民法院和省级人民检察院制定地方性定罪规则的正当性问题,那么只能通过法律加以授权,以立法的方式对这个问题加以明确。

综上所述,由于定罪涉及公民的民主权利、财产、人身自由以及生命等权利的限制甚至剥夺,《立法法》已经将定罪规则的制定权赋予全国人民代表大会及其常务委员会行使,各地方的一些变通、补充、具体化规定的制定必须有法律的明确授权。如果无法律的明确授权,这些规则应当视为无效。

(二)地方性定罪规则颁布主体的限制

地方性定罪规则颁布主体的混乱源于主体对制定权力正当性的理解错误,一些地方机关缺乏权力正当化的理念,肆意超越职权运用手中的权力。因此,解决了地方性定罪规则制定的正当性问题,也就明确了地方性定罪规则的制定主体。

如上所述,现在只有民族自治地方的自治区或省级人民代表大会有权制定《刑法》的变通规定或补充规定,其授权来自《刑法》第 90 条。省、自治区、直辖市的人民代表大会和省、自治区人民政府所在地的市和经国务院批准的较大的市的人民代表大会可以制定地方性法规,这一授权来自《地方各级人民代表大会和地方各级人民政府组织法》。从现实情况来看,这些地方权力机关制定的主要是行政方面的规范,但并不能将定罪规则完全排除在地方性法规之外。

---

[36] 对于由公检法等部门联合发布的规则,现在的体制下很难上报备案。这就要求完善备案体制,可以是分别上报备案,也可以建立起最高司法机关的联动机制,对于联合上报备案的规则,相应领导部门的最高司法机关应当联合备案审查。

各级人民政府不是地方性定罪规则的制定主体，因为它们制定的规则没有法律规定的权力来源，其制定的定罪规则不具有正当性。当然，如果其制定的规则完全是对刑法内容的照应性规定，没有对内容作任何的修改、变更、具体化等，则该规定本身就不是地方性定罪规则。

高级人民法院和省级人民检察院要成为地方性定罪规则的制定者，就必须有法律的授权，不能因为有最高人民法院和最高人民检察院的授权而正当化。最高人民法院在1987年作出过一个《关于地方各级法院不宜制定司法解释性质文件问题的批复》，该批复在答复广西壮族自治区高级人民法院时认为："你院下发的上述文件，具有司法解释性质，地方各级法院不宜制定。对审判实践中遇到一些具体问题，建议你们在调查研究的基础上，写一些经验总结性的文章（如天津市高级法院关于婚姻家庭纠纷问题'审判业务讨论会纪要'，详见《人民司法》1985年第9期），供审判人员办案时参考；也可以召开一定范围的会议，交流经验。"在该批复中最高人民法院否定了高级人民法院的司法解释权。当然，否定高级人民法院的司法解释权并不意味着否定其地方性定罪规则的制定权，因为地方性定罪规则并不完全是司法解释，也可能是一种非解释性司法文件。

市级、县级人民法院、检察院、公安局和司法局不是地方性定罪规则的制定主体，这些机关无权制定地方性定罪规则。

需要指出的是，深圳、广州、青岛、大连、成都等计划单列城市，本身有地方立法权，大量的行政法规和地方性法规是否包括刑法规范？这些地方的司法机关能否制定地方性定罪规则？笔者在前文中指出，《宪法》和《立法法》已经将刑法的制定权和修改权赋予了全国人民代表大会，地方各级人民代表大会都不得在地方性法规中对行为构罪与否作出创制性的规定。因此，除民族自治地方外，地方各级权力机关无刑法的制定和修订权。现在，我国又推出了自由贸易试验区，有学者指出："自贸区的成立使得刑法中部分罪名在自贸区内适用困难甚至无法适用，刑法在我国的普遍适用性似乎由此而受到影响。自贸区的相关政策会使得区内公司林立与丛生，公司主体与自然人主体的界限模糊化，从而会对单位犯罪产生一定的影响。在自贸区诸多金融创新政策施行和部分行政法规暂停实施的背景下，我国刑法中的逃汇罪、骗购外汇罪、非法经营罪、虚报注册资本罪以及虚假出资、抽逃出资罪等诸多行政犯罪名在自贸区内将会或多或少地失去其适用的空间和存在的意义。"[37]笔者赞同这一观点。对于自贸区内出现的问题如何解决?是否应当赋予自贸区的司法机关或自贸区所在的司法管辖者地方性定罪规则的制定权?笔者认为,不能因为自贸区出现了这一司法难题就将难题交由地方解决,而应当由自贸区所在地的高级人民法院或省级人民检察院解决,然后报最高人民法院或最高人民检察院备案。实际上,上海自贸区出现后,我国又在广东、天津、福建等地建立了多个自贸区,上海自贸区里出现的刑事法问题在这些自贸区也会普遍存在。既然如此,对于自贸区内的刑事法问题完全可以由最高人民法院或最高人民检察院统一作出规定。

(三)从多方面解决地方性定罪规则与《刑法》的冲突及地方性定罪规则相互之间的不协调问题

对于地方性定罪规则内容与《刑法》内容相矛盾、冲突的问题以及不同地方性定罪规则之间不协调的问题,有必要从多方面着手加以解决。

首先,要加强地方性定罪规则制定者的刑法理论素质的培养。在地方性定罪规则制定过程中,制定者应当始终践行一条基本要求,即地方性定罪规则不得与《刑法》的基本原则、基本内容相冲突。现实中出现的大量地方性定罪规则与《刑法》规定存在矛盾的原因在于,规则制定者对刑法规定的理解上出现偏差,其刑法理论素质还有待提高。不同地方性定罪规则制定者对同一问题有不同的理解,导致规则的内容之间不协调,这也与规则制定者刑法理论素养有关。由于刑事立法中用语的原则性、抽象性,人们对《刑法》条文的理解不尽一致,这是正常现象。但作为定罪规则的制定者,一定要把握刑法条文的真正含义,不能马虎对待,否则其所制定的规则就可能完全不符合《刑法》条文的本意,从而出现定罪规则与刑法条文、刑法基本原则、刑法的精神相矛盾的情况,还可能会导致不同地方对同一问题制定的规则存在极大的差异。

其次,要做好地方性定罪规则内容的论证工作。现在全国人民代表大会及其常务委员会在立法过程中,通常都会将立法草案公布,征求社会各界的意见和建议,这对于加强立法的科学性、防止立法中的疏漏和冲突都有极大的好处。

---

[37] 刘宪权:《中国(上海)自由贸易试验区成立对刑法适用之影响》,载《法学》2013年第12期,第129页。

实际上这也在一定程度上起到了立法宣传的作用,对于法律公布后的顺利实施有很大的促进作用。在地方性定罪规则的制定过程中,制定者也应当充分调动社会的力量来完善草案的规定。因为地方国家权力机关的专业人员无论是从数量还是从法律素养方面都与国家立法机关存在较大的差距,国家立法尚且要征求全社会的意见、充分发挥专家们的作用,地方立法机关就更应当这样做了。

再次,要做好地方性定罪规则的备案工作。根据《立法法》的规定,省、自治区、直辖市的人民代表大会及其常务委员会制定的地方性法规,报全国人民代表大会常务委员会和国务院备案;较大的市的人民代表大会及其常务委员会制定的地方性法规,由省、自治区的人民代表大会常务委员会报全国人民代表大会常务委员会和国务院备案。《立法法》还规定,全国人民代表大会专门委员会在审查中认为行政法规、地方性法规、自治条例和单行条例同宪法或者法律相抵触的,可以向制定机关提出书面审查意见;也可以由法律委员会与有关的专门委员会召开联合审查会议,要求制定机关到会说明情况,再向制定机关提出书面审查意见。这说明我国《立法法》已经对地方性法规的备案制度作了明确的规定。但有规定并不意味着就不会出现地方性定罪规则与《刑法》相冲突的现象。要防止这种现象的出现,还有赖于地方权力机关严格遵守上述规定,按程序将自己制定的地方性定罪规则上报相应的部门备案;也有赖于备案部门严格审查备案的地方性定罪规则的内容,以确保其与《刑法》规定一致,排除抵触的内容,维护法制的统一。

最后,从制定规则的技术层面来说,有些地方性定罪规则相互间存在的冲突,是源于制定时的信息沟通不通畅,因此,有必要设立一个全国统一的法律法规检索网站,[38]地方立法机关或司法机关在制定有关定罪规则时,可以充分了解其他地方有无针对同一问题或事项制定相似的定罪规则,相应地,在制定之后,应该交由该网站上传备查。这样可以避免一部分由于技术信息问题所导致的地方性定罪规则间的冲突。

---

[38] 当前,我国业已存在这样的网站,例如,由北大英华公司和北大法制信息中心共同推出的一站式法律信息检索平台——“北大法宝”(网址为 http://www. pkulaw. cn/)即是适例,其中可以较为系统地查询到各地制定的法律法规以及其他规范性文件,但仍存在的问题有:第一,该网站是依靠商业模式运行,无法免费查询;第二,该网站收录的并不全面,有很多地方性定罪规则没有录入;第三,该网站并非强制录入,这不利于地方性定罪规则制定主体的统一沟通平台的搭建。

(四)规范地方性定罪规则的形式和名称

首先要规范地方性定罪规则的形式,强调地方性定罪规则必须采取书面成文的形式,而不能采取不成文的做法。实践中,一些地方采用不成文的方式对某些《刑法》规定的定罪内容作出变更,因为制定者知道这样的做法是不合法的,如果采取书面的形式,容易被抓到把柄。为了既达到变更《刑法》内容的目的又不致被追究责任而采取了不成文的形式。而且采取口头的方式也不需要进行备案,方便易行。笔者强调地方性定罪规则要采取成文的形式,是因为定罪规则涉及行为人基本权利的限制与剥夺,也涉及刑法公正、平等的适用问题,如果采取不成文的方式,定罪问题容易受到人为的操纵,以至于放任犯罪行为或违法追究行为人的刑事责任。

针对现在出现的"规定""规定(试行)""意见""意见(试行)""参考意见""指导性意见""通知""会议纪要"等地方性定罪规则的杂乱名称,笔者认为,应当对地方性定罪规则名称加以规范。最高人民法院和最高人民检察院于2011年1月18日发布了《关于地方人民法院、人民检察院不得制定司法解释性质文件的通知》(法发〔2012〕2号),其中明确规定:"地方人民法院、人民检察院一律不得制定在本辖区普遍适用的、涉及具体应用法律问题的'指导意见'、'规定'等司法解释性质文件,制定的其他规范性文件不得在法律文书中援引。"笔者认为,地方性定罪规则的具体名称根据实际情况可以采取"意见"这类名称,不宜采取"参考意见"和"指导意见",更不得使用"解释""规定""批复"和"决定"。因为既然地方性定罪规则是地方权力机关作出的,就具有法律上的强制约束力,不是业务上的一般性指导,所在地方的司法机关必须依据规则办案,而不能只在办案中参考。最高人民法院《关于司法解释工作的规定》(法发〔2007〕12号)中对"解释""规定""批复"和"决定"的内涵均有明确规定,[39]为了避免地方性定罪规则与司法解释相混淆,地方性定罪规则一律不能使用这些名称。至于"通知"和"会议纪要"则更不能

---

[39] 《最高人民法院关于司法解释工作的规定》第6条规定:"司法解释的形式分为'解释'、'规定'、'批复'和'决定'四种。""对在审判工作中如何具体应用某一法律或者对某一类案件、某一类问题如何应用法律制定的司法解释,采用'解释'的形式。""根据立法精神对审判工作中需要制定的规范、意见等司法解释,采用'规定'的形式。""对高级人民法院、解放军军事法院就审判工作中具体应用法律问题的请示制定的司法解释,采用'批复'的形式。""修改或者废止司法解释,采用'决定'的形式。"

成为地方性定罪规则的名称，这些名称中所包括的内容不严谨，不能作为法律文件的名称。

（五）尊重刑事法治精神、摒弃过度地方实用主义考量

地方性定罪规则的制定要在刑法基本原则、基本刑事政策、刑事法律规定和地方实际经济社会发展状况下谋求平衡，既不能忘记地方性定罪规则的制定初衷，但也绝不能过度考虑地方的短期需要，或者仅以解决地方经济社会发展的眼前问题为目标，而忽视规则的统一性、严肃性。这就要求在规则的制定过程中，充分领悟刑法条文的内涵，把握其处罚的界限，只有在这一界限内，地方性定罪规则才是合法的、正当的。另外，当前宽严相济刑事政策已然成为一项基本刑事政策，在制定相关规则时，必须充分贯彻宽严相济刑事政策的实质精神，不能将刑罚权当作“刀把子”或者一剂“诱饵”，一味从严从重或者从宽从轻适用，否则，难免出现地方性定罪规则在规定罪与非罪、此罪与彼罪、共犯形态以及既遂未遂标准时，失去中心，导致处罚的偏颇。尊重刑事法治精神的另一个要求是，必须承认地方性定罪规则只是对刑法的一种补充，只能在确有必要制定时才能在法定的权限内制定，而不能为了保证规则的体系性、完整性，试图对某一罪名或者某一类罪名中的所有问题进行集中规定，这既不需要，也不应当。

第三章　地方性量刑规则研究

一、地方性量刑规则的基本情况

（一）地方性量刑规则的发展历程

我国地方性量刑规则始于量刑规范化改革之前，随后与量刑规范化改革同步发展，总体上经历了从为全国性改革摸索探路到细化、调整量刑规则的发展进路，具体可以细分为五个阶段。

第一个阶段是各地高级人民法院对量刑规则的初步探索。首先是在未成年人犯罪案件方面，例如，1991 年江苏省高级人民法院就以审判委员会讨论纪要的形式出台了“关于少年犯量刑问题的意见”，其中除要求对少年犯的量刑要遵守刑法基本原则，注意保护未成年人合法权益、考虑未成年人实际情况、注重感化教育效果之外，还就如何比照成年犯从轻、减轻处罚提出了明确的规则，要求法官“在量刑时，首先应当比照成年罪犯应处的刑罚确定基础刑，然后根据少年犯及案件的具体情况，从轻或减轻处罚，最后确定实际判处的刑罚（即宣告刑）。”这实际上初步确立了规范化量刑的三个基本步骤，即确定基础刑、调节刑罚量、确定宣告刑。此外，该意见还对未成年人适用缓刑提出了具体操作规则。其次是在毒品犯罪案件方面，例如，四川省高级人民法院于 1998 年制定的《关于当前审理毒品犯罪案件有关问题的意见》和上海市高级人民法院于 2000 年 5 月 18 日发布的《关于审理毒品犯罪案件具体应用法律若干问题的意见》都规定对于犯意引诱的毒品犯罪，一律不准判处死刑（立即执行），对于数量引诱的毒品犯罪，一般不判处死刑（立即执行）。除此之外，两地高级人民法院的“意见”都分别规定了可以判处和可以不判处死刑（立即执行）的具体情形。

第二个阶段是个别省的县、市、省三级法院对于量刑规范化的尝试。例如,江苏省姜堰市人民法院最早于 2003 年 3 月出台了《规范量刑指导意见》。该意见填补了我国刑事司法领域关于量刑指导的空白,在业内产生了较大的轰动效应,其中,《人民法院报》于同年 8 月以《自由裁量权:不能再称“橡皮筋”——江苏省姜堰市法院规范法官自由裁量权调查报告》为题长篇报道了姜堰市法院这一创新改革的过程,[①]湖南、河南、辽宁等地的 20 余家法院先后闻讯到姜堰市法院交流学习。当然,姜堰市《规范量刑指导意见》并非一成不变的,其先后经历了数次修正,在这期间,姜堰市的上级法院——泰州市中级人民法院和江苏省高级人民法院先后于 2004 年 4 月和 5 月出台了全市、全省性的量刑指导规则,进一步推动了量刑改革的发展。其中,江苏省高级人民法院制定的《量刑指导规则(试行)》从一般原则、量刑基准、量刑要素、量刑要素的适用规则、个别刑罚适用原则、量刑平衡机制六个方面为法官提供量刑时的思维指南,主要精神包括:以“中线方法”确定量刑基准、以分格刑量刑方法确定量刑要素影响力、“应当减轻”型量刑情节优先适用,对缓刑、免刑、财产刑适用作出指导性规定,并规定了改判案件的标准。根据上级法院制定的指导规则,姜堰市法院《规范量刑指导意见》在补充完善的过程中先后明确了基准刑的概念;将自由裁量权从 5% 修正为 10%;将分则部分的犯罪类别由 11 个增加到 30 个;完善了一般原则、量刑基准的概念及确立方式、量刑要素的概念、量刑步骤及适用规则等。

在江苏省量刑改革大力推进之际,山东省淄博市淄川区人民法院于 2004 年制定了《常见百种罪名量刑规范化实施细则》。从内容上看,淄川区人民法院的量刑方法与姜堰法院的量刑方法基本一致,均采用了基准点量刑与比例刑相结合的量刑方法,对量刑基准、量刑比例都尽可能规定详细,同时也赋予法官一定的自由裁量权。不同的是,淄川区人民法院于 2004 年开发了电脑辅助量刑系统,为法官量刑提供了一种辅助工具,对于提高审判效率大有助益。[②] 此举在社会各界引起了强烈的反响,同时也在学界引起了激烈

① 张宽明、杨春、张桂林:《自由裁量权:不能再称“橡皮筋”——江苏省姜堰市法院规范法官自由裁量权调查报告》,载《人民法院报》2003 年 8 月 14 日。

② 崔太水、张其林:《淄博淄川:电脑量刑无一上诉、抗诉——判个案子只用 3 分钟,还保证了法律的公开公正公平》,载《新华每日电讯》2004 年 7 月 10 日,第 7 版。

的讨论。在程序法层面，淄川区人民法院于2006年制定了《淄川区人民法院量刑程序(试行)》，这是地方改革中首次针对量刑程序出台较为完善的规则。除此之外，全国部分地区也同时开展量刑改革，例如，广东省佛山市三水区人民法院制定了《刑事审判量刑指导意见》；辽宁省鞍山市中级人民法院制定了《关于刑事案件量刑指导意见》；浙江省义乌市人民法院制定了《刑事案件定罪量刑规则》。

第三个阶段是在最高人民法院的推动下部分地区开展量刑规范化的试点改革。最高人民法院在对量刑规范化改革进行调研论证的基础上起草了《人民法院量刑指导意见(试行)》和《人民法院量刑程序指导意见(试行)》，并于2007年8月指定北京市海淀区、上海市浦东区、江苏省姜堰市、陕西省西安市新城区和云南省个旧市5家基层人民法院对淄川区人民法院的量刑改革经验进行借鉴和试验。2008年8月，最高人民法院下发《人民法院关于开展量刑规范化试点工作的通知》，确定江苏省泰州市、广东省深圳市等4个中级人民法院和北京市海淀区、上海市浦东新区、湖北省武汉市江汉区等8个基层人民法院为量刑规范化试点单位，试行《两个指导意见》。2009年6月，最高人民法院将量刑规范化试点单位扩展到了120多家法院。在全国部分地区试点期间，不少法院根据《两个指导意见》开展了规范化改革的课题论证，并结合本地情况制定了具体的实施方案。例如，上海市浦东新区人民法院经过课题组的仔细讨论后确定了量刑规范化试点工作的四项指导原则，即以最高人民法院和上海市高级人民法院量刑框架为主，因地制宜进行微调；以确定的基准刑和调整比例为主，方便操作；以实体量刑规范为主、辅以程序制约和法官自由裁量权限；以执行量刑规范为主，探求工作创新亮点。③在此基础上，浦东新区人民法院制定了《浦东新区法院量刑规范指导意见(28个常见罪名)》(2011年11月发布，2014年7月修改)，以表格的形式将常见量刑情节的适用和常见罪名的量刑作出了规定。

第四个阶段是由最高人民法院在全国各级法院全面试行量刑规范化工作。2010年9月，最高人民法院发布了《人民法院量刑指导意见(试行)》，并与最高人民检察院、公安部、国家安全部、司法部联合发布了《关于规范量刑

---

③ 丁寿兴主编：《量刑探索与实践》，法律出版社2011年版，第247~248页。

程序若干问题的意见(试行)》。根据《人民法院量刑指导意见(试行)》,全国已有21个高级人民法院制定了相应的实施细则。相比于最高人民法院的指导意见,各地高级人民法院的实施细则在多个方面进行了细化,例如,贵州省高级人民法院和河北省高级人民法院关于《人民法院量刑指导意见(试行)》的实施细则在"确定宣告刑的方法"部分增加了数罪并罚的刑期的限制、"四舍五入"的计算方法和罚金的数额限制。在常见量刑情节的适用方面,各地高级人民法院的实施细则无一例外地对各种可能影响量刑的不同情节进行了详细的规定,数量上相当于最高人民法院"量刑指导意见"的3~5倍。在常见犯罪的量刑方面,各地高级人民法院的实施细则并没有突破最高法院指导意见的范围增设罪名,而是在指导意见列举的15种常见罪名的框架内,对具体个罪如何确定量刑起点和基准刑进行了细化。除了高级人民法院之外,一些中级人民法院也根据上级法院的实施细则或指导意见制定了适用各自辖区的量刑规则,例如,《长春市中级人民法院量刑指导意见(试行)》《深圳市中级人民法院刑二庭量刑指导规则》《广州市中级人民法院量刑指导意见(试行)》。

第五个阶段是最高人民法院在全国法院正式实施量刑规范化工作。2013年年底,最高人民法院在全面总结试行经验的基础上,结合修改后的刑法和刑事诉讼法,对《人民法院量刑指导意见(试行)》作了重要修改和完善,出台了《关于常见犯罪的量刑指导意见》。该指导意见继续沿用了试行意见的体例,在内容上作出重要修改和调整,立足司法实践确立了"以定性分析为基础,结合定量分析"的量刑方法,优化了常见量刑情节的适用方法,并对常见犯罪的量刑起点幅度、增加刑罚量的根据作出相应的调整。④ 最高人民法院同时明确要求各高级人民法院制定适应本地情况的实施细则,以保证量刑规范化的工作在各地得以顺利开展。截至2015年5月,江苏、广东、北京、重庆、湖北等11个高级人民法院已经出台了具体的实施细则。

(二)地方性量刑规则的主要特点

从我国地方性量刑规则的演进过程来看,除了第一、第二个阶段是由局部地区开创先河的量刑改革之外,后面三个阶段都是由最高人民法院整体布局量刑规范化改革,然后在全国范围内从局部试行、全面试行到正式实施一

---

④ 南英主编:《量刑规范化实务手册》,法律出版社2014年版,第2~3页。

步步完善。可以说,我国各地量刑规则的发展史也就是量刑规范化改革逐步深化的历史。在发展过程中,我国地方性量刑规则总体呈现出以下特点:

第一,各地主动寻求量刑改革的情况较少,大多是在最高人民法院的推动下开展量刑规范化改革。从收集到的文本来看,尽管我国绝大多数省、直辖市、自治区高级人民法院出台过指导意见或实施细则,并且也有不少中级人民法院甚至基层人民法院颁布过具体的量刑规则,但其中大部分地方性量刑规则是在最高人民法院的部署下"自上而下"改革的成果,各地主动寻求量刑改革的情况较少。除了前述提到的姜堰市人民法院和淄川区人民法院之外,上海市徐汇区人民法院在2002年开始试行量刑辩论制度,首次涉及量刑程序的改革。在最高人民法院指定的试点法院之外,青岛市辖区基层法院于2009年试行量刑辩论制度,浙江省宁波市北仑区人民法院和人民检察院联合出台《量刑程序规范化实施细则(试行)》并实施,两者也可以算作在量刑程序方面主动寻求改革。除此之外,大部分地区的法院是在上级法院的统领下按照"中央推动—试点—总结完善—全国试行—全国正式实施"的路径制定各地量刑规则并实施,量刑改革的主动性不强。

第二,各地量刑规则普遍是对最高人民法院相关指导意见的细化。特别是从最高人民法院全面推行量刑规范化改革开始,各地法院的量刑细则基本是参照《人民法院量刑指导意见(试行)》(2010年)和《关于常见犯罪的量刑指导意见》(2013年)制定和实施,内容主要是对最高人民法院指导意见的细化和重复,结构与最高法院指导意见基本一致。具体而言,在"量刑的指导原则"部分,地方量刑细则基本重复了最高人民法院指导意见的内容,在依法量刑原则、罪责刑相适应原则、宽严相济原则、量刑均衡原则四个方面没有作任何改动,也没有增添其他指导性原则。在"量刑的基本方法"部分,地方量刑细则对最高人民法院指导意见的变动较少,主要体现在贵州、河北、山东等高级人民法院制定的实施细则在"确定宣告刑的方法"部分增加了数罪并罚刑期、罚金数额等情况。在"常见量刑情节的适用"和"常见犯罪的量刑"两个部分,地方量刑细则对最高人民法院指导意见进行了大篇幅的细化,各地高级人民法院出台的实施细则之间也有部分差异。

第三,量刑的实体规则和程序规则并存,制度上实体规则更受关注,而试点中程序改革更受重视。尽管最高人民法院在出台《人民法院量刑指导意见

(试行)》的同时也颁布了《人民法院量刑程序指导意见(试行)》,并且一直以来将量刑程序作为量刑规范化改革的重点,但从制度层面上来看,量刑程序规则并没有成为各地回应的重点。与大多数高级人民法院针对《人民法院量刑指导意见(试行)》制定实施细则的情况不同,《人民法院量刑程序指导意见(试行)》只在少数几个中高级人民法院通过进一步制定规则得以细化。[⑤] 相比较而言,一些基层法院比较重视量刑程序的规则建设,出台了不少关于量刑程序改革的文件,例如,上海市浦东新区人民法院发布的《量刑程序指导意见》;浙江省宁波市北仑区人民法院、人民检察院联合发布的《量刑程序规范化实施细则(试行)》;广东省深圳市罗湖区人民法院、人民检察院联合发布的《关于刑事案件量刑辩论程序的操作规则(试行)》;江苏省姜堰市人民法院、人民检察院与司法局联合发布的《规范量刑程序指导意见》。但是这些地方性量刑程序规则基本是在当地已经出台实体指导规则的背景下或与之同时得以制定,很少有地方像上海市徐汇区人民法院那样从开始就侧重于从程序法的角度规范量刑活动。可见在制度层面,量刑的实体规则更受到各地的重视。然而,尽管大部分地区中高级人民法院未制定具体的文件,量刑程序改革在试点过程中仍受到了各级法院的高度重视。特别是对抗式量刑程序主张在相当程度上推动了我国量刑程序的改革,成为各地法院试验和探索的主要方向,从试点情况来看,各地主要着力于量刑程序的改革而非量刑方法的改革。[⑥] 这充分说明,量刑程序改革同样具有较大的空间。

第四,法院是地方性量刑规则的主要制定主体,检察院、公安机关和司法行政机关也会参与其中部分规则的制定。与地方性刑事诉讼规则的整体情况一致,地方性量刑规则的制定主要由法院担当重任。量刑规范化改革之初,法院、检察院着重于在各自的领域进行内部探索,法院主要制定用以约束、规范法官量刑裁判权的量刑指导意见或量刑指南,而检察院则主要推行以强化法律监督为目的的量刑建议制度。由于量刑权的本质是法院的刑罚

---

⑤ 例如,重庆市高级人民法院、重庆市人民检察院、重庆市司法局联合出台的《关于将量刑纳入法庭审理程序的若干意见(试行)》;广东省高级人民法院、广东省人民检察院联合出台的《关于加强和规范量刑程序工作的若干意见》;深圳市中级人民法院、深圳市人民检察院联合出台的《量刑程序规范化实施办法》。

⑥ 左卫民:《中国量刑程序改革:误区与正道》,载《法学研究》2010 年第 4 期,第 153 页。

裁判权,故而法院对于量刑规范化改革的需求度和关注度也是最高的,由其出台的量刑实体规则的数量也是最多的。量刑建议制度虽由最高人民检察院发起,但由于未得到最高人民法院的明确表态和支持,因此在各地的推进缺乏足够的动力,相对应的地方性量刑建议规则也比较少。法、检机关共同参与制定量刑规则的情况在随后的量刑程序改革中频繁出现,有的地方司法局也会参与其中,如姜堰市人民法院主动与市人民检察院、司法局联系牵头制定《规范量刑程序指导意见(试行)》并于 2008 年 6 月 10 日试行。量刑程序改革的同时,最高人民法院也明确表示量刑建议制度是量刑程序改革的重要内容,并要求各试点法院要加强与其他政法机关的沟通协调,争取支持与配合,共同推进量刑规范化工作。⑦ 在各地量刑规范化改革之外的一些量刑规则的制定过程中,公安机关也是重要参与者。例如,浙江省高级人民法院、浙江省人民检察院、浙江省公安厅于 2012 年 9 月 7 日印发的《关于办理"醉驾"犯罪案件若干问题的会议纪要》,对缓刑的适用进行了明确的规定,这为公安机关准确采取强制措施提供了参考。

(三)地方性量刑规则的形成原因

从地方主动制定量刑规则到中央推动地方制定量刑规则,至今已十年有余。目前省一级司法机关出台的量刑规范化文件已有 54 个,各地市、县区一级司法机关出台的文件数量也有几百个,可以说,我国已经形成初具规模的地方性量刑规则体系。那么,是什么因素助推一些地方司法机关主动规范法官的量刑行为?又是什么原因促使各地法院在上级已有规则出台的情况下仍然制定规则?

首先,地方性量刑规则的创制与量刑失衡现象突出有关,它的产生反映出司法机关对量刑公正的追求。

正确定罪和公正量刑是刑事审判工作的基本要求,是人民群众关注刑事司法的重心所在。对于定罪,我国刑事立法相对完善,理论研究也相对充实,经验较为丰富,错误定罪的情况相对较少。相比之下,量刑失衡的现象则比

---

⑦ 佚名:《最高法院有关负责人就量刑规范化试点答记者问》,载《人民法院报》2009 年 6 月 1 日。

较突出，实践中也产生了不少引起诉讼各方不满的案件，[⑧]这些案件要么被告人认为判处刑罚过重，要么被害人认为对被告人的量刑过轻，其中还有一些案件受到了舆论的广泛关注。究其原因，除了一些案件存在“权钱交易”、枉法裁判的现象外，传统的“估堆式”量刑方法[⑨]给予法官过大的自由裁量权，量刑精确化程度较低，是导致量刑结果屡屡出现因人而异甚至差异很大现象的重要原因，因此亟须从制度上加以应对。率先推行《规范量刑指导意见》的姜堰市人民法院正是为了解决这一棘手的问题而进行了量刑变革的探索。

2003年，姜堰市人民法院的新任院长在局域网上浏览刑事案件时敏锐地发现刑庭三名法官审理的康某、陈某、汤某3起交通肇事案件，案件情节相似，而3名主审法官对各自案件的被告人量刑却不均衡。这3起案件的被告人都是违反交通运输管理法规，都是负事故的主要责任，其后果都是致一人死亡，案发后均有自首和全部赔偿被害人经济损失的情节。而3名被告人受到的刑罚却不同：分别被判处有期徒刑六个月、一年、一年六个月。[⑩] 在随后开展的“司法大检查”活动中，该院又对近三年来审结的刑事案件进行了检查。被检查的900多起案件中，同类案件（即性质相同、情节相近的案件）量刑相差1年以内的占50%，量刑相差1年以上的占30%，而量刑接近的只占20%。姜堰市人民法院经过多次座谈反复讨论认为“这些案件量刑偏重，均不属实体处理错误和量刑畸轻畸重，造成差异的原因主要是审判人员对量刑尺度的掌握不一，是在法律赋予的自由裁量权幅度内对度的掌握的一种认识偏差。尽管无可厚非，但从是否真正全面体现司法公正这一严格要求上来讲，这样的做法没有更好地保护当事人的合法权益，没有更好地维护法律的严肃性和统一性。自由裁量权不是‘橡皮筋’，自由裁量应有度，度的掌握不是随心所欲，而是要靠规则来支撑。”[⑪]姜堰法院的问题同时也是各地法院在量刑实践中普遍遇到的问题。白建军教授曾对我国抢劫案的罪刑关系做了

---

⑧　比较典型的是广州许霆案，一审被判处无期徒刑与再审改判为5年有期徒刑的巨大反差引起了社会各界的热议。

⑨　“估堆式”量刑方法，就是法官根据案件的基本犯罪事实和各种量刑情节，进行综合分析判断，一次性估量出宣告刑。

⑩　张宽明、杨春、张桂林：《自由裁量权：不能再称“橡皮筋”——江苏省姜堰市法院规范法官自由裁量权调查报告》，载《人民法院报》2003年8月14日。

⑪　汤建国主编：《量刑规范方法》，人民法院出版社2005年版，第155页。

实证分析,结果发现量刑不均衡(过轻、偏轻、偏重、过重)的比例累计达到16.9%。其中,不均衡率较高的是西南地区,达19.1%;较低的是东北地区,为13.1%。[⑫] 该研究引起了学界和实务界对司法实践中的量刑状况的关注。

因刑事立法缺乏可操作性、量刑规则不甚清晰而导致的“合法不合理”的量刑偏差发人深省,其不仅损害了法律的尊严和威严、侵蚀了刑罚面前人人平等的原则,更动摇了人民对司法的信心,也使被判刑人产生对抗心理,从而弱化了刑罚的预防目的。[⑬] 要克服量刑失衡、实现量刑公正,就得保证法官的量刑过程有章可循,在我国立法缺位的情况下,地方司法机关只得自行寻找出路,着手解决量刑情节影响力大小适用没有适度依据、没有确定科学的基准刑制度、缺乏系统的量刑方法指导等一系列问题。在这种背景下,地方性量刑规则应运而生,带来了积极的影响:第一,将量刑标准细化并加以明确,最大限度地实现罪刑相适应,有利于实现实体上的公正;第二,提高了量刑工作的透明度,有利于防止法官自由裁量权的滥用,大大压缩了法官腐败的空间;第三,有利于量刑均衡的实现,实现刑罚适用的平等性,使判决的罪犯更好认罪服判,减少上诉率,更好地服刑改造。[⑭] 一些法院探索取得的成绩充分说明,通过制定明确、详细的量刑规则对法官的量刑活动进行指导和约束,是实现量刑均衡和量刑公正的必要途径。

其次,地方性量刑规则的制定与全国性量刑规则缺乏足够可操作性有关,它的产生对于指导量刑实践意义重大。

自从在全国各地区部署量刑规范化改革以来,最高人民法院先后三次出台了量刑规范性文件,对指导原则、基本方法和常见量刑情节的适用作了较为细致的规定,涵盖了案发率较高的15个常见罪名,总体上比较清晰,具有可操作性。然而,毕竟中央司法机关的规定不能完全做到因地制宜,对各地的情况考虑的面面俱到,因此在具体实施过程中仍显得比较原则,存在疏漏。正如有的学者所言,“尽管‘两高’制定了众多司法解释,但仍然存在一个司

---

⑫ 参见白建军:《罪刑均衡实证研究》,法律出版社2004年版,第264页。

⑬ 参见王瑞君:《量刑规范化面临的问题与对策构建》,载《法学论坛》2010年第1期,第118页。

⑭ 参见马超杰:《量刑规范化及其实务操作》,载丁寿兴主编:《量刑探索与实践》,法律出版社2011年版,第21页。

法解释'再解释'的问题,也就是司法解释的细化和落实问题。"⑮"量刑指导意见"也概莫能外,有时存在最高人民法院主动要求各地法院制定实施细则的情况。2013 年 12 月,最高人民法院在出台《关于常见犯罪的量刑指导意见》的同时,下发《关于实施量刑规范化工作的通知》明确要求"各高级人民法院要高度重视,加强领导,抽调审判经验丰富、熟悉量刑规范化工作的中级、基层人民法院的业务骨干,组织专门班子,认真研究、制定符合法律、司法解释和本地实际具有可操作性的实施细则。重点是对常见量刑情节的适用部分和常见犯罪增加刑罚量的情形、各种从重、从轻处罚情节进行细化。对《量刑指导意见》尚未规定的其他量刑情节,可以参照类似量刑情节确定适当的调节幅度。实施细则经审判委员会讨论,报最高人民法院审查备案后正式实施"。另外,2010 年出台的《人民法院量刑指导意见(试行)》的附则中也明确提到"本意见对常见法定和酌定量刑情节的调节幅度和常见犯罪的量刑作了原则性规定,各省、自治区、直辖市高级人民法院可以结合当地实际,对常见量刑情节及其他尚未规范的量刑情节,以及常见犯罪的量刑起点幅度、增加刑罚量的具体情形和各种量刑情节进行细化"。与此同时下发的《关于印发〈人民法院量刑指导意见(试行)〉通知》中也明确要求"各高级人民法院要结合当地实际,按照规范、实用、符合审判实际的原则要求,依法、科学、合理地进行细化,保证实施细则的规范性、实用性和可操作性"。这些规定和文件已清晰表述了最高人民法院鼓励并要求各地高级人民法院制定实施细则的动因,再加上各地确有细化操作指南之必要以及对上级机关作出回应的需要,绝大多数地区的高级人民法院甚至基层人民法院都或多或少出台了一定数量的更为细化的地方性量刑规则。

最高人民法院采取将具体量刑基准、量刑情节的适用比例等内容交由地方法院设定的做法,主要原因有两点:一方面,最高人民法院在短时间内难以对具体的基准、比例等得出适当的结论,即使规定,也只能是以幅度的形式进行规定,在实践中基本上不具有可操作性;另一方面,最高人民法院如规定过细则又不适合我国地域差异的国情,会造成下一步改革阻力过大的被动局面。⑯ 因

⑮ 房保国:《现实已经发生——论我国地方性刑事证据规则》,载《政法论坛》2007 年第 3 期,第 50 页。

⑯ 汤建国、吴晓蓉编著:《中国规范量刑指引》,中国人民公安大学出版社 2011 年版,第 13 页。

此,从法律现实主义的角度,最高人民法院只能宏观指导各省市量刑规范工作,统一量刑原则、方法和步骤,而对各地量刑规则中的量刑基准、量刑情节比例的设定只能进行把关,以保证各地区的相对统一。

二、地方性量刑规范化改革

(一)量刑的指导原则

量刑的指导原则是指刑法规定的、贯穿于量刑活动始终的、对全部量刑活动具有指导意义和制约作用的基本准则。[17] 无论是最高人民法院出台的指导意见,还是地方各级法院制定的量刑实体规则,量刑的基本原则都是必不可少的内容。从文本的发展进路来解读量刑的基本原则,可以发现,中央和地方量刑规则中关于量刑原则的规定都经历了从繁到简的变化。

例如,姜堰市人民法院于2003年出台的《规范量刑指导意见》总则第一节"一般原则"中一共罗列了量刑的规范依据、量刑的事实依据、量刑的时空均衡原则、量刑从轻规则、量刑从重规则、量刑减轻规则、量刑均衡原则的适用、量刑前提、自由裁量权规则和先例参照规则10项内容;泰州市中级人民法院于2004年出台的《刑事审判量刑指导意见》的"一般原则"在前者的基础上去掉了量刑前提、量刑均衡原则的适用和自由裁量权规则,增加了量刑的轻重均衡原则和量刑幅度;江苏省高级人民法院于2004年出台的《量刑指导规则(试行)》保留了量刑的规范根据、量刑的事实根据、量刑的时空均衡原则和先例参照原则,另行增加了从刑事政策出发、量刑合法和查明量刑事实三项原则。[18] 由此可见,江苏省不同级别法院制定的量刑规则对量刑原则的规定存在一定的差异,内容总体上有减少的趋势,但是规定的仍然较为复杂。其中,泰州市和姜堰市两级法院将量刑从轻、从重、减轻的规则作为对量刑活动具有宏观指导意义的准则的做法并不合理,将其作为一种具体的操作规则也许比较合适。因此,江苏省高级人民法院的量刑规则并没有将量刑从

---

[17] 陈庆:《量刑理论若干问题研究》,知识产权出版社2011年版,第26页。

[18] 具体表述:第2条:树立正确的量刑观念。量刑时,应当体现惩办与宽大相结合的基本刑事政策,坚持惩罚与教育相结合的原则,保障刑罚积极功能的充分发挥和刑罚目的的有效实现。第5条:法官的自由裁量权必须合法、适度地行使。量刑活动应当实现统一标准的量刑步骤和量刑方法。以公正规范的量刑程序,充分保障量刑结果的公正性。

轻、从重、减轻的规则纳入量刑原则的内容中。姜堰市人民法院在2010年施行的《规范量刑指导意见》中也将总则的第一节由“一般原则”改为“一般原则和规则”，从而避免了具体规则和一般原则的混淆。深圳市中级人民法院于2007年出台的《刑二庭量刑指导规则》有关量刑原则的规定较之前的地方性量刑规则简洁明了，即“依法量刑；宽严相济；罪、责、刑相统一；查明一切量刑情节；服从院审判委员会的量刑指导”。但其中“服从院审判委员会的量刑指导”只能作为一种工作要求，将其列为指导性原则显然并不恰当。

最高人民法院于2010年出台的《人民法院量刑指导意见（试行）》规定了四项指导原则，即依法量刑原则、罪责刑相适应原则、宽严相济原则和罪刑均衡原则。这四项原则都被写入了各地高级人民法院出台的实施细则，无任何删减和增添，随后出台的《关于常见犯罪的量刑指导意见》及各地的实施细则再未对此作任何改动。首先，依法量刑原则，即“量刑应当以事实为根据，以法律为准绳，根据犯罪的事实、性质、情节和对于社会的危害程度，决定判处的刑罚”。该项原则与《刑法》第61条的规定基本一致。一般认为，这条规定是其他量刑原则的法律依据，是总结我国司法机关多年量刑经验规定出来的量刑原则，它是“以事实为根据，以法律为准绳”这一审判工作指导原则在量刑方面的具体体现。[19] 但也有学者对此进行了批评，认为其“内容重复、概念模糊、层次不清、逻辑混乱和顾此失彼”。[20] 其次，罪责刑相适应原则，即“量刑既要考虑被告人所犯罪行的轻重，又要考虑被告人应负刑事责任的大小，做到罪责刑相适应，实现惩罚和预防犯罪的目的”。该项原则源于《刑法》第5条的规定，被视作刑法的三大基本原则之一，先前泰州中级法院和姜堰法院规定的“量刑的实施根据”也体现了罪责刑相适应的精神。再次，宽严相济原则，即“量刑应当贯彻宽严相济的刑事政策，做到该宽则宽，当严则严，宽严相济，罚当其罪，确保裁判法律效果和社会效果的统一”。该原则是我国刑事司法中宽严相济刑事政策在量刑改革中的贯彻，量刑制度的建立和量刑实践都应当体现刑事实体法立法和实施谦抑性的要求。最后，量刑均衡原则，即“量刑要客观、全面把握不同时期不同地区的经济社会发展和治

---

[19] 高铭暄主编：《中华人民共和国刑法的孕育和诞生》，法律出版社1981年版，第87页。

[20] 赵廷光：《论量刑原则与量刑公正——关于修改完善我国量刑原则的立法建议》，载《法学家》2007年第4期，第47页。

安形势的变化,确保刑法任务的实现;对于同一地区同一时期、案情相似的案件,所判处的刑罚应当基本均衡"。该原则也是近几年量刑规范化改革的初衷和目标,在各基层法院制定的量刑规则中也无一例外地得到体现。

对于量刑原则体系的确立,一些学者也提出了自己的观点。总结比较独特、力求全面的是,"量刑原则的操作层面具有直接性、必要性、专门性、实践性等特征,科学的量刑原则有三项:全面原则、综合原则、禁止重复评价原则"。[21] 不过这样的规定过于概括,无法从字面上评断其具体含义,而且可以适用于任何法律活动,反倒没有太大的意义。除此之外,其他学者的总结相互之间略有差异,具有代表性的观点有以下几种:"依法量刑原则,责任原则和从刑事政策出发原则"[22];"根据犯罪的社会危害性量刑原则,根据犯罪人的人身危险性原则和依照刑罚规定的量刑原则"[23];"刑责相适应原则,刑罚个别化原则,依照刑事法律政策量刑原则"[24];"责刑等质原则、裁量依法原则和个别评价原则"[25]。通过简要对比,"量刑指导意见"规定的依法量刑原则、罪责刑相适应原则和宽严相济原则与学界的主流观点大体一致。只是量刑均衡原则没有得到太多的关注,其原因可能是量刑均衡体现的是要达到多个类似案件之间的量刑保持总体平衡的状态,与通常所认为个案量刑的指导原则之间存在差别。另外,刑罚个别化原则作为罪刑相适应原则的派生原则,特别关注犯罪人的人身危险性,要求根据改造犯罪人的需要灵活运用刑罚,具体问题具体分析。刑罚个别化原则与罪刑相适应原则并行不悖,且相辅相成,将其作为量刑的指导原则,恰恰是追求实质平等的需要。[26] 但是,各地的量刑规则与最高人民法院的"指导意见"一样,并没有将学界所提倡的刑罚个别化原则写入量刑的指导原则。我们认为,可以用量刑个别化原则取代量刑均衡原则,作为指导个案量刑的一项基本准则。

(二)量刑的步骤

量刑方法和量刑步骤是各级法院的量刑规则规制的重点,也是量刑规范

---

[21] 谢玉童:《对量刑原则的再思考》,载《法律科学》1997 年第 2 期,第 34 页。
[22] 顾肖荣、吕继贵主编:《量刑的原则与操作》,上海社会科学院出版社 1991 年版,第 11 页。
[23] 高铭暄主编:《刑法学原理》(第 3 卷),中国人民大学出版社 1994 年版,第 213 页。
[24] 马克昌主编:《刑罚通论》,武汉大学出版社 1995 年版,第 286 页。
[25] 李晓明:《有关量刑问题的理论思考》,载《法学杂志》2000 年第 3 期,第 22 页。
[26] 参见张天虹:《量刑公正论》,法律出版社 2012 年版,第 69 页。

化改革所要规范的核心内容。量刑步骤即量刑经历的环节和过程，量刑方法即每一环节需要采取的思维方式。相比而言，量刑步骤是一种较为宏观的量刑指导方式，量刑方法则是比较微观、具体的指导方式。

姜堰市、泰州市和江苏省三级法院最初制定的量刑规则将量刑步骤规定在“量刑要素的适用规则”这一部分，突出强调量刑要素的比例及适用规则的重要性。分步骤展开量刑过程的量刑思路，打破了传统法官“估堆”量刑的习惯，实现了量刑步骤的从无到有，无疑是当时改革的一大进步。多步量刑方法是对“基准刑——宣告刑”两步量刑方法的细化和发展，强调了科学量刑的前提是查清案件事实，选择法定刑幅度，再运用量刑情节影响基准刑后确定宣告刑。当然，江苏省三级法院规定的量刑步骤并非完全一致，姜堰市法院和泰州市中级法院设计的是四步量刑法，即“根据所犯罪行和情节选择相应的法定刑；确定量刑基准；根据案件事实，提取量刑要素；根据量刑要素对量刑的作用，依照量刑规则，确定最终的宣告刑”。江苏省高级法院设计的是五步量刑法，前三步与以上两个法院基本一致，后两步为“定量分析每一量刑要素所影响的刑罚量；综合量刑要素所影响的刑罚量，对量刑基准进行调整，确定最终的刑罚”。江苏省高级法院规定的相对进步之处在于量刑要素的适用具有一定的灵活性，强调定量分析每一量刑要素所能影响的刑罚量，并不要求一定按照既定增减比例进行调整，体现了量刑的个别化原理。姜堰市法院2009年修订的《规范量刑指导意见》总结了改革的经验，建立起了“选择法定刑幅度——确立基准刑——提取量刑情节——拟定宣告刑——确定宣告刑”五步量刑方法。这样的做法一方面赋予了法官在量刑过程中的自由裁量权；另一方面也提醒法官在定量分析的同时应当重视定性分析，做到量刑统一化和量刑个别化原则的同时实现，确保个案量刑结果的公正。[27]

此外，淄博市淄川区人民法院于2004年制定的《常用百种罪名量刑规范化实施细则》关于量刑步骤规定：“量化参考刑根据下列步骤计算后确定：一、根据所犯罪行和情节确定相应的法定刑；二、根据本细则的规定确定基准刑；三、根据本细则的规定在确定基准刑的基础上计算基础刑；四、根据本细则的规定确定浮动刑；五、将计算所得的基础刑加上或减去浮动刑得出虚拟

㉗ 汤建国、吴晓蓉编著：《中国规范量刑指引》，中国人民公安大学出版社2011年版，第16页。

刑;六、根据刑法量刑格对虚拟刑的限制及细则第八十三条关于刑种转换的规定对虚拟刑进行调整得出量化参考刑,无需进行调整的虚拟刑即为量化参考刑。量刑参考刑的确定取四舍五入制。”淄川区法院关于量刑步骤的规定是所有地方量刑规则中最复杂的,其主要特点是区分了基础刑情节和浮动刑情节,[28]并强调分步对两类情节进行考量。深圳市中级人民法院于2007年制定的《刑二庭量刑指导规则》关于量刑步骤的规定与江苏省高级人民法院2004年的规定相似,具体是“根据所犯罪行和情节选择相应的法定刑;在该法定刑幅度内确定基准刑;根据案件事实和其他相关事实,确定量刑情节;定量分析每一量刑情节的刑罚量;综合量刑情节所影响的刑罚量,对量刑进行调整,确定宣告刑”。浦东新区法院于2011年11月发布的《量刑规范指导意见(28个常见罪名)》规定的量刑步骤是“根据基本犯罪构成事实选择法定刑幅度并确定量刑起点;根据其他基本犯罪事实确定基准刑;根据法定和酌定量刑情节确定拟宣告刑;运用自由裁量权在综合全案的基础上确定宣告刑”。与前述几个法院规定的量刑步骤的区别是,浦东新区法院的量刑规则明确将自由裁量权的行使列为量刑的必经过程,并且作为重要的最后一个环节。

尽管具体的步骤和强调的重点有所不同,但并不影响各地量刑规则追求目标的一致性,即建立科学的量刑步骤,保证法官的量刑过程有章可循。总体而言,在各地自行探索量刑改革时期和全国试点初期,关于量刑步骤的规定和表述存在多种版本,但总的方向是差不多的。在最高人民法院出台“指导意见”后,各地量刑规则规定的量刑步骤开始趋于一致,互相之间的差别越来越小。

最高人民法院于2010年出台的《人民法院量刑指导意见(试行)》确定了三步量刑方法,[29]三个量刑步骤相互联系,自成体系。确定量刑起点是量刑最基础的步骤;基准刑是在量刑起点的基础上由量刑情节调节确定的基准,确定基准刑是承上启下的关键步骤;确定宣告刑是量刑的最终结果,是量刑过程的落脚点。2014年出台的最高人民法院《常见犯罪的量刑指导意见》继

---

[28] 基础刑情节是指具有社会危害性因素的量刑情节,浮动刑情节是指具有人身危险性因素的量刑情节。

[29] 首先,根据基本犯罪构成事实在相应的法定刑幅度内确定量刑起点;其次,根据其他影响犯罪构成的犯罪数额、犯罪次数、犯罪后果等犯罪事实,在量刑起点的基础上增加刑罚量确定基准刑;最后,根据量刑情节调节基准刑,并综合考虑全案情况,依法确定宣告刑。可见,最高人民法院确立的是一个“三步式”的量刑步骤。

续认可这样的设计，未对该量刑步骤进行任何改动。有的观点对分步确定基准刑的方式提出了质疑，认为基准刑可由最高人民法院直接规定，或者由法官一步到位直接确定即可，没有必要区分具体步骤先确定量刑起点，再确定基准刑。对此，最高人民法院作了回应，认为那种针对抽象个罪设置抽象基准刑，且试图在各个罪名的法定刑幅度内确定一个统一的基准刑，并把这个基准刑作为各种具体犯罪的基准刑的观点看起来简单，但并不合理，而且实践中很难确定，也不好操作。另外，如一步到位确定基准刑，又可能是说不清过程的“估算”式量刑，不利于准确确定基准刑，不利于实现量刑公正。[30]

实践中，一些高级人民法院出台的实施细则并未完全照搬最高人民法院“指导意见”规定的量刑步骤，例如，湖南、湖北、山东等地的高级人民法院制定的规则采用了“四步法”，将最高人民法院“指导意见”规定的第三步一分为二，从微观的角度强调确定量刑情节调节比例这一环节，并且强调从基准刑到拟宣告刑，再从拟宣告刑到确定宣告刑的发展进程。单从字面意思上理解，“三步法”和“四步法”存在细微差别，“三步法”的最后一步体现的是在用量刑情节调节基准刑的同时一并综合考虑全案情况，也就是要同时顾及两个方面；“四步法”则是将两个环节截然分开，先是考虑具体情节的调节，最后再考虑罪责刑是否相适应、案件的特殊情况等因素确定宣告刑。然而，最高人民法院的观点认为“三步法”与其他方法并没有实质性差别，“事实上，从整个量刑思维和实际操作过程看，大步骤里又包含着小步骤：第一步是确定相应的法定刑幅度；第二步是在量刑起点幅度内确定量刑起点；第三步是在量刑起点的基础上确定基准刑；第四步是量刑情节调节基准刑得出拟宣告刑；第五步是根据拟宣告刑依法确定宣告刑。实践中，有的法院提出了‘四步法’：先确定量刑起点，再确定基准刑，然后确定拟宣告刑，最后确定宣告刑。有的法院提出‘五步法’、‘六步法’。从这些步骤和内容看，不外乎是将大步骤分解成小步骤。事实上，这些‘多步法’与‘三步法’在量刑思维过程上是一致的，并没有实质差别”。[31] 如前所述，不管是“三步法”“四步法”还是一些基层法院规定的更为复杂的“多步法”，其追求的目标和希望达到的效果是

---

[30] 参见南英主编：《量刑规范化实务手册》，法律出版社2014年版，第22～23页。

[31] 同上书，第13页。

大同小异的,因此不必过多纠结于具体的划分方法。

另外,需要注意的是,量刑活动虽然大体上分为确定量刑起点,确定基准刑和确定宣告刑三步,但不能对所有案件一概而论。在没有其他影响犯罪构成的犯罪数额、犯罪次数、犯罪后果等犯罪事实的情况下,不需要增加刑罚量,量刑起点就是基准刑;在没有其他量刑情节的情况下,确定的基准刑符合罪责刑相适应的要求,那基准刑就直接作为最后的宣告刑;最重要的是,当按照规定的量刑步骤得出的宣告刑仍然与被告人罪责不相适应时,可能需要提交审判委员会讨论并依法确定宣告刑。

(三)确定量刑起点的方法

确定量刑起点是"三步法"中的第一步,也是相对简单的一步。在地方自主探索量刑改革阶段,各地法院并没有将确定量刑起点作为一个过程,而是将确定法定刑幅度作为第一个步骤。这样的做法没有多大的实际意义,因为除了绝对法定刑外,法定刑均有一定的幅度,下限为法定最低刑,上限为法定最高刑,我国刑法对此已经作了明确的规定,根据基本犯罪构成事实再寻找相应的法定刑是一件比较容易的事情。例如,根据《刑法》第264条的规定,[32]盗窃犯罪被分为3年以下有期徒刑、拘役或管制,3年以上10年以下有期徒刑,10年以上有期徒刑以及无期徒刑四个法定刑幅度。要确定具体个罪属于哪个法定刑幅度,只需查清具体的事实情节,再根据各地关于盗窃罪标准的具体规定就可以对号入座。

各地法院最初制定的量刑规则使用的是"量刑基准"一词,其在文本中的涵义实际上相当于现在普遍使用的"量刑起点"。江苏省高级人民法院、泰州市中级人民法院和姜堰市人民法院主要以"线论"方法在法定刑幅度内确定量刑基准。[33] 这种以法定刑中线作为确定非数额型犯罪量刑基准的方

---

[32] "盗窃公私财物,数额较大的,或者多次盗窃、入户盗窃、携带凶器盗窃的,处三年以下有期徒刑、拘役或者管制,并处或者单处罚金;数额巨大或者有其他严重情节的,处三年以上十年以下有期徒刑,并处罚金;数额特别巨大或者有其他特别严重情节的,处十年以上有期徒刑或者无期徒刑,并处罚金或者没收财产。"

[33] 江苏省高级人民法院于2004年出台的《量刑指导规则(试行)》第9条规定:"确定量刑基准采用以下方法:(一)非数额型的一般典型犯罪,以法定刑中段为量刑基准。法定刑幅度为单一有期徒刑的,以该幅度的二分之一为量刑基准。例如,法定刑为三年以上七年以下有期徒刑的,即以五年有期徒刑为该法定刑的量刑基准;法定刑为不同刑种的,则以中间刑种为量刑基准;法定刑分为两种刑种的,则以两个刑种的结合点为量刑基准。但法定刑为有期徒刑三年以下的,量刑基准为有期徒刑一年;法定刑为有期徒刑五年以下的,量刑基准为有期徒刑二年。(二)数额型犯罪,以犯罪数额比对相应的法定刑幅度确定量刑基准。(三)故意杀人(情节较轻的除外)或绝对确定法定刑的,以死刑或绝对确定的法定刑为量刑基准。"

法，虽然具有简便易行、便于操作等特点，但这种做法仅为“权宜之计”，因而饱受质疑。不仅法定刑幅度的中点难以精确确定，其以法定刑的中点作为基准刑本身也是存在疑问。因为对犯罪人判处刑罚的轻重，归根到底取决于罪行的轻重。完全撇开对罪质轻重的分析，没有深入分析犯罪行为的种类、性质，完全回避“量刑基准本质”这个关键问题，结论过于偏颇，思考方式也过于简单。[34] 在其他地方的改革中，甚至出现了以划线的方式直接确定基准刑的做法，例如，深圳市中级人民法院于2007年制定的《刑二庭量刑规则》第6条规定：“在具体事件中不以犯罪数额、次数作为定罪量刑主要标准的，以法定刑中段为基准刑……”这种做法没有考虑犯罪行为本身的社会危害性和造成的危害后果，显然有失偏颇。

在随后的完善过程中，一些法院意识到“线论”的不合理之处，便对量刑基准的设定标准进行了改动，主要根据法律或司法解释、刑事政策、治安状况等隐含的量刑要求确定量刑基准。[35] 这种做法增强了标准的灵活性，可以考虑到各方面影响因素。最高人民法院在推动试点改革过程中取消了以划线确定量刑基准的方式，甚至直接弃用了“量刑基准”这一可能造成歧义和误解的术语，取而代之的是在划分量刑幅度的基础上确定量刑起点的方式。

量刑起点是根据具体犯罪的基本犯罪构成事实[36]确定的，取决于基本犯罪构成事实社会危害性的大小。对于数额型犯罪，基本犯罪构成事实的社会危害性大小主要取决于犯罪数额的大小；对于非数额型犯罪，基本犯罪构成事实的社会危害性大小主要取决于行为对象、结果及方法等构成要件要素。例如，在故意伤害致人轻伤案件中，根据《最高人民法院常见犯罪量刑指导意见》的规定，故意伤害致一人轻伤（犯罪情节一般）的，可在2年以下有期徒

---

[34] 郝川：《中国量刑指导制度研究》，人民出版社2013年版，第99页。

[35] 例如，姜堰市人民法院于2010年修订的《量刑指导意见》第20条规定：“量刑基准可以从以下方面综合确定：（一）法律、司法解释有明确规定的，根据其规定确定；（二）法律、司法解释虽无明确规定但存在隐含量刑要求的，通过演绎、归纳方法确定；（三）法律、司法解释没有明确或隐含量刑要求的，根据国家刑事政策、上级法院量刑指导意见，结合审判经验确定；（四）本意见分则未作设定的，可比照已经确定的同类案件量刑基准设定；（五）本意见分则未作设定的其他案件，经审判长联席会或审委会讨论确定的量刑基准，可作为今后类似案件的量刑参照。”

[36] 具体犯罪的基本犯罪构成事实是相对于刑法规定的抽象个罪的犯罪构成而言的，只有符合刑法明确规定的犯罪构成要件，才能作为具体犯罪的基本犯罪构成事实。确定具体犯罪的基本犯罪构成事实，不需要考虑责任能力主体、犯罪形态、共同犯罪等特殊情况，而根据犯罪的一般既遂状态来确定。

刑、拘役幅度内确定量刑起点。就具体犯罪而言,要根据致人轻伤的社会危害性来确定量刑起点,根据伤害部位、伤害程度等不同情况,确定不同的量刑起点,可确定为6个月,也可确定为1年或者1年6个月,基本犯罪构成事实的社会危害性不同,量刑起点就应该不同。[37] 从最高人民法院"指导意见"将确定量刑起点作为量刑的第一步开始,各地高级法院的实施细则以及中级法院、基层法院的量刑规则一直与最高人民法院"指导意见"的规定保持一致,对于一些常见犯罪的基本犯罪构成事实规定量刑起点幅度。这种对法定刑幅度的合理细分,比仅仅确定法定刑的做法精确度更高,既可以确保量刑的基础不会偏离大的方向,也摆脱了以"线论"确定量刑基准的刻板和偏颇,为进一步合理确定基准刑奠定了坚实的基础。需要注意的是,各地量刑规则并没有针对具体个罪确定一个明确的量刑起"点",而是明确起点所处的"幅度",在这个幅度内,法官需要对犯罪造成的社会危害性进行合理研判,并裁量确定量刑起点。

(四)确定基准刑的方法

对于推行量刑制度改革的当今中国来说,基准刑已然成为量刑公正实现过程中的一个重要砝码。[38] 无论是各地法院最初的自主探索,还是最高人民法院统一布局的局部试点和全面推行,确定基准刑作为一个重要的量刑步骤始终没有改变。

不同的是,在各地法院的先期自主探索过程中,基准刑是在量刑基准(相当于现在的"量刑起点")的基础上确定的,从量刑基准到基准刑的过程是法定量刑要素调整量刑基准的过程。如此设计的主要特点是,将基本犯罪构成事实以外的其他影响犯罪构成的事实(如犯罪数额、犯罪次数、犯罪后果)对量刑基准的调节,与量刑情节的调节放在一起,整合为量刑要素的适用。换言之,就是将由量刑起点确定基准刑的过程和由基准刑确定宣告刑的过程混合在一起,共同视作以量刑要素调整量刑基准,确定宣告刑的过程。这种做法将属于犯罪构成事实的情节和量刑情节相混淆,不仅会造成法定要素适用中的矛盾状态,也使得规则的体例不协调。以姜堰市人民法院最初出台的

---

[37] 南英主编:《量刑规范化实务手册》,法律出版社2014年版,第13页。

[38] 姜涛:《认知量刑规范化》,中国检察出版社2009年版,第148页。

《规范量刑指导意见》为例，第 15 条分别规定了刑法总则和分则的量刑要素，[39]但在量刑要素适用规则中仅规定了对各量刑要素影响力大小的判断应遵循法定量刑要素优于酌定量刑要素的原则，并未特别强调应优先考虑犯罪行为的程度、犯罪的次数、犯罪的数额、犯罪的后果、犯罪的对象等分则规定量刑要素对量刑基准进行调整。另外，姜堰市人民法院在分则中详细规定了 30 个具体罪名的基准刑标准，即确立具体基准刑的步骤，但却在总则中完全没有提到确立基准刑这一步骤，而是将其隐含在从量刑基准到宣告刑的过程中。或许是意识到这样规定的不当之处，姜堰市法院在 2010 年修订的《人民法院量刑指导意见》吸取了各地试点中的经验，取消了量刑要素的适用规则，将之前的量刑要素分为除基本犯罪构成事实之外的其他犯罪构成事实和量刑情节，建立了从法定刑到基准刑的步骤。该规定同时也保留了量刑基准这一提法，将其作为法定刑到基准刑的过渡环节，先由法定刑确定量刑基准，再通过量刑尺度确定基准刑。具体而言，在不考虑各种法定和酌定情节的前提下，根据法律或司法解释、刑事政策、治安状况隐含的量刑要求，确定对某类案件基本犯罪形态下基本犯罪构成事实应当判处的标准刑罚，即量刑基准；将其他犯罪事实对照量刑基准和量刑尺度计算得出具体的刑期，即基准刑。其中，量刑尺度是将具体个案的基本犯罪构成事实以外的犯罪数额、犯罪次数、危害后果等基本犯罪事实所反映的社会危害程度，量化为一定的刑罚量。姜堰市人民法院的此次修订与最高人民法院随后出台的“指导意见”相比，除了仍然保持“量刑基准”这一术语外，主要的区别在于，分则中对于具体个罪对应的量刑基准确立了具体的“点”，而不是先规定一个“幅度”，再根据实践中的具体情况确定具体的“点”。

最高人民法院分别于 2010 年和 2014 年出台的“指导意见”明确规定了基准刑的确定方法，即根据其他影响犯罪构成的犯罪数额、犯罪次数、犯罪后果等犯罪事实，在量刑起点的基础上增加刑罚量确定基准刑。湖北、山西、河北、贵州等地高级法院在制定的实施细则中补充了一项内容，即基准刑超出

---

[39] 总则规定的量刑要素包括未成年人犯罪、限制行为能力的精神病人犯罪、盲聋哑人犯罪、防卫过当、避险过当、犯罪的预备、未遂、中止、共同犯罪中的首要分子、主犯、从犯、胁从犯、教唆犯、累犯、自首、立功等；分则规定的量刑要素包括分则条文在罪状描述中反映社会危害程度，如犯罪行为的程度、犯罪的次数、犯罪的数额、犯罪后果、犯罪对象的个数等。

法定刑幅度的,除法定最高刑为无期徒刑以上刑罚的以外,以法定最高刑为基准刑。这样的规定是否合理,实践中存在不同的观点和做法。支持基准刑限定在法定刑以内的观点认为,由于量刑应在相应的法定刑幅度内确定,相应的基准刑也应在相应的幅度内确定,如果允许基准刑超出法定刑的范围,那么即便用从轻量刑情节对基准刑调节,那最终的结果仍可能在法定最高刑以上或刚好控制在法定最高刑以下,这样从轻处罚就没有得到任何体现;支持基准刑可以超出法定最高刑的观点认为,不限制基准刑的幅度可以客观地反映对犯罪行为的量化分析过程及犯罪的社会危害性,是符合公正量刑的。我们认为,这两种观点都有一定道理,实践中可以采取基准刑不作限制,但宣告刑必须控制在法定刑幅度内的操作方式。如果拟宣告刑仍然过重,最后应当结合全案行使自由裁量权,保证罪责刑相适应。

最高人民法院"指导意见"在"常见犯罪的量刑"部分仅对 15 种犯罪确定基准刑时应予考虑的犯罪情节和后果进行了列举,相比于各地高级法院制定的实施细则要简单得多。以盗窃罪为例,最高人民法院"指导意见"仅规定:"在量刑起点的基础上,可以根据盗窃数额、次数、手段等其他影响犯罪构成的犯罪事实增加刑罚量,确定基准刑。"而各地高级法院的实施细则针对盗窃罪的具体量刑进行了非常细致的规定,侧重点也有所不同。例如,广东省高级人民法院有关盗窃罪的规定从犯罪数额、犯罪次数、犯罪手段三个方面对各法定刑幅度内计算基准刑的标准作了详尽的规定,[40]其最大特点是进一步根据省内不同地方的经济状况确定不同的基准刑计算标准。其他高级法院的规定也各有特色,例如,湖北省高级人民法院的"实施细则"针对盗窃增值税发票或者可以用于骗取出口退税、抵扣税款的其他发票的犯罪,根据盗窃的份数规定了相应的基准刑计算标准;山西省高级人民法院的"实施细

---

[40] 广东省高级人民法院《〈关于常见犯罪的量刑指导意见〉实施细则》规定:"(1)超过数额较大起点未达到数额巨大起点的,一类地区每增加 15,000 元,二类地区每增加 10,000 元,可以增加三个月至六个月刑期;(2)超过数额巨大起点未达到数额特别巨大起点的,一类地区每增加 50,000 元,二类地区每增加 30,000 元,可以增加六个月到一年刑期;(3)超过数额特别巨大起点的,超过数额不足 50 万元,可以增加一年以下刑期;超过数额已满 50 万元不足 250 万元,可以增加一年至三年刑期;超过数额 250 万元以上,可以增加三年以上刑期,但依法应当判处无期徒刑的除外;(4)多次盗窃,数额未达到较大的,超过三次后,每增加盗窃一次,可以增加一个月至三个月刑期;(5)每增加下列情形之一的,可以增加一个月至六个月刑期:入户盗窃;携带凶器盗窃;扒窃。"

则”针对盗窃国有馆藏文物的犯罪，根据盗窃文物的等级、价值、数量确立了相应的基准刑计算标准。由于各地政治、经济和文化等方面的差异，最高人民法院只能作出原则性的规定，有关基准刑的具体规则应交由各地方法院来调整。应当允许地方法院根据当地情况制定恰当的基准刑计算标准，从而保证从量刑起点到基准刑的过程合法、合理。

(五)确定宣告刑的方法

一般情况下，确定宣告刑的过程包括三个步骤。首先是确定个案中所有量刑情节的量刑比例；其次是综合考虑案件中各种法定和酌定量刑情节，并以“量刑比例”为计算工具，在基准刑的基础上计算出拟宣告刑；最后是综合全案情况，在充分考虑罪责刑相适应和量刑的社会效果的基础上，运用自由裁量权调整拟宣告刑，确定宣告刑。

1. 设定量刑情节的调节比例

设定量刑比例是调整基准刑的前提，在着手计算具体个案的宣告刑之前，应确定各量刑情节的影响力。在早期各地自主探索阶段，一些法院并没有采取设置比例的方式确定量刑情节的影响力。例如，江苏省高级人民法院和深圳市中级人民法院制定的量刑规则是采用分格刑的方法对量刑情节进行定量分析。深圳市中级人民法院《刑二庭量刑指导规则》第9条规定：“一般情况下，采用分格刑的方法对量刑情节进行定量分析。分格刑是指在法定刑内，再将法定刑划分为若干较小的刑格。具体方法如下：(一)法定刑为有期徒刑三年以上的，以二年为一格；五年以下的，以一年为一格；三年以下的，以六个月为一格；法定刑有不同刑种的，在对有期徒刑进行分格后，再将其他刑种列为一格。(二)法定从轻、从重的单个量刑情节所影响的刑罚量，一般情况下，为一个刑格。减轻的量刑情节所影响的刑罚量，一般为下一个法定刑幅度上限一格，特别情况按本规则第三节的规定处理。(三)酌定从轻、从重的单个量刑情节所影响的刑罚量为法定从轻、从重的单个量刑情节所影响的刑罚量的二分之一。”这种分格刑量刑方法的特点在于对量刑情节的功能独立评判，在计算方法上只采用加减法、不涉及乘法，当然采取这种方法的前提是运用“线论”的方法确定量刑基准或基准刑。分格刑量刑方法的缺点在于基本将所有法定量刑情节或酌定量刑情节一视同仁，缺乏灵活性，也无法根据具体个案的情况作出最恰当的比例调整。因此，现在各地量刑规则已经没有再采取分格刑方法量化量刑情节,而是采取设置量刑比例来体现量刑情节对基准刑的影响度。

量刑比例是指单个抽象的量刑要素体现出来的社会危害性、人身危险性或主观恶性的危害量所对应刑罚量对基准刑的影响尺度,并以具体比例的形式体现,目的在于调和基准刑与宣告刑之间的矛盾,于司法公正实现的意义重大。[41] 量刑比例在类型上可区分为浮动制和固定制两种。姜堰市法院在早期探索和试点阶段一直采用固定制,比如对未成年人犯罪,根据其年龄段,比照成年犯分别适用不同的轻处比例:“犯刑法第十七条第二款规定之罪的,已满 14 周岁不满 15 周岁的,轻处 60%;已满 15 周岁不满 16 周岁的,轻处 50%;已满 16 周岁不满 17 周岁的,轻处 30%;已满 17 周岁不满 18 周岁的,轻处 20%。”到后来全国各地主要采取浮动制后,未成年人犯罪作为量刑情节的比例就不再固定。例如,天津市高级人民法院规定:“已满 14 周岁未满 16 周岁的,应当减少基准刑的 30% ~60%;已满 16 周岁不满 18 周岁的,应当减少基准刑的 20% ~50%。”当然,不同地方规定的比例幅度也有所差异,例如,山西省高级人民法院规定:“已满 16 周岁不满 18 周岁的,应当减少基准刑的 10% ~50%。”固定制和浮动制各有优缺点,从总体趋势上看,浮动制的认同度越来越高,主要原因在于:固定的比例难以确定,而且容易造成量刑机械化,难以在个案中实现实质平等,因为各种量刑情节对基准刑的影响力大小及调节基准刑的比例应围绕着具体案件的犯罪事实来分析判断,不能离开犯罪事实仅就量刑情节自身性质分析判断量刑情节对基准刑的影响力,否则不全面、不客观,既与量刑情节自身的性质不符,不利于贯彻宽严相济的刑事政策,也与审判实务长期积累的审判经验不符合;[42]浮动比例看上去虽然计算标准不固定,可能造成量刑不公,但可以结合个案具体情况更精确地确定量刑比例,更能体现罪刑相适应原则。

自从最高人民法院出台量刑规则之后,各地方性规则都会将各主要量刑情节的量刑比例幅度限制在最高人民法院规定的幅度范围内,换言之,各级法院自上而下对同一量刑情节规定的量刑比例幅度只有可能越来越小。例

---

[41] 姜涛:《认知量刑规范化》,中国检察出版社 2009 年版,第 168 页。

[42] 戴长林、陈学勇:《量刑规范化改革与实践》,载《法律适用》2011 年第 9 期,第 57 页。

如,对于坦白情节,最高人民法院《关于常见犯罪的量刑指导意见》规定:“(1)如实供述自己罪行的,可以减少基准刑的20%以下;(2)如实供述司法机关尚未掌握的同种较重罪行的,可以减少基准刑的10%～30%;(3)因如实供述自己罪行,避免特别严重后果发生的,可以减少基准刑的30%～50%。”对此,山西高院的“实施细则”进一步规定:“(1)如实供述自己罪行的,减少基准刑的10%以下;(2)根据如实供述收集定罪关键证据的,减少基准刑的20%以下;(3)如实供述司法机关尚未掌握的同种较重罪行的,减少基准刑的10%～30%,适用的从宽幅度一般不应超过3年;(4)因如实供述自己罪行,避免特别严重后果发生的,减少基准刑的30～50%。”与山西高院的规定类似,大部分高级法院都对坦白情节的量刑比例幅度进行了细化和一定程度的缩减,对于其他主要的量刑情节也是这样的处理模式。除此之外,对于最高人民法院的量刑规则未规定的一些常见量刑情节,各地高级法院的“实施细则”也根据实践情况进行了规定,例如,对于预备犯、中止犯、限制行为能力的精神病人犯罪、防卫过当、避险过当等情节的量刑比例的规定。除了常见的量刑情节,各地量刑规则在“常见犯罪的量刑”一部分针对各常见犯罪的非犯罪事实和罪中非犯罪构成事实的情节的量刑比例进行了规定,尽可能保证常见犯罪量刑情节的适用有章可循。

2. 用量刑比例调整基准刑,计算拟宣告刑

在量刑情节调节基准刑的方法上,当仅有单个量刑情节时,处理就比较简单,采用数学公式“拟宣告刑＝基准刑×(1±调节比例)”即可。这一点在最高人民法院的“指导意见”和各地的量刑规则中都有明确规定。对于多个量刑情节的调节方法,目前各地一致的做法是先区分特定量刑情节和一般量刑情节。特定量刑情节,包括未成年人犯罪、老年人犯罪、限制行为能力的精神病人犯罪、又聋又哑的人或者盲人犯罪,防卫过当、避险过当、犯罪预备、犯罪未遂、犯罪中止,从犯、胁从犯和教唆犯等量刑情节;一般量刑情节,包括自首、立功、坦白、当庭自愿认罪、退赃退赔、积极赔偿被害人经济损失、取得谅解、刑事和解、犯罪后积极抢救被害人、累犯、前科、针对弱势人员犯罪、重大灾害期间犯罪等情节。

各地规定和实践的共识是,当特定量刑情节和一般量刑情节共存时,一般先适用特定量刑情节调节基准刑,在此基础上,再适用一般量刑情节。

也就是说,特定量刑情节和一般量刑情节调节比例之间采用的是相乘的关系,用数学公式可以表示为:拟宣告刑 = 基准刑 ×(1 ± 特定情节调节比例)×(1 ± 一般情节调节比例)。当两个以上一般量刑情节共存时,根据各量刑情节的调节比例,采取“同向相加、逆向相减”的方法调整基准刑。比如在某个案件中,被告人具有自首情节,决定减少基准刑的 20%,同时又具有累犯情节,决定增加基准刑的 10%,那么对这个被告人拟宣告刑的计算方式就是:基准刑 ×(1 - 20% + 10%)。如果这个被告人又同时是未成年人,决定减少基准刑的 50%,那么拟宣告刑的计算方式是:1 ×(1 - 50%)×(1 - 20% + 10%)。

各地规定和实践的分歧是,当存在多个特定量刑情节时,各情节之间是采取“相加减”的方式还是“连乘”的方式确定总的调节比例?根据最高人民法院《关于常见犯罪量刑指导意见》的规定:“具有多个量刑情节的,一般根据各个量刑情节的调节比例,采取同向相加、逆向相减的方法调整基准刑”,特定量刑情节之间也应该采取“相加减”的方式确定总的调节比例。但是,在一些高级法院的“实施细则”中,明确规定了特定量刑情节之间采用“连乘”的方式调节基准刑。例如,青海高院的“实施细则”规定先适用特定量刑情节采用连乘的方法调整基准刑;辽宁高院的“实施细则”规定了分步调节法(可简称部分连乘,部分相加减法),先用特定量刑情节对基准刑进行调节,再用其他量刑情节进行调节。在已有的根据最高人民法院《关于常见犯罪量刑指导意见》颁布的“实施细则”中,只有少部分高级法院未对特定量刑情节竞合时的计算方法作出规定,按照文义解释,这些法院应当是按照“相加减”的方式处理。在量刑改革的过程中,多个量刑情节如何处理也存在过分歧。例如,姜堰市人民法院对于所有量刑情节都是采取“相加减”的方式计算总的调节比例,而淄川区人民法院对于所有量刑情节采取“连乘”的方式计算总的量刑比例。经过实践证明,对于特定量刑情节竞合时的处理和一般量刑情节竞合时的处理要区别对待,特定量刑情节的调节比例相比一般量刑情节偏大,而且基本上都是从宽情节,如果采取“相加减”的方式就会造成刑罚减少幅度过大的结果,所以采取“连乘”的方式相对合理一些。可以预见,在未来的量刑规范化过程中,“连乘”和“相加减”的分步调节法将成为量刑情节调节基准刑的主要方法。

3. 修正拟宣告刑

由量刑情节调节基准刑后得出的刑期并不是最终确定的刑罚,还需综合全案进行审核,或经过人为调整后才能得出确定的宣告刑。毕竟按照前述流程一步步得出的结论是机械地运用量刑比例予以加减或乘除得出的结论,难免会出现失之公正的结果,这个时候就需要加强法官的能动性,为量刑的最后一个环节把关。

早在量刑改革之初,姜堰市人民法院《规范量刑指导意见》就已明确规定:"合议庭、独任庭在适用本意见确定拟定的宣告刑后,综合考虑个案的社会危害性及人身危险性,可行使10%以内的自由裁量权(仅指主刑),确定最终的量刑规则。"随后,泰州市中级人民法院《刑事审判量刑指导意见》建立了平衡机制,其中第31条规定:"独任法官或合议庭应当在量刑指导意见的范围内,行使自由裁量权。量刑不得偏离本意见,但适用本意见对被告人确定的刑罚确属过重或过轻的,量刑在五年以下的、可在正负六个月,量刑在五年以上的、可在正负一年的范围内决定判定刑,但必须有充分的事实和理由。超出此范围,应报审判委员会讨论决定。"尽管两种修正拟宣告刑的方式略有差别,但其目的却殊途同归:就是综合考虑案件的情况,当计算得出的刑期明显偏重或偏轻,或者无法达到量刑的社会效果时,法官应通过行使自由裁量权的方式得出最合理的宣告刑。所有的地方性量刑规则都或多或少地赋予法官在量刑"最后时刻"的自由裁量权,最高人民法院在2010年出台的《人民法院量刑指导意见(试行)》吸收了各地探索和试点的做法,规定独任审判员或合议庭可以根据案件的具体情况在10%的幅度内进行调整,调整后的结果仍然罪责刑不相适应的,提交审判委员会讨论决定宣告刑。2014年出台的《常见犯罪量刑指导意见》将独任审判员和合议庭最后行使自由裁量权的幅度提升至20%,各地高级人民法院的"实施细则"也随之更改。自由裁量权扩大的趋势充分说明实践中需要法官在量刑的最后时刻对拟宣告刑进行把关和调节。

三、地方性量刑的典型实体规则

(一)量刑情节的认定:以自首、立功为例

量刑情节的适用是量刑规范化改革的重要内容。只有准确查明、认定量

刑情节,并通过合理的计算方式得出宣告刑,才能达到刑罚个别化的目的,真正实现量刑公正。然而,并非所有的量刑情节在查明事实的情况下就可以毫无争议地予以确认,有的情节需要通过一定的价值判断或关联性判断才能确定是否能够作为调整基准刑的量刑情节,自首和立功就是如此。

1. 自首的认定

根据《刑法》第67条的规定,自首包括一般自首和余罪自首两种形式。由于该规定仍然具有原则性和抽象性的特点,因此需要通过解释细化自首的认定条件,进而解决司法实践中的疑难问题。最高人民法院首先于1998年出台了《关于处理自首和立功具体应用法律若干问题的解释》,对"自动投案"和"如实供述自己的罪行"两项条件进行了初步的界定;然后,最高人民法院和最高人民检察院又于2009年针对职务犯罪中自首情节的认定出台了《关于办理职务犯罪案件认定自首、立功等量刑情节若干问题的意见》,对"准自首"和"单位自首"等具有争议的问题进行了说明;紧接着,最高人民法院于2010年制定了《关于处理自首和立功若干具体问题的意见》,对"自动投案""如实供述自己的罪行""司法机关还未掌握的本人其他罪行"和"不同种罪行"的具体认定进行了详细的解释。

由于司法实践中对自首的认定一向存在争议,实际操作空间较大,因而一些地区的司法机关尝试自行探索细化认定标准的方案。例如,浙江省高级人民法院、浙江省人民检察院于2007年联合下发了《关于严格依法认定自首的通知》,主要内容包括:犯罪人向所在单位、城乡基层组织及有关人员投案的认定;注意区分陪送子女亲友归案与扭送子女亲友归案;应注意甄别侦查人员通过搜寻发现犯罪人使其归案与犯罪人主动去司法机关投案途中被司法机关发现而归案;要注意掌握形迹可疑盘问后交代犯罪事实与有犯罪嫌疑审查后交代的区别;纪检监察机关审查期间的自首认定;单位犯罪的自首认定。与司法解释相比,浙江省有关自首认定的规定更加细致,有的内容是司法解释未能提到的。例如,该通知就犯罪人向所在单位、城乡基层组织及有关人员投案的认定根据具体情形进行了严格的区分,如果陈述犯罪事实仅是要求保护自己或家人,表明自己行为的正当性、被迫性等,甚至要求有关人员为其掩饰,并无投案接受处理表示的,不是自动投案。

又如,江苏省高级人民法院于2009年下发了《关于职务犯罪中自首认定相关问题会议纪要》。该纪要从投案的时间、投案的自动性和投案的对象来认定是否符合"自动投案"的条件。在认定"如实供述罪行"时规定个体对自己行为的认识不影响如实供述的成立;未供述真实身份不应认定为如实供述。对于"双规"期间的自首问题,该纪要认为,纪检、监察、检察机关尚未发觉行为人的犯罪事实,仅因形迹可疑或调查取证需要,找行为人教育、盘问或取证,行为人如实交代自己犯罪事实的,应视为自首。纪检、监察、检察机关已经发觉行为人的犯罪事实,行为人如实交代自己的犯罪事实,交代的事实与纪检、监察、检察机关掌握的事实性质相同的,不应视为自首;性质不同的,应视为自首。除此之外,该纪要的另一个创新点是对司法解释中关于"形迹可疑"型自首认定的进一步细化,不仅指出"形迹可疑"型自首的法律特征,即怀疑的不确定性和主观性、归案方式的被动性和交代的主动性;而且明确了区分"形迹可疑"与"犯罪嫌疑"的标准,应当以怀疑是否有根据以及这种根据是否足以把行为人与某种具体的犯罪联系在一起为标准。

2. 立功的认定

与自首的规定相似,我国刑法对立功的规定较为原则,实践中的认识不一,经常出现难以把握的情形。最高人民法院于1998年出台的《关于处理自首和立功具体应用法律若干问题的解释》试图对立功的认定作进一步解释。但该解释也产生了不同程度的疑问,一方面,将"其他有利于国家和社会的突出表现"都认定为立功,显然是有利于被告人的扩大解释,如何认定被告人的"好表现",给司法机关留下了很大的空间;另一方面,将立功限定为"到案后"的表现,则是不利于被告人的限制解释,如果被告人在犯罪后到案前采取了有利于预防、查获、制裁犯罪的举动,不认定为立功是否不当?[43] 最高人民法院和最高人民检察院于2009年、2010年出台的相关司法解释并没有对这些疑问作出回应,其关注的重点是通过哪些方式获得的立功线索不能认定为有立功表现,以及"协助抓捕其他犯罪嫌疑人"的具体认定和立功线索的查证程序等。其中,有关立功线索和"协助抓捕其他犯罪嫌疑人"的具体认定在稍早一些地方出台的司法性文件中有所体现,内容比起司法解释还要详细,无疑是最好的补充。

---

[43] 参见张明楷:《刑法学》(第四版),法律出版社2011年版,第524~525页。

最具代表性的是广东省高级人民法院于2008年11月5日出台的《关于处理立功具体应用法律若干问题的指导意见》(以下简称《广东高院指导意见》)和浙江省高级人民法院、浙江省人民检察院、浙江省公安厅、浙江省司法厅于2009年5月31日联合出台的《关于认定立功具体适用法律问题的若干意见》(以下简称《浙江意见》)。综合司法解释和两份地方性司法文件的规定,不得认定为立功表现的线索来源有:本人通过非法手段或者非法途径获取的;本人因原担任的查禁犯罪等职务获取的;他人违反监管规定向犯罪分子提供的;负有查禁犯罪活动职责的国家机关工作人员或者其他国家工作人员利用职务便利提供的;犯罪分子亲友为使犯罪分子"立功",向司法机关提供他人犯罪线索、协助抓捕犯罪嫌疑人的;线索来源明显可疑,无法排除非法获取可能的;检举、揭发线索系由被告人以暴力、威胁手段获取的;律师违反监管规定传递给在押被告人,由被告人检举、揭发的。其中,最后三项可以算作两份地方性司法文件对司法解释的补充。为提高立功认定的精确度,两地"意见"对"协助抓捕其他犯罪嫌疑人"的具体情形进行了列举,具体包括带领抓获嫌疑人、提供司法机关无法掌握的藏匿线索、提供嫌疑人联系方式并协助抓捕、成功劝说或扭送嫌疑人归案。与此同时,《广东高院指导意见》还罗列了两种虽有协助行为,但不能认定为"立功"的情形:一是被告人如实交代同案犯的姓名、案发前经常居住地、为共同犯罪所准备或在共同犯罪过程中所使用的通讯号码等同案犯基本信息,侦查机关据此抓获同案犯的;二是被告人提供的同案犯或其他犯罪嫌疑人的下落信息准确,实际协助到位,但因侦查机关措施不当或其他意外原因而未能抓获同案犯或其他犯罪嫌疑人的。第一种情况是因为被告人对于抓捕犯罪嫌疑人的贡献不显著,加上这些本身属于其供述的范围,所以不宜认定为立功;第二种是因为未能实现抓获嫌疑人的结果,也就不存在立功一说。虽不能认定为立功表现,但鉴于被告人的积极配合和协助,《广东高院指导意见》同时强调可以酌情予以从轻处罚。

广东和浙江两省有关立功认定的"意见"的另一创新就是创设了立功的查证和认定程序。对于被告人检举、揭发他人犯罪行为的立功表现,由于被检举、揭发人的调查和追诉往往滞后于被告人的程序进展,因此等到被检举、揭发人的最终处理结果后再判定被告人是否构成立功则不够现实。对此,

《广东高院指导意见》分别规定了被检举的犯罪行为尚在侦查阶段、审查起诉阶段、审判阶段时该如何认定立功是否成立。[44] 另外，针对被告人在法院审理期间检举、揭发他人犯罪的行为，《广东高院指导意见》区分了检举、揭发的具体阶段，规定了一审、二审法院的处理程序。[45]《浙江意见》第 5 条至第 9 条以及第 12 条对检举、揭发型立功线索的移送、调查、反馈、证明材料以及在审理期间尚未查实的处理方式进行了明确规定。最高人民法院随后出台的《关于处理自首和立功若干具体问题的意见》借鉴了上述两个地方性司法文件的规定，但是内容设计不够严谨，只规定了被检举、揭发案件在已有审判结果或尚未进入审判程序时该如何认定检举、揭发者的立功行为，对于正处于审判中的情况则未置一词。[46] 相比而言，《广东高院指导意见》则详细的多，可以作为各地处理检举、揭发型自首立功表现的参考性文本。

（二）缓刑的适用：以贪贿犯罪、醉驾犯罪为例

缓刑制度是我国刑罚制度的重要组成部分，我国《刑法》对缓刑的适用条件、缓刑的考验期限与考察、缓刑的撤销进行了明确的规定。由于缓刑的适用涉及罪犯的人身自由是否被实际剥夺，因此严格把握缓刑的适用条件就成为实现量刑公正的重要环节。根据《刑法》的规定，除了符合刑期、刑种条

---

[44] 广东省高级人民法院《关于处理立功具体应用法律若干问题的指导意见》第 4 条规定：（一）被检举的犯罪行为尚在侦查阶段，有侦查机关出具的公函证明对所检举之罪已查实并附有主要证据材料的，视为查证属实；（二）被检举的犯罪行为在公诉机关审查起诉阶段，有侦查机关出具的起诉意见书的视为查证属实，但公诉机关经审查后认为证据不足决定对被检举人不予起诉的除外；（三）被检举的犯罪行为在法院审理阶段，尚未宣判的，提供公诉机关出具的起诉书；已经宣判的，提供人民法院的有罪判决书，均视为查证属实。

[45] 广东省高级人民法院《关于处理立功具体应用法律若干问题的指导意见》第 17 条规定：为提高审判效率，被告人在法院审理期间检举、揭发他人犯罪行为的，区别下列情况处理：（一）被告人在法院一审开庭时或开庭后宣判前才检举、揭发他人犯罪行为的，一审法院经审查认为有查证必要的，应当转给公诉机关委托相关侦查机关进行查证，对侦查机关出具的查证材料可不再开庭质证，但应当交给控辩双方阅读并征求双方意见；（二）被告人在法院一审宣判后才检举、揭发他人犯罪行为并提出上诉的，一审法院经审查认为有查证必要的，应当转给公诉机关委托相关侦查机关进行查证，对侦查机关出具的查证材料随案移送给二审法院；（三）被告人在法院二审期间才检举、揭发他人犯罪行为的，二审法院经审查认为有查证必要的，对于开庭审理的案件，转给同级人民检察院委托相关侦查机关进行查证，对侦查机关出具的查证材料应当在庭审中进行质证；对于不开庭审理的案件，转给相关侦查机关进行查证，对侦查机关出具的查证材料应当交给被告人及其辩护人阅读并征求意见。

[46] 《最高人民法院关于处理自首和立功若干具体问题的意见》（2010 年）第 6 条规定："……根据被告人检举揭发破获的他人犯罪案件，如果已有审判结果，应当依据判决确认的事实认定是否查证属实；如果被检举揭发的他人犯罪案件尚未进入审判程序，可以依据侦查机关提供的书面查证情况认定是否查证属实……"

件外，适用缓刑的罪犯还需满足“犯罪情节较轻；有悔罪表现；没有再犯罪的危险；宣告缓刑对所居住社区没有重大不良影响”四项条件，而这四项条件看似明确，但实际上却给了法官较大的裁量空间。特别对“犯罪情节较轻”和“没有再犯罪的危险”这两项情节的判断，主要诉诸法官的自由裁量权，进而造成缓刑适用的尺度不统一、缓刑滥用的情况。因此，无论是中央还是地方司法机关，早已着手制定司法解释或规范性文件规范缓刑的适用。除了一般性的规定外，目前各级司法机关较为关注的是贪贿犯罪案件、醉驾犯罪案件中缓刑的适用。

1. 缓刑适用的一般规定

职务犯罪案件是最高人民法院和最高人民检察院规范适用缓刑的重点领域。最高人民法院于 1996 年出台了《关于对贪污、受贿、挪用公款犯罪分子依法正确适用缓刑的若干规定》，最高人民法院和最高人民检察院于 2012 年联合制定了《关于办理职务犯罪案件严格适用缓刑、免予刑事处罚若干问题的意见》（以下简称《职务犯罪缓刑意见》），两份文件的主要目的在于严格限制职务犯罪缓刑的适用。这也是最高司法机关仅有的两次针对缓刑的适用出台司法解释。除此之外，覆盖面更广、具有普遍适用价值的是最高人民法院于 2010 年出台的《人民法院量刑指导意见（试行）》中关于缓刑的适用规则，其中总则第 32 条规定了排除适用的情形，[47]分则中又陆续具体规定了 28 个常见犯罪排除适用的情形。虽然最高人民法院于 2014 年实施的《关于常见犯罪的量刑指导意见》未涉及缓刑的适用，但一些地方高院出台的实施细则仍然对一些犯罪的缓刑适用进行了规定。比如，江苏省高级人民法院《〈关于常见犯罪的量刑指导意见〉实施细则》明确列举了交通肇事罪、故意伤害罪和强奸罪排除适用缓刑的情形。

---

[47] 具体包括：犯罪造成严重后果或使国家或他人造成重大损失 5 万元以上无法弥补的；毒品犯罪的再犯；犯罪动机、手段等情节恶劣或者将赃款用于其他违法、犯罪活动的；犯罪前一贯表现不好，受过刑事处罚（过失犯罪除外）或者劳动教养两次或其他行政处罚三次以上的；犯罪后认罪态度不好，不退赔、无悔罪表现的；共同犯罪中情节严重的主犯；犯罪涉及的财物属国家救灾、抢险、防汛、优抚、救济款项和物资，情节严重的；判处缓刑，可能激化社会矛盾的；本分则已作限制性规定的。

广东、福建和山东三地的省级司法机关针对缓刑适用出台了指导意见。[48]“山东缓刑意见”和“福建缓刑意见”总结了缓刑适用的主要原则，可以归纳为：坚持刑法的基本原则；贯彻刑事政策；遵循量刑规范化的要求；实现刑罚目的。三地缓刑适用规则的核心内容是对缓刑条件的细化，主要方式是通过罗列各种情形对缓刑各项条件的认定提供参考或标准。如“广东缓刑意见”对适用缓刑的“犯罪情节”罗列了8种情形以供考虑，对适用缓刑的“悔罪表现”罗列了7种情况作为标准。[49]总体而言，各量刑情节是法官适用缓刑时的主要考量因素，包括是否过失、是否中止、未遂、是否初犯、偶犯、是否被害人有明显过错等。其次是罪犯的个人情况和缓刑的考验条件，同样，三地缓刑适用规则都对排除适用缓刑的情形进行了详细的列举，主要包括惯犯、主犯、有前科、影响恶劣、无帮教条件等。此外，“山东缓刑意见”和“福建缓刑意见”还对常见犯罪的缓刑适用进行了规定。

除了一些共性的规定外，上述三地缓刑适用规则也各有侧重。例如，“广东缓刑意见”第7条规定：“对于户籍在审判地以外区域（包括境外）的被告人，如在审判地有固定住所能对其进行有效监管的，可以适用缓刑。”第8条规定：“被告人判决前已被实际羁押的时间不应成为适用缓刑的考虑因素。”受外来人口、流动人口较多的影响，广东省的缓刑适用率远远低于全国平均水平，[50]为改变缓刑适用率低的状况，“广东缓刑意见”采取了平等对待外来居民的政策。同样受制于外来人口较多的因素，广东省的未决羁押率一直居

---

[48] 山东省高级人民法院于2009年9月出台了《缓刑适用若干问题指导意见》；广东省高级人民法院于2009年2月出台了《关于正确适用缓刑的指导意见》；福建省高级人民法院、福建省人民检察院、福建省公安厅、福建省司法厅于2008年9月联合制定了《关于适用缓刑若干问题的意见（试行）》。

[49] 广东省高级人民法院《关于正确适用缓刑的指导意见》第3条规定：适用缓刑的“犯罪情节”，应主要考虑：（一）过失犯罪的；（二）具有值得宽宥的犯罪动机或原因的；（三）犯罪手段、方法不残忍、不恶劣，未造成严重后果的；（四）犯罪中止、犯罪预备、犯罪未遂的；（五）共同犯罪中的从犯、胁从犯；（六）防卫过当、紧急避险过当的；（七）经济犯罪、职务犯罪，未造成严重后果的；（八）具有其他轻微犯罪情节的。第4条规定：适用缓刑的“悔罪表现”，是指被告人归案后能够如实交代犯罪事实，并具有下列情形之一的：（一）犯罪以后主动投案的；（二）有立功表现的；（三）主动退赃的；（四）主动采取措施挽救损害的；（五）对犯罪造成的损失积极进行赔偿的；（六）向被害人真诚赔礼道歉的；（七）具有其他悔罪表现的。

[50] 广东省高级人民法院《关于正确适用缓刑的指导意见》（2009年2月出台）出台前3年，全省法院适用缓刑的平均比例为4.64%，而全国的平均水平是23.18%，与全国的差距较大。参见王成：《解读〈广东省高级人民法院关于正确适用缓刑的指导意见〉》，载 http://www.66law.cn/domainblog/21317.aspx，最后访问日期：2015年5月20日。

高不下,加之实践中对于轻微犯罪存在“关多久判多久”“取保判缓刑、羁押判实刑”的惯性操作,缓刑的功能因此难以有效发挥。为了改变这一状况,“广东缓刑意见”第8条规定:被告人判决前已被实际羁押的时间不应成为适用缓刑的考虑因素。这种强调不考虑实际羁押时间的做法有利于扩大缓刑适用的覆盖面。由此可见,广东省高院对于提高缓刑适用率有所侧重。另外,“福建缓刑意见”用较大篇幅规定了公、检、法、司四机关在缓刑适用中的职责,以保证各部门在缓刑适用中的配合和协调,同时该举措主要从保障被告人的合法权利出发,对于提高缓刑的适用率有所助益。“山东缓刑意见”则专门提到了缓刑的决定程序,“被告人同时具有‘可以适用’和‘一般不宜适用’缓刑情形的,合议庭或独任审判员认为有必要适用缓刑的,应报庭长决定是否适用缓刑。被告人具有‘一般不宜适用缓刑’情形之一,合议庭或独任审判员认为确有必要适用缓刑的,应报审判委员会讨论”。该规定不仅体现了缓刑判决的慎重,也为出现不宜适用缓刑情形的案件留有空间。

2. 贪污贿赂犯罪的缓刑适用

并非所有犯罪都需要以提高缓刑适用率为目标,毕竟规范缓刑的适用才是各地出台缓刑适用规则的主要目的,特别是对于比较受关注的刑事案件,规范缓刑的适用尤为重要。从目前情况来看,司法机关对于职务犯罪案件中缓刑的适用较为重视。其原因在于职务犯罪案件的刑罚适用直接关系到反腐败工作的实际效果,理应更加谨慎,而现实状况是“重侦查轻审判、重定罪轻量刑”的现象严重,缓刑适用不当,[51]因此更需要对其进行规范。除了仅有的两份专门针对职务犯罪案件缓刑适用的司法解释之外,浙江省高级人民法院和浙江省人民检察院于2010年6月9日联合发布了《关于贪污、受贿刑事案件适用缓刑的意见》(以下简称“浙江缓刑意见”),江苏省高级人民法院于2010年1月20日制定了《关于审理职务犯罪案件依法正确适用

---

[51] 据调查,贪污贿赂5万元以下、挪用公款10万元以下的案件,免、缓刑适用率达95%以上。贪污贿赂5万元以上、挪用公款10万元以上的案件适用缓、免刑判决也达半数以上。在犯罪性质相同、情节相近的情况下,贪污受贿5万元至10万元的,有的法院判有期徒刑5年以上,有的法院判3年或3年以下有期徒刑并适用缓刑;此外,即使在同一法院也存在同罪不同罚的现象。参见张淑萍、程药:《贪污贿赂犯罪免、缓刑率偏高的原因分析》,载《中国检察官》2009年第3期,第31页。

和执行缓刑的意见》(以下简称"江苏缓刑意见")。其中,"浙江缓刑意见"明确指出出台文件的目的,即严格控制贪污、受贿案件的缓刑适用,统一全省对此类案件适用缓刑的尺度。很明显,该意见主要针对较为宽松的缓刑适用现状。

由于各地经济发展和人均收入水平存在差距,最高人民法院和最高人民检察院出台的司法解释并未对贪污、贿赂、挪用公款案件适用缓刑的数额标准有所规定,主要指出了一般不适用缓刑的具体情形,[52]以及适用缓刑的一些前提条件。相比而言,江苏和浙江两地的"意见"则要细致的多。如"江苏缓刑意见"第5条分别针对贪污、受贿数额不满5万元、5万元以上不满10万元和10万元以上不满20万元时可以适用缓刑的情形进行了说明,该规定同时意味着无论具备怎样的减轻处罚情节,只要犯罪数额在20万元以上者,都不再考虑对其适用缓刑。两地有关职务犯罪缓刑适用规则的一大亮点是建立了上级法院的审核平衡机制,就是将一些适用缓刑可能存在较大争议的案件交地方中级法院或省高级法院把关。"浙江缓刑意见"[53]对于犯罪数额达到10万元以上的罪犯是否可能适用缓刑没有提及。"江苏缓刑意见"则是仅要求贪污、受贿犯罪数额在10万元以上不满20万元,具有法定减轻处罚情节减轻处罚适用缓刑的案件,应层报高级人民法院审核平衡。比较两地"意见",浙江高院对于缓刑的适用更为谨慎,对于缓刑适用的把关更严,这一点从两份"意见"规定的排除适用情形也有所反映。司法解释规定对曾因职务违纪违法行为受过行政处分的职务犯罪分子一般不得适用缓刑,"江苏缓刑意见"仅规定对曾因职务违法犯罪行为受过刑事处罚者不得适用缓刑,而"浙江缓刑意见"则将禁止适用的情形扩大到曾因经济违法行为受到行政处分或刑事处罚者。

---

[52] 具体包括:不如实供述罪行的;不予退缴赃款赃物或者将赃款赃物用于非法活动的;属于共同犯罪中情节严重的主犯的;犯有数个职务犯罪依法实行并罚或者以一罪处理的;曾因职务违纪违法行为受过行政处分的;犯罪涉及的财物属于救灾、抢险、防汛、优抚、扶贫、移民、救济、防疫等特定款物的;受贿犯罪中具有索贿情节的;渎职犯罪中徇私舞弊情节或者滥用职权情节恶劣的。

[53] 根据"浙江缓刑意见"规定,贪污、受贿数额3万元以上不满5万元,具有法定或酌定从轻、减轻情节,符合缓刑适用条件的,应报中级人民法院审核平衡。贪污、受贿数额5万元以上不满10万元,原则上不适用缓刑,"同时具有自首和立功情节,且犯罪情节一般的;完全出于悔罪而主动投案自首,且犯罪情节一般的;属于共同犯罪中情节较轻的从犯;其他可以适用缓刑情形的"情形之一,需要减轻处罚并适用缓刑的,应报省高级人民法院审核平衡。

3.“醉驾”案件的缓刑适用

自“醉驾入刑”后，醉酒驾驶案件的量刑逐步成为刑法学者和司法实务人员关注的焦点，一些学者对“醉驾”案件缓刑适用的失衡提出了相应的批评。“醉驾入刑”1 年后，实践中所暴露出的“量刑不一”问题相当突出，特别是醉驾判处缓刑的案例越来越多。[54] 量刑上的巨大差异促使最高人民法院、最高人民检察院、公安部于 2013 年 12 月联合颁布了《关于办理醉酒驾驶机动车刑事案件适用法律若干问题的意见》，但是该意见只进行了原则性的规定，不仅没有给出缓刑适用的具体考量因素，也没有给出具体的量刑标准。因此，不同法院，甚至不同法官只能在实务中自行摸索量刑规律，难免造成缓刑适用上的差异。

为规范醉酒驾驶案件缓刑的适用，浙江省高级人民法院、浙江省人民检察院、浙江省公安厅于 2012 年 9 月 7 日联合印发了《关于办理“醉驾”犯罪案件若干问题的会议纪要》，明确规定缓刑只对酒精含量在 120mg/100mL 以下，无特定从重情节、[55]且认罪的被告人适用。在此之前，温州市中级人民法院于 2012 年 4 月出台《危险驾驶罪量刑细则》，将缓刑适用的范围限定至酒精含量未达 110mg/100mL，无任何交通事故发生，积极配合检查，有悔罪表现的，或虽然有交通事故发生，但能依法予以赔偿的醉驾案件。该细则同时按主观性质进行了区分：深度醉驾、二次醉驾、无证醉驾、冲卡拒检、事后逃逸、造成一人以上轻伤等主观恶性深、人身危险性大、醉驾后果严重的案件，一律不适用缓刑。这两份文件以限制适用缓刑为目的，限缩了法官在醉驾案件量刑时的自由裁量权，对于平衡辖区内法院适用缓刑有重要作用。重庆市高级人民法院于 2012 年 6 月 11 日组织辖区五个中级法院召开座谈会，就危险驾驶罪形成《关于危险驾驶罪法律适用的会议纪要》，其中规定：血液中乙

---

[54] 例如，有统计数据表明，北京在判决醉驾的案件中，实刑率达 99%，然而安徽、重庆、云南适用缓刑比例却超过 40%，部分城市比例更是高达 73%，比如说在安徽省合肥市庐阳区检察院 2011 年 5 月到 2012 年 2 月办理的 25 起已判决案件中，被告人均被适用缓刑。参见李龙：《醉驾缓刑被滥用，司法解释须补位》，载《广州日报》2012 年 5 月 24 日，第 F02 版。

[55] 具体包括：(1)造成他人重伤或者死亡，尚未构成交通肇事罪的；(2)在高速公路上醉酒驾驶的；(3)醉酒驾驶营运客车(公交车)、危险品运输车、校车、单位员工接送车、中(重)型货车等机动车的；(4)醉酒在城市道路上驾驶工程运输车的；(5)造成他人轻伤且负有主要责任的；(6)无驾驶汽车资格醉酒驾驶汽车的；(7)明知是无牌证或者已报废的汽车而驾驶的；(8)在被查处时逃跑，或者抗拒检查，或者让人顶替的；(9)在诉讼期间拒不到案或者逃跑的；(10)曾因酒后、醉酒驾驶机动车被处罚的。

醇含量为80mg/100mL以上的,其行为应以危险驾驶罪定罪。同时,被告人具有下列情节之一的,原则上不适用缓刑:一是同时具备下列三项以上情节的:(1)无机动车驾驶证驾驶或者驾驶无牌照车辆;(2)载人驾驶;(3)驾驶正在营运中的客运车辆;(4)发生交通事故;(5)驾驶运载危险物品车辆;(6)在高峰路段、高峰时段(须同时具备)驾驶;(7)在高速公路上驾驶;(8)逆向行驶;(9)逃避公安机关依法检查或者阻碍公安机关依法检查尚未构成其他犯罪的;(10)曾因故意犯罪被刑事处罚或者曾因饮酒驾驶被行政处罚。二是发生交通事故致三人以上受伤的。三是醉酒驾驶且人体含毒生物样本检测呈阳性的。四是具有第1条第3项、第5项、第6项、第7项、第9项、第10项规定之一,同时血液中酒精含量150mg/100mL以上的。五是酒精含量200mg/100mL以上的。六是醉酒后驾驶并有其他严重违章行为的。七是其他不宜适用缓刑的情况。但是,就全国而言,缓刑的适用情况还是有较大差别,[56]这与各地治理醉驾的政策导向有很大关系。在醉驾案件缓刑率极低的北京,对醉酒驾车行为的惩治一直很严厉。例如,北京市房山区人民法院于2014年制定的《危险驾驶罪量刑规范化意见》就明确规定,原则上不对醉驾司机适用缓刑。对此,房山区人民法院的法官解释说,醉酒驾驶行为对社会的危害性较大,一旦酿成事故后果通常比较严重,且该罪拘役刑为1到6个月的自由量刑幅度,本身属于较为轻缓的刑罚,如果适用缓刑,难以实现威慑和预防犯罪的效果。

(三)死刑的适用:以毒品犯罪为例

死刑是以剥夺犯罪分子的生命为内容的最严厉的刑罚。无论是从刑法思想、刑法理论,还是从司法实践角度来看,死刑问题都是一个极为敏感的问题,它不仅仅是一个法律问题,也是一个重大的社会问题、政治问题。[57]"保留死刑,严格控制死刑、慎用死刑"是我国一贯的死刑政策,自从最高人民法院于2007年1月1日起恢复对死刑立即执行案件统一行使核准权后,死刑

---

[56] 有学者对全国4000多份醉酒型危险驾驶罪案件判决书的抽样统计显示,西部地区缓刑率为65.8%,中部地区为59.8%,而东部地区只有36.7%,全国平均的缓刑率为44.1%。参见章桦、李晓霞:《"醉酒型"危险驾驶罪量刑特征及量刑模型构建实证研究》,载《中国刑事法杂志》2014年第5期,第105页。

[57] 黄华生、舒洪水:《死刑适用的原理与实务》,中国人民公安大学出版社2012年版,第1页。

的适用得到了严格的控制，死刑适用的标准也逐步迈向统一。但实际上，个案审理中，除了政策导向、程序控制和证据标准可以统一外，各省区在适用死刑时把握死刑标准是存在差异的。由于死刑的适用事关生命的剥夺，各省司法机关也不敢贸然就死刑的适用作出明确的规定，而主要是由相关审判组织、决策组织在法律和司法解释的规定下对死刑的适用进行把握和控制。在所有地方性司法文件中，仅关于毒品犯罪审理的规定有较大篇幅涉及死刑（包括死刑缓刑二年执行）的适用，可以说，对地方性死刑适用"明规则"的考察，主要就是对毒品犯罪死刑适用规定的考察。

在毒品犯罪案件侦破中运用特情侦查措施往往可以取得很好的效果，但是在运用不当的情况下就容易对他人产生毒品犯罪的犯意引诱或数量引诱，客观上导致他人犯罪情节加重。因此，对于特情引诱型的毒品犯罪案件，不仅要对被告人从轻处罚，而且应严格适用死刑。

四川省高级人民法院于1998年下发的《关于当前审理毒品犯罪案件有关问题的意见》规定：对于特情引诱犯罪，一般应留有余地不判死刑。最高人民法院于2000年下发的《全国法院审理毒品犯罪案件工作座谈会纪要的通知》明确指出：对犯意引诱的被告人，无论涉毒数量有多大，都不应判处死刑立即执行；对数量引诱的被告人，即使超过判处死刑的毒品数量标准，一般也不应判处死刑立即执行。上海市高级人民法院于2000年下发的《关于审理毒品犯罪案件具体应用法律若干问题的意见》和广东省高级人民法院于2002年下发的《关于办理毒品犯罪案件适用法律若干问题的指导意见》都吸收了最高人民法院这一规定。最高人民法院于2008年下发的《全国部分法院审理毒品犯罪案件工作座谈会纪要》对特情引诱的规定稍微有所变化，仅指出特情引诱是可以不判处死刑立即执行的一种情形。随后，江西省高级人民法院于2009年下发的《关于审理毒品犯罪案件适用死刑问题的指导意见》就采取了"2008年座谈会纪要"的表述。从规范的角度来讲，司法解释和各地司法文件对于数量引诱型毒品犯罪的态度是一以贯之的，就是即便达到判处死刑的数量标准，一般也不判处死刑立即执行，判处死刑立即执行应特别谨慎。但是对于犯意引诱型毒品犯罪的规定则稍有不同，最早的四川"意见"和"2008年座谈会纪要"的意思是基本一致的，即一般情况下作为不判处死刑立即执行的依据，但是并不排除在"罪行极其严重”时判处死刑立即执行。而“2000 年座谈会纪要”和上海、广东的“意见”则是规定犯意引诱型毒品犯罪一律不应判处死刑立即执行。虽然两者字面上的差别是细微的，但是实际中却是“生与死”的差别。从毒品审判的实际情况来看，犯意引诱型毒品犯罪的处理基本是以“2000 年座谈会纪要”为准。

各地对于走私、贩卖、运输、制造海洛因或者甲基苯丙胺可判处死刑的数量标准把握是不统一的。在无法定从轻、减轻情节或者酌定情节不足以从轻、减轻处罚的情况下，广东是 150 克以上判处死刑，上海是 400 克以上可以判处死刑（立即执行），江苏是 1000 克以上可以判处死刑（立即执行），四川是 100 克以上可以判处死刑。在具备法定从重情节时，上海是 300 克以上可以判处死刑（立即执行），江苏是 500 克以上可以判处死刑（立即执行）。

还有其他相关规定，例如江苏省高级人民法院、江苏省人民检察院、江苏省公安厅于 2011 年联合下发的《关于办理毒品犯罪案件适用法律若干问题的指导意见》要求，同一个案件中拟判处 2 名以上被告人死刑的，应当有特别充分的理由；数量在 500 克以上不满 1000 克或其他数量相当时，一般判处死刑，缓期二年执行。广东高院认为运输毒品与走私、贩卖、制造毒品对社会的直接危害有所不同，判处死刑立即执行的数量标准应有所区别，从而将运输毒品罪可以判处死刑的数量标准提升至 250 克以上。同时，广东高院考虑到“摇头丸”并非毒品种类，而是毒品的一种存在形式，其危害性和使人形成瘾癖的程度较小，应与一般的毒品案件有所区别，从而将走私、贩卖以及运输含甲基苯丙胺的“摇头丸”判处死刑的起点分别提升至 1000 克和 1500 克以上。另外，广东省高级人民法院、广东省人民检察院、广东省公安厅于 2005 年联合下发的《关于审理新型毒品犯罪案件定罪量刑问题的指导意见》（粤高法发[2005]35 号）规定，对经鉴定甲基苯丙胺的含量在 25% 以上的多种毒品成分的粒状（丸状）或者粉末状新型毒品犯罪，参照“摇头丸”处理，但适用死刑时，应当慎重掌握。虽然各地出台的文件在把握判处死刑的数量标准时有所差异，但都同时强调毒品数量不是判处死刑的唯一标准，应当综合考虑案件的具体情节和犯罪的社会危害性等情况。

“2008 年座谈会纪要”从相对肯定和相对否定的角度罗列了可以判处死

刑和虽达到实际掌握的死刑数量标准,但可以不判处死刑立即执行的情形。[58]除了对该"2008年座谈会纪要"已有的规定予以重复外,各地司法性文件从严格控制死刑适用的角度规定了更多不宜适用死刑的情形。例如,上海市高级人民法院于2005年3月8日发布的《上海法院量刑指南——毒品犯罪之一》规定不宜判处死刑(立即执行)的情形还包括:受人指使、雇佣且非毒品所有人;认定被告人毒品犯罪的数量主要根据被告人的口供与同案犯(包括上、下家)的供述互相印证,尚无其他证据佐证的;认定主要犯罪事实的证据有瑕疵,量刑上需要留有余地的。广东"意见"规定酌情考虑留有余地的情形有:基本犯罪事实清楚,但个别证据不够扎实的;被告人年满18岁的基本证据确实,但存在疑问无法排除的。江西"意见"规定的可以不判处死刑立即执行的情形中也包括:认定犯罪事实的证据有瑕疵,量刑上需要留有余地的。由此可见,三地司法机关尤为看重判处死刑(立即执行)案件的证据情况。

四、地方性量刑规则的主要问题与未来展望

地方性量刑规则的存在,一方面是对全国性量刑规则的进一步细化和解释,进而提高全国性量刑规则的可操作性,保证其得到贯彻执行;另一方面是

---

[58] 《最高人民法院全国部分法院审理毒品犯罪案件工作座谈会纪要》(2008年)规定:具有下列情形之一的,可以判处被告人死刑:(1)具有毒品犯罪集团首要分子、武装掩护毒品犯罪、暴力抗拒检查、拘留或者逮捕、参与有组织的国际贩毒活动等严重情节的;(2)毒品数量达到实际掌握的死刑数量标准,并具有毒品再犯、累犯,利用、教唆未成年人走私、贩卖、运输、制造毒品,或者向未成年人出售毒品等法定从重处罚情节的;(3)毒品数量达到实际掌握的死刑数量标准,并具有多次走私、贩卖、运输、制造毒品,向多人贩毒,在毒品犯罪中诱使、容留多人吸毒,在戒毒监管场所贩毒,国家工作人员利用职务便利实施毒品犯罪,或者职业犯、惯犯、主犯等情节的;(4)毒品数量达到实际掌握的死刑数量标准,并具有其他从重处罚情节的;(5)毒品数量超过实际掌握的死刑数量标准,且没有法定、酌定从轻处罚情节的。毒品数量达到实际掌握的死刑数量标准,具有下列情形之一的,可以不判处被告人死刑立即执行:(1)具有自首、立功等法定从宽处罚情节的;(2)已查获的毒品数量未达到实际掌握的死刑数量标准,到案后坦白尚未被司法机关掌握的其他毒品犯罪,累计数量超过实际掌握的死刑数量标准的;(3)经鉴定毒品含量极低,掺假之后的数量才达到实际掌握的死刑数量标准的,或者有证据表明可能大量掺假但因故不能鉴定的;(4)因特情引诱毒品数量才达到实际掌握的死刑数量标准的;(5)以贩养吸的被告人,被查获的毒品数量刚达到实际掌握的死刑数量标准的;(6)毒品数量刚达到实际掌握的死刑数量标准,确属初次犯罪即被查获,未造成严重危害后果的;(7)共同犯罪毒品数量刚达到实际掌握的死刑数量标准,但各共同犯罪人作用相当,或者责任大小难以区分的;(8)家庭成员共同实施毒品犯罪,其中起主要作用的被告人已被判处死刑立即执行,其他被告人罪行相对较轻的;(9)其他不是必须判处死刑立即执行的。

出于本地量刑实践的需要,或是对实践的经验总结,进而更好地协调、统一辖区内各法院的量刑实施标准,指导量刑实践。从实践效果来看,地方性量刑规则对于克服同一地区量刑失衡,指导法官正确运用量刑方法,规范自首、立功等量刑情节的认定和死刑、缓刑的适用,确实起到了一定的作用。但与此同时,地方性量刑规则的制定和实施也存在一些缺陷,需要逐步加以改进。

(一)主要问题

1.各地量刑标准不统一,仍会出现"同案异判"的现象

量刑规范化改革的主要目的之一就是为法官量刑提供统一的标准,避免出现不同法官"同案异判"的现象。然而,司法实践中,量刑差异是无法避免的,完全的"同案同判"是无法实现的。毕竟量刑过程并不是抽象的法律规范在具体案件中简单对号入座,然后得出一个具体刑期这样一个"刑之量化"的过程,也不是仅仅根据对案件事实的认定,从林林总总的刑事法律规范中寻找判决答案的过程,而是犯罪事实的认定、犯罪情节的考虑、刑事法律的适用、法官自由裁量权的运用等多种活动交织在一起的过程。[59] 只要量刑的差异在合理的范围内,就不能认为是量刑失衡。从目前的情况来看,尽管各地司法机关出台的量刑指导意见及其他量刑规则对于实现辖区内的量刑均衡确有成效,但由于各地之间规定的量刑标准不统一,仍然难以避免量刑出现不合理差异以及"同案异判"的现象发生。

首先,量刑的方法不统一。在通过量刑比例调整基准刑,计算拟宣告刑的环节,当存在多个特定量刑情节时,各情节之间是采取"相加减"的方式还是"连乘"的方式确定总的调节比例,各地的规定存在分歧。一些高级法院的"实施细则"明确规定了特定量刑情节之间应采用"连乘"的方式调节基准刑,如青海高院的"实施细则"规定先适用特定量刑情节采用连乘的方法调整基准刑。有的高级法院的"实施细则"则是对特定量刑情节划分了层级,采用同层级之间先"相加减",不同层级之间再"连乘"的方式调整基准刑,如湖北高院的"实施细则"。也有的高级法院的"实施细则"未对多个特定情节如何调节作特别说明,也即是默认"同向相加、逆向相减"的方式,如江西高

[59] 付娟娟:《量刑规范化问题研究——基于"同案不同判"现象》,载《中共贵州省委党校学报》2013年第1期,第127页。

院的"实施细则"。由于特定量刑情节的调节比例相比一般量刑情节偏大,而且基本上都是从宽情节,采取"相加减"的方式减少刑罚的幅度比"连乘"的方式偏大,这就从方法层面造成了各地刑期计算的差异。

其次,缓刑适用的标准不统一。从浙江与江苏针对贪贿犯罪适用缓刑的"意见"可以看出,浙江对缓刑适用限制得较严,犯罪数额以 10 万元为上限,5 万～10 万元的案件适用缓刑需要报高级法院审核平衡;江苏的犯罪数额以 20 万元为上限,10 万～20 万元的案件适用缓刑需要报高级法院审核平衡。浙江和江苏都属于我国经济发达的省份,两地经济发展水平和人均收入相差不大,但是两地把握贪贿犯罪缓刑适用的数额标准却不同,整体而言,浙江适用缓刑的标准更严。如前所述,各地醉驾案件缓刑适用的标准也有较大的区别,东部部分地区将缓刑适用的酒精含量标准控制得过严,导致缓刑适用率明显低于中部和西部地区,有的基层法院甚至出台规定明令原则上不适用缓刑。缓刑和实刑实际上存在较大的差别,缓刑适用标准的不统一同样导致"同案异判"现象。

最后,死刑适用的标准不统一。仍以上文介绍的毒品犯罪死刑适用为例,按照我国《刑法》第 347 条的规定,走私、贩卖、运输、制造海洛因或甲基苯丙胺 50 克以上的就可能判处死刑,各地据此规定了一般情形下判处死刑的最低数量标准。广东是 150 克以上可以判处死刑(包括缓刑二年执行)、四川是 100 克以上可以判处死刑(包括缓刑二年执行)、上海是 200 克以上可以判处死刑(包括缓刑二年执行)、江苏是 500 克以上可以判处死刑(包括缓刑二年执行)。各地毒品犯罪适用死刑的最低数量标准之所以不统一,可能有两方面的原因,一是和各省的毒品发展态势和禁毒形势有关,但这不能解释为什么广东、四川两省毒品犯罪较多、涉案数量较大,死刑适用的数量标准反而偏低的现象;二是随着毒品犯罪平均涉案数量的逐年增长,后制定规则的上海和江苏两省提高了死刑适用的数量标准。无论怎样,各地规定的差异是客观存在的,这些细微的差别可能导致相似案件出现完全不同的刑罚后果。

2. 部分规则采取"留有余地"的不当做法

近年来曝光的冤假错案都存在一个共同的情况:最初认定案件事实的证据已经存在问题,但法院还是做出了"留有余地"的裁判,将"疑罪从无"变成"疑罪从轻"。这一做法饱受诟病。当然,并非所有的"留有余地"的裁判都是非正当的,原最高人民法院院长肖扬曾于2007年6月对“留有余地”裁判的适用前提进行了说明:“如果定罪证据达到了确实、充分的裁判标准,但影响量刑的事实、证据存在疑问的,则应当留有余地,尤其是死刑案件,必须做到杀者不疑,疑者不杀。”[60]从理论上讲,对于定罪达到证明标准,但量刑存在疑问的案件作出宽大的处理,这的确是具有正当性的。[61] 但是这只限于量刑事实尚未查清的情况,比如被告人作案时是否年满18岁、被告人是否存在自首、立功等情节尚存在疑问时,可以在量刑上有所保留。对于定罪证据存有疑问的案件而言,则不能采取“留有余地”的裁判方式规避无罪判决。

通常情况下,定罪证据存疑时作出“留有余地”的裁判本是司法实践中存在的一项潜规则,但各地一些关于量刑的规定中进一步明确了类似的做法。例如,上海市高级人民法院于2005年下发的《上海法院量刑指南——毒品犯罪之一》规定:“认定被告人毒品犯罪的数量主要根据被告人的口供与同案犯(包括上、下家)的供述互相印证,尚无其他证据佐证的案件,以及认定主要犯罪事实的证据有瑕疵,量刑上需要留有余地的案件,一般不判处死刑立即执行。”广东省高级人民法院于2002年10月16日下发的《关于办理毒品犯罪案件适用法律若干问题的指导意见》规定:“基本犯罪事实清楚,但个别证据不够扎实的案件,应酌情留有余地。”江西省高级人民法院于2009年7月下发的《关于审理毒品犯罪案件适用死刑问题的指导意见》规定:“认定犯罪事实的证据有瑕疵,量刑上需要留有余地的案件可以不判处死刑立即执行。”显然,这三份文件中的“留有余地”是针对定罪证据或多或少存在一些问题的毒品案件。如果说定罪已经达到了法定标准,那为何还要在适用死刑问题上留有余地呢?如果说是因为其中部分涉及具体数量的事实存有疑问,那对其不予认定即可,为何还要将其叠加在一起定案后再“慎用死刑”?这种做法明显有将定罪的疑案和量刑的疑案混淆在一起的嫌疑。

3. 对“量刑个别化”不够重视

地方性量刑规则特别重视量刑的统一化,相比较而言,对量刑的个别化

---

[60] 佚名:《肖扬:死刑案件必须做到“杀者不疑”、“疑者不杀”》,载新华网:http://news.xinhuanet.com/legal/2007-06/08/content_6217789.htm,最后访问日期:2015年11月25日。

[61] 陈瑞华:《留有余地的判决——一种值得反思的司法裁判方式》,载《法学论坛》2010年第4期,第26页。

则不够重视。首先,无论是司法解释,还是各地的“实施细则”和其他司法性文件,都同时强调“对于同一地区同一时期、案情相似的案件,所判处的刑罚应基本均衡”,但都未将“刑罚的个别化”和“量刑的个别化”作为量刑的基本原则。所谓“量刑个别化”,是指每个具体案件有其个体性的量刑结果,表现为量刑结果与反映犯罪的社会危害性、犯罪人的人身危险性和其他方面的事实相适应。[62] 量刑均衡是同一地区量刑规范化改革的总体目标,量刑个别化则是量刑规范化改革中个案量刑的目标,两者都同样重要。但是从各地制定的“实施细则”的具体内容来看,量刑均衡、量刑统一化是司法机关追求的首要目标,各地“实施细则”对法定量刑情节及调节比例进行了详细的规定,可以保证情况相似案件得出相似的结果。就被告人的具体情况而言,虽然各地“实施细则”对一些常见罪名采用列举的方式规定了酌定量刑情节,但和丰富多样的现实生活相比仍然显得粗疏,这些酌定量刑情节的认定和适用仍得依赖法官的主观判断。

其次,各地探索的科学化、程式化的量刑方法无法充分考量个案的具体情况。例如,为实现量刑的统一化,我国一些法院尝试在量刑规范化建设中引入自然科学技术手段。2004 年,山东省淄博市淄川区法院在制定量刑实施细则的基础上开发出电脑辅助量刑系统,尝试利用电脑进行辅助量刑。这种由法官将被告人的基本情况、犯罪情节等信息输入电脑,然后纯粹由机器进行计算得出结果的操作方式,虽然对于防止法官滥用自由裁量权、实现相似案件得出相似判决确有一定的保障。但是,这种借助自然科学研究成果的设计,与司法过程性质相佐,将量刑过程机械化、细则化。诚然,电脑量刑可以考虑到各种纷繁复杂的情节,但是其毕竟无法涵盖现实生活中所有的情况。“案件和刑罚的社会性决定了量刑不可能通过一套死板的数学分类法或模型加以解决,更何况电脑典型的量刑情节都是预设的,只能限定于法定情节,由于社会的变化发展,在案件发生之前,能否穷尽影响量刑的各种因素,能否对每种因素的社会危害性程度进行事先的分类和评估都是存在疑问的。”[63]比如,同样是盗窃案,一种是为了挥霍,另一种

---

[62] 石经海:《“量刑规范化”解读》,载《现代法学》2009 年第 3 期,第 108 页。

[63] 王瑞君:《量刑规范化面临的问题与对策构建》,载《法学论坛》2010 年第 1 期,第 120 页。

是为生活所迫,对于双方的量刑显然是有别的,但如果软件没有量化这一情节,得出的结果就是一致的,不仅悖离了刑罚个别化的要求,也是对公平公正的缺席。[64]

(二)未来展望

1.加强对地方性量刑规则的审查

针对各地量刑规则存在的问题,最高人民法院应加强对地方性量刑规则的审查,以保证各地量刑规则具有合法性和正当性,同时保证各地量刑标准的相对统一。

首先是对形式合法性的审查。按照最高司法机关的规定,地方司法机关不得再制定具有普遍约束力的法律规则,也不能对法律的具体适用进行解释。[65] 据此,各地以往在最高司法机关默认下通过"违法试点"制定的规则和通过解释法律制定的规则已经被明确为违法的产物。然而,正如本书第一章所提到,以形式违法直接否定地方性规则是不妥的,毕竟地方性规则有其不可取代的优势,一概否认也难以避免各地司法机关通过其他更为隐蔽的方式建立一套具有指导意义的标准。从现实出发,有必要继续赋予地方司法机关制定司法解释性文件的权力,但为了保证各省量刑规则实施的有序和统一,只能将权力赋予各地高级人民法院。对于市一级和基层法院制定的量刑规则,最高人民法院或高级人民法院应当以制定主体不合法为由否定其效力。

其次是对内容合法性和正当性的审查。各地高级人民法院应当及时将其出台的"指导意见"和"规定"报最高人民法院审查和备案。最高人民法院应重点审查各地的量刑规则是否违反宪法、法律的规定和精神,各地是否超出法律的规定制定规则,同时也应注意审查地方量刑规则是否违背司法解释和刑事政策。对于内容不合法的地方性量刑规则,比如有关"留有余地"之规定,最高人民法院应当责令各地高级人民法院进行修改或废除。对于明显

---

[64] 冯莹:《辩证看待电脑量刑》,载《中南财经政法大学研究生学报》2008 年第 2 期,第 140 页。

[65] 2012 年 1 月,最高人民法院和最高人民检察院专门下发了《关于地方人民法院、人民检察院不得制定司法解释性质文件的通知》,其中第 1 条明确决定:"自本通知下发之日起,地方人民法院、人民检察院一律不得制定在本辖区普遍适用的、涉及具体应用法律问题的'指导意见'、'规定'等司法解释性质文件,制定的其他规范性文件不得在法律文书中援引。"

不利于被告人的规则,比如不分情形强调限制缓刑的规定,最高人民法院也应当明确指出并责令尽快修改。刑罚的轻缓化和被告人权利的保障是我国量刑规范化改革的总体方向,因此,对于有利于被告人的规则,只要不违背刑法和刑事政策的精神,即使法律和司法解释没有明确规定,也可以予以承认,并且可以将其作为司法解释的补充。

最后是对各地量刑标准的平衡。如前所述,尽管最高人民法院"量刑指导意见"和其他有关量刑的司法解释试图提高实践中量刑的可操作性,缩小法官的自由裁量权,进而实现各地量刑的统一与协调。但现实是,司法解释毕竟无法一览无余地包罗量刑实践中所有需要判断的情形,从而使各地司法机关拥有一定的自主决定的空间。各地司法机关对犯罪形势把握的不统一,以及对刑罚功能认识的差异,都将影响到各自对量刑标准的具体设置,如此便造成各地量刑标准不统一的现象。对此,最高人民法院在审查时应注意保证各地量刑标准的相对统一,除了一些数额标准鉴于各地的经济状况或犯罪形势可以有合理的差别之外,具体量刑情节的认定和适用标准应基本保持一致。

2. 结合量刑规则和典型案例指导量刑

最高人民法院"量刑指导意见"和各地高级人民法院制定的"实施细则"可以在很大程度上提升量刑的均衡性。但是,仅依靠量刑规则指导量刑是不够的。量刑规则指导的重点是如何理解和适用各类案件常见和特有的量刑情节,并不能涵盖个案的所有情况,再加上理解和适用量刑规则的过程需要依靠个人的经验和知识,这就难以完全保证量刑过程的统一和量刑结果的均衡。对此,最高人民法院可以通过公布和解释具体的案例来指导量刑,充分利用案例对法官的"示范"和"引导"意义,为法官处理同类案件提出了明确、具体的参照标准,用同行业的"经验规则"制约和消解法官偏离法律规定的冲动。将指导性案例作为规则的补充,不仅可以使不同地区的法官获取同案同判的信息资源,保持刑事判决前后的一致性,也可以使社会和个人根据案例对刑罚的可预见性有所期待。

最高人民法院于2010年出台了《关于案例指导工作的规定》,意在使各地判决实现统一和协调。从目前情况来看,公布的指导性案例主要集中于死刑的适用,也有个别案例涉及量刑情节的认定。这些指导案例所提供的裁判规则具有较司法解释和政策更为具体的表现形式，对于司法活动来说，具有更为直观的可参照性。[66] 虽然目前公布的案例具有一定的典型性和指导价值，但总体来说不够系统，案例的数量也远远不够，还无法与量刑规则形成优势互补、相辅相成的关系。未来的发展过程中，最高人民法院在保证指导性案例质量的同时，应尽量增加指导性案例的数量，范围不仅涵盖量刑实践中一些共性的问题，比如自首、立功的认定、缓刑的适用等，也应包括一些个案中比较特殊的问题，比如基于公共目的的盗窃、受贿等。遴选和颁布针对量刑的指导性案例，其意义不仅在于指导法官在个案中的量刑，而且对于各地制定和完善量刑规则具有指引作用。各地高级人民法院可以根据指导性案例运用的法理、规则和政策调整其自行制定的量刑规则，从而保证两者的统一和协调。

3. 重视量刑个别化

量刑个别化强调法官应当充分考虑犯罪的社会危害性和罪犯的人身危险性及各方面事实情节决定刑罚的大小，而不能机械地根据量刑指南计算各量刑情节，然后按照既定步骤得出量刑结果。可以说，量刑个别化是实现量刑实质公正的关键环节。重视量刑个别化并不代表放弃对量刑均衡的追求，虽然从字面意思上看，量刑均衡与量刑统一化更接近，但实际上，量刑均衡包容并接受量刑统一基础上的个别化。从表面上看，量刑统一化与量刑个别化似乎是矛盾和冲突的，但实际上它们是有机统一的。这表现为量刑统一化只是针对抽象个罪，而量刑个别化是针对具体个罪。“抽象个罪”与“具体个罪”的关系，实际上就是哲学上一般与个别的关系，这决定了量刑个别化不仅不是量刑一般化的否定，而且还是以量刑一般化为前提的。[67]

突出强调量刑个别化的重要地位，应从以下几个方面着手：首先应将量刑的个别化作为量刑的基本原则，使其成为法官量刑和各地制定各类量刑规则的指导准则。其次是加强对酌定量刑情节的关注。酌定量刑情节因案而异，纷繁复杂，只能笼统地归纳为犯罪的手段、犯罪的时空及环境条件、犯罪的对象、犯罪造成的后果、犯罪的目的和动机、犯罪后的态度、犯罪人的一贯

---

[66] 陈兴良：《死刑适用的司法控制——以首批刑事指导案例为视角》，载《法学》2013 年第 2 期，第 57 页。

[67] 石经海：《“量刑规范化”解读》，载《现代法学》2009 年第 3 期，第 108 页。

表现等几个方面。由于酌定量刑情节可以更细致地反映个人的具体情况，各地的量刑规则应当对其重点关注。最后是加强量刑说理。对量刑个别化的重视意味着更多“同案”之间会存在一些差异，而对量刑的“个别化”进行论证说理，可以将出现这些差异的理由展现出来，让当事人和公众理解和接受这种合理的差异。可以说，加强量刑说理是实现量刑个别化的有力保障，也是增强司法公信力的必要措施。

第四章　地方性刑事证据规则研究

证据是诉讼的生命,是司法公正的基石。然而,新中国成立后,证据规则一直是我国刑事诉讼立法中的薄弱环节。而由于缺乏整体规划,有关刑事证据的司法解释也只是“零敲碎打”或“亡羊补牢”,不能充分满足司法机关对证据规则的实际期待。在此背景下,各地司法机关基于本地需要,结合自身实践,相继出台了一些有关刑事证据的地方性规则。这些规则在一定程度上缓解了社会转型期刑事证据立法需求与供给上的矛盾,其中一些颇具现实意义的制度创新甚至成为司法解释乃至中央立法的智慧来源。但与此同时,地方表达的扩张和失序也不可避免地导致了刻意“创新”、过度“地方化”以及僭越法律等一系列问题,引发了诸多责难和质疑。鉴此,本章试以实证材料为根据,从理论与实践、中央与地方、立法与司法等不同视域,深入讨论刑事证据规则生产的地方模式,以期投砾引珠。

一、地方性刑事证据规则概述

顾名思义,地方性刑事证据规则是我国地方司法机关制定的刑事证据规则的总称。[①] 作为地方性刑事司法规则的核心,地方性刑事证据规则主要反映着地方司法者对刑事证据的理性认识及现实体验,是地方司法机关刑事证据运用实践经验的积累和总结,也是其对证据立法社会需求的地方性回应。地方性刑事证据规则主要是对刑事证据法的司法性解释,甚或是对司法解释的解释,作为其创制主体的地方司法机关在立法体制中没有任何地位。创制主体的特殊性决定了地方性刑事证据规则既不同于中央权力机关的刑事证

---

① 如无特别说明,本文中的地方司法机关中的司法机关主要指但不限于人民法院、人民检察院。

据立法,又有别于中央司法机关的司法解释,成为我国证据法治化运动中的特殊景象。虽然“名分”难定,但它们在客观上具有“释疑解惑”“拾缺补漏”“检验试错”的功能,有益于刑事证据法的信受奉行和制度创新。因此,面对立法权和司法解释权挟制之下的有限空间,刑事证据规则的地方生产表现出了旺盛的生命力。2010 年“两高三部”联合发布的“两个证据规定”出台后,地方司法机关颁行的实施性规则可谓如雨后春笋,其中,仅河南省高级人民法院一家制定的刑事证据规则及相关规定就多达十余项。而在 2012 年《刑事诉讼法》对证据一章作出重大调整后,各地司法机关已经或正在准备启动新一轮的“造法”活动。

与刑事证据法的制定一样,刑事证据规则的地方生产总是在一定地域一定时期的司法环境和条件下进行的,但地方性刑事证据规则的根基在于作为其背景性存在的地方性知识。国家法对社会的控制力是有限的,即便是在最具国家强制性、事关刑罚权实现的刑事诉讼程序中,其效力依然存在边界,需要作为地方性知识的地方规则的补充。以非法证据排除规则为例,从 1998 年《最高法解释》中的一条笼统要求,到 2010 年专门的《排除非法证据规定》,再到 2012 年在刑事诉讼法中正式确立,立法上的进步显而易见,然而,实施的情况却没有明显改观。也就是说,不管立法怎么改变,地方总有自己的一套实践逻辑,“在正式制度之外还有另一套非正式的运作法则”,并使正式制度在运作中不断变形、异化。② 而且,值得注意的是,在落实非法证据排除规则时,各地在面临的阻力、适用的动因、环节、案件类型以及协调机制等方面同中有异,所奉行的规则也不尽相同。这更加表明,非法证据排除上的有法不依不仅仅是立法与实践的脱节问题,同时也反映出国家法秩序与地方性秩序的冲突。刑事证据法如果不兼顾地方性知识,不为“非正式运作法则”预留空间,就可能招致来自地方性知识的抵抗。而地方生产的刑事证据规则在一定程度上就表现为对这种“非正式运作法则”的确认或回应。

刑事证据规则的地方生产也和我国刑事诉讼中专门机关应当扮演及实际扮演的社会角色有关。一直以来,司法社会化都是我国人民司法的鲜明特征。我们既追求“严格司法”,“坚持以事实为根据、以法律为准绳”,又强调

---

② 参见李琼:《冲突的构成及其边界》,上海大学出版社 2009 年版,第 200 页。

“保障人民群众参与司法”,“人民司法为人民”,“让人民群众在每一个司法案件中感受到公平正义”。换言之,我们既要对的、符合规则、贯彻法律的判决,又要好的、能够满足人民期待、得到社会认同的判决。不仅如此,刑事诉讼中的专门机关还要防范和消解社会矛盾,参与社会管理创新,维护社会稳定,服务经济社会发展大局。但问题是,对的判决与好的判决,贯彻落实法律和实质上解决问题,办案过程符合法定程序与办案结果符合实体公正,履行法定职责和兑现社会责任等,并不总是协调一致的,在这些价值目标发生冲突的情况下,需要地方司法机关以行动作出抉择。如果对规则的理解不局限于国家法,上述抉择表面上是牺牲规则,但也可能是新规则的孕育、形成过程,[③]地方司法机关自觉不自觉地参与到了新规则的形成中,成为了推动刑事证据规则变迁的积极力量。而各地面对的不同制约条件则塑造着规则的地方性。

地方性刑事证据规则内发于地方司法者的“法定证据情结”和证据运用上严重的形式主义倾向。在证明模式上,采用“自由心证”还是“法定主义”,这是世界各国证据制度构建中历久弥新的主题。当然,不管是从历时还是共时的视角看,“纯粹的法定模式或自由模式都不存在,即便是在各自产生之初,法定证据并不绝对排斥法官的心证,自由心证也或多或少地要接受某种规则的约束”。[④] 目前,我国虽然确立了证据裁判原则,但在证明理念和模式的转换上不够彻底。在具体案件的审判中,即便内心确信,如果证据不符合形式化的要求,司法者也不敢定案,反之亦然。司法者对证据规则尤其是对规范证明力方面的规则的需求相当强烈,形成了所谓的“法定证据情结”。有学者调查发现,审判人员普遍反映,在认定案件事实时,经常会遭遇证据能力或证明力问题上的困惑,但由于缺乏明确的标准,很难定夺,加之来自其他专门机关、当事人及社会等方方面面的压力,于是渴求制定明确的、可操作的证据运用标准。[⑤] 这种情结也成为了“印证证明”等形式证明要求的内在支撑。因此,可以说,在一定意义上,地方生产刑事证据规则就是为了满足或适

---

③ 参见苏力:《送法下乡——中国基层司法制度研究》,中国政法大学出版社 2000 年版,第 189 页。

④ 张友好:《经验与规则之间:为法定证据辩护》,载《中国刑事法杂志》2005 年第 6 期,第 77 页。

⑤ 参见马贵翔等:《刑事证据规则研究》,复旦大学出版社 2009 年版,第 6 页。

应地方司法机关对于精密化证据规则的期待及形式主义的证据运用模式。

地方司法机关防范错案、追求司法公正的内在需要是制定刑事证据规则的直接动因。地方性刑事证据规则一般都将“立法宗旨”确定为:规范诉讼证据行为,确保正确认定案件事实,公正、及时地审理案件。事实上,不单是地方性刑事证据规则,自“依法治国”成为基本国策以后,地方司法机关所有的制度安排和实践努力,不管是对法典和司法解释中起诉、庭审程序和证据规则的细化,还是案件质量评查、效率管理等方面内部工作机制的完善,基本上都围绕着司法公正而展开。但是,近年来,频频曝光的冤假错案对司法公信力造成了致命性的破坏,给地方司法机关制造了巨大压力,促使他们反思冤假错案的成因,并迫切寻求制度防范的有效路径。而冤假错案通常都和证据问题有关。在刑事证据法的完善短期内不太现实的情况下,出台地方规则就成了防冤杜错的应急措施。例如,四川省高级人民法院、四川省人民检察院、四川省公安厅于2005年3月16日联合发布的《关于规范刑事证据工作的若干意见(试行)》的直接促生因素,就是对四川宜宾李杰等“故意杀人”冤案的集体反思;湖北省高级人民法院、湖北省人民检察院、湖北省公安厅、湖北省国家安全厅、湖北省司法厅于2005年12月21日联合发布的《关于刑事证据若干问题的规定(试行)》则是建立在认真总结佘祥林案件教训的基础之上的;⑥河南省高级人民法院、河南省人民检察院、河南省公安厅于2011年1月6日联合发布的《关于规范死刑案件证据收集审查的意见》也汲取了赵作海一案的教训。

地方性刑事证据规则的正当性似乎从哈耶克“未阐明规则理论”的观点和进路中亦可以得到进一步的论证。按照哈耶克的理论,形之于法律且为司法机关所知悉的刑事证据法当属“阐明的规则”,而那些尚未以语言和文字加以阐明而司法机关所实际遵循的非正式刑事证据运用法则则属于“未阐明的规则”。⑦ 司法机关之所以有时会在刑事证据运用实践中作出背离刑事证据法的抉择,是因为,当“阐明的规则”推出的结论同“未阐明的规则”发生冲突时,司法机关会很难容忍。而这种抉择的合理性在于“未阐明的规则”适用上的优先性:“阐明的规则”在发生学上要晚于“未阐明的规则”,是从“未

---

⑥ 房保国:《刑事证据规则实证研究》,中国人民大学出版社2010年版,第43页。

⑦ 参见段俊:《哈耶克规则理论述要》,华东师范大学2001年硕士学位论文,第32页。

阐明的规则”演变而来，而且，在重要性上，“未阐明的规则”也是“阐明的规则”的条件和基础，只有在“未阐明的规则”的框架内“阐明的规则”才能发挥作用并得到理解。地方生产的刑事证据规则虽然初步实现了成文化，有显性、稳定的一面，却不能直接体现于裁判之中，又有隐性、灵活的一面。因此，它是连接非正式刑事证据运用法则与刑事证据法的桥梁，是从“未阐明的规则”向“阐明的规则”的过渡形态。

二、地方性刑事证据规则的基本内容

（一）地方性刑事证据规则的整体情况

为了准确了解地方性刑事证据规则的状况，我们通过网络检索、[⑧]电话访谈以及到部分地区实证调研[⑨]等方式，搜集了改革开放以来各地颁布实施的501件地方性刑事证据规则。这些规范性文件既包括省级的，也包括地市、县区级的，既包括现行有效的，也包括已被废止的，既包括专门的刑事证据规则，也包括涉及刑事证据规则的程序规范，它们在一定程度上能够反映我国地方性刑事证据规则的基本面貌。但必须指出，虽然我们在搜集样本时力求全面，但上述规则只是我国实际存在的地方性刑事证据规则的一小部分，在这数百份规则中，省级部分的相对完整，而地市级、县区级的则有可能挂一漏万，而本章的分析结论也只对这些样本负责。

1. 地区分布

改革开放三十多年来，出于对司法公正的重视，各地司法机关纷纷制定各自的刑事证据规则。然而，由于我国资源分布和经济社会发展很不平衡，地方法治发展的基础、条件和环境不尽相同，各地在经济、政治、社会和文化等方面对法制建设的投入存在结构上的不统一和质的差别，导致了刑事证据规则的地区失衡。总体而言，东部区域、经济发达区域、地方法治指数或公共治理指数越高的区域，出台的刑事证据规则的数量越多，涉及的内容也越全面。例如，山东、北京、广东、浙江、江苏等辖区范围内的刑事证据规则总数均达到了30件以上（参见表4－1）。相反，宁夏、内蒙古、贵州等西部区域、欠

⑧ 主要借助“北大法宝”“汇法网法律数据库”“找法网法规库”“法邦网法律法规库”等法律法规在线检索系统。

⑨ 课题组曾于2013年7月和2014年7月分别到山东、河南、广东、重庆等地搜集相关材料。

发达区域的刑事证据规则总量较少,西藏则未发现有相关规则。[10] 其实,即便在一个区域内部,刑事证据规则的分布也存在失衡现象。以江苏为例,地市及县区的刑事证据规则主要集中在南京、苏州、无锡等经济发达的区域。当然,受调研方法的影响,各级地方性刑事证据规则数量的地区分布有可能不太精确,但也大体上符合实际情况。因此,对比单纯的省级刑事证据规则(参见表4－2)和各级地方性刑事证据规则地区分布情况,不难发现,在各自排名前8位的省区中,7个地方性刑事证据规则的高产区域是重合的,包括北京、浙江、广东、山东、河南、江苏、四川。

表4－1　各级地方性刑事证据规则的地区分布

山东	河南	浙江	广东	北京	江苏	四川	江西
69	38	33	32	32	30	28	25
甘肃	上海	重庆	河北	福建	云南	安徽	湖南
19	18	17	14	12	11	11	11
青海	陕西	天津	广西	湖北	贵州	海南	黑龙江
10	10	10	9	9	8	7	7
辽宁	山西	新疆	宁夏	吉林	内蒙古	西藏	
7	7	5	5	5	2	0	

表4－2　省级刑事证据规则的地区分布

北京	浙江	广东	河南	山东	上海	四川	江苏
28	24	20	18	17	17	16	16
江西	重庆	河北	甘肃	青海	湖南	云南	贵州
15	14	13	13	10	9	8	7
广西	海南	安徽	湖北	山西	天津	黑龙江	吉林
7	6	5	5	5	5	4	4
辽宁	新疆	宁夏	陕西	福建	内蒙古	西藏	
4	3	3	2	2	1	0	

---

⑩ 考虑到研究侧重,课题组未调研我国台湾、香港、澳门地区的刑事证据规则情况。

2. 层级分布

在我国,地方性刑事证据规则形成的推动力对于地方各级司法机关同样存在,因此,地方各级司法机关均有制定刑事证据规则的需求和条件。而我国基层司法机关数量众多,因此,正常情况下,基层刑事证据规则理所应当占有数量优势。但是,在我们搜集的501件地方性刑事证据规则中,县区级的规则有119件,占24%,而地市级的规则有81件,仅占16%(参见图4－1)。应当说,这同地方性刑事证据规则层级分布的实际情况有一定差距。导致该偏差的主要原因有两个:一是作为课题组主要检索途径的法律法规数据库通常不收录基层尤其是县区的规章制度;二是基层司法机关和新闻媒体对基层刑事证据规则的宣传不够重视,媒体检索也收获不多。

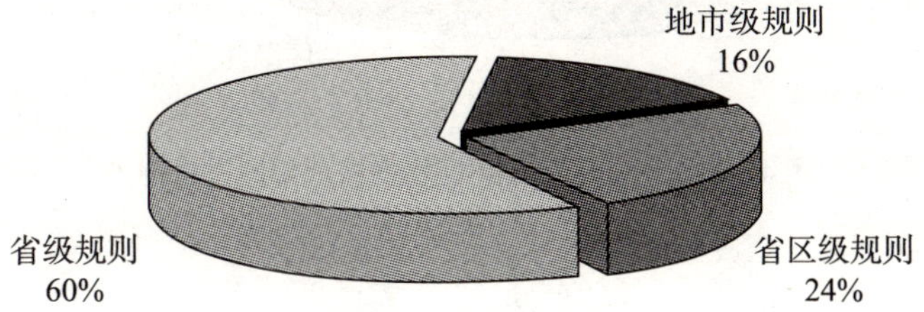

图4－1　地方性刑事证据规则总体层级分布情况(N＝501)

为了尽可能准确地把握地方性刑事证据规则层级分布的真实状况,课题组到山东、河南等地进行了实地调研,而调研的结果基本上也在情理和意料之中。如在山东,各类地方性刑事证据规则约有69件,其中,省级规则17件,地市级规则11件,而县区级规则达41件,占到了59%(参见图4－2)。当然,从最基层的司法者法律适用的角度而言,以上对比其实意义不大。因为,地方性刑事证据规则的效力具有地方性,此县的司法者不大可能直接适用彼市或彼县的规则。例如,在山东省J市R区,检察官可以作为适用根据的地方性刑事证据规则中,省级、市级、区级规则的比例为18∶4∶4,省级规则占69%(参见图4－3)。可见,在基层法律适用的视阈中,省级规则依然在地方性刑事证据规则中占主体地位。

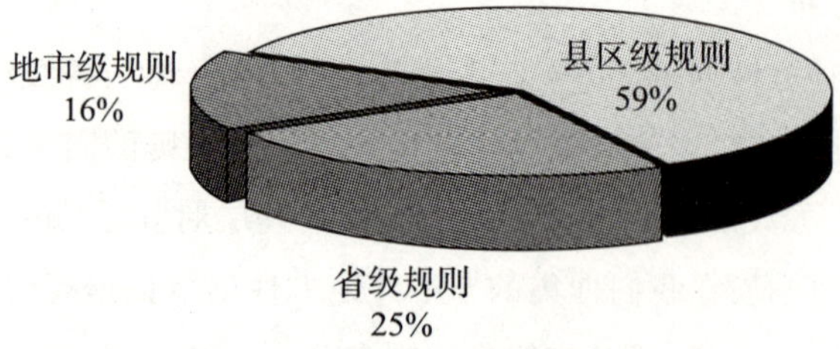

图 4－2　山东省地方性刑事证据规则层级分布情况（N＝69）

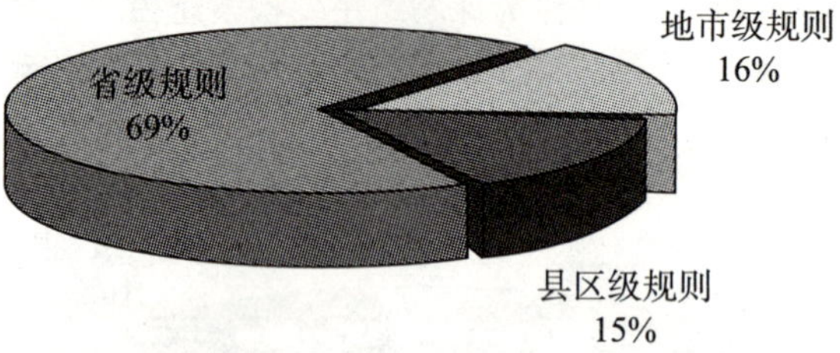

图 4－3　山东省 J 市 R 区检察院适用地方性刑事证据规则层级分布情况（N＝26）

3. 时间分布

1979 年《刑事诉讼法》颁布后至 1996 年对该法进行第一次修正以前，各级地方性刑事证据规则一般很少出现（参见图 4－4⑪）。1987 年，最高人民法院在一个司法批复中特意强调，⑫具有司法解释性质的文件，地方各级法院不宜制定。然而，由于 1982 年实施的《律师暂行条例》只有 21 条，内容原则且抽象，各省人大纷纷出台保障律师依法履行职务的相关规定，里面就包括了律师调查取证方面的规则。1996 年《刑事诉讼法》颁行后，整体上看，地方性刑事证据规则在数量上逐年上升。至 2006 年，省级规则达到一个阶段性峰值——30 件。这和当时媒体对佘祥林案等重大冤假错案的曝光不无关系。因此，2006 年前后的地方性刑事证据规则以重罪案件特别是死刑案件的证明要求、证据规格、证人出庭、非法证据排除等为主要内容。2006 年以

⑪　图 4－4 中统计的是地方性刑事证据规则的生效时间，样本中有些生效时间难以确定的，未作统计。

⑫　参见《最高人民法院关于地方各级法院不宜制定司法解释性质文件问题的批复》（［1987］民他字第 10 号），发布日期：1987 年 3 月 31 日，执行日期：1987 年 3 月 31 日。

后，地方性刑事证据规则的数量进入高位起伏阶段。但2012年以后，省级地方性刑事证据规则的数量有所下降。部分原因是，2012年年初，在司法解释集中清理活动中，最高人民法院、最高人民检察院专门下发通知，要求地方各级司法机关"一律不得制定在本辖区普遍适用的、涉及具体应用法律问题的'指导意见'、'规定'等司法解释性质文件"。[13] 但值得一提的是，伴随着2012年《刑事诉讼法》的实施，地市、县区级刑事证据规则的数量大幅增长，仅山东一省就颁布了至少37件。

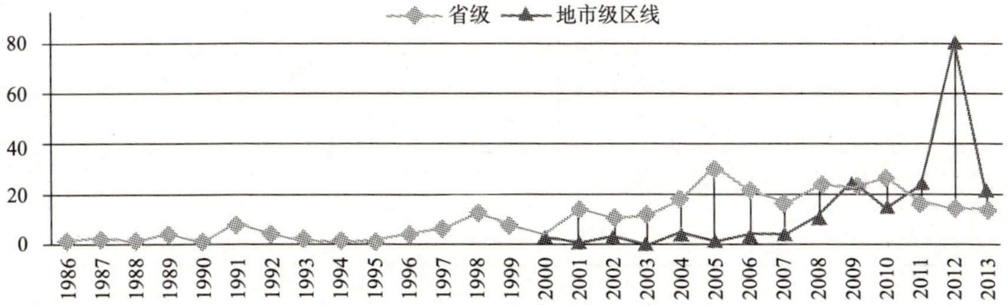

图4－4　地方性刑事证据规则的时间分布

4. 制定主体

地方性刑事证据规则在颁布主体上具有多元性。作为研究样本的501件规则，颁布主体不下30种，其中占据前三位的分别是检察院（124件）、法院（77件）以及检察院与公安机关联合（49件），而公安机关、检察院、法院联合，公安机关、检察院、法院、司法行政机关联合，公安机关单独发布的也不在少数（参见表4－3）。在501件规则中，司法机关颁布了214件，[14]占样本总量的42%，司法机关与非司法机关联合颁布了193件，占样本总量的39%，而由非司法机关颁布的规则也占到了将近20%。调查表明，同司法机关联合颁布地方性刑事证据规则的非司法机关、部门主要包括卫生厅（局）、市委政法委、综治委、关工委、监狱管理局、工商行政管理局、物价局等。就单个机关在地方性刑事证据规则颁布中的参与度而言，检察机关最高，参与制定323件，参与率为64%，法院、公安机关、司法行政机关次之，参与率分别为

---

[13] 参见《最高人民法院、最高人民检察院关于地方人民法院、人民检察院不得制定司法解释性质文件的通知》（法发〔2012〕2号）。

[14] 出于定量考虑，此节中的"司法机关"仅指人民法院、人民检察院。

44%、38%、23%(参见图4－5)。就颁布主体的参与机关数量而言,虽然由一个机关单独颁行的规则总量达到了288件,但联合颁布依然是地方性刑事证据规则重要的出台方式,联合颁布的规则多达44%。而在多种联合形式中,两个机关到五个机关的联合最为常见,部分文件联合颁布机关的数量甚至超过10家。

表4－3 各类主体颁布地方性刑事证据规则的数量⑮

司法机关颁布			司法机关与非司法机关联合颁布									非司法机关颁布					
法	检	法、检	法、司	检、司	检、公	法、检、公	法、检、司	检、公、司	法、检、公、司	法、检、公、司、安	其他	人大常委会	地方政府	公	司	公、司	其他
77	124	13	5	11	49	29	3	1	37	12	46	39	9	20	16	3	7
214			193									94					

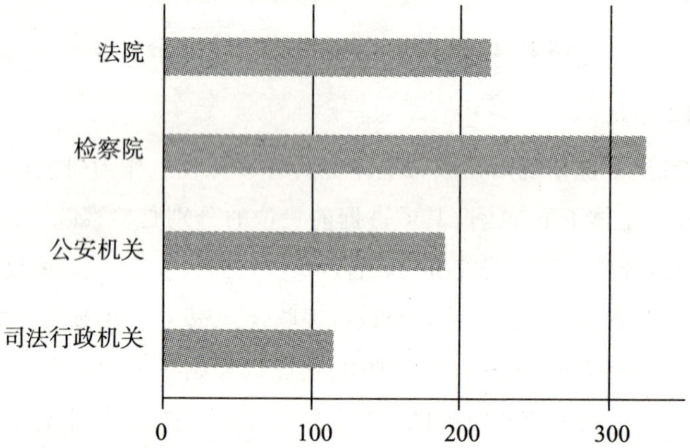

图4－5 法、检、公、司参与制定地方性刑事证据规则的数量

5. 名称

地方性刑事证据规则的名称具有多样性。501件样本规则,细目名称总数竟多达60种,平均每八个规则就有一个独特称谓。从名称大类来看,"规定""意见""办法"使用的最为频繁,以之为名的规则分别为160件、100件、67件,

⑮ 此表中的代称分别为:法——法院,检——检察院,公——公安机关,司——司法行政机关,安——国家安全机关。

各占样本规则总量的32%、20%、13%(参见表4－4)。而谓之以条例、规则、纪要、通知、规范、标准、制度、解答的规则数量也紧随其后。使用其他名称的地方性刑事证据规则只有22个,仅占样本规则总量的4%。所谓其他名称主要包括复函、要求、规程、规格、指引、批复、机制、要点、指南、联合声明、工作流程等。这些名称使用频次较低,规则数量基本上为1到2件。而个别规则的名称甚至很难类型化,如广西壮族自治区公检法三机关联合制定的《人身伤害致残程度评定(试行)》、山东省公检法三机关联合制定的《对〈人体轻伤鉴定标准(试行)〉与〈人体重伤鉴定标准〉有关条款的理解与适用》。此外,在501件规则中,冠之以"试行""暂行"的规则共有111件,约占规则总量的22%。而且,不同地方的公安司法机关在规则名称的使用上似乎也各有特点,譬如,上海市高级人民法院较为青睐"解答""问题解答",广东省高级人民法院使用最多的是"意见",重庆市公检法司安五机关喜欢"'五长'联席会议纪要"形式,而海南省人民检察院则相对"钟情"于"规则"或"工作规则"。

表4－4　地方性刑事证据规则名称细目表

名称／级别	规定类						意见类							办法类					
	规定	若干规定	暂行规定	管理规定	试行规定	补充规定	意见	若干意见	指导意见	实施意见	试行意见	工作意见	执行意见	实施办法	办法	暂行办法	管理办法	工作办法	处理办法
省	50	29	14	3	0	1	32	18	13	2	1	0	0	5	3	2	5	0	1
市县	33	11	17	2	1	0	15	7	0	10	0	1	1	28	9	10	2	2	0
合计	83	40	31	5	1	1	47	25	13	12	1	1	1	33	12	12	7	2	1
	161						100							67					

名称／级别	细则类				条例	规则类			纪要	通知	规范类		标准类				制度	解答	其他
	实施细则	细则	管理细则	工作细则		规则	暂行规则	行为规则			规范	操作规范	标准	参考标准	实施标准	认定标准			
省	10	3	0	0	24	15	1	0	19	17	7	2	3	3	1	1	1	5	11
市县	7	8	1	1	2	6	0	1	3	3	1	0	0	0	0	0	7	0	10
合计	17	11	1	1	26	21	1	1	22	20	8	2	3	3	1	1	8	5	21
	30				26	23			22	20	10		8				8	5	21

6. 体例

调查表明，各地制定刑事证据规则通常采取三种方式：一是专门的刑事证据规则，如贵州省人民检察院制定的《关于审查起诉排除非法证据指导意见(2014)》；二是适用于三大诉讼程序的综合证据规则，如北京市高级人民法院制定的《关于办理各类案件有关证据问题的规定(2001)》，但该类规则主要涉及的是司法鉴定方面；三是包含刑事证据规则的地方性刑事司法规则，如河南省高级人民法院制定的《在刑事审判中加强人权保障规定(2014)》。从数量上看，第三种最为常见，约占样本规则总量的47%（参见图4－6[16]）。而就专门的刑事证据规则而言，又可以细分为两种体例：一是“综合法典”式，如四川省高级人民法院、四川省人民检察院、四川省公安厅联合制定的《关于规范刑事证据工作的若干意见(2005)》，江苏省高级人民法院、江苏省人民检察院、江苏省公安厅、江苏省司法厅联合制定的《关于刑事案件证据若干问题的意见(2008)》，广东省高级人民法院、广东省人民检察院、广东省公安厅联合制定的《关于刑事证据若干问题的指导意见(2010)》；二是“单行法”式，这些“单行法”或者针对特定类型的案件（“特定案件式”），如江西省高级人民法院、江西省人民检察院、江西省公安厅联合制定的《关于规范故意杀人死刑案件证据工作的意见(2007)》，或者针对特定刑事证据问题（“特定问题式”），如上海市高级人民法院制定的《关于数据电文证据若干问题的解答(2007)》。在专门刑事证据规则中，“特定问题式”规则居多，“综合法典”式规则仅有9件，占10%左右（参见图4－7）。值得注意的是，专门刑事证据规则在各省的分布很不平衡（参见图4－8），北京、浙江、四川、江苏、河南

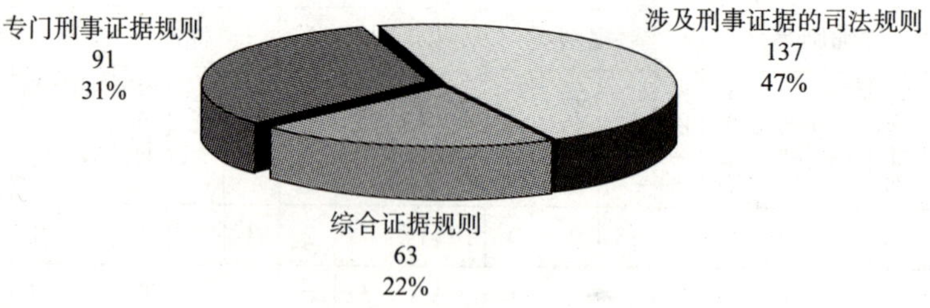

图4－6　省级刑事证据规则的体例(N＝291)

---

[16] 图4－6、图4－7、图4－8统计的仅仅是省级的地方性刑事证据规则。

等地都能达到7件以上，而海南、吉林、宁夏、内蒙古、青海等地则几近空白。

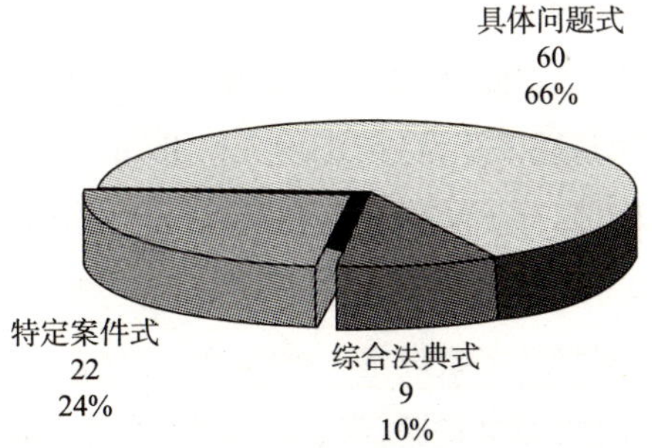

图4-7　省级专门刑事证据规则的体例（N=91）

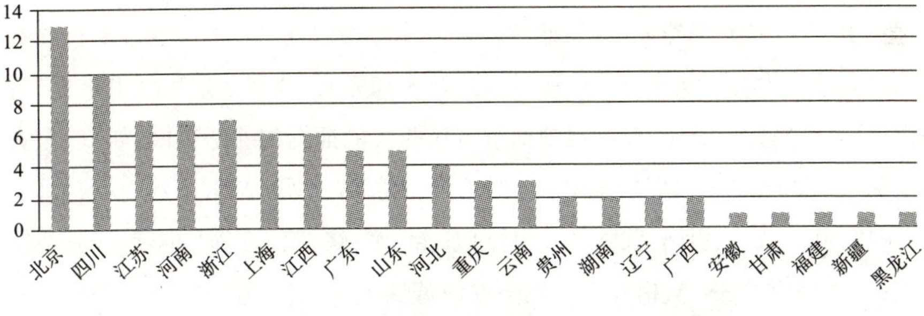

图4-8　专门刑事证据规则各省分布情况

（二）地方性刑事证据规则的主要内容

从内容上看，地方性刑事证据规则从证据内涵到证据种类，从证据原则到每一种证据的收集固定、审查判断，从证明对象到证明责任、证明标准，从证据能力规则到证明力规则，再到实施证据能力规则和证明力规则的程序规范，涉及了取证、举证、质证、认证等各个司法证明环节，涵盖了刑事司法证明活动的方方面面。

1. 证据能力规则

证据能力规则是地方性刑事证据规则的重要内容之一。几乎每一个专门性刑事证据规则都或多或少地规定了刑事证据的法律资格问题，即何种情况下证据才能转化为定案的根据。除了明确提出对作为定案根据基本属性的“相关性”“合法性”“真实性”的要求以外，很多地方的专门性刑事证据规范还明确规定了若干排除规则,[17]并将其作为实施证据能力规则的保障,内容集中于非法证据、传闻证据、意见证据等几个方面。

(1)非法证据排除规则

规定非法证据排除的地方性刑事证据规则主要分布在三个时间段,分别以1998年《最高人民法院关于执行〈中华人民共和国刑事诉讼法〉若干问题的解释(试行)》(以下简称1998年《高法解释》)、2010年"两高三部"《排除非法证据规定》以及2012年《刑事诉讼法》的颁行为起点。

1998年《高法解释》第61条规定:"严禁以非法的方法收集证据。凡经查证确实属于采用刑讯逼供或者威胁、引诱、欺骗等非法的方法取得的证人证言、被害人陈述、被告人供述,不能作为定案的根据。"该规定初步确立了对非法言词证据的排除,但内容较为原则和抽象,从而给地方非法证据排除规则的制定提供了较大的"想象空间"。因此,在第一个阶段,地方出台的非法证据排除规则主要体现为对上述规定的重述、细化、补充和完善,并在一定程度上带有"自由造法"的特点。其中,有的规则列举了获取言词证据的非法手段,如《广东省高级人民法院关于办理刑事案件若干问题的指导意见(2008)》第29条提出,"采用刑讯、威胁、引诱、欺骗、较长时间冻、饿、晒、烤、服用药物、催眠,或其他使人在肉体上剧烈疼痛、精神上产生高度痛苦或丧失意识、意志的方法获得的被告人供述,不能作为定案的根据",再如四川省"两院一厅"《关于规范刑事证据工作的若干意见(2005)》在重述1998年《高法解释》规定的基础上要求:"采用变相刑讯逼供手段,或者以法律不容许的措施作为威胁,以拒绝或限制给予法律规定的利益作为威胁,承诺给予法律不容许的利益作为引诱、欺骗等变相威胁、引诱、欺骗手段获取的言词证据,不能作为证据使用。"有的规则构建了非法证据排除的调查程序,明确了证据合法性的证明责任和证明标准,如江西省"两院一厅"《关于死刑案件言词证据的若干意见(2006)》第7条规定:"被告人、证人在法庭审理过程中提出其受到刑讯逼供、暴力取证的,应提供刑讯逼供、暴力取证的人员、时间、地点。人民法院不能排除刑讯逼供、暴力取证可能的,应当调查核实有关情况。检察机关应对取证行为的合法性予以证明,并提供符合法

---

[17] 此处的排除规则笔者是在广义上使用,指称所有将不具有证据能力的证据加以排除的规则,而非法证据排除规则只是其中一种。

律规定的形式、种类的证据，不能仅提交书面说明材料。检察机关所举证据可以排除刑讯逼供、暴力取证可能的，法庭经查证属实后可以采信该言词证据。检察机关不予举证或所举证据不能排除刑讯逼供可能的，该言词证据不能作为定案的依据。”有的规则扩大了非法证据的范围，如江苏省高级人民法院《关于刑事审判证据和定案的若干意见（试行）（2003）》第53条强调，“非法取得的实物证据不能作为定案依据”，而该法第54条也同时规定了衍生证据的可采性问题：“通过非法言词证据获取的实物证据能直接证明案件事实的，法庭可予以采信。”此外，有的规则增设了瑕疵证据及其说明与补救程序，[18]有的规则甚至还谈到了重复供述的排除问题。[19]

2010年6月，《排除非法证据规定》颁布后，地方性非法证据排除规则的制定进入了第二个阶段。与第一阶段地方性非法证据排除规则相比，《排除非法证据规定》的内容可谓是面面俱到，加之当时非法证据排除规则实施的程序法环境没有大的改变，《排除非法证据规定》至少在一定程度上满足了地方的规则期待，但是，仍然有不少地方出台了《排除非法证据规定》的实施细则。[20] 这些实施细则大致可分为两类。一类是对《排除非法证据规定》逐条释解，系统而全面，如河南省高级人民法院《〈关于办理刑事案件排除非法证据若干问题的规定〉实施细则（2010）》。该细则共有30条，在实施原则、法庭调查的时机、非法物证、书证的排除等方面有所增添。如该细则第2条规定，“法庭对证据的审查，应当首先审查证据取得的合法性”；第13条强调，涉及案件的有关讯问人员或者其他人员，经依法通知，“拒不出庭作证的，对该证据取得的合法性不予

---

⑱ 如江苏省高级人民法院《关于刑事案件证据若干问题的意见（2008）》第65条规定，“对证人仅以询问地点、手续等一般性违法事由为由否定其原有证言的真实性的，可由证人作出合理解释……”，第66条又规定，“证据收集或提供的主体不合法，由此形成的证据不具可采性；但形式要件有瑕疵，不影响真实性的证据，能予补救且经补救转化为合法证据的除外”。

⑲ 如江苏省高级人民法院《关于刑事审判证据和定案的若干意见（试行）（2003）》第52条第2款规定：“有证据证明侦查机关采用上述非法方法获取被告人供述或者证人证言的，则该被告人或者证人在该侦查机关所作的全部供述和证言均不具可采性。虽然存在被告人或者证人在一侦查机关被非法取证现象，但其在不同侦查机关或者检察机关所作的供述和证言，经查并无非法取证现象存在的，具有可采性。”

⑳ 据报道，“两高三部”的“两个证据规定”出台后，至少有10个高级人民法院在认真分析刑事审判尤其是审理死刑案件的工作形势后出台了具体贯彻落实两个《规定》的实施意见。参见杨树明：《排除非法证据　确保司法公正——全国法院贯彻落实两个〈规定〉情况综述》，载《人民法院报》2011年4月19日，第1版。

采信”;其第16条又要求,“法庭应当对被告人审判前供述的合法性问题作出裁定”,而且,罗列了合法性裁定的具体方式。另一类则是针对具体阶段或个别问题,如江苏省苏州市平江区人民检察院于2010年制定的《关于捕诉工作中排除非法证据细则》。该细则共有20条,不仅具体规定审查逮捕、审查起诉环节排除非法证据的启动、运作程序及相关法律文书的制作,还“明确将审查侦查讯问同步录音录像资料作为发现、排除非法证据及补强合法证据的重要手段和方法”,并对“非法证据排除后的合法证据补强也作了细致的程序性要求”。[21]

尽管2012年年初,最高人民法院、最高人民检察院下发通知严格限制地方出台司法解释性质的文件,但是,随着2012年《刑事诉讼法》的颁布实施,地方又迎来新一轮非法证据排除的“立法”热潮。在课题组收集到的(极为有限的)17个以非法证据排除为名的样本规则中(具体情况参见表4-5),有11个是在新刑事诉讼法出台以后制定的,占到了64.7%。而在这11个非法证据排除规则中,仅有2个是由人民法院制定或参与制定,其余9个全部是人民检察院制定或人民检察院与公安机关联合制定。前一类规则通常是《刑事诉讼法》第54条至第58条及《排除非法证据规定》的实施意见,体例较为完整,条文数量也较多。以河南省“两院两厅”于2013年7月18日联合印发的《关于办理刑事案件排除非法证据的实施细则(试行)》为例。该细则整体上分为总则、分则、附则三章,而分则一章又分为“侦查阶段”“审查逮捕阶段”“提起公诉阶段”“审判阶段”“诉讼监督”五节内容,条文达37条。再如山东济宁市公安司法机关于2013年推出的《关于贯彻非法证据排除规则的试行规定》,在用三个条文规定非法证据排除需要坚持的理念和原则的基础上,分别针对“审查起诉阶段非法证据的排除”“公诉案件审理阶段非法证据的排除”“公诉案件瑕疵证据的补正与完善”三个核心问题细致设计了操作的方法和规程。后一类规则主要针对侦查阶段及检察环节的非法证据排除问题。我国《刑事诉讼法》及相关司法解释确立的非法证据排除规则是“分阶段的及时排除规则”,[22]也就是非法证据排除规则也适用于侦查和审查

[21] 卢志坚、陈国佐:《非法证据不能留到法庭上再排除——苏州平江:将非法证据排除关口前移,审查侦查讯问同步录音录像》,载《检察日报》2010年11月23日,第2版。

[22] 参见闫召华:《“名禁实允”与“虽令不行”:非法证据排除难研究》,载《法制与社会发展》2014年第2期,第188页。

起诉阶段。然而,对于审前各诉讼阶段的非法证据排除,不管是《刑事诉讼法》,还是《非法证据排除规定》,都只有一条原则性的规定,不具有可操作性。因此,许多地方的人民检察院及公安机关都纷纷出台细则,规范审前尤其是检察环节的非法证据排除问题。而在内容上,这些规则凸显出“防范与排除相结合”“排除与补正相结合”“及时排除与再次取证相结合”的特点。

表4-5 地方性非法证据排除规则简表

规则名称	制定主体	时间
《四川省检察机关审查起诉案件排除非法证据的若干规定》	四川省人民检察院	2005
《关于办理审查逮捕案件非法证据排除规则》	湖北省武汉市江汉区人民检察院	2005
《郑州市人民检察院、郑州市公安局关于排除非法证据的若干规定》	河南省郑州市人民检察院、郑州市公安局	2006
《上海市检察机关公诉部门非法证据排除规则的实施细则》	上海市人民检察院	2006
《关于办理刑事案件排除非法证据若干问题的规定实施细则》	河南省高级人民法院	2010
《关于捕诉工作中排除非法证据细则》	江苏省苏州市平江区人民检察院	2010
《排除非法证据实施细则》	陕西省宝鸡市渭滨区人民检察院	2012
《关于办理刑事案件排除非法证据的实施细则(试行)》	河南省高级人民法院、河南省人民检察院、河南省公安厅、河南省司法厅	2013
《印台区人民检察院审查批准逮捕阶段非法证据排除的规定(试行)》	陕西省铜川市印台区人民检察院	2013
《非法证据排除若干意见》	山东省定陶县人民检察院、定陶县公安局	2013
《关于贯彻非法证据排除规则的试行规定》	山东省济宁市任城区人民法院、济宁市任城区人民检察院、济宁市公安局任城区分局	2013

续表

规则名称	制定主体	时间
《南昌市检察机关非法证据排除规则实施细则(试行)》	江西省南昌市人民检察院	2013
《信丰县人民检察院审查起诉阶段非法证据排除实施细则》	江西省信丰县人民检察院	2013
《定南县检察院非法证据排除细则》	江西省定南县人民检察院	2013
《章贡区人民检察院非法证据排除程序规定》	江西省赣州市章贡区人民检察院	2013
《兴文县人民检察院、兴文县公安局关于刑事诉讼中非法证据排除的实施办法》	四川省兴文县人民检察院、兴文县公安局	2013
《关于审查起诉排除非法证据指导意见》	贵州省人民检察院	2014

(2)传闻证据规则

部分地方刑事证据规则涉及传闻证据问题。这些规则通常是省级专门性刑事证据规则,而制定时间主要集中在1996年《刑事诉讼法》实施后至2010年"两高三部"的"两个证据规定"出台以前。概而言之,各地对于传闻证据的"立法"不外乎三种形式。第一种是直接否定单独证明相关事实的证据资格。例如,四川省"两院一厅"联合制定的《关于规范刑事证据工作的若干意见(2005)》第21条规定:"……证人、被害人、犯罪嫌疑人、被告人只能就其亲身感知的事实作证。证人、被害人、犯罪嫌疑人、被告人基于传闻所作的证言无其他证据补强的,不能单独作为证明该传闻内容真实的证据使用。"第二种是委婉要求"不能直接证明案件事实"。例如,《河南省公安机关办理刑事案件适用证据规定(试行)(2008)》第15条规定:"证人只能就感知的案件事实作证,非亲自目睹、间接了解的传闻证据不能直接证明案件事实,但可印证案件中其他证据的真实性。"江苏省高级人民法院制定的《关于刑事审判证据和定案的若干意见(试行)(2003)》、江苏省"两院两厅"《关于刑事案件证据若干问题的意见(2008)》等也采取了与此大致相同的表述方式。第三种则是以一种更加间接的方式,规定了司法机关对于"原始"证人的调查义务。例如,广东省"两院一厅"联合制定的《关于刑事证据若干问题的指导意见(2010)》第8条规定:"证人对案件情况的了解源于他人的,司法机关应当向最初提供有关案件情况的人调查取证。”

(3)意见证据规则

与对传闻证据的模棱两可不同,地方刑事证据规则对于意见证据则表现出较为明晰的态度。多数地方性刑事证据规则否定了意见证据的定案根据资格。例如,江苏省“两院两厅”制定的《关于刑事案件证据若干问题的意见(2008)》第28条第2款规定:“证人对案件事实情节的分析、判断、猜测和发表的其他意见,不能作为定案的证据。”江西省“两院一厅”联合制定的《关于规范故意杀人死刑案件证据工作的意见(试行)(2007)》第42条、广东省“两院一厅”联合制定的《关于刑事证据若干问题的指导意见(2010)》第28条等也强调,证人的个人主观意见和主观推测不能作为定案的根据。当然,也有部分地方性规则否定的只是意见证据“孤证定案”的资格。例如,辽宁省“两院一厅”联合制定的《关于规范死刑案件证据的意见(2006)》第21条规定:“证人只能就其亲身感知的事实进行陈述,不得使用猜测、评论和推理性质的语言,否则不能单独作为定案的根据。”此外,部分地方性规则还规定了意见证据排除的例外,正当化事由主要是基于社会生活经验的判断,例如,广东省高级人民法院制定的《关于办理刑事案件若干问题的指导意见(2008)》第24条规定:证人的猜测、评论性、推断性的证言,不能作为证据使用,但根据一般生活经验判断的事实除外。个别地方性规则允许将意见证据作为法官审查判断证据的参考,例如,江苏省高级人民法院《关于刑事审判证据和定案的若干意见(试行)(2003)》第28条第2款规定:证人对案件事实情节的分析、判断、猜测和发表的其他意见,不能作为定案的证据,但证人基于其所经历的事实而发表的意见,可以作为法官推定某一事实证据是否可采的参考。

(4)品格证据规则

少数地方性刑事证据规则明确禁止将品格证据作为认定被追诉人有罪的根据。例如,江苏省“两院两厅”制定的《关于刑事案件证据若干问题的意见(2008)》第45条规定:“有关个人品格的证明材料,不得作为认定有罪的证据。”也有的地方性刑事证据规则采取了另一种“异曲同工”的表述方式,即限制品格证据的运用方式。例如,广东省“两院一厅”联合制定的《关于刑事证据若干问题的指导意见(2010)》第20条规定:“有关犯罪嫌疑人、被告人的不良品格、前科的证明材料,不能用以证明其行为的一贯性进而认定犯罪嫌疑人、被告人有罪。”

(5)特殊材料的证据能力规则

一些特殊材料如专家意见书、文证审查意见等在司法实践中广泛存在,然而,对其证据资格与效用,《刑事诉讼法》及相关司法解释未予明确。因此,这些特殊材料的证据能力问题,也是地方性刑事证据规则着力解决的重点问题之一。特殊材料的证据能力规则主要调整四种情况:一是“非典型鉴定意见”及专家意见。[23] 例如,江苏省“两院两厅”制定的《关于刑事案件证据若干问题的意见(2008)》第50条的规定。[24] 二是纪检监察等特殊主体搜集的材料。例如,江苏省高级人民法院制定的《关于刑事审判证据和定案的若干意见(试行)(2003)》第57条的规定。[25] 三是侦查主体立案前调查获取的材料。例如,江苏省“两院两厅”联合制定的《关于刑事诉讼证据方面若干问题的会议纪要(1999)》第2条的规定。[26] 四是通过秘密侦查手段获取的材料。例如,广东省“两院一厅”联合制定的《关于刑事证据若干问题的指导意见(2010)》第51条规定:“侦查机关依照有关规定采用秘密侦查措施所收集的物证、书证及其他证据材料,经法庭查证属实,可以作为定案的根据。”当然,以上有些规定在2012年《刑事诉讼法》颁行以后已然失效。

2. 证明力规则

在九十多个省级专门性刑事证据规则中,几乎都或多或少地规定有证明力评价方面的规范。就内容而言,各地公安司法机关对证明力问题的规

---

[23] 参见邹明理:《论非典型鉴定意见的法律效力——“鉴定咨询意见”、“鉴定检验报告”、“技术证据审核意见”证据能力问题亟需依法统一认识》,载《证据科学》2013年第4期,第420页。

[24] 该条规定:“心理测试(俗称测谎)报告和警犬气味识别结论,只能作为侦查手段使用,不能作为认定犯罪事实的证据。对年龄不明的被告人所作的骨龄鉴定结论,经审查能够确认被告人实施犯罪行为时的刑事责任年龄阶段的,可以作为判断被告人年龄的证据使用;如果鉴定结论表明被告人的年龄在刑法规定的应负刑事责任年龄或负完全刑事责任年龄上下的,应作出有利于被告人的认定。鉴定机构接受人民法院委托,对拟作为证据使用的鉴定文书、检验报告、勘验检查记录、医疗病情资料、会计资料等材料所作的文证审查意见,可以帮助审查、判断证据,但不是鉴定结论,不能作为定案的依据。被告人及其辩护律师提供的由法律专家出具的有关案件定罪量刑的书面意见不能作为证据使用。”

[25] 该条规定:“非司法机关立案侦查以前依照有关行政、纪检、监察等条例规定程序制作的调查笔录应当由侦查机关依法重新制作笔录,才能作为证据使用。但如发生被调查人员死亡、出境等无法取证的特殊情形的,经侦查机关依法对原取证过程的真实性、合法性(符合行政、纪检、监察有关调查取证规定)调查核实后,可以作为证据使用。”

[26] 该条规定:“检察机关、公安机关在立案前的调查阶段,按照最高人民检察院、公安部以及省人民检察院、省公安厅的有关规定制作的调查笔录,经立案侦查阶段的依法核实,可以作为刑事诉讼的证据使用。”

定可谓是不厌其烦，细致到了烦琐的程度。概括起来，在众多地方性刑事证据规则包含的证明力规则中，形成共性的核心内容主要包含以下四种规则。

(1)证明力比较规则

绝大多数省级专门性刑事证据规则中，都有一条“证明力比较”的规定，以规范性文件的形式明确区分出两种证据证明力的高低优劣，代表性的条款如辽宁省“两院一厅”联合制定的《关于规范死刑案件证据的意见(2006)》第62条、《河南省公安机关办理刑事案件适用证据规定(试行)(2010)》第38条、江苏省高级人民法院制定的《关于刑事审判证据和定案的若干意见(试行)(2003)》第60条、广东省“两院一厅”联合制定的《关于刑事证据若干问题的指导意见(2010)》第21条等。[27] 此外，不少规则还规定了证明力评价上的存疑有利于被告原则，即在证明有罪和无罪、罪轻和罪重的证明力大小难以区分的情况下，应当认定被告人无罪或者罪轻。

(2)证据补强规则

地方性刑事证据规则中的证据补强主要体现为对口供的要求。而对于口供补强，多数地方性刑事证据规则都有对刑事诉讼法中口供补强条款的重述，即只有被告人供述，没有其他证据的，不能认定被告人有罪和处以刑罚。以此为基础，部分规则细化了口供补强的要求。如江苏省“两院两厅”联合制定的《关于刑事案件证据若干问题的意见(2008)》第46条明确了口供与间接证据结合定案的要求：只要有稳定的口供，且其主要部分能够得到现场勘验、法医鉴定等证据的补强，在排除了案情泄漏或非法取供的可能性后，即使没有其他直接证据，也可以认定被告人有罪。部分规则针对共同犯罪案件

---

[27] 根据这些规定，就数个证据对同一事实的证明力的判断，一般应当遵循的原则是：原始证据优于传闻证据；直接证据优于间接证据；实物证据优于言词证据；国家机关、社会团体依职权制作的公文书证优于其他书证；物证、历史档案、官方档案、鉴定结论、勘验笔录以及经过公证或正式登记的书证优于其他书证、视听资料和证人证言；一方提供的不利于己方的证据优于利于己方的证据；经庭审以言词方式质证确认的证据优于书面材料；当事人对原物、原件、犯罪嫌疑人本人的辨认结论优于照片辨认的结论；在同等条件下，与案件无利害关系的证人对案件客观事实所作的证言优于与案件有利害关系的证人所作的证言；在同等条件下，专家、职业工作者在其所熟悉的领域所作的具有专业内容的证言优于普通人就同一内容所作的证言；内容稳定、前后一致的言词证据优于内容不稳定的言词证据；证明同一内容时，依照法律规定形成的证据优于违反法律规定形成的证据；在正常业务活动中形成的证据优于为诉讼目的而制作的证据；不符合申请重新鉴定情形的鉴定意见优于存在申请重新鉴定情形的鉴定意见；有其他证据佐证或补强的鉴定意见优于没有其他证据佐证或补强的鉴定意见。

的特点,规定了口供补强的例外,即实质上仅依口供定案的情形。例如,江苏省“两院两厅”联合制定的《关于刑事案件证据若干问题的意见(2008)》第47条规定:“只有共同犯罪人供述、没有其他证据的非死刑案件,共同犯罪人的供述符合以下条件的,可以作为定案的根据:(一)排除各被告人串供以及案情泄露的可能;(二)供述系合法取得;(三)庭审中供述的犯罪事实细节上基本一致。”又如,《河南省公安机关办理刑事案件适用证据规定(试行)(2010)》第33条第2款规定:“在共同犯罪案件中,只有同案犯罪嫌疑人的供述,没有其他证据的,不能认定犯罪嫌疑人实施了犯罪行为,但是共同犯罪嫌疑人供述一致,并排除串供、逼供、诱供等可能性的除外。”但是,在这方面,也有一些相反的处理。例如,江苏省高级人民法院制定的《关于刑事审判证据和定案的若干意见(试行)(2003)》第44条规定,“共同犯罪中被告人的供述不能互为证言并据以定案……虽有同案被告人供述,但无其他证据证明犯罪事实确已发生的,不能定罪处罚”。除口供补强外,个别地方性刑事证据规则还规定了对其他证据的补强问题。例如,江苏省“两院两厅”联合制定的《关于刑事案件证据若干问题的意见(2008)》第69条的规定。[28]

(3)最佳证据规则

在英美法系国家,最佳证据规则要求,“证据提出者要证明书写品、录制品或者影像的内容时,需要提出其原件,除非有例外性的规定”,[29]因为原件是保障书证、录制品内容真实性的最佳方式。我国相关的司法解释对此有所体现,许多地方性刑事证据规则也在这方面提出了具体的要求。[30] 而且,还有部分地方性刑事证据规则将最佳证据规则适用于视听资料、电子证据,例如,江苏省“两院两厅”联合制定的《关于刑事案件证据若干问题的意见(2008)》

---

[28] 该条规定:下列证据,不能单独作为认定案件事实的依据:(一)证人所作的与其年龄和智力状况不相当的证言;(二)与被告人或者被害人有亲属关系或者其他利害关系的证人所作的证言;(三)无法与原件、原物核对的复印件、复制品;(四)没有其他证据印证并有疑点的视听资料。

[29] 王进喜:《美国〈联邦证据规则〉(2011年重塑版)条解》,中国法制出版社2012年版,第337页。

[30] 例如,北京市高级人民法院制定的《关于办理各类案件有关证据问题的规定(试行)(2001)》规定,书证应当提交原件,提交原件确有困难的,可以提交副本、复制件、节录本……书证的副本、复制件、节录本,只有经与原件核对无误,或者经对方当事人确认,或者经鉴定证明真实的才具有与原件同等的证明力。

第 11 条的规定。[31] 当然,在我国,最佳证据规则的适用范围还包括物证。与“两高”的司法解释一致,江苏省高级人民法院制定的《关于刑事审判证据和定案的若干意见(试行)(2003)》第 42 条、云南省“两院两厅”联合制定的《关于故意杀人案件证据若干问题的会议纪要(2008)》第 14 条、广东省高级人民法院制定的《关于办理刑事案件若干问题的指导意见(2008)》第 17 条等几乎无一例外地对物证提出了最佳证据的要求,即,据以定案的物证应当是原物;物证的照片、录像、模型或复制品,经与原物核实无误或经鉴定为真实的,或以其他方式确能证明其真实的,具有与原物同等的证明力;原物的照片、录像、模型或复制品不能反映原物的外形和特征的,法院将不予采信。

(4)翻供翻证证明力评价规则

地方性刑事证据规则对于前后不一致陈述(包括当庭推翻先前陈述)时的证明力评价,秉持着基本一致的精神,那就是,当多次供述、证人证言、被害人陈述内容前后矛盾的,要认真审查其改变陈述的原因及合理性,结合与其他证据的印证关系判断其真伪。对于当庭翻供,以云南省“两院两厅”联合制定的《关于故意杀人案件证据若干问题的会议纪要(2008)》第 34 条、江苏省高级人民法院制定的《关于刑事审判证据和定案的若干意见(试行)(2003)》第 46 条、广东省高级人民法院制定的《关于办理刑事案件若干问题的指导意见(2008)》第 32 条为代表,一般规定有以下三种不影响采纳有罪供述的情形:一是被告人虽当庭翻供,但无法说明理由或明显不符合全案证据,而所有庭前供述不仅自身一致,且能与其他证据相印证的,庭前供述具有可采性;二是被告人庭前供述虽然不稳定,而且庭审中又翻供,但有罪供述与其他证据能够相互印证,排除了刑讯逼供、诱供可能的,庭前供述依然具有可采性;三是被告人庭前供述不稳定,但庭审中供认有罪,且该有罪供述能够与其他证据相互印证的,当庭供述具有可采性。当然,根据上述规定,“被告人庭前供述反复,庭审中翻供,否认犯罪的,庭前有罪供述不能与其他证据印证,形成证据锁链的”,或者,“被告人多次供述中虽有有罪供述与证人证言一

---

[31] 根据该条规定,提供视听资料的,应当提供有关资料的原始载体。提供原始载体确有困难的,可以提供复制件。另外,北京市高级人民法院制定的《关于办理各类案件有关证据问题的规定(试行)(2001)》规定,“用有形载体固定或者表现的电子数据交换、电子邮件、电子数据等电脑贮存资料的复制件,其制作应经公证或者经对方当事人确认后,才具有与原件同等的证明力”。

致，但该有罪供述与书证、物证等其他证据之间存有重大矛盾，不能采信该有罪供述”。而对于当庭翻证，以《河南省公安机关办理刑事案件适用证据规定（试行）（2010）》第44条、江苏省高级人民法院制定的《关于刑事审判证据和定案的若干意见（试行）（2003）》第43条、江苏省“两院两厅”联合制定的《关于刑事案件证据若干问题的意见（2008）》第44条等为代表，也是坚持“合理性”加“印证关系”审查的基本思路。[32] 此外，作为地方性刑事证据规则的一个普遍性要求，当多次口供、证人证言、被害人陈述不一致时，应当调取和认真审查全部陈述。

3. 证明对象规则

确定司法证明的范围和对象是刑事证据法的首要任务。无论是证明责任还是证明标准，都会因证明对象的不同而有所差异。因此，地方专门性刑事证据规则一般都会在开篇部分首先确定作为证明对象的待证事实。2012年《最高人民法院关于适用〈中华人民共和国刑事诉讼法〉的解释》第64条、《人民检察院刑事诉讼规则（试行）》第436条、2010年“两高三部”联合制定的《办理死刑案件证据规定》第5条等对证明对象的罗列很难说没有受到地方性刑事证据规则的影响。地方性刑事证据规则中对证明对象的规定通常包括两个方面，即待证事实和免证事实。

就待证事实而言，多数地方专门性刑事证据规则会用一个专条概括地列举出需要运用证据加以证明的影响定罪量刑的事实。如《河南省公安机关办理刑事案件适用证据规定（试行）（2010）》第25条的规定。[33] 不过，有的地方性规则对上述事实尤其是量刑事实的描述更加具体。例如，江西省“两院一厅”联合制定的《关于规范故意杀人死刑案件证据工作的意见（试行）

---

[32] 体现这一思路的规定是：“证人在法庭上的证言与其庭前证言相互矛盾，控辩双方可以对证人询问，法官在必要时也可以主动向证人提问，要求证人确认其证言的内容，并就其证言中出现的矛盾作出合理的解释。证人翻证的理由具有合理性的，可采信庭审证言；证人不能做出合理解释，或者拒绝说明翻证理由的，应根据全案证据综合判断其庭审证言的证明力。根据全案证据，庭审翻证证言缺乏相关证据印证，而庭前证言确系侦查人员依法定程序获取，证人对侦查人员取证程序未提出合理异议，且庭前证言能与其他证据相互印证的，则庭前证据的证明力高于庭审证言。”

[33] 该条规定：“需要证据证明的案件事实包括：（一）犯罪嫌疑人的身份；（二）立案侦查的犯罪行为是否存在；（三）立案侦查的犯罪行为是否为犯罪嫌疑人实施；（四）犯罪嫌疑人实施犯罪行为的动机、目的；（五）实施犯罪行为的时间、地点、手段、后果以及其他情节；（六）犯罪嫌疑人的责任以及与其他同案人的关系；（七）犯罪嫌疑人有无法定从重、从轻、减轻处罚以及免除处罚的情节；（八）其他与案件有关的事实。”

(2007)》第4条规定:"需要运用证据证明的案件事实包括:……;12.是否存在犯罪预备、未遂、中止等犯罪未完成形态;13.共同犯罪人在共同犯罪中的地位、作用;14.有无累犯等法定从重处罚情节;15.有无自首、立功等法定从轻、减轻或者免除处罚情节;16.案件起因、行为人作案动机、被害人有无过错或对引发案件是否负有责任、被害人及其亲属的经济损失是否得到积极赔偿、被害人或其亲属是否谅解等酌定量刑情节;17.犯罪嫌疑人、被告人是否有违法犯罪前科、主观恶性及人身危险性大小;……"而有的地方性规则还列举了作为证明对象的程序性事实。例如,江苏省"两院两厅"联合制定的《关于刑事案件证据若干问题的意见(2008)》第2条在指出与定罪量刑有关的待证事实的基础上,又规定:"其他需要运用证据证明的事实包括:(一)关于管辖的事实;(二)关于回避的事实;(三)犯罪嫌疑人、被告人被采取强制措施的种类、时间、具体地点;(四)违反法定程序的事实;(五)其他应当证明的程序事实。"值得一提的是,个别地方性规则除了一般性地规定待证事实外,还详陈了作出有罪(罪重)认定需要证明的事实。例如,《河南省公安机关办理刑事案件适用证据规定(试行)(2010)》第26条强调:"对于以下事实的证明如果不能达到证据确实充分,不能作出有罪(罪重)认定:(一)影响犯罪嫌疑人定罪的身份情况;(二)被指控的犯罪事实的发生;(三)犯罪嫌疑人实施了犯罪行为;(四)犯罪嫌疑人有刑事责任能力;(五)犯罪嫌疑人的主观方面;(六)犯罪嫌疑人实施犯罪行为的时间、地点、手段、后果;(七)犯罪嫌疑人是否属于共同犯罪及其在共同犯罪中的地位;(八)其他与定罪有关的事实;(九)作为对犯罪嫌疑人从重处罚理由的事实。"

就免证事实而言,地方性规则一般采用两种规定方式。一是总括式,用一条枚举出所有的司法认知事实、推定事实以及其他免证事实。[34] 例如,广东省"两院一厅"联合制定的《关于刑事证据若干问题的指导意见(2010)》第2条规定:"下列事实无需举证证明:(1)众所周知的事实;(2)自然规律及定理;(3)国内法律及其立法、司法解释;(4)法律规定的推定事实。"二是分散

---

[34] 当然,对于司法认知事实等与证明对象的关系,学界也有不同意见。有学者认为,"刑事诉讼中的证明对象,是指在刑事诉讼活动中,要求控辩双方采用证据加以证明的待证事实,以及在特定情形下,要求法院依职权予以认知或查明的事实或事项"。参见毕玉谦:《证据制度的核心基础理论》,北京大学出版社2013年版,第5页。

式,用两条或两条以上分别规定无法反驳的免证事实和可以反驳的免证事实等。例如,云南省“两院两厅”联合制定的《关于故意杀人案件证据若干问题的会议纪要(2008)》第3条规定:“下列事实不需要提供证据证明:(一)众所周知的事实;(二)自然规律和定理;(三)国内法律及其有效解释。”其第4条又提出:“下列事实不需要提供证据证明,有相反证据足以推翻的除外:(一)人民法院生效判决、裁定所确认的事实;(二)有效公证文书所证明的事实;(三)仲裁机构的生效裁决所载明的事实;(四)身份证和户籍证明所记载的出生日期。”江西省“两院一厅”联合制定的《关于规范故意杀人死刑案件证据工作的意见(试行)(2007)》第5条、第6条也采用了相同的表述方式。此外,部分地方综合性证据规则在免证对象中还以专条规定了“没有争议的事实”。[35]

4. 证明责任规则

在司法实践中,刑事案件证明责任的分担问题并不是特别突出,因此,地方性刑事证据规则中这方面的规定不算太多。地方性的证明责任规则可以进一步细分为以下三个方面:

(1)控方承担证明被追诉人有罪责任的原则。例如,湖北省“两院三厅”联合制定的《关于刑事证据若干问题的规定(试行)(2006)》第8条规定:“公诉案件由人民检察院承担证明被告人有罪的举证责任。自诉案件由自诉人承担证明被告人有罪的举证责任。……”此外,江苏省高级人民法院制定的《关于刑事审判证据和定案的若干意见(试行)(2003)》第5条等规定:“人民法院不负有举证责任”,“附带民事诉讼的当事人有责任对自己提出的主张提供证据但经刑事审判已经查清的除外”。而且,上述规则一般都会同时强调公诉机关的客观义务,即公诉机关“应当全面提供证明被告人有罪、罪重、罪轻的证据,并根据法庭要求提供检察机关已经调取或者已经掌握的可能证

㉟ 例如,北京市高级人民法院制定的《关于办理各类案件有关证据问题的规定(试行)(2001)》第60条规定,在刑事自诉、刑事附带民事诉讼中,有下列情况之一的,法庭可以当庭认定:(1)诉讼一方提出的证据,诉讼对方不持异议或默认的;(2)诉讼一方提出的证据,诉讼对方表示认可,庭审后又否认,但提不出相应证据的;(3)诉讼一方陈述的事实和提供的证据没有明显疑点,对方提出异议,但明确表示无法提供反证或证据线索的。

明被告人无罪的证据”，[36]当被追诉人提供了自己无罪、罪轻的线索时，公诉机关（包括侦查机关）也应当查证清楚，否则，有可能导致有利于被告人的推定。[37]

（2）被追诉人的权利与责任。绝大多数地方性证明责任规则认可下述原则：犯罪嫌疑人、被告人不负有证明自己有罪或无罪的责任，但有提供证明自己无罪、罪轻等证据的权利，对于这种权利，公安司法机关应当给予充分保障。[38]

（3）证明不能时不利后果的承担。负有证明责任的一方“没有提出证据或者虽提出证据但经法庭质证和认证后不能作为认定案件事实根据的，将承担相应举证不能的后果”，[39]这是证明责任的应有之义。由于刑事诉讼中原则上由控方承担证明被追诉人有罪的责任，因此，证明不能时就要求作出有利于被追诉人的认定。例如，《河南省公安机关办理刑事案件适用证据规定

---

[36] 例如，江苏省“两院两厅”联合制定的《关于刑事案件证据若干问题的意见（2008）》第5条规定：检察机关在出庭中承担证明被告人有罪的责任，应当全面提供证明被告人有罪、罪重、罪轻的证据，并根据法庭要求提供检察机关已经调取或者已经掌握的可能证明被告人无罪的证据。被告人不承担证明自己无罪的责任。被告人有提供证明自己无罪或罪轻的证据的权利。辩护人有义务提出所发现的被告人无罪、罪轻或者减轻、免除其刑事责任的证据。自诉案件由自诉人承担证明被告人有罪的责任。附带民事诉讼的当事人有责任对自己提出的主张提供证据，但经刑事审判已经查清的事实除外。

[37] 例如，四川省“两院一厅”联合制定的《关于规范刑事证据工作的若干意见（试行）（2005）》第6条第2款规定：犯罪嫌疑人、被告人、辩护人向公安、检察机关提供可能证明无罪、罪轻等有利于犯罪嫌疑人、被告人的证据线索，申请予以查明的，公安、检察机关应当及时查证清楚。对于有明确的无罪或罪轻线索但公安、检察机关无法调查核实或拒绝提供调查结果的，可以综合全案其他情况作出有利于被告人的推定。

[38] 例如，河南省高级人民法院制定的《关于办理刑事案件进一步贯彻落实无罪推定原则的若干意见（2010）》第3条规定：被告人有证明自己无罪的权利，但不负有证明自己无罪的义务，不能因为被告人不能证明自己无罪而认定其有罪。湖北省“两院三厅”联合制定的《关于刑事证据若干问题的规定（试行）（2006）》第8条也提出，原则上，“犯罪嫌疑人、被告人有提供证据证明自己无罪或罪轻的权利。不得因犯罪嫌疑人、被告人没有证明自己无罪而作出对犯罪嫌疑人、被告人不利的判断或裁决”。而且，正是基于对辩护权保障和辩护人职责的考虑，江苏省高级人民法院制定的《关于刑事审判证据和定案的若干意见（试行）（2003）》等个别地方性规则强调，“辩护人基于委托或指定有义务提出所发现的证明被告人无罪或罪轻的证据”，该义务显然不同于证明责任。当然，在特定情况下，譬如积极抗辩、推定等，有的地方证据规则要求由被告人承担一定的证明责任。例如，北京市高级人民法院制定的《关于办理各类案件有关证据问题的规定（试行）（2001）》第66条规定：被告人不负证明自己无罪的举证责任，但是被告人以自己精神失常、正当防卫、紧急避险，或者基于合法授权、合法根据，以及以不在犯罪现场为由进行辩护的，应当提供相应的证据予以证明；被公诉机关指控犯巨额财产来源不明罪的，被告人应负证明自己无罪的举证责任。

[39] 北京市高级人民法院制定的《关于办理各类案件有关证据问题的规定（试行）（2001）》第11条第2款。

(试行)(2010)》第34条规定:"对犯罪嫌疑人犯罪事实的认定,证据不足的,应当作无罪认定;重罪证据不足,但轻罪证据确实充分的,作轻罪处理;对于犯罪嫌疑人作出的合理辩解,没有合理的反证且无法查清的,应当采纳。"湖北省"两院三厅"联合制定的《关于刑事证据若干问题的规定(试行)(2006)》第9条、江西省"两院一厅"联合制定的《关于规范故意杀人死刑案件证据工作的意见(试行)(2007)》第51条等也有类似规定。此外,江苏省"两院两厅"联合制定的《关于刑事案件证据若干问题的意见(2008)》第57条等还特别要求:"对于没有充分证据证明被告人实施被指控的犯罪时已经达到法定刑事责任年龄且确实无法查明的,应当推定其没有达到相应法定刑事责任年龄。"

5. 证明标准规则

长期以来,我国《刑事诉讼法》及司法解释都将"案件事实清楚,证据确实、充分"作为刑事诉讼中有罪、罪重的证明标准。[40] 但由于该标准较为原则、较为抽象,又比较严格,司法实践中公安司法人员普遍反映不太容易把握。后来,中央领导又提出了"两个基本"的思想,即"基本事实清楚、基本证据确实充分"。[41] 围绕"案件事实清楚,证据确实、充分"和"两个基本",各地公安司法机关纷纷出台一些理解和适用方面的准则。具体包括:

(1)基本标准。绝大多数地方性证明标准规则在表述上都能与刑事诉讼法及相关司法解释中的表述保持一致。例如,江苏省"两院两厅"联合制定的《关于刑事案件证据若干问题的意见(2008)》第4条规定:"人民法院认定被告人有罪,必须达到案件事实清楚,证据确实、充分的程度。"但也有地方性规则在基本标准上有所突破。有的借鉴了英美法系的"排除合理怀疑"标准,例如,广东省高级人民法院制定的《关于办理刑事案件若干问题的指导意见(2008)》第47条规定:"审判人员综合案件全部证据加以分析判断,认为案件事实清楚,证据确实、充分,并排除一切合理怀疑,依照法律认定被告人

---

[40] 关于"犯罪事实清楚,证据确实、充分"证明标准的确立过程,参见李玉华:《刑事证明标准研究》,中国人民公安大学出版社2008年版,第41~45页。相关论述,参见全国人大常委会法制工作委员会刑法室编:《〈中华人民共和国刑事诉讼法〉条文说明、立法理由及相关规定》,北京大学出版社2008年版,第396页。

[41] 陈国庆、王佳:《"两个基本"与我国刑事诉讼的证明标准》,载《法制日报》2014年4月9日,第9版。

有罪的，应当作出有罪判决。”有的则借鉴了大陆法系的“内心确信”标准，例如，江苏省高级人民法院制定的《关于刑事审判证据和定案的若干意见（试行）（2003）》第62条规定：“审判人员根据已有证据，对被告人是否实施犯罪达到内心确认的程度，可以定案。”除了规定有罪、罪重的标准外，有的地方性规则还明确了无罪的证明标准。例如，《河南省公安机关办理刑事案件适用证据规定（试行）（2010）》第36条规定：“证明犯罪嫌疑人无罪、罪轻、减轻或者免除处罚理由的事实，如果存在的可能性明显大于不存在的可能性的，可以作出认定。”

（2）“证据确实、充分”的解读。几乎每一个专门性刑事证据规则都规定了“证据确实、充分”的具体程度和要求。湖北省“两院三厅”联合制定的《关于刑事证据若干问题的规定（试行）（2006）》第30条的表述方式最具代表性。[42] 但也有少量地方性规则基于证据的“质”和“量”的不同视角分别阐释了“证据确实”和“证据充分”。例如，四川省“两院一厅”联合制定的《关于规范刑事证据工作的若干意见（试行）（2005）》第34条的规定。[43]

（3）“证据不足”的解读。对于何为“证据不足”，江苏省“两院两厅”联合制定的《关于刑事案件证据若干问题的意见（2008）》第74条、四川省“两院一厅”联合制定的《关于规范刑事证据工作的若干意见（试行）（2005）》第35条、湖北省“两院三厅”联合制定的《关于刑事证据若干问题的规定（试行）（2006）》第30条、江苏省高级人民法院制定的《关于刑事审判证据和定案的若干意见（试行）（2003）》第65条的解释大致相同，[44]总体上反映出对

---

[42] 该条规定：“证据确实、充分是指：（一）犯罪构成要件的事实已经查清；（二）共同犯罪中，各犯罪嫌疑人、被告人的行为、作用及罪责已查清；（三）法定从重、从轻、减轻或免除处罚的事实、情节存在与否均已查清；（四）实施犯罪行为的事实有多个证据证明或者据以确认实施犯罪行为的证据能够得到其他证据的印证；（五）证据之间、证据与案件事实之间的矛盾已得到排除；（六）综合证据的证明力能够排除其他可能性。”

[43] “证据确实包括：（一）犯罪构成要件的事实已查清，法定从重、从轻、减轻和免除处罚的事实、情节存在与否均已查明；（二）据以定案的全部证据均已经法庭举证、质证，经过法定程序查证属实；（三）证据之间、证据与案件事实之间的矛盾已得到合理排除；（四）根据证据推断案件事实的过程符合逻辑规则，结论准确无疑，对案件事实的证明结论排除其他可能性”，而“证据充分包括：（一）前款所有的基本事实、量刑情节均能得到证据的印证；（二）所有据以定案的证据均能得到其他证据的印证或补强。”

[44] 它们均规定：“具备下列情形之一的，应当视为证据不足：（一）据以定案的某个或某些主要证据不真实、不可靠；（二）作为犯罪构成的某个要件或几个要件的案件事实没有必要的证据加以证明；（三）据以定案的证据与待证事实之间、证据与证据之间存在重大矛盾无法排除。”

“两个基本”思想的贯彻。河南省高级人民法院在《关于刑事案件发回重审若干问题的规定(试行)(2011)》第5条列举了“原判决事实不清楚或者证据不足”的11种情形,[45]但由于是对裁定发回重审理由的规定,涵盖面自然要更广一些。

(4)特殊案件的证明标准。上海、江西、云南、辽宁等许多地方专门针对死刑案件或者故意杀人案件出台了证据规则。较之于“两个基本”而言,地方性规则对死刑案件的证明标准提出了更加严格的把握尺度和准则。如辽宁省“两院一厅”联合制定的《关于规范死刑案件证据的意见(2006)》第9条的规定。[46] 其他地方的死刑案件证明标准规则也特别强调“排除合理怀疑”和“结论的唯一性和确定性”,而对“证据不足”的要求则相对宽泛。而云南省“两院两厅”联合制定的《关于故意杀人案件证据若干问题的会议纪要(2008)》第6条等还专门界定了“合理怀疑”,[47]“合理怀疑是指:(一)现有证据不能完全涵盖案件事实;(二)有迹象表明某种影响案件真实性的情况可能存在,且不能排除;(三)存在根据常识可能影响案件真实性的客观情况。”除了死刑案件以外,许多地方还规定了一些常见案件、严重案件的“证据规格”,如山东省高级人民法院、山东省人民检察院、山东省公安厅、山东省烟草专卖局于2010年12月24联合发布的《关于办理涉烟刑事案件证据规格问题纪要》和《河南省公安机关办理刑事案件适用证据规定(试行)(2010)》附

---

[45] 这11种情形包括:(1)犯罪构成的部分要件事实缺乏必要的证据予以证明的;(2)被告人在共同犯罪中的地位认定不清或存在漏犯可能的;(3)被告人被指控的部分犯罪事实未经审判的;(4)被告人在一审、二审审理期间又犯新罪的;(5)发现被告人有漏罪,公安、检察机关同意发回重审后并案处理的;(6)被告人的重要共同作案人员归案,并案审理有利于实现公正处理的;(7)据以定罪的证据存在矛盾、疑问,不能排除其他可能性得出唯一结论的;(8)据以定罪的关键证据虚假或系非法取得,导致案件基本事实不清的;(9)按照法律、司法解释规定应当进行司法鉴定而没有进行鉴定或者鉴定不符合要求,造成原判事实不清、证据不足的;(10)原审判处被告人死刑立即执行不当,且未认真开展民事调解工作的;(11)其他对被告人量刑有重要影响的事实不清或者证据不足的。

[46] 该条规定:“死刑案件的证明标准必须达到犯罪事实清楚,证据确实、充分,并且能够排除一切合理怀疑。其具体要求为:(一)据以定案的证据均已查证属实;(二)案件事实均有必要的证据予以证明;(三)证据之间、证据与案件事实之间的矛盾得到合理排除;(四)得出的证据结论唯一,并且排除了其他可能性。”

[47] 江苏省高级人民法院制定的《关于刑事审判证据和定案的若干意见(试行)(2003)》第66条、江苏省“两院两厅”联合制定的《关于刑事案件证据若干问题的意见(2008)》第75条也有类似解释。

带的“六种常见案件证据规格”[48]等，实质上都是对证据“充分性”或“确实性”的理解和要求。

(5)间接证据定案的证明标准。当缺少直接证据，仅仅依靠间接证据定案时如何把握证明标准？对此，各地的要求基本一致，即间接证据必须符合下列条件才能认定被告人有罪：“据以定案的间接证据均已查证属实；据以定案的间接证据形成完整的证明体系；据以定案的间接证据之间能够相互印证，不存在无法排除的矛盾和无法解释的疑问；运用间接证据进行的推理必须符合逻辑、合乎情理；依据间接证据得出的结论是唯一的，足以排除其他可能性。”[49]而且，广东省高级人民法院制定的《关于办理刑事案件若干问题的指导意见(2008)》等规则还专门强调，“根据间接证据定案的，判处死刑立即执行应当特别慎重”。

6. 各司法证明环节的其他证据规则

(1)取证规则

在作为研究样本的501件地方性刑事证据规则中，涉及刑事证据收集的规则有276件，其中包括侦查取证规则144件，检察机关引导侦查取证规则19件，律师调查取证规则36件，司法鉴定规则77件。侦查取证规则称谓繁多，内容庞杂，有的针对一类或几类案件，如浙江省公安厅制定的《常发性侵财案件基本证据材料收集制作规范(2009)》；有的针对某种特殊证据，如北京昌平区人民法院、昌平区人民检察院、昌平区公安局联合制定的《未成年人刑事责任年龄证据收集审查实施细则(2013)》；有的则只针对补充侦查等具体问题。检察机关引导侦查取证规则或提前介入规则着重于故意杀人案件、故意伤害致人死亡案件、死刑案件或者可能判处无期徒刑以上刑罚的案件等重大刑事案件，如郑州市人民检察院、郑州市公安局联合制定的《关于加强故意犯罪致人死亡案件公诉引导侦查取证工作若干规定(2012)》、宁夏银川西夏区检察院制定的《关于死刑案件公诉引导侦查取证的规定(2011)》。律师

---

[48] 六类常见案件包括：盗窃案件、抢劫案件、抢夺案件、故意伤害案件、强奸案件和寻衅滋事案件。

[49] 广东省“两院一厅”联合制定的《关于刑事证据若干问题的指导意见(2010)》第23条。此外，江西省“两院一厅”联合制定的《关于规范故意杀人死刑案件证据工作的意见(试行)(2007)》第49条的表述除项目次序与该条有别外，在内容上几乎完全相同。

调查取证规则零碎松散,内容粗疏,主要包含于保障律师执业权利的地方性规则中,如浙江省"两院两厅"联合制定的《关于刑事诉讼中充分保障律师执业权利的若干规定(2014)》,当然,也有相对具体的规定,如江西省检察院、司法厅联合制定的《关于保障和规范律师在刑事诉讼中依法行使会见、调查取证和阅卷权利的若干意见(试行)(2014)》。而作为取证规则的司法鉴定规则,除了各省级人大制定的《司法鉴定条例》中包含的取证规范外,公安司法机关出台的规则主要聚焦于三个领域:一是伤情鉴定,如《浙江省公安机关办理人身伤害案件法医学鉴定的若干规定(2000)》;二是精神病鉴定,如北京市高级人民法院、北京市人民检察院、北京市公安局、北京市司法局、北京市监狱管理局、北京市卫生局联合发布的《关于北京市精神病司法鉴定有关工作的联合通知(1997)》;三是涉案物品价格鉴定,如四川省高级人民法院、四川省人民检察院、四川省公安厅、四川省物价局于2007年联合发布的《关于刑事案件特殊涉案物品价格鉴定的意见》。

(2)检察机关的审证规则[50]

在501件样本规则中,有86件涉及检察机关审查证据的规范。其中,专门的文证、技术性证据审查规则36件,约占41.86%。文证、技术性证据审查规则主要以条、款、项、目的规定形式出现,如浙江省人民检察院制定的《公诉案件技术性证据审查工作规定(2012)》,但少量表现为相对抽象的工作办法或机制,如《青云谱区人民检察院文证审查工作与侦监、公诉工作的协调机制(2007)》。综合性的审证规则27件,主要是对检察环节的审查判断证据工作提出系统性或者一般性的要求,如山东省郓城县检察院、郓城县公安局联合发布的《关于统一刑事案件审查起诉标准的意见(2013)》,当然也包括一些审查逮捕与审查起诉的衔接配合措施,如浙江省人民检察院发布的《关于加强侦查监督与公诉工作衔接配合的若干意见(2013)》。特殊类型案件或犯罪的审证规则17件,它们一般表现为"证据规格""证明要求""审查工作指

[50] 应当指出,专门机关对刑事证据的收集和运用通常伴随着对证据的审查核实,因此,广义上的审查证据规范其主体不限于"检察机关"。有些地方性审证规则就是综合性的,如山西省"两院三厅"于2013年7月联合发布的《刑事证据审查规则》就适用于法院、检察院、公安机关、国家安全机关和监狱办理的刑事案件。当然,部分规则虽然名为"证据审查规则",实为综合性的刑事证据审查和运用规则。

引”的形式,案件类型则主要包含轻微刑事案件、故意杀人案件、抢劫案件、故意伤害(含致人死亡)案件、投放危险物质罪案件、职务犯罪案件、未成年人案件、金融犯罪案件、涉烟刑事案件、死刑案件等。文证、技术性证据外其他类型证据专门审查规则6件,具体包括对电子证据、客观性证据、现场勘查笔录等的审查规则,以及检察机关提审、讯问工作的指导意见。

(3)举证质证规则

举证质证规则在样本规则中有52件。其中,18件是人民法院或人民法院与其他政法机关联合颁布的综合性刑事证据规定,其他则是就举证质证中具体问题制定的办法和意见。从内容上看,除了一般性举证质证的程序性规定外,地方性举证质证规则重点在两个方面:一是庭前证据交换规则,包括重庆市高级人民法院、重庆市人民检察院、重庆市司法局联合发布的《刑事公诉案件证据展示规则(2005)》等专门的庭前证据交换规则3件和广东省高级人民法院、广东省人民检察院联合发布的《关于进一步提高死刑二审案件质量的若干意见(试行)(2008)》等涉及证据交换的规则9件。绝大多数都是将“证据交换”规定为可选程序,即“控辩双方在开庭审理前可以建议进行证据交换;法庭认为有必要时,可以建议控辩双方在开庭审理前进行证据交换,以避免证据突袭并明确庭审争议焦点”。[51] 但广东省高级人民法院制定的《关于办理刑事案件若干问题的指导意见(2008)》等个别规则要求,“对于二审开庭审理的案件,控、辩双方准备在法庭上出示的证据必须于开庭前提交合议庭,由合议庭于开庭前送达对方”。二是证人等出庭作证规则,有《北京市第一中级人民法院关于刑事第一审案件证人、鉴定人出庭作证若干问题的意见(2007)》等专门性规则7件,有《广东省高级人民法院关于推进庭审公开的实施办法(2011)》等涉及类规则24件。这些规则一般都规定了证人、鉴定人、被害人应当出庭作证的情形、可以不出庭的情形、应当出庭而不出庭的法律后果以及出庭人的保护、经济补助等。部分规则规定了证据合法性法庭调查程序中侦讯人员等相关主体的出庭作证问题。此外,湖北省高级人民法院、湖北省人民检察院、湖北省公安厅、湖北省国家安全厅、湖北省司法厅于2005年12月2日联合发布的《关于刑事证据若干问题的规定(试行)》等3

---

[51] 江苏省“两院两厅”联合制定的《关于刑事案件证据若干问题的意见(2008)》第6条。

件规则还规定了侦查人员和其他执法人员就其执行职务时直接了解的案件情况出庭作证问题。

（4）认证规则

样本规则中涉及法庭认证的规则共32件。核心内容包括法庭对证据的审查判断规则、职权调查核实规则、及时认证规则和认证说理规则。法院独自或参与制定的地方综合性刑事证据规则通常都将证据的审查判断规定为独立的一章，在里面条陈每一种证据的审查判断方法，判断证据的合法性、真实性乃至相关性时需要考虑的因素，单一证据的审查思路以及全案证据综合审查方法，以及对存疑证据的审查处理方式，而在具体的要求上，各规则间往往大同小异。职权调查核实规则也是地方性刑事证据认证规则中出现率较高的内容之一。这些规则均倾向于对审判人员庭上、庭外调查核实证据的权利予以不同程度的细化，而且一般都强调“法院调查核实证据原则上只在控辩双方申请的证据范围内进行”，[52]“审判人员庭外调查核实证据应主要针对控辩双方有争议的证据，以达到增强对证据认证的内心确信”。[53] 与法庭调查核实规则同样普遍的还有及时认证规则。个别规则强调，“法庭应当依照法律规定对经过质证后的证据能否作为证明案件事实的根据作出确认”，“当庭宣判的应当庭认证；当庭不能宣判但能够当庭认证的，亦应当庭认证”，[54]但更多的规则要求较为宽松：“庭审中经过质证的证据的可采性，法官可以当庭认定；不能当庭认定的，应当在合议庭合议时认定。”[55]当然，也有部分规则提出：“公开开庭审理的案件应当提高证据当庭认证的比例。对书证、物证、鉴定结论、视听资料，一般应当当庭认证”。[56] 除了上述三类规则，还有部分认证规则对认证说理提出了要求，例如，广东省高级人民法院、广东省人民检察院、广东省公安厅联合发布的《关于刑事证据若干问题的指导意见

---

[52] 北京市高级人民法院制定的《关于办理各类案件有关证据问题的规定（试行）（2001）》第65条。

[53] 江苏省“两院两厅”联合制定的《关于刑事案件证据若干问题的意见（2008）》第7条；辽宁省“两院一厅”联合制定的《关于规范死刑案件证据的意见（2006）》第50条。

[54] 北京市高级人民法院制定的《关于办理各类案件有关证据问题的规定（试行）（2001）》第50、51条。

[55] 江苏省“两院两厅”联合制定的《关于刑事案件证据若干问题的意见（2008）》第68条。

[56] 《广东省高级人民法院关于推进庭审公开的实施办法（2011）》第10条；浙江省高级人民法院制定的《浙江法院阳光司法实施标准（2011）》第5条。

(2010)》第25条规定:"审判人员对于其认证的结论和理由应当向当事人和社会加以说明。审判人员在法庭审理中或者裁判文书中应当说明采信证据或不采信证据的理由。"

(三)地方性刑事证据规则内容的特点

整体说来,我国地方性刑事证据规则在内容上具有以下三个鲜明特点:

1.地域性

地方性刑事证据规则首先是地方的规则,带有与生俱来的地域性。当然,地方性刑事证据规则的地域性主要决定于其知识来源的性质,而非仅仅因为规则出自地方。抛却那些"密码式的矫饰",地方性刑事证据规则本质上也是一种"地方性知识"。[57] 比如,同样是"生产"证据规则,有些地方习惯于综合性的指导意见,有些地方青睐"一题一解"的法律问答,有些地方则喜欢定期发布的联席会议纪要;同样是专门性的刑事证据规定,有些地方侧重理想,有些地方则偏爱"写实"。这些选择并不是随机的。"已经在所有的地方存在的各种制度,不是共同社会为了今天的需要这样明确的目的的人为的预测,而是由过去及现在的实际需要所形成的。"[58]如果地方性刑事证据规则不能体现地域性,不是产生于本地的生态环境或者证据运用现状,不是针对或不能解决本地的实际问题,就会丧失存在的必要。因此,知识来源上的地域性是地方性刑事证据规则的灵魂和生命。从各地的实际情况来看,地方性刑事证据规则一般都是本地所处的自然条件、经济发展水平及刑事司法状况等诸多因素混合作用的产物。

地方性刑事证据规则可反映区域位置特点。某些刑事案件由地方特定的自然、历史条件形成,这类案件中的证据问题可能在全国范围内没有普遍性,因而适宜由地方司法机关予以"规定"。譬如,云南省由于地处边境,毗邻"金三角"等域外毒品制造基地,毒品犯罪案件数量不断上升,甚至一度占到所办刑事案件的四分之一以上。[59] 为提高毒品刑事案件的办案质量和水

---

[57] [美]吉尔兹:《地方性知识——阐释人类学论文集》,王海龙、张家瑄译,中央编译出版社2004年版,第273页。

[58] 林尚立:《国内政府间关系》,浙江人民出版社1998年版,第102页。

[59] 参见肖凤珍、何赟:《云南禁毒:案件反弹攀升　四大特点凸显》,载《检察日报》2010年6月27日,第1版。

平，该省司法机关在对毒品案件证据收集、固定工作深入调研的基础上，2008年12月召开"公检法司联席会议"，推出了《关于走私、贩卖、运输、制造毒品刑事案件证据若干问题的会议纪要》。再如，受地缘、传统等诱因的叠加影响，广东省的走私犯罪较为猖獗。为此，广东省高级人民法院、广东省人民检察院、海关总署广东分署也多次召开联席会议，并形成了有关"走私废物鉴定结论的处理""走私犯罪境外证据的认定与使用"等问题的纪要。同样，在几个涉烟犯罪形势较为严峻的省份，为了促进基层办案证据标准、证据转化和涉案金额认定上的统一，司法机关也纷纷出台了专门性规则，如湖南省高级人民法院、湖南省人民检察院、湖南省公安厅于2009年6月5日联合发布的《关于涉烟刑事案件证据的指导意见》，山东省高级人民法院、山东省人民检察院、山东省公安厅、山东省烟草专卖局于2010年12月24日联合发布的《关于办理涉烟刑事案件证据规格问题纪要》以及云南省高级人民法院、云南省人民检察院、云南省公安厅于2006年联合发布的《涉烟刑事案件证据参考标准》。

地方性刑事证据规则也可反映本地经济和社会发展水平。我国区域发展不平衡的问题特别突出。研究发现，不管是在计划经济时期，还是改革开放以后，各省之间的"绝对收入差距可怕地增加了"。[60] 这种主要是后天形成的巨大差异为地方性刑事证据规则的制定提供了很大的空间。因为，处于区域发展水平两端的地区都可能不满于基于一般发展程度的证据立法和司法解释，不发达地区会有被忽视的感觉，而"发达地区也会有离心的倾向"。[61] 各地司法机关会从这种差异性出发，结合本地实际，通过"造法"，有针对性解决在本地区证据司法中存在的现实矛盾和焦点问题。以电子证据为例，一般而言，经济愈发达，计算机及网络普及程度就愈高，计算机犯罪也愈严重。由于电子证据与传统证据形式有很大不同，计算机犯罪案件在证据运用方面较难把握，所以，部分发达地区的司法机关以最高人民检察院、公安部相关规定为基础，制定有自己的电子数据取证、质证和认证规则。就连个别律师协会也不甘寂寞，推出了仅具参考意义的电子证据运用规范，例如，江苏省律师

---

[60] 转引自王晓峰、徐秋慧：《中国各地区经济发展不平衡的趋势及原因分析——萨克斯对中国经济发展的论述》，载《生产力研究》2009年第1期，第10页。

[61] 杨龙：《我国的区域发展与区域政治研究》，载《学习与探索》2003年第4期，第6页。

协会于2009年11月6日发布了《江苏省律师电子证据的固定采集与展示业务操作指引》。而且,从整体上看,地方性刑事证据规则中的"法典式"规则通常集中在经济发达的地区,如广东、北京、江苏等。

地方性刑事证据规则中知识的地方性不仅包含地域意义,而且同时"也指特色,即把对所发生的事件的本地认识与对可能发生的事件的本地想象联系在一起"。[62] 作为一种地方性知识,地方性刑事证据规则的生成和运作离不开特定的情境。地方性刑事证据规则一般都植根于对本地司法实践中的经验、教训的系统总结。如在四川省"两院一厅"联合制定的《关于规范刑事证据工作的若干意见(试行)(2005)》出台前,四川省高级人民法院曾对全省四年间主要由于证据原因导致改判或发回重审的重大刑事案件进行了一次专门调研,形成的调研报告"案例丰富、数据准确、有理有据",引起省"各级领导的高度重视",[63]从而为制定刑事证据规则提供了契机。而且,地方性刑事证据规则以本地的立场和观念、"认识"和"想象"为内核。例如,从表面上看,以下因素似乎构成了对地方性的否定:多个省份的刑事证据规则都是由冤假错案促生,而这些冤假错案又几乎都是相互的翻版。但实质上,除了客观因素的差别外,各地在证据意识、错案的法律及政治解读、对制度建设的重视程度及各种"实践理性或技艺"方面不尽相同也不可能相同,所以,各地刑事证据规则在内容和风格上大相径庭。可以说,情境条件的"地方性"烙印在某种程度上决定了各地刑事证据规则相互之间不可简单模仿。

更重要的是,地域性虽然是各地刑事证据规则的主要特性,但这并不意味着地方性刑事证据规则中不包含任何不为具体地方的特定情境所决定的内容。事实恰恰相反,各地的刑事证据规则中有不少共通的内容。而某些带有"试验立法"性质的地方性刑事证据规则,在获得最高司法机关或者立法机关的认可而被吸纳入司法解释或法律后,也具有了普遍性。

2. 创新性

地方性刑事证据规则中的主要内容是对《刑事诉讼法》及相关司法解释

---

[62] [美]吉尔兹:《地方性知识——阐释人类学论文集》,王海龙、张家瑄译,中央编译出版社2004年版,第273页。

[63] 马益迅:《解读S省〈关于规范刑事证据工作的若干意见〉》,载万鄂湘、张军主编:《最新刑事法律文件解读》,人民法院出版社2005年版,第81页。

的细化,譬如,具体规定证据的“基本属性”以及每一种证据属性的审查途径,详细列举刑事案件必须证明的事实和无须证明的事实,确立故意杀人案件等特殊类型案件的基本证据及其规格,限定每一种法定形式证据的收集、固定、审查判断的方式方法、证据规格,等等。从其对刑事证据运用实践所发挥的不可替代的作用来看,这种细化本身就是一种“创新”。当然,地方性刑事证据规则内容的创新性绝不仅限于此,在下述三个方面也有体现:

其一,吸收和创立较为先进的证据法理念和原则。如四川省《关于规范刑事证据工作的若干意见(试行)(2005)》开宗明义地提出:“人民法院、人民检察院、公安机关在刑事证据工作中应树立公正和效率并重,惩罚犯罪与保障人权并重,客观真实与程序正当并重的观念,……”湖北省《关于刑事证据若干问题的规定(试行)(2006)》第一章专门罗列了刑事证据工作的基本原则,包括“证据裁判原则”“客观全面原则”“法定程序原则”“保障人权原则”“依法履行法定职责原则”“独立判断证据原则”“证据关联性、合法性、客观性原则”“举证责任由控方承担原则”和“有利被告人解释原则”等,称其为对现代刑事证据法精神内核的集中概括亦不为过。山西省“两院三厅”于2013年7月联合发布的《刑事证据审查规则》第5条要求在刑事诉讼过程中,审查证据应当坚持“程序审查优先的原则”,体现了“程序先于实体”的理念。广东、江苏、河南等地的刑事证据规则也以不同形式对“证据裁判”“存疑有利于被告人”等上列原则中的绝大多数予以确认。而且,上述地方性刑事证据规则也均强调,犯罪嫌疑人、被告人不负证明自己有罪或无罪的责任,而享有提供证明自己无罪或者罪轻证据的权利,从而为“如实回答”义务的废除,以至反对强迫自证其罪原则、沉默权的确立作了一定的知识铺垫。

其二,引入西方法治国家的某些证据规则和制度。最佳证据规则、非法证据排除规则、讯问全程同步录音录像制度、证人出庭作证制度等在地方性刑事证据规则中得到普遍和系统性的确立。此外,江苏省《关于刑事审判证据和定案的若干意见(试行)(2003)》等确立了传闻证据规则、意见证据规则,并且规定了衍生证据的可采性问题、重复供述的排除问题,江苏省《关于刑事证据若干问题的意见(2008)》等确立了品格证据规则、瑕疵证据的补救和说明机制,北京市《关于办理各类案件有关证据问题的规定(试行)(2001)》等确立了举证期限制度、证据展示制度,明确了被告人对积极抗辩事由的证据提出责任，湖北省《关于刑事证据若干问题的规定（试行）（2006）》确立了讯问犯罪嫌疑人时律师的在场权以及侦查人员等就其职务行为的出庭作证制度，广东省《关于办理刑事案件若干问题的指导意见（2008）》等借鉴"排除合理怀疑"或"内心确信"的证明要求完善了我国的证明标准。

其三，进行基于"本土资源"的"制度创新"。可以说，地方性刑事证据规则中的部分内容是我国甚至是我国的地方性证据规则中特有的，蕴含着中国"法"概念中特殊的"观念或隐意"。[64] 比如，考虑到证明标准的抽象性、法官的能力素质及司法统一的要求，许多地方性刑事证据规则制定了证明力的比较规范，对原始证据与传来证据、直接证据与间接证据、实物证据与言词证据、公文书证与其他书证、内容稳定的言词证据与内容不稳定的言词证据、依照法律规定形成的证据与违反法律规定形成的证据、立案前自然形成的证据与为诉讼目的制作的证据等的证明力，提供了比较认定的基本原则。有些地方性刑事证据规则还结合我国的客观真实观和印证证明模式，详细规定了把握"证据确实""证据充分""证据不足"、间接证据定案的方法和准则。此外，在法院职权调查核实证据、口供补强特别是共犯口供补强、司法证明活动中三机关的监督制约关系等问题上也有一些富有新意的规范。而这些规则多是基于我国长期司法实践的经验总结，整体上是符合认证和诉讼规律的。

3. 经验性

一般而言，地方综合性刑事证据规则在突出"疑罪从无""证据裁判""保护人权"等现代司法理念的同时，都着力于对刑事证据运用实践中不容易处理或者最容易出现问题的环节的规范，从而确保准确认定案件事实，提高办案质量，因此，具有很强的现实性和经验性。例如，鉴于翻供、翻证现象的普遍性及其对司法证明活动的严重影响，许多地方性刑事证据规则规定了庭前陈述与当庭陈述不一致时司法人员审查判断证据的基本思路；鉴于书面证言质证的效果和证人出庭的主客观障碍，许多地方性刑事证据规则规定了证人应当出庭的情形，以及经法庭核实和准许，证人可以不出庭的情形；鉴于纪检监察、初查等在刑事取证环节的特殊作用，许多地方性刑事证据规则规定了

---

[64] 参见刘星：《语境中的法学与法律：民主的一个叙事立场》，法律出版社 2001 年版，第 28 页。

纪检监察机关、其他行政执法机关制作的调查笔录以及检察机关、公安机关在刑事初查阶段制作的调查笔录等的证据转化规则;鉴于现代技侦手段在侦查中的应用及其在某些冤假错案中的负面作用,许多地方性刑事证据规则又特意规定了测谎报告、警犬气味识别结论、骨龄鉴定结论、文证审查意见等特殊材料的证据资格;鉴于实践中的多头鉴定、重复鉴定现象,许多地方性刑事证据规则还规定了鉴定结论的比较认证规则,尤其是“有无符合申请重新鉴定的情形”“有无其他证据佐证或补强”“鉴定机构的资质和级别”等因素在比较认证中的作用。

在地方性刑事证据规则中占据绝对多数的“单行法”式专门刑事证据规则,或者针对重大或者不宜处理的特定类型案件,或者针对普遍而突出、“立法”需求强烈的特定刑事证据问题,其经验性更是不言而喻。这些规则通常只调整一个具体问题,如故意杀人案件的基本证据规则、非法证据排除、文书证据的审查判断、电子证据的运用等。而在包含刑事证据规范的地方性规则中,虽然刑事证据规范的内容粗疏,但也都是公安司法人员迫切需要解决的现实问题。如浙江省“两院两厅”联合制定的《关于做好死刑案件二审开庭审理相关工作的意见(2006)》就涉及死刑案件二审中的庭前证据交换,证人、鉴定人出庭,以及在被告人提出存在刑讯逼供或者其他非法讯问情形时的全程同步录音录像的提供和侦查人员出庭等问题;再如重庆市政法五部门《第五届“五长”联席会议纪要(2008)》谈及了“网络犯罪案件中证据的收集、固定方式”以及“涉案财物证据材料的移送、运用”问题,而其《第六届“五长”联席会议纪要(2009)》则规定到“关于对案发情况、捉获经过、自首、立功情况的证明材料进行规范的问题”以及“刑事诉讼中重新鉴定的组织实施问题”。

此外,有些地方性刑事证据规则甚至直接确认的就是刑事司法实践中的一些“潜规则”。如山东 Y 县公安司法机关研究制定的《关于在办理刑事案件中严格执法和加强协调配合的实施意见》,将“案件中认定的犯罪事实、情节不十分清楚,证据达不到确实、充分标准的;证据之间矛盾无法确定唯一排他性的”等规定为可以协调的情形,并且具体规定了专门机关协调配合的方式、程序。

三、地方性刑事证据规则存在的主要问题

地方性刑事证据规则既有符合现行法的实践总结，又包含一些突破现行法的制度创新。前者是刑事证据运用实践中逐步形成的一些行之有效的方法，是基层公安司法人员的经验总结，具有很强的可操作性，这些做法成文化之后，可以更加有效地协调公安司法机关对于同一问题的认识，指导证据运用实践。后者则吸收了域外的先进理念、原则和制度，吸纳了专家意见，既有引领实践、标示刑事证据制度改革方向的作用，也能起到“平息民愤、减少压力、提升舆论评价的政治功能”[65]。正因如此，地方性刑事证据规则中的不少内容已经被《排除非法证据规定》《死刑案件证据审查规定》等司法解释及2012年《刑事诉讼法》所吸纳。质言之，不管其内容是否合理及能否得到落实，地方性刑事证据规则都在客观上促进了我国刑事证据立法的完善，并对刑事证据运用实践产生了积极的影响。然而，我们同时也看到，地方性刑事证据规则也存在诸多先天缺陷与后天不足。

（一）混乱的“造法”程序

地方性刑事证据规则不仅名目繁多、叫法不一，而且出台方式也是混乱不堪，集中表现为“三乱”。一是“主体乱”。地方性刑事证据规则的制定主体既有单一主体，又有复杂主体，既有司法机关，又有非司法机关，既有省级机关，又有市级、县（区）级机关。即便对于同一规范对象，规则的制定主体也不尽相同，以“讯问（询问）未成年人通知法定代理人到场”专门规定为例，无锡市是由检察院、公安局两家会签，宜兴市由法院、检察院、公安局、司法局四家联合颁行，万源市则是由法院、检察院、公安局、司法局、共青团、教育局、妇联、关工委八个部门共同制定，最多的地方甚至达到十个部门。二是“程序乱”。除了司法鉴定条例以外，地方性刑事证据规则的制定程序也具有多样性、随意性。由单一主体制发的规则，有的贯彻“集体领导、民主集中、个别酝酿、会议决定”，有的则是由“检委会”“审委会”甚至是某机关内部的一个部门会议直接决定；由多主体制发的规则，有的是“共同议定、联合发布”，有的

---

[65] 吴丹红：《中国证据立法的理想与现实》，载徐昕主编：《司法的知识社会学》（《司法》第3辑），厦门大学出版社2008年版，第39页。

则是以一个机关为主,其他机关联合会签。有的规则在制定过程中征求了专家意见,有的则完全是实务部门的“独立创作”。三是“效力乱”。有的规则强调必行性,如四川省“两院一厅”联合制定的《关于规范刑事证据工作的若干意见(试行)(2005)》要求本省各级法院、检察院、公安局必须在刑事诉讼活动中严格遵照执行。有的规则则强调指导性或参考性,如辽宁省“两院一厅”联合制定的《关于规范死刑案件证据的意见(2006)》第65条规定:“本意见是规范刑事证据工作的内部指导性意见,不作为规范性条文引用”,而广东省“两院一厅”联合制定的《关于刑事证据若干问题的指导意见(2010)》第26条也强调:“本指导意见自下发之日起供全省各级法院、检察院、公安机关参考适用。”此外,有的规则调整两级以上地方公安司法机关的证据运用活动,而有的规则只是适用于本机关或本部门的可操作性要求。

地方性刑事证据规则程序与形式的乱象之下是立法技术的欠缺,从而不可避免地导致以下问题:

1. 基本概念理解和运用不准确,欠缺科学性

如四川省《关于规范刑事证据工作的若干意见(试行)(2005)》第9条规定,“实物证据包括物证、书证”,第21条又提出,“言词证据包括证人证言、被害人陈述、犯罪嫌疑人、被告人供述及辩解”,显然对实物证据和言词证据的理解上有偏差。再如湖北省《关于刑事证据若干问题的规定(试行)(2006)》第31条规定:“证据必须经过法庭当庭出示、辨认、质证等法定程序查证属实,才能作为定案的证据。”同样,该法第32条、第33条等还在多处应当使用“定案的根据”这一法律术语的场合使用“定案的证据”这一概念,实质上是没有区分清楚“证据”与“定案的根据”的界限。还有,《河南省公安机关办理刑事案件适用证据规定(试行)》(2010)第36条规定了无罪、罪轻事实的证明标准,即“证明犯罪嫌疑人无罪、罪轻、减轻或者免除处罚理由的事实,如果存在的可能性明显大于不存在的可能性的,可以作出认定”。这一条文,乍一看来,似乎符合证据法理,但将其规定为侦查机关证据运用的要求实为不妥。因为,对于侦查机关而言,证据运用的逻辑是,有罪事实只要达不到“事实清楚、证据确实充分”的标准就不能侦查终结进而提出有罪的起诉意见,而不是犯罪嫌疑人无罪事实存在可能性大于不存在的可能性,认定为无罪。

2. 逻辑性、协调性差，存在较多疏漏与矛盾

有的规则用词不严谨，如湖北省《关于刑事证据若干问题的规定（试行）（2006）》第 9 条部分表述是："对犯罪嫌疑人、被告人罪轻与罪重之间存在疑问的，应当从有利于被告人的方面作出认定。"第 17 条第 1 款又规定："询问证人、被害人前，应当告知证人如实提供证言以及作伪证的法律责任，并告知证人依法享有的诉讼权利。"一会是犯罪嫌疑人、被告人，一会是被告人，一会是证人、被害人，一会又变成了证人，同一个条文，前半句话与后半句的调整对象竟然不完全相同。有的规则要求武断，如江苏省《关于刑事审判证据和定案的若干意见（试行）（2003）》第 53 条规定："证据的取得必须合法。非法取得的实物证据不能作为定案依据"，而《北京市高级人民法院关于办理各类案件有关证据问题的规定（试行）（2001）》也要求，"认证时对于违反法定程序或者采用非法方法取得的证据，应予排除"，"经查证确属采用刑讯逼供或者威胁、引诱、欺骗及精神折磨等非法方法取得的证人证言、被害人陈述、被告人供述以及其他非法证据，不能作为定案的根据"。这种不区分违法程度和案件具体情况的绝对排除主义，并不符合实际，特别是对于非法获取的实物证据。有的规则前后不一，自相矛盾，如《河南省公安机关办理刑事案件适用证据规定（试行）》（2010）一方面强调只有口供，不能定案，以及"在共同犯罪案件中，只有同案犯罪嫌疑人的供述，没有其他证据的，不能认定犯罪嫌疑人实施了犯罪行为"，但另一方面又允许仅依同案共犯口供定案，只要口供相互一致，并排除串供、逼供、诱供的可能性。

3. 部分规则不够精细，忽略配套制度

如江苏省《关于刑事案件证据若干问题的意见（2008）》第 6 条提出控辩双方及法官在开庭审理前可以建议进行证据交换，却并没有规定如何交换以及不交换的责任与救济。《广东省高级人民法院关于办理刑事案件若干问题的指导意见（2008）》第 47 条将"排除一切合理怀疑"引入刑事证明标准，但并没有解释如何理解这一新标准，而且，从该规则对"确实充分"内涵的描述看，似乎与原标准并无二致。湖北省《关于刑事证据若干问题的规定（试行）（2006）》第 16 条虽然开创性地提出，"讯问可能判处无期徒刑以上刑罚的犯罪嫌疑人时，可以通知律师到场"，可是没有明确到场律师的权利义务以及律师到场的保障措施。此外，以会议纪要、指导意见等为形式的地方性刑事证

据规则一般也都是些方向性、原则性的规定,可操作性差,只能给基层公安司法机关以宏观指导。如江苏省高级人民法院、江苏省人民检察院、江苏省公安厅、江苏省司法厅联合发布的《关于刑事诉讼证据方面若干问题的会议纪要(1999)》在谈到证据合法性的法庭调查程序时只要求:"对于被告人、证人在庭上提出其原供述、证言系侦查人员采用违法方法进行讯问、询问取得,合议庭认为必要时,可以宣布休庭并进行调查核实,有关部门应当积极配合。凡经查证确实属于采用刑讯逼供或者威胁、引诱、欺骗等违法方法取得的被告人供述、证人证言,不能作为定案的证据。"该规定既未涉及调查程序启动的时间和调查方式,更没有涉及证明责任和证明标准问题。

(二)滞后的证据法理念

不少地方性刑事证据规则依然将"准确认定案件事实"作为指导思想中的"重中之重",不管是对证据法原则的规定,还是对具体案件证据规格的罗列,抑或是对法定证明标准的细化,字里行间贯穿着绝对化的客观真实观和"发现真相、有错必纠"的理念,即相信,只要公安司法人员依照这些规则收集和审查判断证据,查明案件的客观真实,不仅必要,而且是完全可能的,因此,证明的总体要求就是"实事求是""不枉不纵",使对案件事实的主观认识完全符合客观实际。显然,在地方性刑事证据规则中,这套形成于革命理想主义、教条主义、国家本位主义盛行的革命及继续革命时代的认识论话语体系基本没有受到实质性的清理和挑战。[66]

"发现真相"确实是证据规则的功能之一,但很难说是证据规则唯一甚至是最重要的功能。司法证明活动并非单纯的认识活动,[67]过多强调事实发现的实质层面,而没有考量事实发现中的程序层面,这在"对程序正义的坚持和尊崇构成了现代法治"的观念背景下显得片面和极端。[68] 上述理念不仅排斥发现真实之外的其他诉讼价值,甚至在自己的认识论基础上也容易犯如下错误:机械地理解马克思主义认识论,只讲唯物,不讲辩证,只讲世界的可知性、认识的无限性、真理的绝对性,不讲认识过程的非至上性、认识的有限性、

---

[66] 参见陈瑞华:《证据法学研究的方法论问题》,载《证据科学》2007 年第 1 期,第 15 页。

[67] 参见陈瑞华:《刑事诉讼的前沿问题》,中国人民大学出版社 2000 年版,第 197 页。

[68] 霍海红:《认真对待客观真实》,载高鸿钧、何增科主编:《清华法治论衡:走向民主的时代》(第 11 辑),清华大学出版社 2009 年版,第 231 页。

真理的相对性，盲目夸大公安司法机关的认识能力，有意无意地忽略主体、时空、资源、规则等方面的制约因素，过分强调作为裁判基础的“事实”的客观性。

在“发现真相”的话语体系中，限制真实发现的证据规则很难找到生存空间。整体上看，地方性刑事证据规则的主体内容是保障真实发现的规则，这些规则旨在通过具有较强可操作性的细则、意见、标准、规程、办法，指导公安司法机关积极主动地收集、固定、制作证据，审查、判断证据的真实性及证明价值，运用证据查明案件的真实情况。它们强调的是犯罪嫌疑人的如实回答义务、证人的作证义务以及其他诉讼参与人在真实发现中的积极作用，而沉默权规则、供述的自愿性规则、传闻证据规则、直接言词规则、特殊职业拒证特权规则、禁止强迫自证其罪原则、举证时限规则、非法证据排除规则等则处于式微状态，因为后者或是强调对特定利益的保护，或是体现对特定价值的追求，总会对真实发现产生一定的妨碍作用。

“发现真相”的理念也会直接影响地方性非法证据排除规则中的权衡标准。对于非法证据，有些地方性规则基本不予排除，“非法手段”的影响仅仅是使据以获得的证据不能单独用作定案根据。如四川省《关于规范刑事证据工作的若干意见（试行）（2005）》第24条规定：“被告人、证人在法庭审理阶段以侦查机关采用刑讯逼供或者威胁、引诱、欺骗及其他非法手段取证为由翻供、翻证，并具有下列情形之一的，其庭审前有罪供述、证言不能单独作为证明指控罪名成立的证据使用：（一）侦查机关不能就被告人、证人提出的非法取证的具体事实作出合理解释的；（二）因人民检察院、公安机关拒绝调查核实而无法排除非法取证可能性的。”照此要求，即便不能排除非法取证的可能，庭审翻供翻证对庭前陈述似乎没有任何实质影响。有些地方性刑事证据规则采用的则是实践部门较为流行的真实性标准，即“侦查阶段对于犯罪嫌疑人采用了欺骗、威胁、引诱手段的。看采取这些手段是否达到使其作出虚假供述的程度……如果供述能与其他证据相印证，说明供述为真实，否则供述就是虚假的，就应当被排除”。如江苏省《关于刑事审判证据和定案的若干意见（试行）（2003）》第49条规定：“勘验、检查笔录应当依照法定要求制定。勘验、检查严重违反法定程序，有可能影响笔录真实性的，不可采信。”这实质上是以真实性评价替代了合法性判断。

在“发现真相”理念的支配下，个别地方性刑事证据规则也有可能悖离刑事诉讼法及相关司法解释确立的基本证据原则。如江苏省《关于刑事案件证据若干问题的意见(2008)》第47条规定：“只有共同犯罪人供述、没有其他证据的非死刑案件，共同犯罪人的供述符合以下条件的，可以作为定案的根据：(一)排除各被告人串供以及案情泄露的可能；(二)供述系合法取得；(三)庭审中供述的犯罪事实细节上基本一致。”广东省《关于刑事证据若干问题的指导意见(2010)》等规则中也有类似要求。该条规定尽管只适用于共同犯罪案件，而且，在字面含义上似乎只是对成为“定案的根据”的要求，但结合其上下文及创制意旨理解，实质上是规定单依口供可以定案，这显然不符合《刑事诉讼法》“单依口供不能认定被告人有罪和处以刑罚”的基本准则。

(三)忽略“地方性”的照抄照搬

地方性刑事证据规则内容上的重复和抄搬现象也比较突出。部分省级司法机关在制定综合性或专门性刑事证据规则时，贪大求全，力求面面俱到，而实际需要调整的内容不能满足体例的需要，为了使规则更加丰满，许多条文都是对刑事诉讼法及相关司法解释内容的简单重复，一些符合本地实际、有特色、能解决问题的内容反而未得到凸显，最终制定出来的规则内容繁杂，篇幅冗长，缺少特色。如江苏省《关于刑事审判证据和定案的若干意见(试行)(2003)》第21条以及江苏省《关于刑事案件证据若干问题的意见(2008)》第22条关于“证人”的规定是在重申1996年《刑事诉讼法》第48条和《最高人民法院关于执行〈刑事诉讼法〉若干问题的解释》第57条的内容。而湖北省《关于刑事证据若干问题的规定(试行)(2006)》第14条“关于讯问犯罪嫌疑人的一般要求”、第17条“关于询问证人、被害人”、第23条“辨认”中很多内容都是对《公安机关办理刑事案件程序规定》相关条文的归纳合并，也没有太大的实际意义。

而且，地方性刑事证据规则在重复刑事诉讼法及相关司法解释时随意性较大，重复哪些，重复多少，往往因人、因部门、因体例而异。但一般说来，刑事诉讼法证据一章的内容重复率最高，侦查机关取证规则、检察机关审证规则和审判机关的认证规则分别易于重复公安部、最高人民检察院、最高人民法院的相应司法解释。而值得一提的是，由于对概念理解有误，有的地方性刑事证据规则在重复刑事诉讼法及司法解释时也会出现问题。如1998年

《最高人民法院关于执行〈刑事诉讼法〉若干问题的解释》第61条规定,“凡经查证确实属于采用刑讯逼供或者威胁、引诱、欺骗等非法的方法取得的证人证言、被害人陈述、被告人供述,不能作为定案的根据”。其实,这条规定明显存在语法问题,因为,“刑讯”只是针对被告人供述,“非法的方法”并未明确包含较之威胁、引诱、欺骗等对证人、被害人侵害尤甚的暴力取证。很多地方性规则在重申这条规定时,为求精炼,表述为:“采用刑讯逼供或者威胁、引诱、欺骗等方法取得的言词证据,不能作为证据使用。”这种表述不仅没有意识到和修改司法解释中的语法错误,反而制造了新的问题,比如将“非法的方法”改为“方法”,将“证人证言、被害人陈述、被告人供述”概括为“言词证据”,将“不能作为定案的根据”改为“不能作为证据使用”,[69]显然,这三组概念各自的内涵并不完全相同。

除了重复刑事诉讼法及司法解释,地方性刑事证据规则相互之间也存在照抄照搬现象。应当说,不同地方的刑事证据规则有一定的重复是正常现象,符合诉讼规律和司法实践。但是,如果一个地方制定证据规则完全不考虑在具体问题上的本地实际情况,忽略地方特色,一字不差地照搬另一个地方的规则,就会严重影响该规则的实际效用。例如,广东省《关于办理刑事案件若干问题的指导意见(2008)》第50条规定的间接证据定案的条件就几乎与江西省《关于规范故意杀人死刑案件证据工作的意见(试行)(2007)》第49条规定的故意杀人死刑案件间接证据定案条件完全相同,恐怕非巧合所能解释。有更甚者已不限于个别条文的抄袭。如山东省定陶县人民检察院、定陶县公安局联合制发的《刑事诉讼证据适用意见(试行)(2013)》不管是在基本框架(十二个组成部分及各部分名称)还是在内容上均与山东省菏泽市中级人民法院、菏泽市人民检察院、菏泽市公安局会签的《刑事诉讼工作座谈会纪要(2012)》基本相同,只不过调整了前三部分的顺序。尽管定陶是菏泽的辖区,但这种简单重复有何意义?更何况,两个规则一个出现于2012年《刑事诉讼法》颁布前,另一个则出现于2012年《刑事诉讼法》实施后,照搬显然也是不科学、不合理的。

---

[69] 关于“定案的根据”与“作为证据使用”的区别,参见王彪:《刑事证据材料作为定案根据的条件》,载潘金贵主编:《证据法学论丛》(第3卷),中国检察出版社2014年版,第31~34页。

(四)过犹不及的"创新"

有些地方性刑事证据规则刻意追求"创新",甚至不惜突破刑事诉讼法及相关司法解释的规定,其正当性存在疑问。以"零口供规则"为例。出于提高证据运用能力、办案水平及适应先进诉讼理念的需要,2000 年 8 月,辽宁省抚顺市顺城区检察院"惊世骇俗"地推出了"零口供"规则——《主诉检察官办案"零口供"规则》。该规则第 3 条要求,检察机关在审查起诉时应当视犯罪嫌疑人的有罪供述为"零",而以其他证据形成的证据锁链作为唯一的定案标准和根据。"零口供"规则要求,审查起诉人员讯问犯罪嫌疑人时,应允许其保持沉默,而且,在审查证据时,力求独立于犯罪嫌疑人的有罪供述。[70]"零口供"规则出台后,人们有褒扬也有质疑,可谓毁誉参半。尤其是作为"零口供"规则亮点的"允许沉默"规则和"使口供对审查起诉的影响为零"规则,引起了人们的激烈争议。有不少人认为,这两条准则已经突破了 1996 年《刑事诉讼法》第 42 条及第 93 条,有违法之嫌。作为对以上质疑的回应,顺城区人民检察院又对"零口供"规则进行了数次修正和补充。在 2001 年 3 月 27 日版本的规则中,删除了"允许保持沉默"的规定,代之以"在鼓励其如实陈述的同时,不强迫其做不利于本人的陈述",其核心内容也由强调"视有罪供述为零",改为,"认定犯罪事实可不依赖犯罪嫌疑人的有罪供述独立存在,使有罪供述对犯罪事实的影响为零"。[71] 至今,"零口供"规则在顺城区人民检察院实施已逾十年,因为资料有限,笔者很难把握该规则对其他公安司法机关的实际影响。但据说,"零口供"出台之初,抚顺市、沈阳市、大连市金州区的一些公安司法部门曾纷纷效仿。[72] 2004 年,重庆市第一中级人民法院也曾尝试在庭审中推行"零口供","有限制地引入沉默权",以逐渐淡化口供

---

[70] 审查时须做到:"(1)审查思路、审查方向、审查重点的确定,要依据案件证据情况,而非犯罪嫌疑人的有罪供述;(2)认定的犯罪事实可不依赖犯罪嫌疑人的有罪供述而独立存在,使有罪供述对犯罪事实的影响为零;(3)对犯罪嫌疑人的无罪或罪轻的辩解要充分重视,并依据证据对其合理真实与否加以确认。"参见《南方周末》新千年文丛编委会编:《新视点》,湖南大学出版社 2001 年版,第 141 页。

[71] 关切、刘铁山:《"沉默权"未有引入,"零口供"重新定义》,载 http://www.ycwb.com/gb/content/2001-03/30/content_162702.htm,最后访问日期:2014 年 11 月 18 日。

[72] 张瑾华:《让法律更合情合理》,载 http://www.zjol.com.cn/node2/node2352/node2354/node3693/userobject12ai31777.html,最后访问日期:2014 年 11 月 18 日。

的作用。[73]

诚然,不管"零口供"规则的提出是不是有意无意的炒作,"零口供"规则能不能发挥预期的功用,都不应完全抹杀它的积极意义。当时,乃至当前,虽然程序公正的观念正日益为中国内地的理论及司法实际部门所接受,而"沉默权"也随着学界如火如荼的讨论为社会公众所关注。然而,在刑事司法实践中,有罪推定、口供至上的观念仍然大行其道,非法取供现象还是屡见不鲜,不仅导致了不少冤假错案,还严重损害了司法机关的声誉和司法者的威望。"零口供"规则就是在这样的背景下提出的。在顺城区人民检察院1998年提出"零口供"概念的时候,其初步构想也仅仅是"不要把犯罪嫌疑人的口供作为重要依据"。[74] 所以说,"零口供"规则反映了基层司法人员克服"口供情结",追求诉讼文明的努力。从其所引起的轰动效应来看,也确实起到了巨大的宣教作用。而且,不仅如此,"零口供"规则还设计了在不依赖口供的情况下如何审查起诉的具体方案。[75] 不管这样做是基于什么样的出发点,在客观上都有利于在审查起诉阶段犯罪嫌疑人权利的保护,提高审查起诉的质量,尤其是能够培养审查起诉人员在缺少口供的情况下审查起诉的能力。当然,目前,许多媒体和公安司法机关口中的"零口供"案件大多数情况下已经不是"零口供"规则意义上"无视口供"定案的案件,而是指事实上无供的情况下破案、起诉和定罪的案件,但从某种意义上而言,事实上无供的"零口供"案件的出现和增多也完全符合"零口供"规则的初衷。

然而,"零口供"规则的正当性值得推敲,局限性亦显而易见。口供是《刑事诉讼法》规定的证据种类之一。在认定案件事实上,口供是一种难以替代的原始证据和直接证据。而且,口供还具有收集和印证其他证据,发现漏罪和犯罪线索,确定和抓获共犯或其他犯罪分子,反映悔罪态度和矫正可能性等多重功能。正是这些重大的刑事司法利益的存在,口供才会在中外诉

---

[73] 参见易守华、赵金玲:《重庆法院有限制引进沉默权　警方称增加办案难度》,载《重庆晚报》2004年12月3日。

[74] 张威:《抚顺检察院把"沉默权"写进司法规章》,载 http://news.sina.com.cn/china/2000-09-05/123938.html,最后访问日期:2011年11月18日。

[75] 即"按照'是否有犯罪事实发生'、'危害后果如何'、'犯罪事实发生的经过'、'犯罪是何人所为'、'证明系何人所为的证据'等要素为顺序,运用全案证据进行推论,得出犯罪嫌疑人涉嫌犯罪的结论"。参见李乐平:《现行刑事诉讼制度检讨与完善》,中国检察出版社2006年版,第87页。

讼法史上攫取“证据之王”的崇高地位。固然,“惟口供论”的口供中心主义是不正当的,但否认口供特殊的证明价值也不是实事求是的态度。随着侦查水平的提高和人权保障意识的增强,刑事司法必然逐渐降低对非自愿口供的依赖,但不会影响自愿口供的重要性。[76] 2012 年《刑事诉讼法》及相关司法解释中关于口供补强和无供定案的规定否定的是口供中心主义的“罪从供定”和“无供不录案”,并不排斥口供(作为证据体系的中心)结合补强证据成为定罪处罚的根据。因此,承认口供的特殊证明价值才是兼顾公正与效率的理性态度。“视有罪供述为零”也好,“使有罪供述对犯罪事实的影响为零”也好,实质上都是彻底否定有罪供述的证据能力,既不符合立法精神,也不符合诉讼实际。不轻信口供不等于绝对不信口供,降低对口供的依赖不是完全不依赖口供。即便是在已经确立沉默权的国家,口供在定案中实际扮演的角色依然至关重要。因此,无视供述包括那些自愿、真实的有罪供述是典型的自我禁锢,因噎废食,只会浪费司法资源,不当妨碍刑事诉讼犯罪控制功能的实现。更何况,“零口供”规则仅是检察机关审查起诉部门内部的办案准则,其影响力难以达至其他诉讼阶段。即使审查起诉部门通过“无视有罪供述”可以降低某些非法供述对审查起诉工作的影响,但口供对于侦查的意义并不止于一种单纯的证据,在许多情况下,口供是侦查人员突破案件、深挖犯罪的手段,离开口供就很难组织起有效的侦查,因此,“零口供”无法撼动口供中心主义的侦查方式,从而也不能有效遏制非法取供现象。在“零口供”规则出台后,记者曾采访顺城区公安局,但“不少人根本不知道这回事”,当被问到对“零口供”规则的看法时,他们也“大都不假思索的表示这项制度不能适用于警方”。[77]

(五)难以避免的“地方化”

地方性刑事证据规则的“地方化”同样值得警醒。虽然“地方性”是地方

---

[76] 有学者甚至认为:“由于现代都市社会的疏离性、匿名性及移动性之特征,使得掌握确定犯罪者确实证据之事变得更困难,不仅确定犯罪者之确实证据难以掌握,就是目击证人之确保亦极为不易。……职此之故,被告人自白遂成为识别犯罪者及了解犯罪事实之最重要依据,与此亦可得知,社会都市化越加进展,自白在犯罪侦查上就越受倚重。就此而言,于现代社会续称自白为‘证据之王’,应不为过。”参见许哲嘉:《论自白之排除法则——正当法律程序之思维索引》,载《刑事法杂志》1997 年第 2 期。转引自雷建昌:《论口供的法律地位》,载《中共成都市委党校学报》2006 年第 1 期,第 46 页。

[77] 《南方周末》新千年文丛编委会编:《新视点》,湖南大学出版社 2001 年版,第 143 页。

性刑事证据规则的立足之本，而且，从一定意义上而言，地方性司法规则适度“地方化”也是司法地方性的实践表达[78]，然而，有些地方司法机关的“因地制宜”或“制度创新”显然已经超过了合理界限，对于同样的问题，出于“生产政治表现”的需要或者权力行使的便利性而随意处理，这无异于随意剪裁诉讼参与人的权利。[79] 比如，对于认证方式，有的规则要求原则上应当庭认证，有的规则则要求可以当庭认证，也可以庭后合议认证，甚至可以在判决书中直接认证；对于庭前证据交换，有的规则作了硬性要求，有的规则只是作出了可以交换的任意性要求，有的规则却付之阙如；对于律师的调查取证权，在新《律师法》颁行后、2012 年《刑事诉讼法》出台前，各个地方出台的限制或补充规则也是各不相同。[80] 即便在同一个地方，某项证据规则的立与废也带有很大的随意性。如对于共犯口供补强问题，江苏省 2003 年制发的《关于刑事审判证据和定案的若干意见(试行)》第 44 条明确要求：“共同犯罪中被告人的供述不能互为证言并据以定案”，“虽有同案被告人供述，但无其他证据证明犯罪事实确已发生的，不能定罪处罚”。而 2008 年颁布的《关于刑事案件证据若干问题的意见》第 47 条却提出，只要符合“排除各被告人串供以及案情泄露的可能”等条件，就可以单依共同犯罪人的供述定案。正如有些学者所担心的，由于缺乏统一的备案、审查或协调机制，地方性标准的频繁出现和使用，会加剧证据审查、运用标准的差异化和地方化，不利于司法统一。[81]

地方性刑事证据规则的“地方化”通常表现为对当事人及其他诉讼参与人程序权利的随意限制，从而也间接影响其实体权利。以被追诉人为例，辩护权是被追诉人程序权利的核心，而被追诉人准备辩护时首先要知道公安司法机关在运用证据认定案件事实时会遵循怎样的规则，这些规则又赋予自己哪些权利和保障。因此，像任何其他法律规则一样，证据规则必须是公开透

---

[78] 参见李小萍：《论法院的地方性》，载《法学评论》2013 年第 3 期，第 9 页。

[79] 参见兰荣杰：《诉讼规则“地方化”实证研究——以裁判权配置为视角》，载《法制与社会发展》2008 年第 2 期，第 16 页。

[80] 有学者称：有关实施《律师法》的地方规范性文件的文本形成过程，“即反映了围绕《律师法》实施问题的立场分歧与意见冲突”。参见黄京平、时延安、徐俊驰：《负重的前行：〈律师法〉与刑辩律师权利的地方化实践》，载《中国司法》2011 年第 5 期，第 65 页。

[81] 参见游伟：《统一司法要去除“地方性司法解释”》，载《法制日报》2009 年 11 月 04 日，第 5 版；王斗斗：《陈卫东称地方性刑事证据规则存疏漏 新规可最大限度避免冤假错案》，载《法制日报》2010 年 6 月 7 日，第 5 版。

明的,以使“当事人能肯定地预见到当局在某一情况中会怎样使用它的强制权力,并根据对此的了解计划他自己的个人事务”。[82] 但问题是,地方性刑事证据规则并不一定向被追诉人公开,相反,“地方化”程度越高,规则就越隐蔽,一些关系被追诉者重要利益的实施性规范可能只是“注意保密、切勿外传”的内部资料。在这种情况下,被追诉人自然很难进行有效的辩护与对抗,而只能任由秘密规则摆布。不仅如此,由于非公开性所导致的信息稀缺性,会促使当地律师与公安司法人员形成区域性的“知识共同体”,证据规则的“地方化”会在一定程度上造成“当地律师对本地案件的区域性垄断,助长律师与法官之间的权钱交易”。[83]

而且,如上所述,在司法机关地方化的背景下,有些刑事诉讼中的潜规则竟然成为了显规则。如山东Y县人民法院、人民检察院、公安局联合制定的《关于在办理刑事案件中严格执法和加强协调配合的实施意见》就将“证据不符合证据形式”“录音录像不全程不同步或者不能视听审核”“犯罪事实中的重要情节与相关证据矛盾突出无法排除”“证据达不到确实、充分标准”等规定为“依法可以协调”的事项。协调往往意味着牺牲程序,就以上问题的协调实质上是对刑事诉讼法及司法解释相关规定的无视。这种直接有违程序法定原则的“地方化”虽然会使个别争议案件得到处理,“但是可能带来破坏法治的灾难性后果”。[84]

(六)规则体系的失衡

一般来说,刑事证据规则的主体内容包括证据能力的规则和司法证明的规则,前者主要规范证据的法律资格,后者则规范证明对象、证明责任、证明标准及举证质证认证等司法证明活动。在英美法系国家,受陪审团审判和对抗制诉讼模式的影响,规范证据法律资格的可采性规则是证据规则的核心。甚至在部分英美学者看来,证据规则基本上就是解决采纳和排除证据的问题。[85] 美国《联邦证据规则》共68个条文中绝大多数条文与证据的可采性有

---

[82] [英]哈耶克:《通向奴役之路》,王明毅等译,中国社会科学出版社1997年版,第73页。

[83] 兰荣杰:《诉讼规则“地方化”实证研究——以裁判权配置为视角》,载《法制与社会发展》2008年第2期,第20页。

[84] 严励:《地方政法委“冤案协调会”的潜规则应该予以废除》,载《法学》2010年第6期,第42页。

[85] 参见[美]约翰·J.凯博思奇:《证据法典化、统一立法与分别立法》,封利强译,载《证据科学》2008年第2期,第226页。

关。而在大陆法系国家,由职权主义诉讼模式所决定,证据规则偏重证据调查规则,譬如德国《刑事诉讼法典》中的证据部分着力于规范证人、鉴定人等每一种具体的证明方式,此外,还规定了证据禁止规则、直接原则等。以该法第六章证人为例,24个法条主要涉及传唤证人(第48至51条)、拒绝证言权(第52至54条)、拒绝回答权(第55至56条)、告知证人(第57条)、个别询问、对质及记录(第58条)、宣誓(第59至67条)、询问个人情况(第68条)、询问案件(第69条)、无理由拒绝作证或宣誓(第70条)、补偿证人(第71条)。但不管是英美法系国家,还是大陆法系国家,对证据的证明力通常遵循着由事实裁决者自由评价的原则,法律一般不会预先作出限定。

然而,对我国的地方性刑事证据规则归纳后不难发现,规范证据能力的规则不仅数量有限,而且质量普遍不高,而规范证明活动的规则占了绝大多数,特别是规范证据证明力的证明规则大有后来居上之势。[86] 不管有没有证据能力规则,证明力规则几乎是每一个综合性或专门性刑事证据规则必不可少的内容。这些证明力规则既有针对每一种具体证据真实性、关联性的审查判断规则,也有关于相关证据证明力的比较评价规则,还有针对全案证据证明力的综合评价规则,甚至试图给刑事证明标准中的每一个词语如“确实”“充分”“不足”划出明确的尺度和规格,只差直接将哪一种证据规定具有几分之几的证明力了。这种试图靠形式化的规则不当降低乃至排除法官在证明力评价中的能动性的做法显然是不可取的,法定证据制度时期的教训已足够深刻。

地方性刑事证据规则对证明力规则的偏重直接源于公安司法人员的法定证据情结。司法实践中,审判人员对证明规则的需求主要集中在规范证明力的规则方面。他们普遍认为对证据证明力制定明确的、可操作的标准十分必要,而主要理由是,这样可以减轻他们定案时所受到的来自各方面的压力。[87] 而这种迎合审判人员需要的地方证明力规则之所以遍地开花,也和地方性刑事证据规则的“立法”导向有关。实践中,除了那些刻意“创新”、只重表象的规则,地方性刑事证据规则多数以职权行使的便利性为导向,“注重司

---

[86] 刘品新:《我国构建证据规则的视角调整》,载何家弘主编:《证据学论坛》(第2卷),中国检察出版社2001年版,第106页。

[87] 参见马贵翔等:《刑事证据规则研究》,复旦大学出版社2009年版,第6页。

法机关和法官个人的利益和方便，而非诉讼程序的公正性和诉讼当事人的利益”，自然就会迎合“法官个人趋易避难、趋简避繁的利己心态”。[88]

（七）不容乐观的实施效果

每一个地方性刑事证据规则出台后，总会被地方或媒体寄予很高的期望：通过细化法律和司法解释中的证据规定，系统规范刑事证据运用的规则和规程，提供相对统一的证据标准，体现法治与保障人权的精神，提高办案质量，切实保障犯罪嫌疑人、被告人的合法权益。当然，一些学者也对部分地方性刑事证据规则的积极作用抱有相当乐观的态度。[89] 然而，事实表明，许多地方性刑事证据规则的成效表现都是笼统、抽象的，缺乏具体的数据与实例支撑，而实施中暴露出来的问题却是现实的、具体的。由于不掌握一手材料，笔者不敢对地方性刑事证据规则的实施效果妄加揣测。据报道，个别地方在出台相关规则后，起诉率、审结率、有罪判决率均大幅提高，对实体及程序正义的实现均大有助益。但也有学者走访发现，某些基层公安司法人员对本省的地方性规则竟然一无所知。[90] 以下来自 SC 省和 SX 省的两个调研实例可能会对理解地方性刑事证据规则的实施情况有所助益。

1. SC 省《关于规范刑事证据工作的若干意见（试行）（2005）》实施情况。调查结果表明，该规则实施前后，刑事证据运用实践状况变化不大，规则基本上没有得到切实有效的贯彻执行，“文本与实践之间出现大的落差”，规则“并没有从书本的‘法’转化为现实的规则。规则的实施效果没有达到预期的目的。”[91]

2. SX 省《刑事案件庭前证据展示操作办法（试行）（2004）》实施情况。从整体上看，实施效果极不理想。“2005 年全年，某中院刑一、二庭共审结各类一审刑事案件 350 件，其中试行刑事证据庭前展示 37 件，占审结一审刑事案件数的 10.5%，而庭前证据展示的这 37 个案件全部是事实清楚，证据充

---

[88] 兰荣杰：《诉讼规则“地方化”实证研究——以裁判权配置为视角》，载《法制与社会发展》2008 年第 2 期，第 20 页。

[89] 参见郭睿、李国清：《为避免冤案提供制度保障——解读湖北〈关于刑事证据若干问题的规定〉》，载《法制日报》2006 年 1 月 10 日，第 5 版。

[90] 参见房保国：《刑事证据规则实证研究》，中国人民大学出版社 2010 年版，第 40 页。

[91] 王自清：《S 省〈关于规范刑事证据工作的若干意见（试行）〉制定与实施情况调查报告》，四川大学 2006 年硕士学位论文，第 22 页以下。

分，案情较简单的案件”，其中有“31件被告人主动认罪”。那些更需要证据展示的相对复杂的案件，却没有得到推行。[92]

地方性刑事证据规则之所以施行不力，概括起来，主要是因为：首先，也是基层实践部门反映最突出的一点，部分规则要求超前，不具备实施的现实条件，看起来很美，但徒具观赏价值。有的公安司法人员就担心，完全按规则处理会影响打击犯罪的效果。部分地方性刑事证据规则的制定者也坦承，考虑到各公安司法机关办案条件不一，“有些要求要真正、全面推行可能确实有个过程”[93]。其次，有的规则规定的过于原则，缺乏配套制度，意义模糊，可操作性不强，而部分条文在出台的过程中就充满争议，个别机关对相关要求并不认同。再次，地方性刑事证据规则普遍缺乏违规惩罚或救济机制，没有规定不执行的不利后果，和单位的考核机制也没有挂钩，公安司法人员对规则的实施没有任何压力，对规则不理会、不了解。最后，也是最值得强调的一点，地方性刑事证据规则的制定还存在刻意创新、“司法作秀”的情况。有的地方之所以搞这个规则，就是因为别的地方搞了，因此，自己也要搞，而且要搞出花样，而实施的效果则无关紧要。这种作秀式“规则”反映了“主观刻意追求”与“客观现实需要”的合力，[94]无疑会进一步加剧了部分地方性刑事证据规则的异化。

四、地方性刑事证据规则的前景与规制

（一）地方性刑事证据规则的发展前景

刑事证据规则的地方生产模式依赖于一定的外部条件，受到各种社会因素的影响，如各地的政治、经济、文化生态环境，规则的质量及“立法”技术水平，地方司法人员的真实观、证据运用理念和法律素养，落实规则的主观意愿、制度配套和物质保障等。而且，其功能实现还要受到诸多内在局限的制约，其创新性隐藏着“违法性”，地方性瓦解着统一性，灵活性暗含着随意性。作为地方性刑事证据规则的自然属性，这些内在缺陷与生俱来，天然地蕴含于其特点和优势之中，很难克服。

---

[92] 庄乾龙：《论刑事证据立法新走向》，载《中国刑事法杂志》2012年第2期，第83页。

[93] 冯莹、姚晨奕：《关于故意杀人死刑案件证据规范的江西版本》，载《人民法院报》2008年2月3日，第2版。

[94] 庄乾龙：《论刑事证据立法新走向》，载《中国刑事法杂志》2012年第2期，第83页。

当然,地方性刑事证据规则与刑事证据法有对立、冲突的一面,也有辅承、依存、契合的一面。归根结底,二者的冲突是“解决问题”与“落实法律”之争,是个性与共性之争,是价值与规范之争,而且,在一定层面上也反映了理想与现实、观念与实践、现代与传统的冲撞。在冲突中可以看到地方性刑事证据规则与刑事证据法的差别,而在契合中二者又统一起来。事实上,“解决问题”与“落实法律”,个性与共性,价值与规范,乃至冲突与契合关系本身,只是一个硬币的两个侧面。即便在最有个性的地方,地方性刑事证据规则与刑事证据法的适用也不是简单地非此即彼,二者的紧张关系并非是不可调和的。相反,二者冲突与契合并存的关系所表达的恰恰是国家法与地方性规则两种知识之间的张力,差异性则提供了地方性刑事证据规则与刑事证据法良性沟通与交往的空间和条件,而二者不同的关系模式影响的也主要是刑事证据规则的生成路径。

通过地方司法机关或者通过个案处理中的司法者“对不同知识的关联整合以及动态作用”,地方性刑事证据规则得以与刑事证据法展开广泛的沟通、交流并互动,进而使刑事证据规则在保持一定连续性和稳定的前提下发生变动。而最后作为定案根据的,到底有多少来自地方性刑事证据规则,又有多少来自刑事证据法,已经很难也没有必要分清了。[95] 在这个过程中,刑事证据法是方向和底限,是地方性证据知识制度化的基准,而地方性刑事证据规则可以填补法律空缺,刑事证据法的“有所不为”与地方性刑事证据规则的“有所为”得以有效融合。在这方面,有两种非理性的态度值得警醒:一是过分强调刑事证据规则的地方生产,从而走向奉其为圭臬的狭隘的地方主义;二是完全无视地方性刑事证据规则的价值,走向规则垄断的国家主义。不管是地方性刑事证据规则对刑事证据法的替代和规避,还是刑事证据法对地方性刑事证据规则的粗暴干涉、盲目打压,都会导致刑事证据规则现代化过程中的机能失调。

刑事证据规则的地方生产是难以避免的,地方性刑事证据规则不可能随着刑事证据法的发达而完全消失。像其他法律领域一样,至少在当下,我们

---

[95] 参见方乐:《司法知识及其形态变迁的社会逻辑——从“难办案件”的处理切入》,载《法律科学》2011 年第 2 期,第 22 页。

必须直面中央与地方双重维度下的规则秩序格局。事实表明,“两高”的某些禁止性规定也并没有遏制住地方性刑事证据规则强劲的增长势头。而且,从长远来看,地方性刑事证据规则与刑事证据法的和谐相处、协调运行也是完全可能的。二者在互动中各司其职,在各自的领域发挥作用。只有建立起对地方性刑事证据规则的重视和尊重,才能充分彰显其存在、特色和优势,使其成为刑事证据法的“底座”和“法源”,并保证独立行使司法权的制度空间。刑事证据法也可以不断从地方性刑事证据规则中汲取知识,对实践证明行之有效的,条件成熟时及时上升为法律,而条件不成熟时则可以在有条件的地方先行先试,从地方性刑事证据规则的实施中观察效果。当然,刑事证据法虽然不排斥地方性刑事证据规则,也不能凭借强制力对地方性刑事证据规则过度干涉,但是,对于地方性刑事证据规则中一些不合理、不公正、不合法的内容,特别是那些无法靠其自我调节消除的问题,进行一定的国家干预又是必要的。

(二)地方性刑事证据规则的合理规制

地方性刑事证据规则与刑事证据法各有其存在的正当性,实现二者的和谐共存,需要在宏观上构建二者良性互动的空间和渠道。然而,仅此还远远不够。如上所述,实践中,地方性刑事证据规则存在诸多问题和乱象,不仅无益于从实质上“解决问题”,也妨碍了统一刑事证据规则的实施。因此,有必要在清理现有的地方性刑事证据规则的基础上,建立有效的规范疏导机制,力求实现适时“造法”,造出“良法”,并最终实现“良法”“善治”。

1.适时“造法”:明确制定原则

合适的才是最好的。地方性刑事证据规则要想获得足够的社会认同,其创制就应遵循现实性原则,契合“一定社会物质条件下大众的基本理性价值”,符合国情和地方实际。就刑事证据的运用而言,需要考虑的最大实际体现在以下三个方面:其一,我国的刑事诉讼模式还是阶段分明、分工负责、流水作业的线型构造,审判或庭审尚未成为诉讼的中心,而案卷笔录则是连接不同诉讼环节的关键,这个特征不仅影响着对证明责任、证明对象和证明标准的理解,也使传闻证据规则或直接言词原则等诸多证据规则难以确立。其二,“实事求是”作为事实认定的指导思想依然未受撼动,司法人员“对于证据证明力的关注远胜于对证据能力的关注,对证据真实性的担忧也远胜于对证据合法性的担忧”,[96]而刑事证据法中的许多条文也都体现着“发现真相、有错必纠”的理念,从而制约着证据能力规则生存的空间。其三,证据规则所依赖的诉讼程序规则尚不够完善,重实体、轻程序观念的扭转,诉讼中人权保障意识的提高以及证据规则有效运作的生态环境和物质条件的优化需要一定的时间。因此,在制定和完善地方性刑事证据规则时,就必须注意到案卷笔录中心主义、主流证据理念的影响,兼顾诉讼程序规则、法律职业人的素质及专门机关发现真相的能力,不能期待靠证据规则去解决以其一己之力难以解决的问题。

地方性刑事证据规则的创制也要尊重规律,坚持科学性原则。所谓尊重规律,就是地方性刑事证据规则的布局、主题、程序、形式和内容要尽量尊重刑事证明与刑事诉讼的基本规律及其科学运作的客观要求,在符合实际的基础上,适度借鉴域外公认的、行之有效的证明规则,尤其是国际司法准则中确立的一些公理性的证据规则。不科学的地方性刑事证据规则,注定流于形式或者妨碍刑事证据法的正确实施。以意见证据规则为例。不少地方性刑事证据规则都规定,“证人只能就其亲身感知的事实进行陈述,不得使用猜测、评论和推理性质的语言”。其实,意见证据不应该一概予以压制或否定。大陆法系国家对于普通证人根据自己亲自体验的事实进行的推论并没有明确禁止,英美法系国家除了允许专家证人提供意见证据外,“普通证人以意见或推理形式作出的证词如果是合理地建立在该证人的感觉之上并且对清楚理解该证人的证词或确定争议中的事实有益的”,[97]也承认其可采性。对意见证据不加区分的评价显然失于绝对。创制地方性刑事证据规则能否做到顺应法理,关键在于对证据法原则、规则的底限性要求及灵活调适度的准确把握。

而且,地方性刑事证据规则也不是越多越好,其创制还要坚持必要性原则。尽管地方性刑事证据规则就是为了弥补刑事证据法的抽象、僵化、滞后等不足而存在的,但是,作为一种成文规则,地方性刑事证据规则也多多少少带有成文化的局限。地方性刑事证据规则再灵活,也赶不上刑事证据运用实

---

[96] 吴丹红:《证据法学研究的迷思——在西方样本和中国现实之间》,载《政法论坛》2006 年第 6 期,第 20 页。

[97] Fed. R. Evid. ,Rule 407.

践发展变化的节奏;再明确具体,也不可能涵盖个案中现实情况的繁芜。而且,有些领域并不适合规则介入,当地方性刑事证据规则干预了不该干预的领域,就“可能陷入用一个错误弥补另一个错误的怪圈”。[98] 对于地方性刑事证据规则而言,司法者的“心证”就是一个不宜过度调整的领域。诚然,在证据运用上,实行绝对的自由裁量主义容易导致司法专横和腐败,也不利于法制统一。因此,即便在大陆法系国家,法律也为“心证”的自由度设置了边界。另外,也要防止绝对的严格规则主义——即为每一种特殊案件和细微情况开列问题及解决方法的清单,以此完全排除司法者自由裁量的因素——这种努力不仅徒劳,还会牺牲个别正义,并导致规则的碎片化。因此,地方性刑事证据规则对法官自由裁量权的限制只能适可而止。

2. 如何造法:严格制定程序与形式

(1)限定创制主体,明晰规则效力

为了最大程度发挥地方司法机关在适用刑事证据法中的能动作用,同时,又尽可能地消除主体混乱、效力不明的乱象,我们认为,地方性刑事证据规则的创制主要可以区分为如下四种情况:一是在相关立法缺位时,省级或较大的市的人民代表大会及其常委会有权制定虽不属于地方刑事证据法规但与刑事证据运用密切相关的法规。根据《立法法》第8条的规定,刑事证据是只能由法律规定的事项,当然,为执行刑事证据法,对于某些确有必要根据本行政区域的实际情况做出具体规定的事项,省级或较大的市的人民代表大会及其常委会也有权制定实施性条例。二是地方司法机关原则上不能制定司法解释性质的刑事证据规则,确有必要结合本地情况对具体运用刑事证据法进行解释的,省级人民法院、人民检察院可以在全国人大常委会明确授权的情况下,制定司法解释性质的地方性刑事证据规则,该规则在本司法区域内具有约束力。之所以将授权地方解释的主体限定为省级人民法院、人民检察院,主要考虑到省级司法机关直接管辖的案件相对较少,且其承担着指导和监督下级司法机关的职责,有权对法律、法规、规章等草案提出意见,针对案件审理中发现的问题提出司法建议,或者组织、指导全省性的调研工作,它们有解释的能力和条件。三是地方司法机关不能任意僭越立法权,确有必要

---

[98] 舒锐:《法律应慎入道德》,载《深圳特区报》2013年9月9日,第A02版。

制定创新性的刑事证据规则的,民族区域自治地方或其他地方可以分别通过“集中授权模式”或“差异化授权模式”进行。四是地方司法机关有权单独或者联合制定一些非司法解释性质的操作规程或实施办法。当然,不同形式的地方刑事证据规则遵循不同的制定程序,在效力上也应有所差异。譬如,可以赋予“决定”普遍的约束力,但对于“解答”“意见”等,可以要求参考适用,但针对个案具体问题的解释或解答,对报请解释或解答的法院也应有约束力。而且,地方性刑事证据规则要具有强行约束创制主体及其下级机关的效力,最好在规则中予以明确规定。

(2)严格制定程序

不管是否具有司法解释的性质,地方性刑事证据规则都会直接影响到当事人及其他诉讼参与人的诉讼权利及其他合法权利,因此,其创制均应遵循严格规程。借鉴“两高”司法解释的制定程序,结合地方司法实践,我们认为,专门的地方性刑事证据规则从立项、起草、论证到审议通过、发布、备案等,都要力求规范化。在立项阶段,司法机关相关机构及业务部门、下级司法机关、其他相关国家机关、社会团体、个人等均可提出制定刑事证据规则的建议,审判委员会、检察委员会或者多机关联席会议等决策主体充分考察规则制定的必要性以及制定的条件是否成熟。决定立项后,由相关业务部门承担起草任务。如涉及多机关的,应成立由各机关派员组成的起草小组。当然,也可以委托给证据法学者、科研机构起草,或者吸收证据法学者、立法学专家参与。决策者应将规则的创制意图明确告知起草主体。在接受起草任务后,起草主体应进行深入、全面的调研工作,在兼顾法治原则和立法技术的前提下,形成草案(征求意见稿)。对于司法解释性质的地方性刑事证据规则,应当在本地向社会公开征求意见。非司法解释性质的规则,可以只对规则涉及的相关机关或业务部门征求意见。起草主体根据反馈的意见情况,形成草案(审议稿),提交决策主体审议决定。决策主体在听取建议主体的意见、起草主体的介绍和说明的基础上对规则草案进行表决。表决通过后,不管该规则有无强行适用的效力,都要以所有决策参与机关的名义对外公布,以让公众知晓规则。地方性刑事证据规则均须报同级人民代表大会常务委员会和省级司法机关备案,省级司法机关制定或参与制定的刑事证据规则还应报最高司法机关备案,而所有授权制定的刑事证据规则还须报授权决定机关批准或备案。

(3)优化规则形式和体例

在形式上,专门的地方性刑事证据规则可考虑限定为以下五种:一是“解释”。对各地司法机关获得授权,针对刑事证据运用实践中如何应用某一法律或者对某一类案件、某一类问题如何应用法律制定的司法解释性质的规则,采用“解释”的形式。二是“规定”。各地司法机关根据立法精神对刑事证据运用工作中需要制定的,且对制定主体具有强行适用效力的规定、规范、办法、细则、规则、规程、标准等,统一采用“规定”的形式。三是“意见”。各地司法机关针对刑事证据运用制定的仅具总结经验、强化协调等指导意义的意见、纪要、总结、方法、制度、要求、指引、指南、机制、要点、声明、流程等,统一采用“意见”的形式。四是“解答”。地方司法机关对下级司法机关就刑事证据运用工作中具体应用法律问题的请示而形成的不具有强行适用力的解答、批复、回复、通知等,统一采用“解答”的形式。五是“决定”。各地司法机关修改或者废止地方性刑事证据规则,采用“决定”的形式。而在体例上,地方性刑事证据规则应主要体现为针对某一类特定案件或者某一个特定问题的专门性刑事证据规则。原则上地方司法机关不能制定适用于三大诉讼的综合证据规则或者“综合法典”式的专门性刑事证据规则,而且,地方司法机关也不能针对下级法院就应用刑事证据法具体问题的请示制定具有约束力的“解答”,确有必要时,可以就此问题层报请示最高司法机关,最高司法机关对此可以“批复”的形式制定司法解释。

3. 造出“良法”:规范规则内容

地方性刑事证据规则不仅在形式上要符合公开性、明确性、一致性、先在性等要求,更要成为实质上的“良法”,即在内容上具有合理性、正当性及合法性。

首先,地方性刑事证据规则要合理,不能无原则地屈从于实际需要。以证明力规则为例。实践中,司法者总是希望判断证明力的规则越细致越好,这种希望是在过大的裁判风险和压力下产生的,可以理解,但不尽合理。证据的证明力评价是刑事司法的核心任务,需要司法者结合具体的案情及证据情况,基于理性和经验作出判断,体现的是一种融合形式逻辑和辩证逻辑的复杂推理。因此,不管是英美法系国家,还是大陆法系国家,在证明力上基本都遵循着由裁判者自由评价的原则,这也是自由心证证据制度的精髓所在。社会生活的多样性、丰富性、动态性和成文法的局限性决定了,以对证明力事无巨细的硬性规定替代司法者的"实践理性",使司法者在刑事证据运用中完全变成自动售货机,这种思路是不可取的。然而,受法定证据情结和浓重的形式证据意识的影响,也为了回应实践中司法者的吁求,不少地方不遗余力地创设了大量证明力评价规则,这反过来加剧了基层司法者对这些规则的"路径依赖"和证据运用上的形式主义倾向,形成恶性循环。地方性刑事证据规则需要在诉讼证明模式中给司法者的自由裁量权一个合理的定位,既要明确其自由评价证明力的权力,强化其独立判断证据的资格和能力,解放司法者的理性,又要遵守刑事证据法设置的诸如"口供补强""最佳证据"等合理界限,通过规定心证结果、理由的公开等,防止自由裁量权滥用,将非理性因素的影响降到最低程度。

其次,地方性刑事证据规则要正当,必须在某一个方面反映出较之于刑事证据法的独特优势或价值。地方性刑事证据规则可以反映地方特色,体现对地方性知识的传承、积淀或整合,回应一定区域刑事司法实践中的普遍性问题和需要,也可以是刑事证据法空缺或模糊时的拾遗补缺、试验创新。但不管是哪一种情况,都需要从地方的实际出发,既不能是对刑事证据法的简单重复,也不能是少数人意志下对刑事司法秩序的随意塑造,更不能沦为别有用心的司法"政客"生产政治表现的工具。法律的基础不是法律,而是社会,地方性刑事证据规则的质量评价同样需要遵循法律内在道德性评判的一些标准,譬如是否反映公意,是否稳定连续,是否协调统一,是否以人为本,是否要求了不能或无力做到之事等。其中,公意标准至关重要。地方性刑事证据规则是国家法与地方秩序交互中形成的"公共产品",理应吸纳民意,体现公共意志,不能仅凭个人好恶,也不能去追求部门利益或者狭隘的地方利益,否则就会成为"劣法"甚至"恶法"。

最后,地方性刑事证据规则要合法,不能同刑事证据法背道而驰。如果说实施性地方刑事证据规则的合法性较容易理解的话,创新性地方刑事证据规则的合法性要求似乎是一个悖论:正是因为这些创新突破了法律的框架,它们才变得意义重大。所以,即便违法,也是所谓的良性违法。如果一概以"违法"为由禁止,就会阻碍全国从地方的尝试中受益,而且,法律的目的也显然“不是通过制度性规定剥夺地方尝试的自由”。我们对此不以为然。按照法律权威和法制统一原则的要求，地方制定任何规范性和非规范性法律文件的活动都要谨守法律的界限。同地方性立法相比，地方刑事证据规则更应坚持同国家法的“不相抵触”原则。该原则大致可从以下四个层面理解：(1)地方性刑事证据规则不应涉足刑事证据法的专属立法事项。譬如，我国刑事证据法在证据种类上实行法定主义，因此，对于随着社会发展涌现出的非典型证据，地方性刑事证据规则可以将其释入已有的证据种类，但不宜创造新的证据种类。(2)地方性刑事证据规则不能违反刑事证据法的禁止性规定和强行性规定。(3)地方性刑事证据规则不得违反刑事证据法确立的基本原则，如“重证据、重调查研究、不轻信口供”原则，“孤供不能定案”原则，“无供可以定案”原则等。(4)创新性地方刑事证据规则在符合前三个要件的前提下，即便超越刑事证据法，也要有利于犯罪嫌疑人、被告人等诉讼参与人，原则上不能为其增加诉讼负担或义务，如果规则增加了诉讼参与人的讼累或者属于违反前三个要件的“先行先试”，必须依法获得明确授权。合法性原则前两个层面的含义是刚性要求，而立法水平和质量的体现主要在后两个层面。

4.“良法”“善治”：重视规则实施

作为多元秩序沟通的平台和多元法律文化的体现，地方创制刑事证据规则的目的不在于宣示权威，而在于付诸实施。如果地方规则符合社会的需要，而又不违反法律，遵守这些规则乃至严格遵守这些规则，就是法治社会的必备条件，而规则的创制者依规则行事实质上也是这些规则内在道德性的重要标准之一。然而，司法实践中，地方性刑事证据规则立而不行的现象较为普遍。之所以出现这种现象，部分是因为规则本身不是“良法”。而即便规则本身是“良法”，要实现从纸面到现实的转变，也有赖于良善的实施机制：

地方司法机关的能动适用是基础。作为规则的创制者和适用者，地方司法机关不仅应该在司法理念上予以重视，也理应在其实施中扮演解释、引导、示范作用，只有这些专门机关自身的刑事证据运用活动能与规则的要求相一致，方能真正树立地方刑事证据规则的权威，做到令行禁止，而在这个过程中，司法公信力也能得到提升。具体而言，一方面，在刑事诉讼中，特别是在审查起诉、审判阶段，专门机关对于可能在定案中援引的任何地方性刑事证据规则，均要告知当事人及其辩护人、诉讼代理人，在当事人无法律帮助人时，专门机关不仅要告知，还负有一定的释明义务。另一方面，专门机关还须注重刑事法律文书中对证据运用情况的充分说理。不管是法院的有罪或无罪判决，还是检察机关起诉或不起诉决定书，以及公安机关的立案与否的决定书、撤销案件决定书或起诉意见书，凡是适用地方性刑事证据规则之处，必须辨法析理，进行一定的说明和论证。而且，法律文书说理时，要考虑一般当事人的接受能力，对于适用的规则，力求让当事人理解和信服。

救济机制的完善是关键。地方性刑事证据规则的颁行必然会影响到当事人的权利。而“没有救济就没有权利”，“没有制裁就没有规则”。为此，作为救济机制的一部分，应将审判人员、检察人员和侦查人员违反强行性的地方刑事证据规则、侵害诉讼参与人诉讼权利的行为纳入《刑事诉讼法》第 14 条第 2 款[99]的调整范围，诉讼参与人有权向同级或上一级检察机关提出控告。并且，在审判阶段，明确将违反强行性的地方刑事证据规则释入《刑事诉讼法》第 227 条程序性违法的情形之一，视为被告人的适格的独立上诉理由。被害人也可依相关理由申请人民检察院提出抗诉。上一级法院即便超出了地方性刑事证据规则的辖制范围，但对上述上诉、抗诉案件，也应依法受理。且在审理时，重点审查作为上诉或抗诉理由的地方性刑事证据规则适用情况。同时，必须对违反强行性的地方性刑事证据规则的行为，明确设定否定性后果，包括行政教育、绩效处罚、行政处分直至追究刑事责任，增加违反规则的成本。

---

[99] 该款规定：诉讼参与人对于审判人员、检察人员和侦查人员侵犯公民诉讼权利和人身侮辱的行为，有权提出控告。

第五章　地方性刑事程序规则研究

2012年1月最高人民法院、最高人民检察院联合发布《关于地方人民法院、人民检察院不得制定司法解释性质文件的通知》(法发〔2012〕2号)(以下简称《通知》),要求地方人民法院、人民检察院一律不得制定在本辖区普遍适用的、涉及具体应用法律问题的"指导意见""规定"等司法解释性质文件,地方人民法院、人民检察院认为需要制定司法解释的,应通过高级人民法院、省级人民检察院向最高人民法院、最高人民检察院提出制定司法解释的建议或者对法律应用问题进行请示。然而,这一规定在实践中并未完全得到执行,从2012年至今,全国各地司法机关为了执行、细化《刑事诉讼法》《最高人民法院关于执行〈中华人民共和国刑事诉讼法〉若干问题的解释》(以下简称《最高法解释》)、《人民检察院刑事诉讼规则(试行)》(以下简称《最高检规则》),制定了很多有关刑事程序规则的司法文件。[①] 实际上,早在1987年最高人民法院即在《关于地方各级法院不应制定司法解释性文件的批复》中明确指出,"地方各级法院均不应制定具有司法解释性的文件",这一规定也同样未得到执行。据笔者不完全统计,2012年1月之前,全国31个省、自治区、直辖市制定的有关刑事程序的地方性司法文件就有1000多份,其中主

① 仅从北大法律信息网的"中国地方性法律法规规章全库"的"地方司法文件"栏目就可查到《江苏省未成年人犯罪记录封存工作实施意见》(苏高法〔2013〕39号)、浙江省司法厅《关于认真贯彻执行最高人民法院、最高人民检察院、公安部、司法部〈关于刑事诉讼法律援助工作的规定〉的通知》(浙司〔2013〕32号)、北京市高级人民法院《关于落实修改后刑事诉讼法做好附带民事诉讼赔偿调整应对工作的意见》(京高法发〔2012〕337号)、《北京市社区矫正实施细则》(京司发〔2012〕160号),四川省人民检察院、四川省司法厅《关于保障和规范律师在刑事诉讼中依法执业的暂行办法》(川检会〔2013〕1号),广东省高级人民法院《关于刑事再审审查案件审理流程的具体规定》(粤高法办发〔2013〕3号)等文件。

要内容是刑事程序规则。本章拟结合调研收集到的地方性司法文件,对地方性刑事程序规则进行较为全面的考察和分析。

一、地方性刑事程序规则概述

(一)地方性刑事程序规则的含义

"地方性刑事程序规则"主要是指由中国大陆地区地方司法机关通过制定规范性司法文件所确定的有关刑事程序的规则。

根据我们的考察和调研,地方性刑事程序规则的制定主体具有多样性。首先,地方法院、地方检察院是地方性刑事程序规则的制作主体,法、检两家联合或者分别制定了相当数量的地方性刑事程序规则。其次,地方公安机关和地方司法行政机关虽然不是地方"司法机关",但是也参与或单独制定了很多地方性刑事程序规则。例如,2010 年上海市公安局制定了《关于提讯会见看守所在押犯罪嫌疑人、被告人、罪犯的若干规定》。有的地方司法行政机关为了规范本地区的法律援助、律师执业以及监狱服刑人员权利保障也出台了很多地方性规定。再次,有的地方党政机关也参与地方性刑事程序规则的制定。[②] 其原因在于,我国目前尚处于社会转型期,司法资源的配置尚未达到完善状态,有些司法工作需要党政机关进行协调才能完成。复次,为了保证地方性刑事程序规定在多个机关之间能够得到有效执行,地方司法机关之间联合制定地方性刑事程序规则已经日益成为一种趋势。[③] 最后,从行政级别上看,"地方性刑事程序规则"的制定主体包括省、市、县(区)三级。

"地方性刑事程序规则"通常冠以"实施细则""意见""规定""通知""会议纪要"等字样,对于地方司法机关在侦查、起诉、审判程序中的具体问题作出明确的指导性规定。与国家正式法律具有的强制性不同,地方司法机关制定的刑事程序规则具有更大的灵活性,有时在标题上明确注明"试行"二字,

---

② 例如,兰州市人民政府制定的《兰州市涉案财产价格鉴证管理暂行办法(2007)》、湖北恩施州政府制定的《恩施土家族苗族自治州法律援助规定(2007)》、无锡市人大常务会制定的《无锡市刑事被害人特困救助条例(2009)》,吉林省委政法委、吉林省高级人民法院、吉林省人民检察院、吉林省公安厅、吉林省司法厅、吉林省民政厅、吉林省人力资源和社会保障厅、吉林省机构编制委员会办公室、吉林省财政厅联合制定的《关于在全省试行社区矫正工作的意见(2009)》等。

③ 例如,重庆市多次的"五长"(公安局长、检察院检察长、法院院长、司法局长、国安局长)会议纪要、上海市多次的检法联席会议纪要、吉林省多次的公检法司联席会议纪要。

有的还在文中要求下级司法机关“参照执行”，并把执行中发现的问题及时上报。

本课题组通过实地调研、收集、网上查找（包括司法机关内网、外网以及专业性法律网站）等方式，收集了从1997年至今的全国各地涉及刑事程序规则的地方性司法文件1100余份，具体为江苏省128份、上海市106份、北京市92份、广东省86份、重庆市84份、贵州省74份、四川省67份、河南省58份、浙江省57份、天津市45份、海南省43份、江西省38份、湖南省32份、陕西省30份、吉林省29份、辽宁省26份、河北省24份、宁夏25份、湖北省25份、安徽省22份、山东省19份、甘肃省15份、云南省16份、内蒙古12份、福建省13份、广西省13份、黑龙江省9份、山西省8份、青海省8份、新疆7份、西藏3份。④

从数量上看，制定地方性刑事程序规则最多的前四个地区分别是江苏、上海、北京、广东，这四个省市恰好是全国经济和文化最为发达的地区；而地方性刑事程序规则制定最少的则是青海、新疆、西藏，这三个省、自治区属于经济和文化上较为落后的西部地区。这种情况反映出发达地区更有条件和能力制定地方性刑事程序规则。

表5－1　部分省市地方性刑事程序规则内容和数量明细

内容＼地区	江苏	重庆	北京	四川	上海	贵州	河南	广东	浙江
管辖	2	3	3	1	3	1			1
立案	1	1	3			1			1
扣押		1	1				1		
逮捕	4	3				2	1		1
取保候审	1	1							
侦查羁押	4	1				3		1	1

④　需要说明的是，上述规范性文件只是课题组在近五年的时间内通过自己的全部资源所获取到的，并非全国现存的地方性刑事程序规则之全部。由于各省、自治区、直辖市地方性刑事司法文件的公开程度存在较大差异，获取的渠道和难易程度也各不相同。有些省份的地方性刑事程序规则因公开程度较高而能够获得相对更为丰富的资料，有的省份的地方性刑事程序规则却因公开程度不高而较难获得。不过，我们相信，已经收集到的全国地方性刑事程序规则总量基本能够反映出各地的大致情况。

续表

内容＼地区	江苏	重庆	北京	四川	上海	贵州	河南	广东	浙江
不起诉	1		1			1			
撤诉	1	1				1			
暂缓起诉	2		1						
公诉	2		2		1				
侦查监督	2		1	2		1	1	1	1
主诉检察官			1		4				
被害人救助	4		1			1			
检委会	1					4			
审委会	1				3			3	
律师权利	9	1	8	3	4	2	1	6	3
法律援助	3	2	3	2	3	1		1	8
裁判文书				2	1			1	
审判程序	10	4	7	4	5	2	3	4	8
审限	3		2	1	1		1	1	
陪审			2	1	2			1	
简易程序	2		3	6	2	1	2		1
特定类型案件	5		7	8	4	5		5	6
刑事和解	2	1	1	1	3		1	1	2
量刑	8	2	1	2	3	2	1	5	2
附带民事诉讼	3	2	1	1	1	2	3		
二审	2	3	4	7		1		2	2
再审	2					1		2	
国家赔偿	4	1	1	3					1
减刑、假释	4	2	5	5	5	1	1		
服刑犯人管理	8					1			
社区矫正	12		3	2	5	1			2

续表

地区 内容	江苏	重庆	北京	四川	上海	贵州	河南	广东	浙江
未成年人司法	6	3	7	4	4	2	6	4	2
轻罪案件	4	3	3		3		2		
死刑案件		4	1	8	2	4	6	9	3
司法操守					4			4	1

（注：审判程序包括流程管理、庭审规范、审判公开、审限等。）

表5－1列出的9个省、直辖市是中国制定地方性刑事程序规则最多的地区。从该表可以看出，中国地方性刑事程序规则涵括了侦查、起诉、审判、执行等刑事诉讼各个环节的各个方面。其中，侦查监督与审判工作的细化和轻微刑事案件的程序简化在各地受到了普遍的重视；江苏、北京和广东的律师业较为发达，这些地方都在努力加强法律援助工作；特定类型案件的处理在地方性刑事程序规则中较为常见，刑事附带民事诉讼在地方实践中曾经是普遍的难题；死刑案件的办案程序也受到各地司法机关普遍的重视；减刑和假释程序日益规范，江苏省对服刑犯人的管理在全国首屈一指；重庆、北京、上海、天津的未成年人刑事司法工作走在全国前列。

表5－2　部分省市司法机关制定的地方性刑事程序规则数目统计

地区 主体	江苏	重庆	北京	四川	上海	贵州	天津	广东	河南	浙江
公	4	23	2	1	6	3	2	1	7	9
检	22	13	9	14	21	45	31	1	14	5
法	42	15	42	20	29	8		40	10	12
司	3		6	1	4		5	4	4	5
公检	2	4	3	6	4		3	3	6	2
检法	2	6	1	3	17	4	2	6	1	2
公检法	14	3	10	5	10	4	1	4	2	7
法司	3	1	1	1	5			1		
检司	1	1	2	1		1			2	1

续表

地区 主体	江苏	重庆	北京	四川	上海	贵州	天津	广东	河南	浙江
公司					3		1			
公检司	3	3		2	1					
检法司		2		3	1					
公检法司	13	9	14	2	10	4	2	4	1	7
公检法政	3		2					1		
公检法司政	2					1	1	1		
五长		6								
监狱管理局	7		1		1					

（注："司"指司法行政管理机关；"政"指地方政府及其有关部门，如财政厅、审计厅等。）

从表5-2中可以看出，从地方性刑事程序规则的制定主体来看，公、检、法、司单独或联合成为地方性刑事程序规则的主要制定者，有些地方的政法委、综治委、检察官协会、律师协会、司法鉴定协会等也偶尔参与或主持有关地方性刑事程序规则的制定。各地司法机关制定地方性刑事程序规则的活跃程度存在差别，有的是法院制定的规则多，有的是检察院制定的规则多，有的是公安制定的规则多。比较起来，公、检、法、司联合制定的地方性刑事程序规则在各地都较为普遍，反映出转型期的司法工作需要多个单位的协调配合才能完成。

（二）地方性刑事程序规则的形成背景

为什么在统一的全国法律体系之下会产生如此众多的地方性刑事程序规则？据我们分析，主要可以从立法、司法以及司法改革等方面寻找原因。鉴于第一章已经对地方性刑事司法规则的产生动因与条件有所论述，本章主要分析地方性刑事程序规则的形成背景。具体分析如下：

1. 粗疏的国家立法和司法解释

由于种种原因，与法治发达国家相比，我国的很多部门法律条文不多，有关规定较为粗疏，《刑事诉讼法》是一个典型的例子。我国1996年《刑事诉讼法》和2012年《刑事诉讼法》分别为225条和290条，而法国《刑事诉讼法》

有803条，德国《刑事诉讼法》有495条，日本《刑事诉讼法》有507条。由于立法的粗疏，在立法通过之后，最高公安司法机关不得不通过制定部门规章或司法解释的形式，对《刑事诉讼法》的内容进行适当细化，以便实务操作。例如，2012年《刑事诉讼法》只有290条，而2012年12月公布的《最高法解释》和《最高检规则》则分别为548条和708条。如果把全国人大法工委、最高人民法院、最高人民检察院、公安部、国家安全部和司法部联合发布的《关于实施刑事诉讼法若干问题的规定》(40条，以下简称《六机关规定》)和公安部制定的《公安机关办理刑事案件程序规定》(376条，以下简称《公安部规定》)加起来计算，由中央国家机关对《刑事诉讼法》所作的补充性和解释性规定达到1672条！然而，如果仔细审查各机关发布的规定就可以发现，大量的规定是对《刑事诉讼法》的重复，还有一些规定站在制定机关的角度看可能具有合理性，但从解决法律适用的实际问题来看却显得不够明确、具体，缺乏可操作性，一些在司法实践中迫切需要明确的问题在这些规定中却找不到合适的答案，地方公安司法机关等从办理当地刑事案件的现实需要出发，不得不出台一些更加明确、更加具体、能够为一线办案人员提供操作依据的地方性规则。

例如，2012年《刑事诉讼法》第24条就刑事案件的审判管辖问题规定了“犯罪地法院管辖”的原则，《最高法解释》第2条对“犯罪地”进行了如下解释：“犯罪地包括犯罪行为发生地和犯罪结果发生地。针对或者利用计算机网络实施的犯罪，犯罪地包括犯罪行为发生地的网站服务器所在地，网络接入地，网站建立者、管理者所在地，被侵害的计算机信息系统及其管理者所在地，被告人、被害人使用的计算机信息系统所在地，以及被害人财产遭受损失地。”但什么是“犯罪行为发生地”？什么是“犯罪结果发生地”？司法实践中并非像看上去那么简单。江苏省高级人民法院、江苏省人民检察院、江苏省公安厅、江苏省国家安全厅、江苏省司法厅于2014年联合发布的《关于贯彻执行〈中华人民共和国刑事诉讼法〉若干问题的座谈纪要》(苏高法〔2014〕24号)对“犯罪地”作了进一步的明确：“犯罪地包括犯罪行为发生地和犯罪结果发生地。犯罪行为发生地，包括犯罪行为的实施地以及预备地、开始地、途经地、结束地等与犯罪行为有关的地点；犯罪行为有连续、持续或者继续状态的，犯罪行为连续、持续或者继续实施的地方都属于犯罪行为发生地。犯罪结果发生地，包括犯罪对象被侵害地、犯罪所得的实际取得地、藏匿地、转移地、使用地、销售地。”[⑤]“对于同级公安机关有管辖权的刑事案件,人民法院、人民检察院经审查认为符合受理条件的,应当依法受理。不予受理的,应当说明理由。”[⑥]该座谈纪要还对“指定管辖”的衔接工作作出了规定:“上级公安机关指定下级公安机关立案侦查的案件,需要逮捕犯罪嫌疑人的,由侦查该案件的公安机关提请同级人民检察院审查批准,同级人民检察院无需再就案件管辖问题进行审查。省公安厅指定下级公安机关立案侦查并已向同级检察机关移送审查起诉的案件,省公安厅、省检察院应当共同商请省法院确定案件审判指定管辖事宜。并案处理的案件,无需再办理指定管辖相关事宜。多个法院对并案处理的案件均有管辖权的,一般以主要犯罪地法院管辖为宜。”[⑦]

又如,《最高法解释》第20章专门对“未成年人刑事诉讼程序”进行了规定,为了进一步规范法院未成年人犯罪记录封存工作,2013年北京市高级人民法院制定了《北京市法院未成年人刑事案件诉讼档案封存管理办法》(京高法发〔2013〕405号),其中较为详细地规定了未成年人刑事案件的诉讼卷宗封存的条件和方式、[⑧]未成年人刑事卷宗封存的具体流程(包括提出、审批、标记、存档)、[⑨]未成年人刑事卷宗查询的条件、程序以及方式、[⑩]未成年人刑事档案解除封存的情形以及程序等。[⑪]

从我国刑事程序规则的规范体系来看,由《宪法》《刑事诉讼法》、全国人大常委会关于《刑事诉讼法》的解释[⑫]以及其他由中央国家机关制定的解释

---

⑤ 参见《江苏省高级人民法院、江苏省人民检察院、江苏省公安厅、江苏省国家安全厅、江苏省司法厅关于贯彻执行〈中华人民共和国刑事诉讼法〉若干问题的座谈纪要》(苏高法〔2014〕24号)第一部分“管辖”第1条。

⑥ 同上,第2条。

⑦ 同上,第3条、第4条、第5条。

⑧ 《北京市法院未成年人刑事案件诉讼档案封存管理办法》(京高法发〔2013〕405号)第6条:未成年人刑事案件的诉讼卷宗封存的方式为:(1)不提供实体卷宗以及电子卷宗的查阅、摘抄、复制;(2)不提供以未成年人姓名为对象的检索服务。

⑨ 《北京市法院未成年人刑事案件诉讼档案封存管理办法》(京高法发〔2013〕405号)第7条、第8条、第9条。

⑩ 同上,第10条至第15条。

⑪ 同上,第18条、第19条。

⑫ 根据《宪法》,全国人大常委会可以对《刑事诉讼法》进行修改和解释。单就“解释”而言,自1979年《刑事诉讼法》实施至今,只有第十二届全国人大常委会在2014年4月24日一次性通过了关于《刑事诉讼法》第79条第3款(逮捕条件)、第271条第2款(公诉转自诉)、第254条第5款和第257条第2款(暂予监外执行程序)的三项解释,此前从未针对《刑事诉讼法》的任何条文作过正式解释。关于《刑事诉讼法》的解释事实上主要通过“司法解释”的形式进行。

性规定构成具有全国性法律约束力的“中央规则”或者“国家规则”，相当于哈特所说的“第一规则”；由各地公安司法机关制定的地方性司法文件所确立的“地方性刑事程序规则”在当地辖区内办理刑事案件时具有相应的约束力，相当于哈特所说的“次级规则”。[13] 地方性刑事程序规则的大量出现，事实上反映了国家规则在满足现实司法需要方面的缺陷。从总体上看，全国人大常委会关于《刑事诉讼法》有关条文的解释以及其他中央国家机关对《刑事诉讼法》的解释性规定进一步明确了《刑事诉讼法》有关规定的含义，并对《刑事诉讼法》的相关内容做了一定的补充；而地方性刑事程序规则又对刑事程序的“国家规则”从地方刑事司法的需要出发进行了大量的补充和细化，弥补了国家规则的不足。

2. 政策执行型的刑事司法

我国是单一制国家，实行中央领导下的民主集中制原则。在严格的科层制下，主导性的观念形成于上层，相关的执行工作留给下属。[14] 如果把中央视为社会的总管，那么司法活动就必须致力于贯彻国家的纲领、执行国家的政策。[15] 我国的法治化是由中央主导、建构并推进的，刑事政策在我国的司法工作中占有重要的地位，近年来我国多项重大的刑事司法改革决策均由中央作出或批准。[16]

中央政法委是党中央领导和管理政法工作的职能部门，从宏观上组织领导最高人民法院、最高人民检察院、公安部、司法部等中央政法部门的工作，指导各省、自治区、直辖市政法委的工作。省一级的司法机关作为关键性的执行机关，具体实施执行和管理的职能，其中执行职能体现为直接执行国家立法和中央政法委、“两高”的司法文件所提出的要求，管理职能体现为采取措施使自己下辖的地方司法机关完成上述要求，其中最常见、也是最重要的

---

[13] 哈特认为，“立法”不是一次性完成的，而是从“第一规则”至“次级规则”的持续性过程，法律乃是“第一规则”和“次级规则”的结合。他所谓的“次级规则”是指“第一规则”作进一步解释的规则。参见[英]哈特：《法律的概念》(第2版)，许家馨、李冠宜译，法律出版社2011年版，第74页。

[14] 参见[美]米尔伊安·R. 达马什卡：《司法和国家权力的多种面孔——比较视野中的法律程序》，郑戈译，中国政法大学出版社2004年版，第34～35页。

[15] 卓泽渊：《法政治学》，法律出版社2005年版，第19页。

[16] 例如，最高人民法院收回死刑(立即执行)案件复核权、死刑二审开庭审理、推行社区矫正以及量刑规范化改革等。

一项措施就是通过制定、下发司法文件贯彻上级的政策性要求。

从中央到省一级，再从省一级到各地方是我国刑事政策的传导和执行路径。首先，在政法工作上总揽全局的中央政法委经过调研制定出有关刑事政策，“两高”等中央国家机关按照各自的权限范围分别或联合制定执行意见。其次，由省一级的法院、检察院以及公安和司法行政等部门根据上级机关的执行意见制定出本省（自治区、直辖市）范围内适用的实施细则。必要时市、县（区）也会制定出相应的实施细则，从而使国家提出的刑事政策得以贯彻。

例如，在《最高人民法院印发〈关于贯彻宽严相济刑事政策的若干意见〉的通知》（法发〔2010〕9号）中，最高人民法院指出：“宽严相济刑事政策是党中央在构建社会主义和谐社会新形势下提出的一项重要政策，是我国的基本刑事政策。各级人民法院要将这一政策的基本要求落实到刑事审判工作的每一个环节中去。”《最高人民法院关于贯彻宽严相济刑事政策的若干意见》分为五个部分，[17]围绕法庭审理工作将宽严相济的刑事政策具体贯彻分为八个方面的工作要求，要求全国各地方法院细化和执行，各地法院多据此制定了相应的地方性刑事司法规则。[18]

2013年7月中央政法委发布了《关于切实防止冤假错案的规定》，随后最高人民法院出台了《关于建立健全防范刑事冤假错案工作机制的意见》。此后，各省多制定了关于防范刑事冤假错案的贯彻意见。例如，江苏省高级人民法院制定了《关于防范刑事冤假错案的贯彻落实意见》（苏高法发〔2013〕2号），要求树立科学理念、突出庭审中心地位、严格证据审查判断、完善定案把关机制、建立健全制约机制。

3. 渐进型的司法改革

司法改革不是一种孤立存在的社会现象，它与国家的政治体制改革紧密相关。司法制度属于国家的上层建筑，司法制度的改革涉及立法权、司法权、行政权之间的相互关系，涉及政治体制的改革。因此司法改革往往“牵一发

---

[17] 五个部分具体为：（1）贯彻宽严相济刑事政策的总体要求；（2）准确把握和正确适用依法从“严”的政策要求；（3）准确把握和正确适用依法从“宽”的政策要求；（4）准确把握和正确适用宽严“相济”的政策要求；（5）完善贯彻宽严相济刑事政策的工作机制。

[18] 例如，河南省高级人民法院于2012年发布《关于执行〈贯彻宽严相济刑事政策若干意见〉的实施意见（试行）》。

而动全身”。与民事法不同的是,刑事诉讼法的修改很难从纯“技术层面”进行操作,因此刑事司法改革遇到的阻力更大。刑事司法制度改革的力度与国家政治体制改革“突破瓶颈”的进度紧密相关。目前全国政法工作会议部署的司法改革以“稳定”为重,主要思路是在现有制度框架下进行适当的调整,因此主要侧重于政策、人员管理、经费保障等方面,对于争议较大的一些体制性问题并未过多涉及,这也意味着国家司法制度的改革将持续较为漫长的时间。

在国家整体司法制度暂时保持现状的情况下,由地方司法机关先行试点和改革是“渐进”推进我国司法改革的合理化道路。司法制度的建构不是短时期内可以完成的,国家政治、经济、社会、文化的发展成为法治发展的前提与基础,这决定了法治发展是一个渐进的过程。[19] 现代刑事司法制度需要相关条件的支撑,如高素质的法律人才、充裕的经济条件、较为理性的社会大众等。例如,规范设置三机关的办案场所、扩大法律援助、提高证人出庭率等均需要一定的经济投入,这些条件如果具备,就能使相关的刑事司法改革顺利推进。显然,国家增大对刑事司法的经济投入有一个过程,短时间内不可能大幅度地增加刑事司法投入。在全国统一推行某一刑事司法改革条件尚未具备、时机尚未成熟的情况下,由已经具备了这些经济条件的省市先行试点相关的改革,则是贯彻全面推进依法治国方略的必然选择。

在物质经济条件相近的省份之间,地方司法机关的先行改革会产生较好的引导效应。以不同地区检察机关之间交流改革中制定的地方性刑事程序规则为例,近年来国内举办了全国直辖市检察机关经验交流会、西北五省(区)军地检察机关协作工作会议、[20]沪苏浙三地检察机关反贪工作座谈会等。[21] 此类交流中,地方司法机关先行改革的成果——地方性刑事程序规则——产生了很好的引导效应。

地方司法机关进行的试点改革,一部分是中央司法机关主动选择有代表性的地区进行的,另一部分是地方司法机关发挥能动性自行推进的。对于地

---

⑲ 卓泽渊:《法治国家论》,法律出版社 2008 年版,第 265 ~ 266 页。

⑳ 吴和平、李剑:《西北五省(区)军地检察机关举行第二次协作工作会议》,载《检察日报》2011 年 11 月 8 日,第 1 版。

㉑ 施坚轩、刘栋:《沪苏浙反贪检察机关举行反贪座谈会》,载《文汇报》2012 年 5 月 9 日,第 1 版。

方司法机关主动进行的试点改革,中央司法机关一般并不反对,有时甚至可以说非常支持。原因并不复杂,地方司法机关进行的改革试点无论成功还是失败,都可以积累第一手的直观材料。如果改革效果并不理想,在后续推行的正式改革中就可以避免走弯路;如果改革取得了很好的成效,则可以有把握地在更大地域范围上推行,甚至为其后的国家立法做好充分的准备。从近年来的改革实践情况来看,一些地方改革往往能够抓住要害,具有较强的问题针对性和现实可行性,在政治上没有反对的声音,有的还与和谐社会的理念契合,在操作上能够得到各界的支持,因此效果不错。[22]

近年来我国由地方推动的刑事司法改革包括检察引导侦查、暂缓起诉(附条件不起诉)、轻伤害案件的刑事和解以及未成年人刑事案件诉讼程序等,不少地方的改革经验后来被“两高”的司法解释乃至 2012 年《刑事诉讼法》所吸收,最终由地方性规则发展为国家规则;而有些改革措施仍然在探索之中,程序有待于进一步完善,经验有待于进一步总结。

二、地方性刑事程序规则的基本内容

在地方性刑事司法规则体系中,地方性刑事程序规则可能是最为繁多的。本章仅就有代表性的一些刑事程序规则进行考察和分析。

(一)关于刑事辩护的地方性规则

刑事诉讼的历史是一部辩护权得到不断扩充的历史,我国近三十年来刑事诉讼的发展历程也反映了这一规律。自 1996 年《刑事诉讼法》实施以来,为了落实立法扩充后的辩护权,我国各地制定了大量有关刑事辩护的地方性规则。具体而言,可以划分为三个阶段:即 1996 年《刑事诉讼法》的颁行、2008 年新《律师法》的实施以及 2012 年《刑事诉讼法》的修正。从内容上来看,我国的地方性刑事辩护规则涉及法律援助、辩护律师三大基本权利(即会见、阅卷、取证)以及检辩沟通等多个方面。

1. 刑事法律援助

关于刑事法律援助的地方性规则,主要有两个方面的内容:一是有些经济

---

[22] 参见陈瑞华:《近年来刑事司法改革的回顾与反思》,载《国家检察官学院学报》2008 年第 1 期,第 1 页。

较为发达的地区把提供刑事法律援助的“国家标准”在诉讼阶段和案件范围上进行了扩展;二是有些地方司法机关建立了“公职律师”担任辩护人的制度。

1996 年《刑事诉讼法》第 34 条规定:“公诉人出庭公诉的案件,被告人因经济困难或者其他原因没有委托辩护人的,人民法院可以指定承担法律援助义务的律师为其提供辩护。被告人是盲、聋、哑或者未成年人而没有委托辩护人的,人民法院应当指定承担法律援助义务的律师为其提供辩护。被告人可能被判处死刑而没有委托辩护人的,人民法院应当指定承担法律援助义务的律师为其提供辩护。”从这一规定可以看出,当时我国的刑事法律援助(指定辩护)仅仅适用于审判阶段,而且适用的对象也有严格的限制。但是,在此后的法律实施过程中,有些经济较为发达地区的公安司法机关早已主动把刑事法律援助扩大到侦查和审查起诉阶段。例如,上海市司法局和上海市公安局于 2001 年联合制定了《关于在公安侦查阶段对犯罪嫌疑人实施法律援助的规定》(沪司发〔2001〕9 号),其中第 2 条规定:“犯罪嫌疑人及其家庭收入低于当地政府规定的最低生活标准或者是国家特别规定的社会救助对象”,或者“犯罪嫌疑人为未成年人、残疾人、老年人,因其家庭经济困难无力聘请律师的”,可以申请法律援助。

有的地方为了保证刑事法律援助的质量和效果,对列入死刑案件指定辩护人目录的律师资质作了明确要求。例如,广东省高级人民法院、广东省司法厅联合制定的《实施最高人民法院、司法部〈关于充分保障律师依法履行辩护职责确保死刑案件办理质量的若干规定〉的意见》(粤高法发〔2009〕11 号)规定:省、地级以上市法律援助机构应当设立死刑案件指定辩护人名录,将符合资格要求的律师列入名录,并在名录的范围内为可能被判处死刑的被告人指定辩护律师;法律援助机构应当指派具有刑事案件出庭辩护经验并执业三年以上,且近三年内职业道德良好,没有受过行政处罚或行业处分的律师担任可能被判处死刑被告人的辩护人;省法律援助处对各地级以上市建立死刑案件指定辩护人名录予以指导,各地级以上市律师协会应当为名录的建立提供相关资料。[23]

---

[23] 参见广东省高级人民法院、广东省司法厅联合制定的《实施最高人民法院、司法部〈关于充分保障律师依法履行辩护职责确保死刑案件办理质量的若干规定〉的意见》(粤高法发〔2009〕11 号)第 5 条、第 6 条。

又如,2011年浙江省高级人民法院发布《关于扩大刑事案件被告人指定辩护范围的通知》(浙高法〔2011〕69号),将被告人提出法律援助申请、人民法院应当为其指定辩护人的案件范围进行了较大范围的扩展,具体包括:中级人民法院审理的一审刑事案件、基层人民法院审理的被告人可能被判处三年以上有期徒刑的一审案件、被告人认知能力较差、被告人作无罪辩护以及法院认为起诉意见和移送的案件证据材料可能影响正确定罪量刑的等。[24]

2012年《刑事诉讼法》对刑事法律援助制度进行了完善,正式将刑事法律援助的适用范围扩大到侦查和审查起诉阶段,将适用对象扩充至包括"尚未完全丧失辨认或者控制自己行为能力的精神病人"或者"可能判处无期徒刑"而没有委托辩护人的犯罪嫌疑人、被告人;同时将原来被告人申请法院指定辩护人,变为由符合条件的犯罪嫌疑人、被告人直接向法律援助机构申请或者由公安司法机关通知法律援助机构指派律师担任辩护人。根据《刑事诉讼法》确立的"尊重和保障人权"原则以及关于扩大法律援助适用范围的精神,一些地方公安司法机关根据本地实际情况,通过地方规范性文件对刑事法律援助的适用对象做了进一步的扩展,并在执行程序上做了更加便利操作的规定。例如,江苏省高级人民法院、江苏省人民检察院、江苏省公安厅联合发布的《关于贯彻执行〈中华人民共和国刑事诉讼法〉若干问题的座谈纪要》(苏高法〔2014〕24号),将可以申请法律援助的案件扩展了三类:即人民检察院抗诉的案件,具有重大社会影响的案件,其他犯罪嫌疑人、被告人已经委托辩护人的共同犯罪案件。[25] 湖南省人民检察院、湖南省公安厅、湖南省司法厅联合制定的《关于加强刑事侦查和审查起诉阶段法律援助工作的意见》(湘司发〔2012〕106号)在强调"充分认识加强刑事侦查和审查起诉阶段法律援助工作的作用和意义"的同时,要求公安、检察机关"认真履行刑事侦查和审查起诉阶段法律援助工作职责",并明确规定:"看守所对在押人员进行入所教育时,应当向其送达《申请法律援助告知书》";"对于提供法律援助的案

㉔ 参见浙江省高级人民法院制定的《关于扩大刑事案件被告人指定辩护范围的通知》(浙高法〔2011〕69号)第2条。

㉕ 江苏省高级人民法院、江苏省人民检察院、江苏省公安厅联合发布的《关于贯彻执行〈中华人民共和国刑事诉讼法〉若干问题的座谈纪要》(苏高法〔2014〕24号)第7条。

件,侦查机关应当听取辩护律师的意见,并记录在案,在起诉意见书中写明指派律师的法律援助机构、承办律师姓名及所在的执业机构";"对于提供法律援助的案件,人民检察院应当听取指派律师(法律援助志愿者)的意见,并在起诉书或者不起诉书中予以表述,其中应注明作出指派的法律援助机构、承办律师(法律援助志愿者)的姓名及所在的执业机构。"浙江省高级人民法院、浙江省人民检察院、浙江省公安厅、浙江省司法厅联合制定的《关于加强和规范刑事法律援助工作的意见》(浙司〔2014〕9号),将因经济困难没有委托诉讼代理人的被害人及其法定代理人或者近亲属、附带民事诉讼的原告人及其法定代理人、自诉案件的自诉人及其法定代理人也明确列入应当提供刑事法律援助的范围。

公职律师在刑事诉讼中又称"公设辩护人",即由政府作为承担法律援助责任的主体,聘请一部分通过国家司法考试、具有一定执业经验的律师,在刑事案件中为符合法定条件的当事人提供免费法律服务。为了更好地落实刑事法律援助制度,保护犯罪嫌疑人、被告人的辩护权利,我国多地均对公职律师制度进行了试点并制定了相关的规则,例如,《广东省司法厅关于进一步加强规范公职律师试点工作若干意见(2005)》、北京市司法局制定的《公职律师试点工作实施办法(2007)》以及《天津市公安局公职律师管理使用暂行办法(2010)》等。

2. 辩护律师三项基本权利的保障

(1)会见权的保障

1996年《刑事诉讼法》实施后,在较长一段时期内,律师"会见难"一直是全国各地较为普遍的现象。在此背景下,有些地方的公安司法机关专门就保障律师会见的问题制定了规则,起到了很好的示范作用。例如,1999年上海市公安局在《关于律师在刑事案件侦查阶段会见犯罪嫌疑人有关问题的通知》(沪公发〔1999〕97号)中明确规定:"对于不涉及国家秘密的案件,律师提出会见在押犯罪嫌疑人的,公安机关应当在四十八小时内安排会见;对于组织、领导、参加黑社会性质组织罪,组织、领导、参加恐怖活动组织罪或者走私犯罪、毒品犯罪、贪污贿赂犯罪等重大复杂的共同犯罪案件,律师提出会见在押犯罪嫌疑人的,公安机关应当在五日内安排会见。会见的时限和次数不受限制。”[26]其中“会见时间和次数不受限制”的规定，是当时有效的《六机关规定》的有效补充。此外，2002 年上海市司法局、上海市公安局联合制定了《关于律师在看守所会见犯罪嫌疑人、被告人若干问题的通知》（沪司发〔2002〕6 号），2003 年北京市法、检、公、安、司五机关联合制定了《关于律师会见在押犯罪嫌疑人、被告人有关问题的规定》（京司发〔2003〕45 号），均从程序上进一步细化了对律师会见在押犯罪嫌疑人、被告人权利的保障。

2008 年《律师法》实施以后，为了使《律师法》规定的律师执业权利得到保障，多个省市的公安司法机关制定了相应的地方性规则。例如，成都市公安局制定的《关于贯彻执行〈中华人民共和国律师法〉有关问题的通知（2009）》明确规定：“律师要求会见在押犯罪嫌疑人的，不得以办案民警不在等理由进行推诿；不得要求律师提交规定以外的资料、文书；律师在侦查期间多次提出会见在押犯罪嫌疑人的，不得借口进行刁难、阻碍。”[27]江苏省公安厅制定的《关于认真贯彻〈律师法〉切实保障律师会见权的通知》（苏公厅〔2009〕444 号）亦明确规定：“律师会见在押犯罪嫌疑人，公安机关不得监听。除涉及国家秘密的案件以及危害国家安全的犯罪、有组织犯罪、恐怖犯罪、重大团伙犯罪外，办案单位一般不派员在场。”[28]

2012 年《刑事诉讼法》吸纳了 2008 年《律师法》中有关律师执业权利保障的内容，多个地方的政法机关均据此制定了相关的地方性规则。例如，2012 年深圳市政法委、深圳市中级人民法院、深圳市人民检察院、深圳市公安局、深圳市司法局、深圳市海关缉私局联合制定了《关于律师会见在押犯罪嫌疑人、被告人若干问题的规定》（深政法〔2012〕3 号），2014 年贵阳市人民检察院、贵阳市司法局联合制定了《关于保障和规范辩护律师在刑事诉讼中依法执业的暂行办法》（黔检会〔2014〕1 号）。其中，《关于保障和规范辩护律师在刑事诉讼中依法执业的暂行办法》明确规定：“人民检察院办理特别重大贿赂犯罪案件，在有碍侦查的情形消失后，应当通知看守所或者执行监

---

[26] 上海市公安局《关于律师在刑事案件侦查阶段会见犯罪嫌疑人有关问题的通知》（沪公发〔1999〕97 号）第 1 条。

[27] 成都市公安局《关于贯彻执行〈中华人民共和国律师法〉有关问题的通知（2009）》第 10 条。

[28] 江苏省公安厅《关于认真贯彻〈律师法〉切实保障律师会见权的通知》（苏公厅〔2009〕444 号）第 2 条。

视居住的公安机关和辩护律师,辩护律师可以不经许可会见在押或者被监视居住的犯罪嫌疑人。对于特别重大贿赂犯罪案件,人民检察院在侦查终结前应当许可辩护律师会见在押或者被监视居住的犯罪嫌疑人";[29]"辩护律师会见犯罪嫌疑人时,人民检察院不得监听,不得派员在场。"[30]

(2)阅卷权的保障

2008年《律师法》实施后,各地司法机关制定了相关的实施细则,律师"阅卷难"的状况得到进一步改善。各地关于刑事辩护的地方性程序规则对于律师阅卷权的保障主要在以下四个方面。

第一,建立统一的律师接待制度。例如,北京市人民检察院、北京市司法局在《实施律师法座谈会纪要》(京司发〔2008〕133号)中规定:"检察机关建立统一的接待律师制度,对律师办理会见犯罪嫌疑人手续、查询案件进展以及查阅、摘抄、复制案卷材料等工作,根据案件所处的诉讼环节,由相应部门的内勤办理。听取律师意见由承办人负责。律师直接向承办人提出要求查询案件进展和查阅、摘抄、复制案卷材料的,承办人应予办理。律师开展工作遇到困难的,由内勤协调解决;内勤无法解决的,应及时上报主管领导。"[31]

第二,建立专门的律师阅卷室。例如,广东省高级人民法院、广东省司法厅在《实施最高人民法院、司法部〈关于充分保障律师依法履行辩护职责确保死刑案件办理质量的若干规定〉的意见》(粤高法发〔2009〕11号)中规定:"人民法院应当设立专门的律师阅卷室,配置必要的设备,为律师查阅、摘抄和复制案卷材料提供方便。"[32]

第三,律师阅卷的范围得到不断扩大。例如,北京市人民检察院、北京市司法局于2008年联合发布的《实施律师法座谈会纪要》(京司发〔2008〕133号)第4条规定:"律师在审查起诉阶段有权查阅、摘抄、复制案卷中的全部材

---

[29] 贵阳市人民检察院、贵阳市司法局联合制定的《关于保障和规范辩护律师在刑事诉讼中依法执业的暂行办法》第17条。

[30] 同上,第19条。

[31] 北京市人民检察院、北京市司法局联合发布的《实施律师法座谈会纪要》(京司发〔2008〕133号)第1条。

[32] 广东省高级人民法院、广东省司法厅联合制定的《实施最高人民法院、司法部〈关于充分保障律师依法履行辩护职责确保死刑案件办理质量的若干规定〉的意见》(粤高法发〔2009〕11号)第11条。

料，包括补充侦查后形成的材料。”浙江省高级人民法院、浙江省人民检察院、浙江省公安厅、浙江省司法厅于2014年联合发布的《关于刑事诉讼中充分保障律师执业权利的若干规定》(浙司〔2014〕6号)第26条规定:“辩护律师自人民检察院对案件审查起诉之日起，可以查阅、摘抄、复制本案的案卷材料。案卷材料包括案卷中的诉讼文书和证据材料。二审案件、再审案件和死刑复核案件，还包括庭审笔录等法院审判材料。”

第四，司法机关为律师提供的卷宗从纸质卷宗扩展到电子卷宗，进一步方便了辩护律师阅卷权的行使。由于近年来全国公检法机关推行网上办案系统，办理刑事案件过程中的证据和文书都有电子版，为了方便辩护律师阅览，一些地方性规则明确要求有关司法机关为辩护律师提供电子卷宗。例如，2013年《海南省检察机关辩护人、诉讼代理人接待管理规定)》明确要求:“辩护律师、经许可的其他辩护人和诉讼代理人查阅、摘抄、复制本案的案卷材料，可提前预约，案件管理部门应当在双方确认的预约时间安排阅卷并提供电子卷宗。辩护律师、经过许可的其他辩护人和诉讼代理人摘抄、复制案卷材料的，可以使用自备的移动存储介质或者采取拍照等方式，也可以申请案件管理部门提供刻录、复印、打印服务。”

(3)调查取证权的保障

我国辩护律师的调查取证权在2008年《律师法》、尤其是2012年《刑事诉讼法》之后日益得到强化。各地的地方性刑事程序规则对于律师调查取证权的保障主要在于以下四个方面:

第一，重视律师申请调取的有利于被告人的证据材料。例如，河北省司法厅制定的《贯彻实施〈中华人民共和国律师法〉的若干规定》(冀司〔2009〕135号)规定:“辩护律师认为需要在法庭上出示侦查机关或人民检察院收集、调取的证明被告人无罪或罪轻的证据材料的，可以申请人民法院调取该证据材料，人民法院应当调取。人民检察院或人民法院根据律师的申请收集、调取证据的，提出申请的律师可以在场。人民检察院或人民法院收集、调取证据后，应及时将收集、调取的证据进行复制，并移送提出申请的律师。”㉝

㉝ 河北省司法厅《贯彻实施〈中华人民共和国律师法〉的若干规定》(冀司〔2009〕135号)第43条、第44条。

第二,明确辩护律师向被害人以及被害人提供的证人调查收集证据的具体程序。例如,浙江省高级人民法院、浙江省人民检察院、浙江省公安厅、浙江省司法厅联合制定的《关于刑事诉讼中充分保障律师执业权利的若干规定》(浙司〔2014〕6号)规定:“辩护律师申请向被害人或者其近亲属、被害人提供的证人收集与本案有关的材料,应当向人民检察院、人民法院提交书面申请,并说明申请的理由,写明需要调取、收集的证据的内容或者需要调查问题的提纲。人民检察院、人民法院应当在收到申请后七日内作出是否许可的决定,并通知辩护律师。不许可的,应当说明理由。”㉞

第三,明确要求将辩护律师的调查取证申请附卷,以便得到法官的审查。例如,贵阳市人民检察院、贵阳市司法局联合制定的《关于保障和规范辩护律师在刑事诉讼中依法执业的暂行办法》(黔检会〔2014〕1号)规定:“辩护律师申请人民检察院收集、调取证据的,应当提交书面申请,载明被申请收集、调取证据的个人姓名或者单位名称、住所、联系电话等基本情况和申请理由、取证目的、证据线索、证据内容、待证事项等。辩护律师所提交的书面申请,人民检察院侦查监督部门或者公诉部门应当附卷。人民检察院经审查认为需要收集、调取证据的,应当决定收集、调取并制作笔录附卷。决定不予收集、调取的,应当向辩护律师书面说明理由。”㉟

第四,明确规定对辩护律师提出的侦查人员非法取证的线索进行调查处理的程序。例如,贵阳市人民检察院、贵阳市司法局联合制定的《关于保障和规范辩护律师在刑事诉讼中依法执业的暂行办法》(黔检会〔2014〕1号)第37条规定:“律师报案、控告、举报侦查人员采用刑讯逼供等非法方法收集证据并提供涉嫌非法取证的人员、时间、地点、方式和内容等材料或者线索的,人民检察院应当受理并进行审查,对于根据现有材料无法证明证据收集合法性的,及时进行调查核实。人民检察院案件管理和控告申诉部门收到上述信息材料后,应当及时移送相关办案部门审查。”

此外,有的地方性刑事程序规则对辩护律师关于案件进展情况的知情权

㉞ 浙江省高级人民法院、浙江省人民检察院、浙江省公安厅、浙江省司法厅联合制定的《关于刑事诉讼中充分保障律师执业权利的若干规定》(浙司〔2014〕6号)第32条。

㉟ 贵阳市人民检察院、贵阳市司法局联合制定的《关于保障和规范辩护律师在刑事诉讼中依法执业的暂行办法》(黔检会〔2014〕1号)第34条、第35条的规定。

进行了明确的保障。例如,江苏省高级人民法院、江苏省人民检察院、江苏省公安厅、江苏省国家安全厅、江苏省司法厅联合发布的《关于贯彻执行〈中华人民共和国刑事诉讼法〉若干问题的座谈纪要》(苏高法〔2014〕24 号)第 10 条规定:“辩护律师有权了解案件情况和进展流程,人民法院、人民检察院、公安机关应当依法告知案件情况和进展流程。办案机关作出采取、变更、解除强制措施、批准逮捕、延长或者重新计算侦查期限、撤销案件、移送审查起诉、提起公诉、延期审理、中止审理、宣判、报请死刑复核等重大程序性决定,应当依法及时告知辩护律师。未及时告知、辩护人主动了解重大程序决定的,办案机关应当告知。”

3. 控方听取辩护律师意见的程序

根据 2012 年《刑事诉讼法》第 159 条和第 86 条、第 170 条的规定,侦查机关在案件侦查终结以前,检察机关在审查逮捕、审查起诉过程中,应当依法听取辩护律师的意见。《公安部规定》第 44 条以及《最高检规则》第 54 条、第 288 条、第 309 条、第 365 条分别作了重申性规定和补充性规定。一些地方公安司法机关为了贯彻落实法律和上位法律解释性规定,在地方性刑事程序规则中就如何听取辩护律师的意见问题从程序上做出了更加明确的规范。例如,贵阳市人民检察院、贵阳市司法局联合制定的《关于保障和规范辩护律师在刑事诉讼中依法执业的暂行办法》(黔检会〔2014〕1 号)第五章即为“听取辩护律师意见”,其中规定:“人民检察院在侦查、审查逮捕、审查起诉过程中,辩护律师就案件提出书面意见的,案件管理部门应当及时移送侦查部门、侦查监督部门或者公诉部门;辩护律师要求听取其意见的,案件管理部门应当及时联系侦查部门、侦查监督部门或者公诉部门,对听取意见作出安排;直接听取辩护律师意见的,应当由两名以上办案人员参加,在人民检察院指定的会见场所进行;听取辩护律师意见,应当制作笔录附卷;律师提出书面意见的,应当附卷;人民检察院侦查、侦查监督、公诉部门应当认真听取辩护律师的意见,在相关内部工作文书中客观反映,并说明采纳或不予采纳的理由。”[36]

---

[36] 贵阳市人民检察院、贵阳市司法局联合制定的《关于保障和规范辩护律师在刑事诉讼中依法执业的暂行办法》(黔检会〔2014〕1 号)第 23 条。

（二）关于刑事强制措施的地方性规则

长期以来，我国的刑事司法过度依赖羁押性手段，在制度体系上未能充分体现人权保障的精神。[37] 近年来，随着我国经济社会的不断发展和法治事业的进步以及"宽严相济"刑事政策的深入实施，各地公安司法机关在刑事强制措施方面进行了艰苦的探索，其中有些规则具有较为重大的制度创新价值，对于提高我国刑事诉讼的效率、保障犯罪嫌疑人的合法权益，推进国家法治进步，起到了积极作用。如为了降低羁押率，减少羁押手段的使用，一些地方公安司法机关明确了刑事强制措施的比例原则，努力扩大取保候审等羁押替代措施的适用，并为此制定了相应的制度规范。例如，浙江省金华市公安局于2010年制定了《关于监视居住强制措施适用裁量基准》，其中明确指出："对采取取保候审强制措施足以确保刑事诉讼顺利进行的，不得采取监视居住强制措施；对符合监视居住强制措施条件的犯罪嫌疑人，不得采取拘留、逮捕等羁押性强制措施。"[38]江苏省公安厅于2012年制定了《江苏省公安机关适用取保候审、监视居住措施的若干规定》，其中对"可以取保候审或者监视居住""应当优先适用取保候审措施"以及"不得适用取保候审"的情形予以明确规定，[39]还对一定数额以上保证金的收取及没收设定了较为严格的领导审批制度，[40]并把适用取保候审、监视居住的情况纳入执法质量考评。[41]

当然，在我国的各种刑事强制措施中，逮捕作为最为严厉的一种强制措施而受到极大的关注，各地关于刑事强制措施的规定大多集中用于规范逮捕措施的适用，主要内容包括：

1. 明确具有"逮捕必要性"的情形

我国公安机关在侦查阶段出于防止犯罪嫌疑人逃逸以及毁灭证据等考虑，通常会将绝大部分犯罪嫌疑人提请检察机关批准逮捕，而检察机关也通常"够罪即捕"，[42]对"逮捕必要性"这一条件的审查不够严格，使一些无逮

---

[37] 孙长永：《比较法视野中的刑事强制措施》，载《法学研究》2005年第1期，第111页。

[38] 《金华市公安局关于监视居住强制措施适用裁量基准》第2条。

[39] 《江苏省公安机关适用取保候审、监视居住措施的若干规定》第2条、第3条、第4条。

[40] 同上，第11条。

[41] 同上，第17条。

[42] 孙长永主编：《侦查程序与人权保障——中国侦查程序的改革和完善》，中国法制出版社2009年版，第32页。

捕必要的犯罪嫌疑人被羁押。并且,由于我国公安司法机关存在较为严格的业绩考评机制等原因,司法实践中在一定程度上存在“批捕即起诉”“起诉即定罪”等不合理的现象。显然,逮捕标准的把握如果过于宽松,既不利于保障人权,也不利于提高刑事诉讼活动的经济性。因此,为了更好地贯彻“宽严相济”的刑事政策,各地公安检察机关通过地方规则,对“逮捕的必要性”的判断标准进行了细化,为“慎捕”“少捕”提供了具有可操作性的依据。

2010 年 6 月,山东省临邑县人民检察院与临邑县公安局联合制定了《关于办理逮捕案件适用“逮捕必要性”条件的实施意见》,明确列举了常见的有逮捕必要的十二种情形、无逮捕必要的九种情形以及“附条件逮捕”的三种情形,[43]从而为公安机关、检察机关办案人员准确把握“逮捕必要性”,提供了明确的操作依据。该意见要求公安、检察机关对“逮捕必要性”进行双向论证。首先,公安机关在《提请批准逮捕书》中必须论证嫌疑人有“逮捕必要性”,同时在案卷材料中要有证明“有逮捕必要”的有关证据材料。其次,检察机关在审查案件后认为无逮捕必要的,也必须在法律文书中对“逮捕必要性”进行论证。

2011 年 6 月,河南省人民检察院经过反复研究,与河南省公安厅、河南省高级人民法院联合制定了《关于在办理刑事案件中实行非羁押诉讼若干问题的规定(试行)》,明确提出了“非羁押诉讼”的诉讼方式,即在刑事诉讼中,依照法律规定和个案具体情况,对罪行较轻的犯罪嫌疑人、被告人,在不采取刑事拘留、逮捕措施的情况下进行立案侦查、审查逮捕、审理裁判。该意见虽然只有短短的 15 条,但它明确了非羁押诉讼的目的、含义、适用原则、适用对象、适用条件、适用程序等,有效地带动了河南省公安司法人员刑事司法观念

---

[43] 具体来说,有逮捕必要的十二种情形包括“可能有碍本案或者其他案件侦查、故意实施新的犯罪行为的、企图自杀、逃跑,逃避侦查、影响诉讼正常进行”等有逮捕必要的常见情形。无逮捕必要的九种情形包括“可能判处三年以下有期徒刑,不予羁押确实不致再危害社会或者妨碍刑事诉讼正常进行;因邻里、亲友纠纷引发的伤害等案件,犯罪嫌疑人在犯罪后向被害人赔礼道歉、赔偿损失,取得被害人谅解的”等无逮捕必要的常见情形。附条件逮捕的三种情形包括“对于证据有所欠缺但已基本构成犯罪、认为经过进一步侦查能够取得定罪所必需的证据、确有逮捕必要的重特大案件的犯罪嫌疑人,经检察长决定或者检察委员会讨论决定可以批准逮捕”。参见王健、张淑华、李春华:《山东临邑县检察院与公安局联合发文 明确九种无逮捕必要情形》,载正义网:http://news.jcrb.com/jiancha/jcdt/201006/t20100623_378037.html,最后访问日期:2015 年 11 月 29 日。

的不断更新和全省逮捕羁押率的持续下降。据课题组的调查和了解,2012年,河南省公安机关不捕直诉人数较2011年增加了13,000多人,提高近13%;2013年河南省检察机关提起公诉91,008人,其中未被逮捕的被告人达到46,668人,未决羁押率首次降至48.72%。此外,苏州市吴江区自主开发了一套“羁押必要性审查辅助评估系统”软件,借助于这个软件可以筛选出符合审查条件的案件。

2. 在审查逮捕过程中引入“听证”程序

根据《刑事诉讼法》的规定,我国的逮捕程序并不采用“诉讼化”的审查机制,而是由检察机关“讯问犯罪嫌疑人”,必要时听取辩护律师等人的意见后,按照“承办人审查、部门讨论、检察长决定、重大案件检察委员会讨论决定”的程序作出决定。换言之,检察机关的审查逮捕程序基本上采取了一种“行政化、封闭式”的审批模式。这种模式由于带有浓厚的权力行使色彩,难以真正保障犯罪嫌疑人和辩护律师的权利而受到广泛批评。近年来,一些地方检察机关为了更好地贯彻宽严相济的刑事政策以及“尊重和保障人权”的宪法原则,切实减少逮捕羁押手段的使用,探索性地在审查逮捕过程中引入了“听证式”审查方式,受到社会的积极评价。

例如,上海市检察机关在全国率先试行由主任检察官主持下的“公开听审逮捕”制度,公安机关的侦查人员作为控方陈述犯罪嫌疑人的犯罪事实,犯罪嫌疑人及其辩护律师作为辩方发表辩护意见以及对事实有异议部分的意见,侦查人员就律师的辩护意见等进行反驳,由主任检察官在重视犯罪嫌疑人的供述和辩解、权衡被害人在内的各方意见的基础上,当场作出是否批准逮捕的决定。重庆、江苏等地检察机关也对部分案件在审查逮捕过程中采取了“听证”方式,但适用的案件通常都是未成年人涉嫌犯罪或者其他准备作不逮捕决定的、相对较轻的刑事案件。在捕后羁押必要性审查制度实施以后,有的检察机关将听证作为羁押必要性审查的一种方式。

3. 捕后羁押必要性的审查

捕后羁押必要性审查是2012年《刑事诉讼法》创设的一项新制度,其立法目的非常明确,就是压缩羁押的期限、降低羁押手段的适用率。为了实施好这项有助于强化人权保障的新制度,很多地方检察机关根据《最高检规则》的要求以及当地实际情况,制定了相应的规范性文件,对羁押必要性审查的范围、启动方式、审查程序等作出了明确的规定。

首先,明确了捕后羁押必要性审查的重点范围。例如,浙江省人民检察院、浙江省公安厅于2013年联合制定的《关于捕后羁押必要性审查的实施办法》(浙检发侦监字〔2013〕4号)规定,对于犯罪嫌疑人的身体状况发生重大变化、未成年人、在校学生等特定类型的犯罪嫌疑人在被逮捕时不具备监护、帮教条件但被逮捕后具备了、可能妨碍诉讼的情形已经消失、犯罪嫌疑人积极退赔并得到被害方谅解、可能被判处徒刑宣告缓刑以下刑罚的,应当重点审查。[44]

其次,规定了捕后羁押必要性审查启动的方式。第一种方式是犯罪嫌疑人及其法定代理人、近亲属或者委托的辩护人提出审查申请,由检察机关根据申请决定启动审查程序。"犯罪嫌疑人及其法定代理人、近亲属或者委托的辩护人认为犯罪嫌疑人被批准逮捕后不需要继续羁押的,可以向检察机关提出申请要求审查。申请时应当说明不需要继续羁押的理由,提供相关证据或其他材料。"[45]第二种方式是检察机关侦查监督部门或者公诉部门主动运用职权启动审查。"检察机关侦查监督部门或者公诉部门发现犯罪嫌疑人可能不需要继续羁押的,可以直接进行审查。"[46]从实际情况来看,河北、浙江、重庆等地检察机关依职权启动审查较多,而东北等地检察机关主要依犯罪嫌疑人等的申请启动羁押必要性审查。

最后,规定了捕后羁押必要性审查的程序。第一,在捕后的不同阶段,负责羁押必要性审查的主体不同。例如,《江苏省人民检察院关于开展羁押必要性审查工作的指导意见》(苏检发办字〔2014〕62号)规定:"对捕后侦查阶段的羁押必要性审查工作,由作出批准(决定)逮捕的人民检察院侦查监督部门负责。审查起诉、审判阶段的羁押必要性工作由办理案件的公诉部门负责。人民检察院监所检察部门可以在侦查、审查起诉、审判和死刑复核全过程开展羁押必要性审查工作。开展羁押必要性审查,检察机关各内设机构应当建立工作联动协作机制,确保相关信息共享,规范审查程序和案件流转,提

---

[44] 浙江省人民检察院、浙江省公安厅于2013年联合制定的《关于捕后羁押必要性审查的实施办法》(浙检发侦监字〔2013〕4号)第3条。

[45] 同上,第4条。

[46] 同上,第5条。

高羁押必要性审查的质量和效率。”[47]第二,结合案件进展情况对羁押的必要性进行审查。承办人“根据犯罪嫌疑人的犯罪性质、犯罪事实、主观恶性、悔罪表现、案件取证进展、可能判处的刑罚”等因素,[48]综合评估是否继续羁押犯罪嫌疑人。第三,审查后的处理方式。如果承办人“认为申请人提供的证明材料不全或者要求解除羁押理由不充分的,可以要求申请人进一步提供材料”。[49] 反之,如果承办人根据“案件中重要证据发生变化、羁押期限届满或将超过依法可能判处的刑期”等因素,[50]认为不需要继续羁押犯罪嫌疑人的,应当提出释放或者变更强制措施的建议。

(三)地方性不起诉规则

我国1996《刑事诉讼法》确立了三种不起诉,即法定不起诉、酌定不起诉(相对不起诉)和证据不足不起诉,2012年修订《刑事诉讼法》时增加了专门针对未成年人刑事案件的附条件不起诉,附条件不起诉本质上也是一种“酌定”不起诉。在司法实践中,受到考核指标、案件性质、办案人员的素质、被害人等案件具体情况以及案外因素等的影响,如何准确把握酌定不起诉以及证据不足不起诉的条件,将不起诉的标准平等地适用于犯罪嫌疑人,使不起诉承载的法治精神和政策精神得到落实,收到良好的法律效果和社会效果,往往是检察机关办案的一大难点。从刑事案件的类型来看,我国司法实践中较为轻微的刑事案件占了相当大的比例,这一部分案件并无必要都进入审判程序,因为即便进入审判程序最终也只会判处较为轻微的刑罚,而实际处理效果并不理想。因此,把这类轻微的刑事案件以不起诉的方式来处理,既能实现刑事诉讼的“公正”目的,又能实现刑事诉讼的“效益”目的,以相对较小的司法投入解决案件,案件的处理结果也能使当事人较为满意,被破坏的刑事秩序也能得到修复,司法机关的日常工作实现良性运转,刑事司法的权威得到较大维护。近年来,我国各地的检察机关对不起诉制度进行了大胆的探索,并在此过程中制定了有关不起诉

---

[47] 《江苏省人民检察院关于开展羁押必要性审查工作的指导意见》(苏检发办字〔2014〕62号)第4条。

[48] 同上,第6条。

[49] 同上,第7条。

[50] 同上,第11条。

的地方性规则。

例如,2005 年西安市人民检察院制定了《关于对未成年犯罪嫌疑人适用不起诉决定的规则》,其内容主要包括:第一,对实施了轻微刑事犯罪的未成年嫌疑人可以作出不起诉的决定;[51]第二,如果对没有委托辩护人的未成年犯罪嫌疑人适用不起诉决定,应当通过法律援助机构为其指定辩护人;[52]第三,检察院对未成年人犯罪案件作出不起诉决定前,应当通过家庭、学校、社区,调查了解该未成年犯罪嫌疑人的家庭环境、成长经历、个性特点、社会活动等情况,作为是否作出不起诉决定的参考;[53]第四,检察院对未成年犯罪嫌疑人作出不起诉决定前,应当考察监护条件,责成其家庭与学校、社区等制定切实可行的帮教措施。

又如,根据北京市朝阳区人民检察院于 2006 年制定的《轻伤害案件处理程序实施细则》的规定,对于案件事实清楚、可能判处有期徒刑以下刑罚、犯罪嫌疑人认罪、被害人同意协商并就赔偿达成一致意见的轻伤害刑事案件,可以适用相对不起诉;但是对于累犯、再犯、具有黑社会性质或者恐怖组织性质的持械伤害、聚众斗殴及其他情形的刑事轻伤害案件,不适用相对不起诉。如果犯罪嫌疑人认罪,被害人自愿与犯罪嫌疑人就赔偿达成一致意见并签订《轻伤害案件赔偿协议书》,被害人不再要求追究犯罪嫌疑人的刑事责任的,犯罪嫌疑人将约定的赔偿金提交检察机关之后,检察人员可以制作《案件审查终结报告》,提出相对不起诉意见,报检委会决定。

再如,根据福州市人民检察院于 2010 年制定的《关于开展附条件不起诉工作的指导意见》(榕检诉〔2010〕3 号)的规定,附条件不起诉一般应在犯罪嫌疑人犯罪事实清楚,证据确实、充分,可能判处三年有期徒刑以下刑罚的案件中有选择地适用;此外,该意见设置了对附条件不起诉的犯罪嫌疑人应当附加考察的标准;[54]还规定了对附条件不起诉的犯罪嫌疑人应当为其选择适

---

[51] 西安市人民检察院制定的《关于对未成年犯罪嫌疑人适用不起诉决定的规则》第 9 条、第 10 条。

[52] 同上,第 13 条。

[53] 同上,第 14 条。

[54] 包括:守法性的一般标准、保障帮教措施的行为标准以及参与社会公益活动、义务劳动、向被害人赔礼道歉、赔偿损失、对被害人进行康复护理等积极性行为的标准(第 5 条)。

当的帮教人员。[55]

2012年《刑事诉讼法》规定附条件不起诉只适用于未成年被告人可能被判处一年有期徒刑以下刑罚的案件，各地以此为依据制定了未成年人附条件不起诉的办理细则。例如，2013年3月年四川省人民检察院第十二届检察委员会第一次会议通过了《四川省检察机关未成年人刑事案件附条件不起诉实施办法》，其中第三章为"附条件不起诉的办理程序"，规定："办案人员应当根据未成年犯罪嫌疑人的犯罪性质、犯罪情节、社会危害性和悔罪表现，结合社会调查及听取意见情况，提出是否适用附条件不起诉的意见，经部门负责人审核，报检察长或者检察委员会决定。拟附条件不起诉的，人民检察院应当听取公安机关、被害人、未成年犯罪嫌疑人及其法定代理人、辩护人的意见，并制作笔录附卷。对于有被害人的案件，应当认真听取其意见，做好释法说理工作，对双方自愿并且符合刑事诉讼法规定的，积极促进双方当事人达成和解，及时化解矛盾，并将和解情况作为是否适用附条件不起诉的重要参考。拟附条件不起诉的，人民检察院应当要求未成年犯罪嫌疑人及其监护人签订保证书，明确未成年犯罪嫌疑人及其监护人应当履行的义务。由作出附条件不起诉的人民检察院负责对未成年犯罪嫌疑人监督考察。"

有的地方性刑事程序规则明确规定对于不起诉决定可以适用不公开听证。例如，《江苏省人民检察院附条件不起诉工作暂行规定》(苏检发诉一字〔2014〕3号)第12条规定："公安机关或者被害人对人民检察院决定附条件不起诉有异议或者争议较大的案件，人民检察院认为确有必要的，报请检察长批准后，可以召集侦查人员、被害人及其诉讼代理人、未成年犯罪嫌疑人及其法定代理人、辩护人以及其他组织的代表等人员举行听证，听取各方意见和理由。必要时，可以邀请人大代表、政协委员、人民监督员、特约检察员参与。听证应当不公开进行，人民检察院应当告知参加听证人员不得传播案件信息。"

与此形成对比的是，有的地方检察院要求对不起诉实行公开听证。例如，上海市徐汇区人民检察院经过探索，于2013年制定了《上海市徐汇区人

---

[55] 福州市人民检察院制定的《关于开展附条件不起诉工作的指导意见》(榕检诉〔2010〕3号)第11条。

民检察院关于不起诉适用检察庭听证及宣告的实施意见(试行)》和《上海市徐汇区人民检察院不起诉适用检察庭听证及宣告程序》。根据上述规定,不起诉听证在群众、人大代表、特邀检察员的参与下在“检察庭”公开进行。案件承办检察官在“检察庭”居中主持,侦查人员、被害人及其法定代理人、诉讼代理人为一方,犯罪嫌疑人及其法定代理人、辩护人为另一方,就案件的事实、法律以及是否决定不起诉展开听证。在最后的公开宣告中还包括对被不起诉人的训诫教育环节。对于承办检察官所作出的决定,侦查机关认为有错时可以要求复议,如果该意见不被接受,可以向上一级检察院提请复核;被害人如果不服,可以自收到决定书后七日以内向上一级检察院申诉,请求提起公诉。[56]

(四)关于简易和速决程序的地方性规则

近年来,我国刑事案件数量呈增多趋势,其中轻罪案件占了较大的比例。我国 1996 年《刑事诉讼法》在第一审程序中规定了简易程序,但是在侦查、审查逮捕、审查起诉等环节并没有设置相应的快速处理程序,使简易刑事案件不能在整体上有效地缩短诉讼期限。

从 2004 年开始一些地方检察机关对快速办理轻微刑事案件进行了探索,2007 年最高人民检察院下发《关于依法快速办理轻微刑事案件的意见》,各地检察机关结合实际探索快速办理轻微刑事案件的新模式,到了 2008 年,全国已有近 500 家检察院与当地公安机关、人民法院联合会签了文件,在侦、捕、诉、审各个环节快速办理轻微刑事案件。[57] 2012 年《刑事诉讼法》及修订后的《最高检规则》《最高法解释》颁行后,全国各地司法机关进行的刑事简易和速决程序改革进一步加大。

概括起来,我国有关简易和速决程序的地方性刑事程序规则的内容主要有以下几个方面:

1. 对提请批捕案件实行分类审查

从 2004 年起,苏州市检察机关进行“批捕案件分类审查、简易案件流程

---

[56] 佚名:《上海徐汇检察院不起诉公开听证和宣告进入常态化》,载新华网:http://news.xinhuanet.com/legal/2013-09/12/c_125373113.htm,最后访问日期:2015 年 5 月 28 日。

[57] 王斗斗:《力克轻微刑案犯罪嫌疑人羁押时间过长等弊病,全国近五百家检察院与公安法院联动“快速办理”》,载《法制日报》2008 年 7 月 17 日,第 4 版。

提速”工作机制试点。首先,将公安机关提请批准逮捕的案件按照案情划分为简易案件和普通案件,相应适用简易审查程序和普通审查程序。其次,对于适用简易审查程序的案件,审查逮捕期限为3日,案件承办人应在两个工作日内完成审查,科室专门负责人审核后提交检察长决定批准逮捕,期限为1日。对于事实清楚、证据确实充分,犯罪嫌疑人认罪且供述稳定,共同犯罪案件中多名犯罪嫌疑人供述能相互印证的盗窃、抢夺、抢劫、故意伤害四类简易案件,在作出批准逮捕决定的同时,侦查监督部门向公安机关、公诉部门提出缩短办案期限的书面建议,[58]从而形成了侦查、审查逮捕、审查起诉等办案环节同时快速办理的局面。

2. 明确适用迅速办理程序的“轻微刑事案件”的范围

江西省抚州市黎川县人民检察院于2008年制定了《轻微刑事案件快速办理机制实施细则》,建立了“轻微刑事案件快速办理通道”,有效形成了“轻案快办”的整体效应。根据《轻微刑事案件快速办理机制实施细则》的规定,轻微刑事案件的范围不再局限于早期的“盗窃、伤害、交通肇事”三类,而是进行了适当的扩展。对于未成年人、在校生、70周岁以上的老年人、聋哑人、因自身合法权益受到侵害的妇女以及亲属、邻里、同学、同事之间因纠纷引发的等八类轻微刑事犯罪案件,只要案情简单、事实清楚、证据确实充分,且犯罪嫌疑人、被告人承认犯罪事实,可能判处3年以下有期徒刑、拘役、管制或单处罚金的,就应当适用快速办理机制。这些轻微刑事案件适用快速办理机制,审查逮捕环节和审查起诉环节的办案期限都有明显缩短,也有效地减少了犯罪嫌疑人、被告人的审前羁押时间。[59]

3. 明确轻微刑事案件快速办理机制的启动方式

河南省高级人民法院、河南省人民检察院、河南省公安厅、河南省司法厅于2008年联合发布的《关于建立轻微刑事案件快速办理机制的意见》(豫高法〔2008〕349号)提出,在案件快速办理的启动上实行司法机关和当事人的“双向启动”。检察机关经审查认为符合快速办理条件的案件,应当填写快

---

[58] 李明耀:《江苏全面推行快速处理轻微刑事案件工作机制》,载《检察日报》2006年3月19日,第3版。

[59] 佚名:《黎川县检察院推进轻微刑事案件快速办理机制初显成效》,载东方法治网:http://law.eastday.com/dongfangfz/node15/node21/u1a13567.html,最后访问日期:2015年11月29日。

速办理案件流程登记卡,依法快捕、快诉,同时建议人民法院适用简易程序或简化程序审理。[60] 为犯罪嫌疑人、被告人提供法律帮助或刑事辩护的律师,认为案件符合快速办理条件的,可以通过所在律师事务所,书面向侦查机关或检察机关提出适用快速办理程序的建议。[61]

4. 建立从侦查到审判的快速办理联动机制

例如,河南省《关于建立轻微刑事案件快速办理机制的意见》要求对快速办理案件进行特殊标识。具体来说,侦查机关立案后,应当根据案情的复杂程度对刑事案件实行繁简分流,对符合快速办理条件的案件应及时报部门负责人批准,依法快速侦查。并在卷宗封面粘贴快速办理标识,填写快速办理案件流程登记卡附卷。[62] 符合快速办理条件的案件,侦查机关认为需要提请批准逮捕犯罪嫌疑人的,应当在 7 日内提请逮捕,并在检察机关作出批准逮捕或者因无逮捕必要而作出不批准逮捕决定后,在 30 日内侦查终结并移送检察机关审查起诉。[63] 司法行政机关收到审判机关为快速审理案件的被告人指定辩护人的公函后,认为符合规定的,应在 3 个工作日内办好指定手续,并在指定函上注明系快速办理案件。[64] 指定辩护律师收到司法行政机关指定函后,应在 3 个工作日内与有关审判机关取得联系,并切实履行好辩护职责。[65] 该意见还规定,对快速办理的轻微刑事案件以非羁押诉讼为主。公安机关作为取保候审或监视居住措施的执行机关,要切实履行监管职责,保证犯罪嫌疑人、被告人按要求到案。检察机关要加强对非羁押诉讼案件的审查把关,要对案件采取非羁押诉讼可行性进行风险评估,对适用取保候审或监视居住强制措施合法性进行审查。对于提起公诉的非羁押诉讼的案件,除被告人不能及时到案的以外,法院应当及时受理。[66]

又如,四川省高级人民法院、四川省人民检察院、四川省公安厅、四川省

---

[60] 河南省高级人民法院、河南省人民检察院、河南省公安厅、河南省司法厅联合发布的《关于建立轻微刑事案件快速办理机制的意见》(豫高法〔2008〕349 号)第 6 条。

[61] 同上,第 10 条。

[62] 同上,第 4 条。

[63] 同上,第 5 条。

[64] 同上,第 11 条。

[65] 同上,第 12 条。

[66] 同上,第 13 条。

司法厅于2014年联合制定的《关于依法快速办理轻微刑事案件的实施办法》在“工作程序”部分中规定:“对决定适用快速办理机制的轻微刑事案件,公安机关在提请批准逮捕和移送审查起诉时,应当在提请批准逮捕书、起诉意见书和卷宗封面右上角加贴‘快速办理’标识,并移送提请批准逮捕书、起诉意见书及相关证据材料的电子文档。检察院案件管理部门收到标识‘快速办理’的审查逮捕案件后,应当当日分案至侦查监督部门,侦查监督部门应当在3日内作出是否批准逮捕的决定,并填写《快速移送审查起诉建议书》,建议侦查机关及时移送审查起诉。认为证据存在欠缺的,可以建议侦查机关补充证据后及时移送审查起诉。检察院对公安机关集中移送的适用快速办理条件的案件,应当及时办理,一般应当集中向法院提起公诉。”[67]

再如,上海市静安区检察院于2014年修订了《轻微刑事案件审查起诉环节工作规程》,将受案、分案、审批等权限授予轻案快办专办组的主任检察官,由主任检察官审查决定对符合条件的案件适用快办程序,同时单独设立工作台账。针对快办案件具有案情简单的特点,检察院实行集中告知、集中提审以及集中起诉的办案模式。另外,检察院注重与公安、法院、司法局的沟通和协调。通过适时介入等方式向公安机关提出证据补强意见,对于适用快办程序提起公诉的案件及时向法院进行提示。对于快办案件的当事人要申请法律援助的,适当简化申请材料,当天向司法局提交,充分保障当事人的合法权益。[68]

就审判阶段而言,2008年江苏省徐州市丰县法院制定的《关于建立轻微刑事案件快速办理机制的意见》规定:对犯罪事实清楚、证据确实充分,可能判处3年以下有期徒刑、拘役、管制,单处罚金等附加刑或者免予刑事处罚,犯罪嫌疑人、被告人对主要犯罪事实予以供认的轻微刑事案件,适用快速办理机制。同时,该意见要求审判环节对接侦查、起诉环节,分别成立轻微刑事案件办理小组、未成年人犯罪案件办理小组和重大疑难案件办理小组,对刑事案件实行繁简对口分流;要求适用简易程序审理的案件应当在15日内审

---

[67] 四川省高级人民法院、四川省人民检察院、四川省公安厅、四川省司法厅联合发布的《关于依法快速办理轻微刑事案件的实施办法》第15条、第16条、第18条。

[68] 杨睿:《上海静安检察院深入推进轻微刑事案件快速办理》,载正义网:http://www.jcrb.com/procuratorate/jckx/201408/t20140827_1426627.html,最后访问日期:2014年8月27日。

结，适用普通程序简化审理的案件应当在20内审结，需报审判委员会讨论决定的案件最迟不得超过一个半月审结。此外，该意见还要求建立案件证据补充的协调机制。对于符合快速办理条件但需要补充证据的案件，法院直接通知检察、公安办案单位迅速补充移送，尽量减少退回补充侦查，确保案件得到快速办理。[69]

5. 对快速办理的轻微刑事案件依法从轻判处刑罚

各地规则普遍规定，对适用快速办理机制的轻微刑事案件，应当依法从轻处罚，并且一般要求当庭宣判。例如，《贵州省高级人民法院贯彻〈关于建立轻微刑事案件快速办理机制的若干规定〉实施细则(2013)》规定："适用快速办理机制审理案件，对被告人可以依法从轻处罚。对被告人归案后供述自己所犯罪行，从侦查阶段一直适用快速办理机制办理的，可以依法从宽处罚，充分发挥拘役、管制、缓刑等刑罚的教育矫治作用。"[70]"适用快速办理机制审理案件，一般应当当庭宣判，使用格式裁判文书，裁判文书由主审法官签发。"[71]

(五)地方性刑事二审规则

我国《刑事诉讼法》和相关司法解释涉及刑事二审的条文并不多，因此，在司法实践中主要靠地方司法机关制定规则来规范刑事二审的相关问题。我国地方司法机关有关刑事二审的规则主要包括以下五个方面的内容：

1. 刑事二审案件开庭审理的范围

在2005年之前，我国地方性刑事程序规则中有关二审开庭的并不多，也反映出当时我国刑事二审案件不开庭是一种常态。2005年12月7日最高人民法院发布了《关于进一步做好死刑第二审案件开庭审理工作的通知》，要求所有死刑二审案件均须开庭审理。随后，多个省份均就死刑二审开庭问题制定了专门的规则。例如，浙江省高级人民法院、浙江省人民检察院、浙江省公安厅、浙江省司法厅联合发布的《关于做好死刑案件二审开庭审理相关工作的意见》(浙高法〔2006〕89号)，湖南省高级人民法院、湖南省人民检察院、

---

[69] 相关情况，参见邵海林：《徐州丰县法院建立轻微刑事案件快速办理机制》，载江苏省徐州市中级人民法院网站：http://xzzy.chinacourt.org/public/detail.php?id=9396，最后访问日期：2015年11月29日。

[70] 《贵州省高级人民法院贯彻〈关于建立轻微刑事案件快速办理机制的若干规定〉实施细则(2013)》第19条。

[71] 同上，第20条。

湖南省公安厅、湖南省司法厅联合发布的《关于死刑第二审案件开庭审理若干问题的规定》(湘高法发〔2006〕11号),广东省高级人民法院发布的《关于死刑上诉案件二审开庭审理工作规程》(粤高法〔2006〕100号)等。这些省份对于死刑二审案件应当开庭的情形均作出了类似的规定。例如,广东省高级人民法院、广东省人民检察院、广东省公安厅、广东省司法厅联合发布的《关于做好死刑第二审案件开庭审理相关工作会议纪要(2006)》规定,对于一审被判处死刑立即执行的被告人提出上诉的案件,具有如下情形之一的,应当开庭审理:被告人上诉否认判处死刑的犯罪事实,作无罪辩护的;被告人上诉提出新的检举揭发或者新的事实和证据,需要查证认定的;被告人上诉证明判处死刑的犯罪事实的主要证据存在矛盾的;被告人上诉提出侦查机关有刑讯逼供行为的;二审法院认为确有必要开庭审理的。

在非死刑案件的二审中,有的地方性刑事程序规则也对应当开庭的情形作出了规定。例如,江苏省人民检察院、江苏省高级人民法院联合发布的《关于二审案件开庭、出庭的几点意见》(苏检会〔1998〕6号)第1条规定:"第二审人民法院除对事实清楚的上诉案件可以不开庭审理外,对人民检察院提起抗诉的案件,或者合议庭认为事实不清、证据不足的案件应当开庭审理。对拟改变一审判决认定的罪名的案件,或者拟对一审判决中的量刑部分降格改判的案件,一般也可以开庭审理。"

2. 证人、鉴定人出庭

有的地方性刑事程序规则中明确规定,对于控辩双方有争议、涉及定罪量刑的关键性证据,证人、鉴定人必须出庭作证,否则相关证据不可采。例如,广东省高级人民法院、广东省人民检察院联合发布的《关于进一步提高死刑二审案件质量的若干意见》(粤高法发〔2008〕24号)第6条规定:"人民检察院、被告人及其辩护人对证人证言、辨认笔录有异议,且该证言、笔录对定罪量刑有重大影响的;人民检察院、被告人及其辩护人对鉴定结论有异议、鉴定程序违反规定或者鉴定结论存在疑点的;人民检察院、被告人及其辩护人对被告人身份、年龄以及是否具有自首、立功等影响定罪量刑的情节有异议的,应当通知证人、鉴定人出庭作证。应当出庭作证而没有出庭作证的证人证言、鉴定结论经查证无法确认的,不能作为定案的根据。"这一规定体现了直接言词原则的精神，为2012年《刑事诉讼法》的修改提供了重要的经验。[72]

3. 刑事二审案件的指定辩护

有的地方性刑事程序规则对于二审案件指定辩护的范围予以明确或扩展，例如，温州市中级人民法院于2013年制定的《关于刑事二审案件指定辩护范围的规定》（温中法〔2013〕3号）对可以提供指定辩护的案件范围予以明确：共同犯罪案件中，其他被告人已经委托辩护人；有重大社会影响的案件；人民检察院抗诉的案件；被告人的行为可能不构成犯罪，或作无罪辩护；一审判决认定的事实错误或法律适用错误，可能影响定罪量刑；被告人的认知能力较差，可能影响案件正常审理。上诉人因经济困难或者其他原因没有委托辩护人，本人及其近亲属向法庭提出申请，经审查符合法律援助条件的，可以通知法律援助机构指派律师为其提供辩护。未提起上诉的同案其他原审被告人是否需要指定辩护人，由经办人视案情决定。[73]

4. 刑事二审期间的公诉职责

根据我国《刑事诉讼法》的规定，人民检察院提出抗诉的案件或者第二审人民法院开庭审理的公诉案件，同级人民检察院都应当派员出席法庭。但是，检察人员出庭二审法庭的任务和职责是什么？一直以来，立法和相关司法解释并未明确规定。一些地方性程序规则对此进行了规范，例如，《重庆市检察机关出席刑事二审案件庭审规则》（渝检诉〔2005〕13号）第4条规定："检察人员出席刑事二审案件法庭的任务包括：听取原审被告人的供述、辩解和上诉人的上诉意见，对原审人民法院作出的错误判决或裁定提出纠正意见；维护原审人民法院正确的判决或裁定，建议法庭维持原判；维护诉讼参与人的合法权利；代表人民检察院对法庭审判活动是否合法进行监督。"该意见

---

[72] 2012年《刑事诉讼法》第187条规定："公诉人、当事人或者辩护人、诉讼代理人对证人证言有异议，且该证人证言对案件定罪量刑有重大影响，人民法院认为证人有必要出庭作证的，证人应当出庭作证。……公诉人、当事人或者辩护人、诉讼代理人对鉴定意见有异议，人民法院认为鉴定人有必要出庭的，鉴定人应当出庭作证。经人民法院通知，鉴定人拒不出庭作证的，鉴定意见不得作为定案的根据。"这一规定吸收了广东规则的精神，但尚不及广东规则科学、合理：其一，在证人出庭问题上增加了"法院认为有必要出庭"的限制条件，扩大了法院的裁量权，不符合对抗制诉讼的基本精神；其二，没有明确应当出庭的证人拒不出庭时其庭前证言不可采这一法律后果，导致证人庭前证言一如既往地充斥于二审法庭，令期待关键证人出庭的法学界和公众大失所望。

[73] 温州市中级人民法院制定的《关于刑事二审案件指定辩护范围的规定》（温中法〔2013〕3号）第2条、第3条、第4条。

第7条就上级检察机关支持下级检察机关抗诉意见时的具体要求进行了规定:"上级人民检察院对下级人民检察院按照第二审程序提出抗诉的案件决定支持抗诉的,应当制作支持抗诉意见书,在开庭前送达同级人民法院。上级人民检察院支持下级人民检察院提出的抗诉意见和理由的,支持抗诉意见书应当叙述支持的意见和理由;部分支持的,叙述部分支持的意见和理由,不予支持部分的意见应当说明。上级人民检察院不支持下级人民检察院提出的抗诉意见和理由,但认为原审判决、裁定确有其他错误的,应当在支持抗诉意见书中表明不同意刑事抗诉书的抗诉意见和理由,并且提出新的抗诉意见和理由。"该意见第13条要求,出庭二审法庭的检察人员应当根据二审案件的不同情况进行举证:"对于事实清楚,证据确实、充分,只是由于原审判决、裁定定性不准、适用法律错误导致量刑明显不当,或者因人民法院审判活动严重违反法定诉讼程序而提起抗诉的案件,可只对新的辩论观点所依据的证据进行举证、质证;对于因原审判决、裁定认定事实不清、证据不足,导致定性不准、量刑明显不当而抗诉的案件,出庭的检察人员应当对案件的事实、证据、定罪、量刑等方面的问题进行全面举证,庭审中应当注意围绕抗诉重点举证、质证,充分阐明抗诉观点,翔实、透彻地论证抗诉理由及其法律依据;出庭检察人员对控辩双方无异议的证据仅对证据的种类、证明的主要内容和证明力作概括说明,对控辩双方有异议的证据应当向法庭举证、质证。"

5. 刑事二审案件的审理程序

地方性刑事二审规则关于二审案件的审理程序主要包括以下两个方面的内容:

一是庭前审查和审前准备的有关事项。例如,《济南市中级人民法院二审刑事案件普通程序办案规范(2010)》规定:"对于二审案件应当在庭前审查:一审判决认定的事实是否清楚,证据是否确实、充分,证据之间有无矛盾;一审判决适用法律是否正确,量刑是否适当;在侦查、起诉、第一审程序中,有无违反法律规定的诉讼程序的情形;上诉、抗诉是否提出了新的事实和证据;被告人供述、辩解的情况;辩护人的辩护意见以及采纳的情况;附带民事部分判决、裁定是否适当;一审法院合议庭、审委会讨论的意见。"[74]"开庭审理前

---

[74] 《济南市中级人民法院二审刑事案件普通程序办案规范》第5条。

应由审判长主持召开合议庭预备庭,讨论和研究原审判决认定的犯罪事实的要点、庭审中需解决和了解的案情的要点、确定出庭作证的证人、鉴定人名单;承办案件的审判员应当根据合议庭的讨论意见拟定出庭审提纲,经审判长审核后发给全体合议庭成员。"[75]

二是二审案件开庭审理的具体操作程序。我国刑事二审的构造具有续审制的特点,[76]司法实践中,绝大多数的刑事二审主要围绕一审中的争议点以及二审中的新证据进行,一些地方性刑事二审规则对二审案件开庭审理的具体操作程序作出了相应的规定,主要包括宣读上(抗)诉理由(书)、证据调查、法庭辩论等阶段。例如,《济南市中级人民法院二审刑事案件普通程序办案规范》第13条规定:"法庭调查的重点要针对上诉或者抗诉的理由,全面查清事实,核实证据。但在出示、宣读证据阶段,如果控辩双方对一审法院开庭时已经出示、宣读的证据没有异议,或者虽有异议但均认为没有重复出示、宣读的必要的,审判长可以在征求控辩双方同意后,不再对这部分证据进行出示、宣读。"

(六)关于未成年人刑事诉讼的地方性规则

自改革开放以来,我国的犯罪率逐年上升。在城市化、工业化的过程中,我国的社会结构发生了巨大变化,家庭作为社会的基本构成单位受到了强烈冲击。受经济、社会、家庭等多种因素的影响,未成年人犯罪多年来成为我国社会治理的一大难题。在构建和谐社会的大背景下,我国对未成年犯罪实行了教育为主、惩罚为辅的原则,与此相应地,在公安司法机关办理未成年人刑事案件时,实行"教育、感化、挽救"的方针,以帮助犯罪未成年人回归社会为出发点和落脚点。这与日本刑事司法过程中长期盛行的"仁慈的家长制模式"[77]有较多类似之处。

在2012年《刑事诉讼法》将"未成年人刑事案件诉讼程序"规定为特殊程序之前,上海、重庆、广东、云南等多地公安司法机关已经在探索未成年人刑事案件的特殊办理程序。在2012年《刑事诉讼法》实施以后,一些地方又

---

[75] 《济南市中级人民法院二审刑事案件普通程序办案规范》第10条、第11条。

[76] 李长城:《论刑事二审中的证据调查》,载《法学论坛》2011年第4期,第148页。

[77] 美国华盛顿大学富特教授曾经对日本的刑事司法予以亲身考察,并以"仁慈的家长制模式"综合分析了日本刑事司法的特色。参见[美]丹尼尔·富特:《日本刑事司法中的家长模式》,刘丽君译,载[美]虞平、郭志媛编译:《争鸣与思辨——刑事诉讼模式经典论文选译》,北京大学出版社2013年版,第135页。

对此前的规定进行了修改完善。概括起来,我国关于未成年人刑事诉讼的地方性规则主要包括以下四个方面的内容:

1. 合适成年人制度

合适成年人制度本来是英国最先创设的一种辅助未成年犯罪嫌疑人、被告人的制度。我国2012《刑事诉讼法》在总结各地试点经验的基础上,借鉴英国等国家的经验,将这一制度正式引入我国的刑事诉讼中。2012年《刑事诉讼法》第270条规定:"对于未成年人刑事案件,在讯问和审判的时候,应当通知未成年犯罪嫌疑人、被告人的法定代理人到场。无法通知、法定代理人不能到场或者法定代理人是共犯的,也可以通知未成年犯罪嫌疑人、被告人的其他成年亲属,所在学校、单位、居住地基层组织或者未成年人保护组织的代表到场,并将有关情况记录在案。到场的法定代理人可以代为行使未成年犯罪嫌疑人、被告人的诉讼权利。"司法实践中,什么情况下应当通知合适成年人到场?什么人可以担任合适成年人?合适成年人到场以后可以行使哪些诉讼权利?这些成为困扰地方公安司法机关的难题,迫使一些地方司法机关不得不通过制定规范性文件的形式进行规范,探索可行的解决办法。例如,江苏省未成年人保护委员会、江苏省高级人民法院、江苏省人民检察院、江苏省公安厅、共青团江苏省委联合制定了《江苏省规范合适成年人参与刑事诉讼活动的实施意见》(苏检会〔2014〕4号),其中对应当通知合适成年人到场的情形作出了明确规定:"法定代理人具有下列情形之一的,公安机关、人民检察院、人民法院应当通知合适成年人到场:与未成年犯罪嫌疑人、被告人是共犯的;已经死亡、宣告失踪或者无监护能力的;因身份、住址或联系方式不明无法通知的;因路途遥远或者其他原因无法及时到场的;经通知明确表示不愿意到场的;到场后不利于感化、教育、挽救未成年人的;阻扰讯问、审判活动正常进行,经劝阻不改的;其他不能或者不宜到场的情形。"[78]

又如,深圳市中级人民法院、深圳市人民检察院、深圳市公安局和深圳市司法局于2013年9月4日联合印发《广东省深圳市合适成年人参与刑事诉讼暂行规定》(深中法发〔2013〕7号),就合适成年人的适用对象、适用范围和选任条

---

[78] 江苏省未成年人保护委员会、江苏省高级人民法院、江苏省人民检察院、江苏省公安厅、共青团江苏省委联合制定的《江苏省规范合适成年人参与刑事诉讼活动的实施意见》(苏检会〔2014〕4号)第3条。

件,合适成年人参与刑事诉讼的原则、权利、义务,合适成年人人选的产生和管理,公、检、法、司四机关的职责和工作衔接机制,合适成年人参加刑事诉讼的误工、伙食、交通补贴等作出了明确、具体的规定,并附有《合适成年人参与刑事诉讼告知书》(公检法通用)、合适成年人参与刑事诉讼通知书(公检法通用)、合适成年指派函(司法行政机关用)、合适成年人到场通知书(公检法通用)和合适成年人权利义务告知书(公检法通用)等法律文书的格式样本。这可能是到目前为止关于合适成年人参与刑事诉讼的最为完整的地方性规范。根据该暂行规定,深圳市的公安机关、人民检察院、人民法院在办案过程中发现涉罪未成年人的法定代理人有规定情形之一的情况,[79]应当向其送达《合适成年人参与刑事诉讼告知书》。另外,涉罪未成年人身份不明无法确定其法定代理人或者明确拒绝其法定代理人、成年亲属参加刑事诉讼的,也可为其指派合适成年人。为同一涉罪未成年人指派的合适成年人一般不超过两名;两名以上的未成年人共同犯罪的,不得由同一名合适成年人参与刑事诉讼。此外,深圳规定对合适成年人的选任范围[80]、合适成年人参与刑事诉讼应当遵循的原则[81]、合适成年人参与刑事诉讼享有的权利[82]、合适成年人参与刑事诉讼应当履行的义务[83]、

---

[79] 即(1)已亡故或下落不明;(2)无法通知的;(3)监护能力丧失或不足的;(4)拒绝或无法及时参加刑事诉讼的;(5)身份不明的;(6)其他无法或不宜参与刑事诉讼的情形。

[80] 主要包括:(1)涉罪未成年人所在学校、单位、居住地基层组织的代表;(2)市司法局、共青团、妇联、关心下一代工作委员会、律协、义工联等社会机构、团体推荐的人员;(3)其他热心未成年人权益保护工作、自愿参与未成年人刑事诉讼工作的人员。

[81] 主要包括:(1)遵守法律,切实依法行使权利,履行义务;(2)坚持中立,不受办案机关和其他利害关系人的影响;(3)侧重保护,尊重涉罪未成年人人格,保障其合法权益。

[82] 主要包括:(1)可以从办案机关了解案件情况、涉罪未成年人的生活经历、家庭情况、教育情况、日常表现等基本情况;(2)可以向涉罪未成年人解释有关法律规定,并阐明相应的法律后果;(3)认为办案人员有诱供、逼供或其他侵犯涉罪未成年人合法权益等情形,可以通过正常途径向办案人员或其所在机关提出意见;(4)在庭审前和休庭时,有权与涉罪未成年人当面会谈,了解其健康状况、权利义务知晓情况、合法权益有无遭受侵犯等情况;(5)经法庭同意,可以配合审判机关对涉罪未成年人进行法制宣传教育、认罪悔罪教育和思想品德教育等法庭教育活动;(6)庭审中,涉罪未成年人作最后陈述后,经法庭同意,合适成年人可以进行补充;(7)有权阅看讯问笔录或庭审记录,对记录所记载内容的准确性、完整性提出意见和建议,核对无误后签字确认;(8)宣判时,合适成年人有权到庭,领取判决书,经未成年被告人同意,有权提出上诉;(9)其他有利于刑事诉讼正常进行、维护涉罪未成年人合法权益的权利。

[83] 主要包括:(1)接到指派通知后及时参加诉讼;(2)向涉罪未成年人表明身份和承担的职责;(3)安抚涉罪未成年人,帮助其消除恐惧、害怕、抵触情绪和对抗心理;(4)协助办案人员与涉罪未成年人进行沟通,解释相关的法律规定及法律后果,确保其能正确理解司法人员的语意,并独立思考回答问题。不得以诱导、暗示等方式干扰诉讼活动的进行;(5)遵守保密规定,不得以任何形式公开或向他人透露相关案情或涉罪未成年人的个人信息;(6)发现本人与所参与的案件存在利害关系或其他不宜担任合适成年人的情形时,应及时告知办案机关;(7)其他有利于维护涉罪未成年人合法权益的义务。

合适成年人参与刑事诉讼的具体程序[84]以及合适成年人参与刑事诉讼的保障措施[85]均予以明确。

2. 限制羁押

有些地方性刑事程序规则明确规定，对于涉案未成年人应当严格限制羁押强制措施的适用。例如，《广东省高级人民法院、广东省人民检察院、广东省公安厅、广东省司法厅关于办理未成年人刑事案件的若干意见》（粤高法发〔2009〕50 号）规定："对于犯罪情节较轻，具备有效监护条件，没有社会危险性或社会危险性较小，不妨害刑事诉讼正常进行的未成年犯罪嫌疑人、被告人，一般不予刑事拘留或者逮捕；对外来流动人口的未成年犯罪嫌疑人、被告人，如果犯罪情节较轻、社会危险性较小，在犯罪地有监护人或其他成年亲属愿意担保并积极配合对未成年人进行监管的，可以不予刑事拘留或者逮捕；涉案未成年人是在校学生的，应当更加严格地限制羁押强制措施和监禁刑的适用，尽量使涉案未成年人能够继续留校学习。对已采取羁押强制措施的未成年人犯罪案件，应当快速办理，尽量缩短羁押时间，超过法定办案期限不能结案的，应予以变更或者解除强制措施。"[86]

---

[84] 主要包括：合适成年人人选的产生及管理，由司法行政机关负责。公安机关、人民检察院、人民法院在办理涉罪未成年人案件需要指定合适成年人时，应当及时向司法行政机关发出《合适成年人参与刑事诉讼通知书》，由司法行政机关确定合适成年人并函复办案机关。办案机关对涉罪未成年人进行讯问时，应当提前向合适成年人发出《合适成年人到场通知书》，通知其到场。人民法院开庭审理未成年人犯罪刑事案件，应在开庭三日前将《开庭通知书》送达合适成年人。合适成年人参与刑事诉讼时，应当携带本人身份证和《合适成年人到场通知书》或《开庭通知书》，办案机关核实后，应当允许其参与诉讼。合适成年人参与讯问在押未成年人的，公安机关监管民警在核实身份无误后，应当准许其随办案人员进入监管场所。办案人员发现合适成年人有滥用权利、违背义务或者怠于行使权利或其他违法行为的，应当予以制止和训诫，并通报其所属的机关或者团体。必要时，可以提请办案机关更换合适成年人。合适成年人有违反法律规定情形，影响刑事诉讼顺利进行的，应当依法追究其相应的法律责任。涉罪未成年人的法定代理人已经具备参加刑事诉讼条件的，办案机关应当通知法定代理人到场，并书面通知合适成年人在讯问和审判时不必到场。自愿退出刑事诉讼的合适成年人，需书面向相关办案机关提出申请，由办案机关决定后，书面通报司法行政机关。公安机关、人民检察院、人民法院、司法局应当作好衔接配合、确保合适成年人参与刑事诉讼的效果。

[85] 主要包括：公安机关、人民检察院、人民法院、司法行政机关应当每年对合适成年人参与刑事诉讼的工作情况进行通报，针对性地开展相关培训。公安机关、人民检察院、人民法院、司法行政机关应当采取必要措施，为合适成年人参与刑事诉讼提供保障。合适成年人参与刑事诉讼工作，可由各办案机关根据具体情况对合适成年人的误工、伙食、交通等方面给予适当的补贴。

[86] 《广东省高级人民法院、广东省人民检察院、广东省公安厅、广东省司法厅关于办理未成年人刑事案件的若干意见》（粤高法发〔2009〕50 号）第 6 条。

3. 快审轻判

有的地方性刑事程序规则要求，对提起公诉的未成年人轻微刑事案件实行“快审轻判”。例如，《广西壮族自治区人民检察院关于公诉部门办理未成年人刑事案件的指导意见（2011）》规定：“对提起公诉的未成年人轻微刑事案件，公诉部门应当制作《快速审判建议书》，建议人民法院快速审理；对符合适用简易程序审理条件的未成年人刑事案件，应当向人民法院提出适用简易程序的建议。”[87]“对于具有下列情形之一，依法可能判处三年以下有期徒刑或者拘役，悔罪态度较好，具备有效监护条件或者社会帮教措施、适用缓刑确实不致再危害社会的未成年被告人，可以建议法庭适用缓刑：（一）犯罪情节较轻，未造成严重后果的；（二）主观恶性不大的初犯或者胁从犯、从犯；（三）被害人同意谅解被告人或者被害人有明显过错的；（四）其他可以适用缓刑的情节。提出对未成年被告人适用缓刑建议的，应当将未成年被告人能够获得有效监护、帮教的书面材料一并于判决前移送法庭。”[88]

4. 延伸帮教

有的地方性未成年人刑事诉讼规则明确要求：注重社会调查，因人因案施策，坚持延伸帮教。例如，2013 年福建省高级人民法院下发了《关于学习推行詹红荔“三三九不工作法”进一步完善未成年人刑事审判工作机制的意见》（闽高法〔2013〕99 号），要求全省各级法院的未成年人法庭积极落实“三三九不工作法”的核心内容——“庭前三个不开庭，庭中三个不轻易，庭后三个不松手”。首先，“庭前三个不开庭”是指对关键问题没有梳理清楚的，不开庭；对被告人成长背景没有调查清楚的，不开庭；被告人对犯罪危害没有足够认识的，不开庭。切实将少年刑事案件审判工作拓展至庭前，通过深入的社会调查、心理疏导，找准诱发犯罪、引发社会矛盾的症结所在，充分保障未成年被告人诉讼权益，为法庭审理做好铺垫，夯实“教育、感化、挽救”的工作基础。其次，坚持庭中分类施策，确保“寓教于审，审教结合”取得实效。准确把握“庭中三个不轻易”，即被告人没有真诚悔过的，不轻易下判；被害方没有得到精神抚慰，达不成和解的，不轻易下判；可以判非监禁刑，但没有落

---

[87] 《广西壮族自治区人民检察院关于公诉部门办理未成年人刑事案件的指导意见（2011）》第 18 条。

[88] 同上，第 21 条。

实帮教措施的,不轻易下判。做到因人因案施策,寻求最佳解决办法,最大限度化解社会矛盾,促进社会和谐。最后,坚持判后跟踪帮教,促进新生少年顺利回归和融入社会。坚持"庭后三个不松手",即入监后延伸帮教没有到位的,不松手;回归社会的问题没有妥善解决的,不松手;发出的司法建议没有落实的,不松手。[89]

三、地方性刑事程序规则存在的问题

我国地方性刑事程序规则对于细化《刑事诉讼法》以及司法解释、贯彻刑事政策、保障当事人合法权益以及提高诉讼效率等具有极其重要的作用。但是,我国地方性刑事程序规则也存在以下四个方面的缺陷。此部分的内容在第一章已有一定的论述,本章主要结合地方性刑事程序规则予以论述。

(一)规则文本不公开

我国地方性刑事程序规则并不向社会公开。司法机关工作人员可以在各地公安、检察、法院的内网上看到部分地方性刑事程序规则,有的地方性刑事程序规则也出现在各地司法机关的内部出版物上,还有些地方性刑事程序规则以司法机关内部公文(类似通知、要求、命令等)复印件的形式在上下级司法机关之间传递。作为一般的研究者,可以在各地司法机关的外网上找到一些地方性刑事程序规则。有的法律信息专业网站(如北大法宝)中的"地方司法文件"栏目下也可查到大量的地方性刑事程序规则。

地方司法机关一般不主动公开地方性刑事程序规则的可能原因包括:第一,根据2015年3月15日党的十二届全国人大三次会议修改后的《立法法》的规定,除了最高人民法院、最高人民检察院可以作出符合立法目的的司法解释以外,其他审判机关、检察机关不得作出具体应用法律问题的解释;最高人民法院和最高人民检察院也曾经发文,明确要求地方司法机关不得制定司法解释性文件。地方性刑事程序规则的主要内容是关于办理刑事案件的具体操作程序,其中部分内容不论以"暂行规定""指导意

---

[89] 参见福建省高级人民法院发布的《关于学习推行詹红荔"三三九不工作法"进一步完善未成年人刑事审判工作机制的意见》(闽高法〔2013〕99号)。

见”“会议纪要”等哪种形式出现,显然也属于“具体应用法律问题的解释”,因此,地方公安司法机关不敢公开。第二,地方性刑事程序规则有的还处在试行阶段,有的甚至只是“征求意见稿”(但实际上已经在执行),难免存在有待改进甚至不符合法律、司法解释精神之处,如果公开,会导致存在的问题暴露在公众面前,影响制定机关的公共形象,甚至可能导致工作上的被动。第三,一些地方公安司法机关认为,规定了地方性刑事程序规则的规范性文件属于“内部文件”,主要供系统内部执法、司法时掌握使用,没有必要也没有义务公开。

不可否认,站在地方公安司法机关的角度,上述原因都是可以理解的。但是,从法治的原则出发,地方性刑事程序规则作为地方公安司法机关具体实施刑事诉讼法的重要依据,不予公开,首先是侵犯了公众的知情权。法律规则之所以能够调整个人和单位的社会行为,不仅是因为它有明确的内涵,而且因为它完全公开,对个人和单位能够提供可预期的判断标准。地方性刑事程序规则也不例外。以羁押必要性的判断标准为例,很多地方性程序规则中都有更加明确、具体的规定,为公安检察机关提供了切实可操作的执法依据。但是,如果不予公开,涉案犯罪嫌疑人及其法定代理人不知道,辩护律师不知道,他们就无法根据这些规定申请变更强制措施或者羁押必要性审查,公众也无从监督公安、检察机关的执法行为;与之相应地,地方公安检察机关在执法办案实践中如果现出违反这些规则的情形,只能依赖于内部监控程序进行审查和纠正,难以受到来自外部的必要制约。

其次,不公开的地方性刑事程序规则难以受到其他国家机关的适当审查。其一,地方性刑事程序规则难以受到地方立法机关的适当审查。地方立法机关有权对地方的有关立法、规章等进行修改、废除,如果地方立法机关对地方性刑事程序规则不知情,显然难以进行上述审查。其二,地方性刑事程序规则难以受到上级司法机关的审查。由于地方司法机关制定地方性刑事程序规则时并没有向上级司法机关(包括“两高”)备案,因此上级司法机关对该地方性刑事程序规则是否合理、运行效果如何均不得而知,而地方性刑事程序规则的实践效果对于“两高”了解、积累地方实践经验、将来时机成熟时制定全国范围内适用的司法解释是极其重要的。

（二）制定过程封闭

首先，地方性刑事程序规则的制定过程具有一定的“封闭性”，在制定主体基本上仅限于公安司法机关。在课题组收集到的1000多份地方性刑事程序规则中，没有发现地方公安司法机关在制定过程中邀请了律师参与。例如，2013年湖北省出台了《湖北省人民检察院、湖北省司法厅关于建立新型检律关系的指导意见》（鄂检会〔2013〕9号），2014年贵阳市人民检察院和贵阳市司法局联合制定了《关于保障和规范辩护律师在刑事诉讼中依法执业的暂行办法》（筑检会〔2014〕1号），但是课题组在调研过程中，没有发现这些文件的制定过程中律师究竟在哪个环节参与了。人们不禁会问：司法行政机关虽然是律师行业的主管机关，但是它能够在涉及律师权益的文件制定过程中充分反映律师的诉求和利益吗？

制定主体的封闭性必然导致制定程序的“随意性”。例如，有的省高院以审委会会议纪要的形式规定一些程序规则，然后下发全省法院，要求遵照执行；有的地方以公、检、法、司、安“五长”会议纪要的形式，对涉及犯罪嫌疑人、被告人及其辩护权利的重要事项（如会见权等）作出限制性规定，完全不受任何利害关系方的监督。

地方性刑事程序规则制定过程的封闭性反映了地方公安司法机关在制定地方性刑事程序规则中的“权力本位”（“官本位”）思想以及较为狭隘的“部门主义”。另外，也显示出我国“法律职业共同体”尚未形成，律师尤其还处于较为“弱势”的地位。

地方性刑事程序规则制定过程封闭，必然导致地方性刑事程序规则难以充分协调、平衡刑事司法实践中的相关利益，“强权通吃”的现象难以避免，并因此而导致地方刑事司法实践在特定时间内背离法治原则，产生严重的负面效果。

（三）限制权利不适当

我国很多地方性刑事程序规则对于扩大和保障当事人的正当权益起到了积极的重要作用，但是，也有一些地方性刑事程序规则对当事人的权利以及律师的正当职业权利作出了不适当的限制。主要体现在以下两个方面：

其一，对有关主体资格进行不适当的限制，导致地方性刑事程序规则适用上的不平等。例如，南京市检察院制定的《关于在审查起诉阶段讯问犯罪嫌疑人实行辩护律师在场的试行办法》(宁检会字〔2008〕1号)第3条规定："享有在场权的辩护律师条件为：接受犯罪嫌疑人的委托，在江苏省辖区内司法行政部门注册、在南京地区律师事务所执业的律师。"为什么南京以外执业的律师就不能享有审查起诉阶段检察人员讯问犯罪嫌疑人时的在场权了？是不信任"外地"律师呢？还是担心"外地"律师泄密？

其二，对律师在特定案件的独立辩护权作出限制。例如，2006年河南省司法厅下发了《关于加强对律师办理重大、敏感、群体性案件指导监督的意见》(豫司文〔2006〕79号)，其中规定："律师事务所发现律师违反规定在媒体(包括网络媒体)上发表意在影响案件结果或影响公众情绪的评论及擅自与境外组织媒体接触等行为的，应及时采取措施予以制止，并设法消除影响和不良后果。律师事务所应指导办案律师对当事人的上访、闹事苗头，积极劝说、疏导，对群体性利益纠纷的案件应帮助争议各方选择合法、适当、平和和稳妥的解决途径和方式，倡导调解解决纠纷。"又如，云南省高级人民法院、云南省人民检察院、云南省公安厅、云南省司法厅、云南省国家安全厅于2009年联合制定的《关于规范和保障律师依法执业有关问题的规定》第28条第8款规定："律师利用网络、媒体及社会舆论干扰司法活动的，由司法行政机关或律师协会给予行政处罚或行业处分，构成犯罪的，依法追究相应的刑事责任。"

问题在于：何为"律师违反规定在媒体上发表意在影响案件结果或影响公众情绪的评论"？如果执业律师受到不公正的待遇，也不能在媒体或者网络上如实表达(特别是2009年之前我国刑事辩护律师会见难、取证难、阅卷难普遍存在的情况下)，何为"律师利用网络、媒体及社会舆论干扰司法活动"？是否遭遇司法人员滥用司法权力的事实也只能逆来顺受？这种似是而非的规定，显然对辩护律师依法独立行使辩护权构成了妨碍。

(四)部分规定不合理

地方性刑事程序规则的多数内容是务实的、可操作的，也是科学的、合理的，但也有一些内容不够合理。具体表现在以下方面：

第一，对"特殊侦查手段"和"特情人员"过度保护。2008年江西省景德镇市人民检察院、景德镇市司法局联合制定的《关于审查起诉阶段实施〈律师法〉的若干意见》第13条规定：对于“可能暴露特殊侦查手段的证据材料、与案件有关的特情人员的材料”，检察机关在审查起诉阶段可以拒绝让律师查阅、摘抄或者复制。实际上，进行诱惑侦查的“特情人员”的证言存在虚假的可能，在必要时应当进行甄别、核实，否则可能导致冤假错案。而且自2012年《刑事诉讼法》实施以后，检察机关在审查起诉阶段拒绝律师查阅证据材料的做法，也不再符合《刑事诉讼法》第38条关于“对案件审查起诉之日起，可以查阅、摘抄、复制本案的案卷材料”的规定精神。

第二，突破法理，违反公平正义。例如，2014年北京市丰台区人民检察院制定的《未成年人犯罪案件相对不起诉、附条件不起诉适用标准》和北京市朝阳区人民检察院制定的《未成年人刑事案件相对不起诉、附条件不起诉适用细则》均把强奸等重罪列入附条件不起诉案件的范围，有违基本法理，有违公平正义。丰台区人民检察院办理的附条件不起诉案件涉及强奸、抢劫、盗窃、开设赌场、寻衅滋事、抢夺、聚众斗殴、隐瞒犯罪所得、故意伤害等九个罪名，并尝试对涉嫌数罪的未成年人作附条件不起诉处理。实际上，强奸罪涉及对重大法益的严重侵害，如果适用附条件不起诉（包括附以道歉、赔偿等条件）会带来非常严重的负面效果。《刑事诉讼法》规定的附条件不起诉明确只适用于“可能判处一年有期徒刑以下刑罚的案件”，丰台区人民检察院列出的附条件不起诉的九个罪名中有些是较为严重的犯罪（如强奸、抢劫等），如果数罪并罚之下还以附条件不起诉来结案，必然产生严重的负面效应。

第三，有的地方性刑事程序规则规定了较多的审批环节，使办案手续繁琐，办案期限延长。例如，2013年四川省人民检察院制定的《四川省检察机关未成年人刑事案件附条件不起诉实施办法》第三章“附条件不起诉的办理程序”第6条规定：“办案人员应当根据未成年犯罪嫌疑人的犯罪性质、犯罪情节、社会危害性和悔罪表现，结合社会调查及听取意见情况，提出是否适用附条件不起诉的意见，经部门负责人审核，报检察长或者检察委员会决定。”实践中，检委会召开的次数有限，时间不确定，也很少有为某一个相对不起诉案件专门召开会议的情况。[90] 在附条件不起诉案件中采用“三级审批制”可能导致本该快速审结的轻微刑案比普通案件花费更长的办案期限，既不符合实际需要，也不符合主任检察官办案责任制的改革方向。

四、地方性刑事程序规则的未来展望

根据2015年修订后的《立法法》，地方司法机关的司法解释权被立法明令禁止，那么，是否意味着中国的地方性刑事程序规则从此消失、再不可见？与之相反，笔者认为，中国的地方性刑事程序规则具有强大的生命力，并将在经过严格规范之后，登堂入室，成为将来中国“一元多级”的司法解释体制中的重要组成部分。

（一）地方性刑事程序规则存在的必然性

如前所述，中国地方性刑事程序规则产生的背景是粗疏的国家立法和司法解释、政策执行型的刑事司法以及逐渐推进的司法改革；上述三大因素就是中国地方性刑事程序规则产生的土壤，土壤条件不变，种子必然发芽生长。在今后较长的一段时期内，中国的上述三大因素将保持不变，因此，地方性刑事诉讼规则的产生也将一如既往。

历史表明，禁止性的规定并不能阻止地方性刑事诉讼规则的产生。1987年最高人民法院在《关于地方各级法院不应制定司法解释性文件的批复》中明确指出：“地方各级法院均不应制定具有司法解释性的文件”；2012年最高人民法院、最高人民检察院联合发出的《关于地方人民法院、人民检察院不得制定司法解释性质文件的通知》（法发〔2012〕2号），要求地方人民法院、人民检察院一律不得制定涉及具体应用法律问题的“指导意见”“规定”等司法解释性质文件。上述两份文件在实践中都没有得到完全落实，特别是2012年之后为了执行新的《刑事诉讼法》及其司法解释等，地方性刑事程序规则的制定日益频繁。2015年修订后的《立法法》明令禁止地方司法机关的司法解释权，应当算是第三次禁令了。新《立法法》再度强调了“法律解释”与“司法解释”的区分，连最高司法机关都只有“司法解释权”，而没有“法律解释权”

---

[90] 王海：《轻微刑事案件快速办理机制实证研究——以S省3个基层司法机关为样本》，载《三峡大学学报》（人文社会科学版）2014年第5期，第92页。

(即“立法解释权”)。《立法法》第45条规定,法律解释权属于全国人大常委会;法律的规定需要进一步明确具体含义,以及法律制定后出现新情况需要明确法律依据的,由全国人大常委会进行解释。

《立法法》试图在“立法解释”与“司法解释”之间作一泾渭分明的“分割”,既不符合法理,也不符合实践。因为在相当长的时期内,不仅全国人大的立法能力存在不足,全国人大常委会的“法律解释(即‘立法解释’)能力”同样存在不足。不可能要求司法机关在遇到法律含义不明的所有情形下都向全国人大常委会求助,即使司法机关这样做了,全国人大常委会也不可能及时满足各地解释法律的要求。

需要注意的是,即使“两高”制定司法解释也离不开地方司法机关的经验积累。从法理上说,对法律的解释本身是法律实施所不可缺乏的活动,每个司法机关在处理个案过程中不可避免地要对法律的含义进行自己的解释。因此,法律解释权的主体不只是甚至主要不是最高司法机关。[91] 在世界上绝大多数国家,法院是司法解释的主体,不过司法解释权的行使主体并不限于最高法院及其法官,各级法院及法官均可通过裁判案件,阐述其对法律的解释意见。对同一法律问题出现不一致的司法解释意见时,较高层级法院及其法官的司法解释效力高于较低层级法院法官的司法解释效力。[92]

对法律解释权的“争夺”在某种程度上反映了我国立法与和司法、中央与地方之间关系的现状。一方面,最高立法机关将绝大部分极其重要的立法权(包括立法解释权)集中在手中,但又缺乏足够的能力与资源将其有效运作起来并推动立法在全国范围内的施行。[93] 另一方面,中央力图推行“法制统一”,地方却因条件的不同而呈现法治状况的差异。对于地方司法机关制定“指导意见”“规定”等具有司法解释性质的文件,“两高”一方面发布通知予以禁止;另一方面在实践中又持“放任”甚至“鼓励”的态度,因为地方司法机关制定的地方性刑事程序文件以及推行的改革是“两高”将来在全国范围内颁布实施细则、推行有关改革的重要基础。因此,禁止地方司

---

[91] 张志铭:《法律解释操作分析》,中国政法大学出版社1999年版,第238页。

[92] 董皞:《司法解释论》,中国政法大学出版社1999年版,第193页。

[93] 封丽霞:《中央与地方立法关系法治化研究》,北京大学出版社2008年版,第391页。

法机关在适用法律的过程中制定“司法解释性质文件”的规定实际上难以执行。

（二）地方性刑事程序规则的合法性

地方性刑事程序规则充实了国家的立法和司法解释，对于协调工作机制、积累改革经验具有不可代替的重要作用。面对地方性刑事程序规则将长期存在的现实，我们在承认中国地方性刑事诉讼规则合理性的同时，也必须正视其存在的问题，必须重视提升其合法性。只有加强合法性，地方性刑事诉讼规则才能获得正当性。

在2012年1月“两高”发出的通知中，作为禁止地方司法机关制定司法解释性文件的替代方案，“两高”提出地方司法机关可以通过省级院向“两高”提出制定司法解释的建议或对法律应用问题进行请示。但是，该替代方案存在以下两个突出的问题：首先，地方司法机关对于建议或请示“两高”制定司法解释存在顾忌。因为这种建议或请示必须以充分的调查研究为依据，即先对司法实践中的情况进行深入调查，找出法律适用中存在的主要问题，对司法解释要解决的基本问题提出可行性建议。[94] 而上述建议只有在地方司法机关经过充分调研的情况下才能做到。如果贸然向“两高”提出制定司法解释的建议或请示，难免过于轻率。其次，即使地方司法机关向“两高”提出了制定司法解释的建议或请示，“两高”也较难及时回应。因为司法解释的制定必须建立在充分知晓更多基层司法实务操作的基础之上，显然“两高”在此方面存在一定的不足。在法律施行的早期阶段，最高司法机关对各地基层司法的实务情况不一定很了解，因此即使收到地方司法机关要求制定有关司法解释的建议也难以很快制定出相应的具体解释，倒不如让地方司法机关先在实践中试行，出现问题再及时反映。[95] 特别是地方司法机关在实践中碰到的问题往往急需解决，几乎就是“等米下锅”的状态，即使最后终于等到了“两高”制定出相关的司法解释，时间上早就来不及了。

鉴于司法解释的性质和我国经济社会发展区域之间不平衡的现实，笔者

---

[94] 周习武、姚晓滨：《如何写好作出法律解释的请示报告》，载《检察日报》2012年7月15日，第3版。

[95] 当然，笔者并未否定“两高”制定司法解释的能力，只是如果全国大量地方司法机关都直接向“两高”提出制定司法解释文件的各类建议，“两高”必然难以承受如此之大的工作量。

认为,应当允许省级司法机关就当地法律适用过程中的突出问题制定相应的规定或解释性文件,以满足地方刑事司法的现实需要。但为了防止各地各行其是,适当兼顾法制统一性的考虑,可以要求省级司法机关制定的带有法律解释性的司法文件报最高人民法院、最高人民检察院备案审查。省级公安机关和司法行政机关对于公安机关查办刑事案件的有关程序以及律师参与刑事诉讼的有关问题,也可以制定相应的程序规范,但应分别报公安部和司法部备案审查。中级人民法院及其同级检察院、公安机关和司法行政机关不得制定具有司法解释性的规范性文件,但为贯彻上级程序规定或相关司法解释的要求,可以制定一定的实施细则,并报省级机关备案审查。

(三)地方性刑事程序规则制定程序的规范性

首先,应当邀请律师、学者以及其他社会人士参与制定地方性刑事程序规则,实现"开放式立法"。必要时,可以考虑以适当方式听取各界代表人士的意见,以便充分反映社情民意。这种开放式的制定程序可以最大限度地保证地方性刑事程序规则充分考虑相关利益之间的适当平衡,有利于促进最后通过的地方性刑事程序规则在内容上更加科学、合理。

其次,应当健全地方性刑事程序规则的标准化制定程序。大体上,地方性刑事程序规则的制定应当包括决策、起草、讨论、试行、反馈、修改等环节。地方性刑事程序规则的制定决策实行首长负责制下的民主集中制,主要的决策人员(机构)包括法院院长、检察长、业务主管领导、审判委员会、检察委员会、法律政策研究室以及主要的业务骨干。上述人员可以提出制定有关地方性刑事程序规则的建议,然后提交集体讨论和决策。这种决策机制有利于加强地方性刑事程序规则制定的计划性,提高决策的科学性。

最后,地方性刑事程序规则必须公开。地方性刑事程序规则公开的形式可以采用在地方司法机关或者地方人大的网站上公开,也可以在地方发行的报纸上刊登。地方性刑事程序规则的充分公开,在以下三个方面有着重要的意义:第一,有利于当地群众充分了解当地刑事程序规则的内容;第二,有利于促使地方司法机关严格按照有关规定规范化地行使司法权力;第三,有利于外地律师有效地参与当地的刑事诉讼活动,为犯罪嫌疑人、被告人提供高质量的法律服务。此外,公开地方性刑事程序规则也可以促使有权制定规则的司法机关慎重地行使规则制定权,同时在规则实施以后密切监控规则的实施情况以及社会各界对规则的反应,以便及时总结经验,修改完善,时机成熟时,据此向“两高”提出制定司法解释的建议或者通过最高司法机关向国家立法机关提出相关的立法建议。[96]

---

[96] 2012《刑事诉讼法》未成年人刑事诉讼程序中规定的未成年犯罪记录封存制度显然来自贵州瓮安、山西太原、山东日照等地的实践,相关的地方性刑事程序规则分别为《瓮安县“6.28”事件涉案未成年人违法及轻罪犯罪记录消除试行办法》《太原市未成年人犯罪前科消灭制度》和《日照市东港区未成年人轻罪记录归零制度》。

第六章　刑事司法权运行的地方规则研究

司法权是国家权力的重要一环，刑事司法权则是司法权的关键组成部分。那么，刑事司法权是如何运行的呢？研究刑事司法权的运行机制，必须解决一个前提性问题，即何为司法权？有学者认为，司法权与行政权的最本质的区别在于：司法权具有判断性，而行政权具有管理性。[①] 有学者则认为，司法权是法院享有的，对纠纷当事人的事实问题主张和法律问题主张依法进行判断，以维护法的价值的终局性权力。[②] 事实上，对于司法权具有判断性、司法权由法院行使这一事实一般不会产生疑问，在中国讨论这一问题，主要的争议在于检察权的属性问题。关于检察权的性质，有司法权说和行政权说。龙宗智教授认为，检察权有司法权和行政权双重属性，但在法制上将检察权定位为司法权，检察机关定位为司法机关，检察官定位为司法官为宜。[③] 陈瑞华教授则认为，检察权尽管在中国目前的宪政体制下被界定为司法权，但就其权力的性质而言，也应属于广义上的行政权。[④] 我们认为，司法权的行使主体在不同的国家、不同的历史时期均有所不同。因此，正如有学者所言，司法的含义随着各国的历史传统、司法体制以及社会发展状况的不同，呈现出多样性和差异性。[⑤] 在我国，立法明确规定检察机关为司法机关，而事实上

---

① 孙笑侠：《程序的法理》，商务印书馆2005年版，第124页。

② 孙万胜：《司法权的法理之维》，法律出版社2002年版，第4页。

③ 龙宗智：《论检察权的性质与检察机关的改革》，载《法学》1999年第10期。龙宗智教授认为将检察权作为司法权定位、检察机关应被视为司法机关的理由主要有三个：其一，检察机关以司法的方式行使着司法性权力，因而被国家和社会所确认为司法机关。其二，将检察权定位于司法权从总体效应上看利大于弊。其三，我国宪法和法律对检察权的保障为其司法化定位提供了条件和依据。参见龙宗智：《检察制度教程》，中国检察出版社2006年版，第81～82页。

④ 陈瑞华：《司法权的性质——以刑事司法为范例的分析》，载《法学研究》2000年第5期，第55页。

⑤ 胡夏冰：《司法权：性质与构成的分析》，人民法院出版社2003年版，第197页。

检察机关行使的批捕权和公诉权也具有一定的司法权属性。综上所述,在我国,刑事司法权不仅包括法院的刑事审判权,也包括检察机关的批捕权和公诉权,本文主要研究法院刑事审判权和检察机关公诉权的运行问题。

具体来说,研究刑事司法权的运行问题,需要考虑两大问题,即刑事司法权由何人以何种方式行使以及权力行使者以何种方式承担责任,其中的两个关键词是权力和责任。从宏观上来说,刑事司法权运行的地方规则主要涉及两个方面的问题。一方面是外部各种公权力机关对地方刑事司法权运行的影响,在当今的中国,这一问题主要涉及地方政法委对刑事司法权运行的影响以及公安检察机关对刑事审判权运行的影响;另一方面则是刑事司法权在地方法院、检察机关内部是如何运行的,主要包括法院、检察院内部控权机制的运行问题。本文的研究思路是区分纸面上的法与实践中的法,即立法或者相关规范性文件的规定与这些规定在司法实践中的具体运作方式,与此同时,在一定程度上也关注刑事司法权运行的地方差异。

一、地方政法委对案件的协调处理规则

在中国,研究刑事司法权的运行问题,需要研究党的领导与司法独立的关系。1979 年 9 月,中共中央发布"关于坚决保证刑法、刑事诉讼法切实实施的指示"(即著名的"64 号文件"),该文件明确规定"取消各级党委审批案件的制度"。[⑥] "64 号文件"结束了长期存在的党委审批案件的历史,此后,根据宪法和法律的规定,人民法院依法独立行使审判权。事实上,中国共产党自十一届三中全会以来,一直将保障司法独立,保障司法机关依法独立行使司法权,作为一项党的方针政策对待。目前,党对司法工作的领导主要是一种政治领导。[⑦] 党对司法工作的政治领导,具体方式有多种,政法委是其中的重要一环,而地方政法委协调处理案件则是政法委领导司法工作的一种重要的表现形式。

(一)地方政法委对案件的协调处理规则的形成

地方政法委协调处理案件是自新中国成立以后经过漫长的历史岁月

---

⑥ 曾新华:《当代刑事司法制度史》,中国检察出版社 2012 年版,第 115 页。

⑦ 封丽霞:《政党、国家与法治——改革开放 30 年中国法治发展透视》,人民出版社 2008 年版,第 369 页。

逐步形成的，到20世纪末期基本定型。其中明确提出政法委要“研究和讨论有争议的重大疑难案件”的是1994年《中共中央办公厅关于印发〈中共中央政法委员会机关职能配置、内设机构和人员编制方案〉的通知》（厅字〔1994〕9号）。1995年，中央下发了《中共中央政法委员会关于加强各级党委政法委员会工作的通知》，确定了目前政法委所承担的10项职责任务。⑧ 根据中央相关规定，各地政法委也对自己的职责任务进行了定位。在各地政法委的相关规定中，有的政法委明确规定政法委要指导和协调有争议的重大、疑难案件，有的对此并没有规定。如有政法委工作人员撰文对北京市政法委的职能进行研究，根据这一研究提供的资料，北京市委政法委有10项职能，其中与刑事案件处理有关的是第4项职能，即支持和监督政法部门依法行使职权，指导和协调政法部门在依法相互制约的同时密切配合，督促、推动大案要案的查处工作，研究和协调有争议的重大、疑难案件。而根据《中共中央关于加强和改进党对政法工作领导的意见》（中发〔2005〕15号）的精神，各区县党委政法委都对自身的职能进行了定位，其中与法院审理案件有关的主要是涉法涉诉信访工作，并没有明确规定研究和协调有争议的重大、疑难案件。⑨

尽管有的地方对于政法委是否应当研究和协调有争议的重大、疑难案件没有作出明确规定，但一般认为，案件协调是政法委执法监督职能的具体体现。⑩ 就政法委对刑事司法权运行的影响而言，一般也恰恰是通过案件协调

---

⑧ 1948～1949年期间，中共中央曾设置中央法律委员会，其定位是“在中央书记处领导之下，协助中央研究与处理有关全国立法和司法问题的工作机关”。1958年，成立了由中央政治局和书记处直接领导的中央政法小组，统筹和协调各政法部门。1978年，中央再次批准重新成立中央政法小组，负责处理包括最高法、最高检、公安部和民政部在内的政法事务。1980年，中央政法小组改制成为中央政法委员会，其工作范围包括了“组织党内联合办公，妥善处理重大疑难案件”。1988年，中央政法委被撤销。1990年3月，中共中央正式决定恢复中央政法委员会，职责任务确定为5项。1994年，《中共中央办公厅关于印发〈中共中央政法委员会机关职能配置、内设机构和人员编制方案〉的通知》（厅字〔1994〕9号）将政法委的职权扩大到7项。在1995年文件下发后，由于对政法委大量协调个案是否有违党政职能分开的原则存在不同意见，1998年又出台了《中央政法委员会关于加强党委政法委员会执法监督工作的意见》，将案件协调统一到执法监督的名义下。

⑨ 李南：《北京市区县政法委职能定位及机构设置研究》，北京交通大学2013年硕士学位论文，第10～17页。

⑩ 党委与具体案件的关系，经历了党委审批案件到党委过问案件，常委会讨论或常委批示，直至现阶段的政法委协调案件。有关党委与具体案件关系的演进过程，参见侯猛：《“党与政法”关系的展开——以政法委员会为研究中心》，载《法学家》2013年第2期，第9～12页。

来体现的。自20世纪90年代以来，中共中央反复强调，各级党委政法委是党领导、管理政法工作的职能部门。[11] 然而，很多地方的规定突破了中央规定的范围。[12] 例如，根据《浙江省各级党委政法委员会执法监督工作实施办法》的规定，协调案件的范围是：(1)党委交办的案件；(2)上级党委政法委员会交办的案件；(3)同级政法部门提请协调的案件；(4)下级党委政法委员会提请协调的案件；(5)党委政法委员会认为需要协调的案件。以下案件不属于协调范围：(1)政法部门本系统内部意见分歧的案件；(2)上级政法部门对案件处理已有明确答复的案件；(3)事实不清、证据不足的案件；(4)越级提请协调的案件。[13] 根据中央的规定，案件是否应当由政法委协调，不仅仅是因为案件的处理存在争议或者有关部门要求协调，更为关键的是确需党委政法委协调，且协调的案件应当是重大疑难案件。而根据浙江省的规定，党委政法委认为需要协调的案件仅仅是五种应当协调的案件类型之一，且对案件没有重大疑难的限定。由此可见，浙江省的规定明显突破了中央的规定，从而可能导致司法实践中政法委协调案件的范围明显扩张。

此外，由于政法委的工作职责看似明确、具体，但实施中却又存在模糊性。例如，中央对各级政法委协调对象（案件）的范围、协调内容和期限、协调决议的效力等问题就没有一个相应的明确规定。[14] 因此，不断有学者撰文讨论政法委的职责与权限。如有学者认为，各级党委政法委是党领导政法工作的职能部门，党委政法委一般不要过问政法部门的具体事务，要在强化宏观调控上下工夫，包括加强重大疑难案件的协调，对于公、检、法争议很大的案件，要通过协调，统一认识，但在有重大分歧的情况下，不宜作出决定性意见，由主办单位请示上级业务部门。[15] 根据这一主张，政法委的协调意见仅具有参考意义。然而，司法实践中却并非如此。例如，南方某市委政法委执法监督的暂行规定中，要求有关部门应当认真落实协调意见，各司其职，及时上

---

[11] 钟金燕：《中共政法委制度的历史考察》，载《中共党史研究》2014年第4期，第110页。

[12] 根据《中央加强党委政法委员会执法监督工作的意见》的规定，政法委协调案件的范围是：协调处理政法部门之间、地区之间有争议，党委交办或者同级政法部门、下级政法委要求协调，而又确需党委政法委员会协调的重大疑难案件。

[13] 谢小剑：《检察制度的中国图景》，中国政法大学出版社2014年版，第50页。

[14] 刘勇：《政法委制度的历史沿革》，中国政法大学2010年硕士学位论文，第29页。

[15] 娄政文：《论党委政法委的职能》，载《法学杂志》1997年第1期，第29页。

报工作进展情况及案件处理结果。在执行中若遇到问题,应及时向党委政法委请示,不得擅自变更决定或拖延不办。党委政法委员会进行执法监督对落实情况进行督办和检查。[16] 因此,与理论主张不同,现实情况是部分地区的政法委对于一些重大疑难案件直接拍板,市县两级法院、检察院均听从于政法委员会的意见。例如,有学者研究发现,到目前为止,政法委协调所造成的冤案,全部出自基层政法委之手。主要原因就在于在基层政法委协调的案件中,无论是检察官还是法官都难以独立地行使职权。[17] 正因如此,有学者认为,政法委协调办案的制度,与"司法独立"的要求相抵触。[18]

综上,根据中央的相关规定,各地政法委纷纷出台规定,明确自己的职责范围,包括对重大、疑难案件的协调处理。由此可知,地方政法委协调处理案件成为一种非正式的规则。由于不同地方对于政法委职能的不同理解,各地在政法委协调处理案件的范围、政法委协调意见的效力等方面均有所不同,体现了地方的特色与差异。

(二)地方政法委协调案件对刑事司法权运行的影响

地方政法委协调处理案件作为一种非正式的规则,为司法实践中大量的重大、疑难案件的处理提供了保障。在地方政法委协调处理重大、疑难案件,为社会矛盾复杂案件的处理做好善后工作的同时,由于部分地方政法委不当的案件协调方式,导致一些案件因地方政法委的协调而最终出现差错。自21世纪以来,随着佘祥林、杜培武等冤错案件的曝光,学界开始不断反思政法委与冤错案件的关系。如有学者遴选了1986年以来的20个典型冤案,其中就有9起案件地方党委政法委甚至同级政府部门进行了干预,其中,有4起以"三长会"的形式进行协调,有5起以其他方式进行协调。[19] 又如,有学者认为:在政法委协调办案的潜规则下,政法委对于冤案的产生起了重要的作用,甚至可以说是一锤定音。[20] 此外,对于地方政法委与冤错案件的关系,

---

[16] 谢小剑:《检察制度的中国图景》,中国政法大学出版社2014年版,第51页。

[17] 李先伟:《政法委的级别与个案协调差异研究》,载《山东警察学院学报》2011年第4期,第62~65页。

[18] 崔敏:《论司法权力的合理配置》,载《公安学刊》2000年第3期,第4页。

[19] 陈永生:《我国刑事误判问题透视——以20起震惊全国的刑事冤案为样本的分析》,载《中国法学》2007年第3期,第57页。

[20] 严励:《地方政法委"冤案协调会"的潜规则应该予以废除》,载《法学》2010年第6期,第40页。

甚至有学者如此断言:几乎所有的重大冤案后面,都有政法委的影子。[21]

客观地说,在一些重大冤错案件的背后确实有政法委协调的影子。比如说,佘祥林案件就是因政法委协调最终导致冤案的典型案例。[22]

1997年10月,荆门市政法委召开了由荆门市法院、检察院、公安局以及京山县政法委等有关单位负责人参加的协调会议。在会上,公安局的负责人坚持认为佘祥林就是杀害张爱青的凶手,但法院的负责人强调湖北省高级人民法院提出的问题中有些尚未查清。各方发表意见之后,政法委决定采取"疑罪从轻"的处理办法。具体方案是将案件从中级法院降格到基层法院审理:第一,由京山县检察院向京山县法院提起公诉;第二,京山县法院要"一审拉满",也就是按管辖权的最高限度判处被告人有期徒刑15年;第三,中级法院二审维持原判,使这个案件在本地"消化",不用再上到湖北省高级法院。

在佘祥林冤案中,地方政法委的协调对于法院最终的"疑罪从轻"处理起了至关重要的作用。而在赵作海冤案中,地方政法委的协调不仅对法院的"疑罪从轻"处理起了重要的作用,且由于地方政法委的协调检察机关不得不在明知证据不足的情况下提起公诉。由于证据不足,商丘市检察院在两次退卷后,拒绝再次接卷。2001年7月,商丘市政法委召开了相关部门负责人参加的协调会,经讨论,参会人员赞同商丘市检察机关的决定。此后,由于警方坚持认为赵作海就是杀人凶手,不能放人,造成赵作海在看守所长期羁押。在清理超期羁押的案件时,商丘市政法委等多次就该案召集开会,研讨案情。2002年8、9月,商丘市政法委组织的讨论会认为赵作海案件具备了起诉条件,并要求检察机关在20日内起诉到法院,法院"快审快判"。[23] 这种情形,正如学者所言,"政法委的决定使本案的处理走上了快车道,所有可能因证据不足而遇到的障碍消隐于无形"。[24] 也正因如此,在赵作海冤案曝光后,有学

---

[21] 周永坤:《论党委政法委员会之改革》,载《法学》2012年第5期,第6页。

[22] 何家弘主编:《迟到的正义——影响中国司法的十大冤案》,中国法制出版社2014年版,第178页。

[23] 石玉:《河南将立案追查赵作海案负责人》,载《南方都市报》2010年5月11日,第AA21版;刘刚:《检讨赵作海案》,载《中国新闻周刊》2010年第20期,第40~41页。

[24] 陈永生:《冤案的成因与制度防范——以赵作海案件为样本的分析》,载《政法论坛》2011年第6期,第6页。

者撰文指出：应当取消地方政法委对案件的拍板权。[25] 此外，2014年发现的内蒙古王本余冤案中也有政法委协调的影子。在王本余冤案平反后，据有关知情人透露，王本余案原本有很多疑点，加上王本余不断地申诉，被视为当时的疑难案件。然而，东河区公安局预审说明书显示，1996年9月，在疑难案件协调会上，包头市政法委为王本余案定调：仍按强奸杀人罪起诉，法院可根据实际情况酌情判决。[26] 换句话说，政法委的协调意见对本案最终的"疑罪从轻"处理起了关键的作用。

上述冤案的背后都有政法委协调的影子，那么，政法委协调案件是如何进行的呢？具体来说，政法委协调个案的方式主要有两种：一是案件涉及政法委关注的问题，政法委协调公、检、法各部门，研究、确定案件的处理方案；二是有关方面出于各种考虑将案件上报政法委协调。一般来说，普通刑事案件政法委不会主动要求召开协调会，大部分政法委协调的案件都是应相关部门的要求而召开协调会，如赵作海案件，因公安机关的要求商丘市政法委召开了两次协调会。不仅公安机关和检察机关可能要求召开协调会，一些法院出于各种考虑，如规避责任、转移压力或者协调各种关系等，也会主动要求召开协调会。[27] 尽管政法委的协调意见仅具有参考意义，但由于两个方面的原因，即司法机关的过于软弱或者政法委的过于强势，政法委的协调意见对刑事司法权的运行仍有重要影响。

虽然在司法机关独立性不足不敢坚持原则或者政法委过于强势的情况下，政法委的协调意见对案件的处理具有举足轻重的作用。但是，政法委的协调意见并不具有天然的效力，地方政法委在协调刑事案件的过程中，是否能够在案件的最终处理结果上拍板取决于多种因素的共同作用。如有学者调研发现，司法实践中也有法院没有按照政法委的意见办理的案例，如山东

---

[25] 陈光中：《建议取消地方政法委拍板权》，载 http://www.infzm.com/content/45223，最后访问日期：2014年12月8日。

[26] 冯明文：《死缓服刑18年后真凶落网》，载 http://www.fawan.com/Article/ztbd/2014/04/15/125655236802.html，最后访问日期：2014年12月8日。

[27] 政法委协调案件的大致程序是：公检法向政法委员会提交有分歧的案件，主要是证据不足或认识上有分歧的案件；政法委员会通过调查案件，召开协调会，提出初步意见，并形成会议纪要下发各部门，但是纪要不能作为判案的依据，只能作为参考，而且各部门如有不同意见，仍可以向自己的上级反映。参见侯猛：《司法改革背景下的政法治理方式——基层政法委员会制度个案研究》，载《华东政法大学学报》2003年第5期，第103页。

聊城郭新才故意杀人案,聊城市中级人民法院在山东省高级人民法院两次将案件发回重审的情况下,经过当地政法委员会协调,决定将该案交由其下辖的莘县法院作为一审法院,该院以故意杀人罪判处被告人郭新才有期徒刑15年,而二审法院聊城市中级人民法院则宣告被告人郭新才无罪。[28]

有学者研究后发现,政法委影响或者干预司法到什么程度,随着各政法部门权力关系对比的强弱和财政支付能力的大小而变化。[29] 因此,不同级别、不同地方政法委的运作方式也不尽相同。[30] 在有些地方,下级法院在遇到疑难案件时,往往会向上级法院请示,在请示过程中,一般也会将下级政法委的意见向上级法院表达,然后又会以上级法院的意见来对抗下级政法委的协调意见。而在有些地方,下级法院则可能会较为注重当地政法委的意见,甚至会通过各种方式"说服"上级法院接受地方政法委的协调意见。

如前所述,政法委协调案件的程度以及政法委对刑事司法权运行的影响,在不同地方不同时期有不同的表现。比如说,在一些地方,曾出现政法委牵头成立"专案组"、组织各部门联合办案的现象。[31]

在我国,司法是参与社会治理的工具之一,有学者将法律的治理化称为中国法律的新传统。[32] 司法机关不能就案办案,刑事审判必须为"中心工作"服务,[33]要求司法判决达到法律效果与社会效果的统一。一般认为,政法委对司法工作的领导,主要是一种政治领导,是一种方针、政策的领导,防止司法

---

[28] 胡常龙:《论刑事疑案的二难选择》,中国政法大学出版社2014年版,第151页。

[29] 曾担任过安徽省某县政法委书记、现任安徽省某地级市检察长的实务人员对这一问题也有类似的认识:"政法委员会对案件协调干预的程度,往往取决于政法委员会书记对法院、检察院领导的强势程度。如果政法委书记的资历、能力强于法院院长、检察长,政法委员会往往容易掌握对案件的拍板权;反之,如果法院院长、检察长的资历、能力强于政法委员会书记,政法委员会就很难对案件进行干预。"参见殷啸虎:《党委政法委在我国政法关系中的功能审视》,载《法学》2012年第6期,第10页。

[30] 侯猛:《司法改革背景下的政法治理方式——基层政法委员会制度个案研究》,载《华东政法大学学报》2003年第5期,第99~106页。

[31] 郭欣阳、张李丽:《"公检法联合办案"机制检讨》,载《中国检察官》2009年第11期,第50~52页。

[32] 强世功:《法制与治理——国家转型中的法律》,中国政法大学出版社2003年版,第83页。

[33] 当然,不同时期的"中心工作"是不同的,具体的分析,参见滕彪:《话语与实践:当代中国司法"中心工作"的变迁》,载郑永流主编:《法哲学与法社会学论丛》(第6辑),中国政法大学出版社2003年版,第175~212页;有学者将这种司法定义为"政策导向型司法",参见吴良志:《政策导向型司法:"为大局服务"的历史与实证——中央政府工作报告与最高法院工作报告之比较(1980—2011)》,载万鄂湘主编:《探索社会主义司法规律与完善民商事法律制度研究》(上册),人民法院出版社2011年版,第36~56页。

机关的工作偏离“中心工作”。而在“稳定压倒一切”的制度背景下，维稳是各级党政领导干部需要履行的第一责任。[34] 在压力型体制下，[35]维稳工作容易发生异化，形成“维稳怪圈”，[36]从而导致政法委有可能以维稳的名义干涉个案司法。[37] 当然，如前所述，政法委对司法干预的程度也会因时因地而异。最终来说，地方政法委对刑事司法权运行的影响也会因时因地而有所不同。

（三）地方政法委协调案件的未来走向

毫无疑问，地方政法委协调案件对刑事司法权的运行确实有重要的影响。从现有的冤错案件来看，部分冤错案件的发生也确实有政法委协调的作用。那么，地方政法委的案件协调职能是否需要保留呢？对于这一问题，目前主要有两种观点：

一种观点是废除政法委协调案件的职能。如有人认为，政法委的协调案件职能产生的依据仅是党的内部文件，政法委的协调案件职能没有法律依据，而在司法实践中，政法委的协调案件产生了许多弊端和危害。因此，对政法委的这种没有法律依据且又有弊无益的案件协调职能，确有必要予以废除。[38] 陈卫东教授认为，政法委干预个案办理，使《宪法》第135条规定的公检法三机关之间的相互分工、相互制约被功能同一、只讲配合所取代。因此，应当废除政法委介入个案办理的做法。[39] 江平教授也认为，政法委的作用要正确发挥。第一，要科学配置政法委职权，有所为有所不为；第二，要避免以党代政；第三，政法委不应干涉个案。[40] 此外，有些学者甚至建议取消政法委这一机构，如有社会学家明确表示，“赵作海案已经表明，政法委制度已经严

---

[34] 关于“维稳”的观念与制度演变，参见容志、陈奇星：《“稳定政治”：中国维稳困境的政治学思考》，载《政治学研究》2011年第5期，第88～90页。

[35] 压力型体制是指在中国政治体系中，各级党委、政府为了加快本地社会经济发展，完成上级下达的各项命令和任务，而构建的一套把行政命令与物质利益、职位晋升刺激相结合的工作机制的组合。参见杨雪冬：《市场发育、社会成长和公共权力构建》，河南人民出版社2002年版，第107页。

[36] “维稳”怪圈具体表现在四个方面：基层政府的“维稳强迫症”、基层政府的“维护恐惧症”、基层政府的“维稳虚弱症”、基层政府的“维稳变异症”。参见金太军、赵军锋：《基层政府“维稳怪圈”：现状、成因与对策》，载《政治学研究》2012年第4期，第95～96页。

[37] 叶竹盛：《维稳大变局》，载《南风窗》2014年第3期，第21页。

[38] 杨哲勇：《论政法委协调案件职能之废除》，苏州大学2009年硕士学位论文，第22页。

[39] 陈卫东：《司法机关依法独立行使职权研究》，载《中国法学》2014年第2期，第40页。

[40] 江平：《政法委及公、检、法相互关系的改革》，载《环球法律评论》2013年第2期，第20页。

重干扰了司法,必须尽快废黜”。[41] 还有学者则认为,应当“保留中央政法委员会,取消地方各级政法委员会”,[42]停止政法委协调案件制度。[43] 有学者持类似见解,“作为过渡,可以考虑先撤销地方政法委员会,保留中央的政法委员会”,作为党委的政法智库。[44]

另一种观点是保留政法委协调案件的职能,但要进行适度改造。如有学者认为,在我国转型阶段,结构分化基础上的组织协调机制还会长期存在下去,并且也确有其必要性。但协调也有其底线,即应当充分维护一系列结构的独立功能,不应出现功能上的混同或替代。[45] 有检察人员有类似见解。[46]

我们认为,考虑到我国司法机关在整个国家政治体系中的地位与能力以及其所承担的社会治理功能,部分案件的善后处理确实需要政法委进行协调。如被害人家属的闹访或赔偿等问题,需要政法委协调解决,但应坚守的底线是保障法院及检察院依法独立公正行使职权。具体来说,就刑事司法权的运行而言,目前地方法院、检察机关仍然难以独立应付重大、疑难案件,特别是重大、疑难案件背后可能会存在的各种压力。这种情形正如有学者所言,“目前的现状是,虽然法院依法独立行使审判权已经成为一项宪法原则,但在很多情况下,法院实际上很难独立驾驭重大、疑难案件”。[47] 在这种情况下,地方政法委协调案件仍有存在的必要。例如,对于拟判决无罪的案件,需要政法委协调相关部门做好善后工作,如C市法院审理的廖某某投毒案,该案发生在民风彪悍讲求善恶报应的少数民族地区,有三名未成年被害人,案件发生后,三名未成年被害人的家人情绪非常激动,以各种方式向法院表达强烈要求判处被告人死刑的意愿。该案一审判决死刑,二审发回重审,发回

㊶ 于建嵘:《中国应该废黜政法委制度》,载 http://t.hexun.com/13827783/2086011_d.html,最后访问日期:2015年1月12日。

㊷ 汪建成、孙远:《论司法的权威和权威的司法》,载《法学评论》2001年第4期,第115页。

㊸ 汪建成:《应改革政法委对司法的领导方式》,载《环球法律评论》2013年第2期,第20页。

㊹ 周永坤:《论党委政法委员会之改革》,载《法学》2012年第5期,第13页。

㊺ 刘涛:《“政法冤案”的政治背景阐释》,载《环球法律评论》2012年第3期,第58页。

㊻ 如有检察官认为,为回应社会转型过程中的某些重大问题,弥补刑事司法在社会治理中的不足,地方政法委协调处理刑事案件制度仍有存在的必要,但应不断予以完善。主要包括规范地方政法委协调案件的方式,取消对刑事案件事实的“协调”,不能以实现政策目标为由,以协调处理刑事案件的方式,不当干预办案机关正常办案。参见曾军、师亮亮:《地方政法委协调处理刑事案件的制度考察及分析》,载《西南政法大学学报》2012年第2期,第71页。

㊼ 侯猛:《政法传统中的民主集中制》,载《法商研究》2011年第1期,第126页。

重审后再次判处死刑，重审后的二审再次发回重审，最终，一审法院在再次重审时判决廖某某无罪。面对这一无罪判决，三名被害人的家属强烈不满，很有可能会采取过激行为破坏社会稳定。最后，由当地政法委牵头，与相关部门一起做了大量的协调工作，并对三名被害人的家属予以一定的经济补偿和政策优惠，最终平息了被害人家属的愤怒情绪。通过这一案例可以发现，政法委协调案件职能如果运用得当，对刑事司法权的合理运行能够发挥相当程度的正面作用。但是，政法各机关之间对案件的事实或法律问题有分歧的，不宜由政法委出面协调，应当由公安司法机关按照法定程序处理，最终贯彻以审判中心的原则。换句话说，地方政法委仅对案件的善后处理等进行协调，从而有助于公安司法机关依法处理相关案件。

目前，政法委协调个案的现状正在改变。在2013年1月初的全国政法工作会议上，中央政法委书记孟建柱同志曾对中央政法委的官员表示：领导们就不要对具体个案做出批示了，让各个司法机关放手去做就行了。[48] 2013年公布的中央政法委《关于切实防止冤假错案的规定》第15条对此也提出了明确的要求。2014年10月23日，党的十八届四中全会通过的《中共中央关于全面推进依法治国若干重大问题的决定》（以下简称《全面推进依法治国的决定》）也明确提出，各级党委政法委员会要把工作着力点放在把握政治方向、协调各方职能、统筹政法工作、建设政法队伍、督促依法履职、创造公正司法环境上，带头依法办事，保障宪法法律正确统一实施。我们认为，在上述大的背景下，政法委只应对政法工作进行路线、方针上的领导，不要干涉具体的办案工作。就案件协调工作而言，政法委不协调案件处理问题，案件如何处理应当由司法机关在适当考虑社会效果的情况下严格依照法律办理。政法委只协调案件处理的相关工作，如可能出现的涉诉上访、群体性事件等。总体上来说，地方政法委领导政法工作应当遵循以下几条原则：必须严格遵守宪法和法律规定，在任何情况下都不能脱离法律规定而另搞一套；必须确保法院检察院依法独立公正行使职权，防止联合办案；必须坚决维护司法权威，禁止以维稳为借口随意改变司法机关依法作出的处理结论。

---

[48] 具体内容，参见王殿学、林鹭茜、张婧：《中央政法委自我改革：不干涉具体案件协调》，载大公网：http://news.takungpao.com/mainland/focus/2013-07/1758629_2.html，最后访问日期：2014年12月8日。

二、地方法院与当地公安检察机关的配合规则

根据《宪法》第135条和《刑事诉讼法》第7条的规定，人民法院、人民检察院和公安机关进行刑事诉讼，应当分工负责，互相配合，互相制约，以保证准确有效地执行法律。学界将此称为分工负责、互相配合、互相制约原则，简称“配合制约原则”。该原则决定了公、检、法三机关在刑事诉讼中的地位和权力格局，决定了警检关系、诉审关系，在整个刑事诉讼原则体系中实际上具有至关重要的地位和作用。近年来，学界不断批判这一原则，认为它导致实践中公检法机关重配合轻制约，导致刑事诉讼成为公检法三机关分工负责的流水线，不利于保障法院依法独立审判，不利于保障当事人、特别是犯罪嫌疑人、被告人的合法权利。[49] 我们认为，司法实践中，公、检、法三机关的关系确实存在一定的问题，突出表现在公安检察机关对审判权运行的影响方面，地方法院与地方公安检察机关之间存在配合有余、制约不足的现象，并由此导致刑事司法权的地方化。[50] 事实上，地方法院与当地公安检察机关的配合在很大程度上已经成为一种潜规则，而这一潜规则在诉讼结构、法院的疑罪处理以及审辩关系等问题上表现得尤为突出。

(一)侦查中心主义与逮捕中心主义

刑事诉讼的一个重要任务是确定被追诉人的行为是否构成犯罪，为了在追诉犯罪的同时保护被追诉人的权利，各法治国家均规定未经审判，任何人不得被认为是罪犯，更不得被迫承受罪犯的待遇，亦即所谓的“审判中心主义”。[51] 然而，由于公安检察机关的影响，审判中心主义的刑事诉讼模式在我

---

[49] 陈光中主编:《中华人民共和国刑事诉讼法再修改专家建议稿与论证》，中国法制出版社2006年版，第256页。在理论界，最早对这一原则进行系统分析的是龙宗智教授。龙教授认为，配合制约原则可能产生的负效应包括扭曲诉讼结构、模糊诉讼关系、抑制检察、审判职能的发挥并导致相互扯皮。参见龙宗智:《论配合制约原则的某些“负效应”及其防治》，载《中外法学》1991年第3期，第28~31页。

[50] 当然，刑事司法权的地方化，根本原因是一体化的司法体制造成的。由于地方法院、检察院的人财物都归地方管理，法院检察院缺乏应有的独立性，尤其是法院不能独立审判，而必须根据服务于地方的工作大局，“配合”当地公安检察机关的工作，导致侦查中心、逮捕中心和审判走过场。将来地方检法人财物由省级统筹之后，如果法院继续缺乏应有的独立性和权威性，“配合”机制仍然难以根除。可以说，法院的“配合”导致无罪者被判有罪、罪轻者被判重罪，导致有罪无罪本质上由公安说了算，法定的程序常常被扭曲，司法机关尤其是公安机关在地方仿佛成为一些领导的“家丁”。这是法治不彰、地方专权、程序虚化、冤案不断、民众上访的重要原因。

[51] 孙长永:《审判中心主义及其对刑事程序的影响》，载《现代法学》1999年第4期，第93页。

国并未确立，理论上的“审判中心主义”在实践中异化为所谓的侦查中心主义和逮捕中心主义。

通过对我国刑事诉讼实践的观察，发现我国刑事诉讼在纵向上可以说具有一种“流水作业”的诉讼构造。[52] 中国的刑事诉讼程序具有“流水作业式”的构造模式，“公、检、法三机关”可能站在同一立场，从事追诉犯罪、维护治安的责任，很容易形成一种“以追诉为中心”的构造。[53] 事实上，学界普遍认为，在“流水作业”的诉讼构造中，在侦查阶段制作的案卷笔录基本没有任何阻力地进入法官的视野并成为法官决策的重要依据，事实上侦查程序成为决定被告人罪责的核心，[54]此即所谓的“侦查中心主义”。

具体来说，“侦查中心主义”有以下表现形式。第一，侦查机关享有一定的司法权，如自行决定重大侦查行为，如刑事拘留、技术侦查措施的运用等。第二，案卷笔录对诉讼结局具有决定性的影响，庭审在很大程度上只是一个可有可无的形式。也正因如此，很多地方的公安机关在侦破案件后即举行庆功大会，根本不去考虑审判环节是否有可能会判决无罪。第三，侦查机关破案后，一般会移送审查起诉，检察机关一般也会提起公诉，而法院很少判决无罪。换句话说，侦查机关一旦破案在很大程度上就意味着将会作出有罪判决。

然而，在学界普遍认识到的“侦查中心主义”的背后，我们能否进一步分析侦查阶段的哪一环节是决定被追诉人命运的重要环节呢？对此，有学者认为，“侦查中心主义”并没有揭示侦查程序中的哪个具体阶段才是影响被追诉人实体处理结果的关键环节。从我国刑事司法的实践来看，侦查阶段的逮捕活动才是整个侦查乃至刑事诉讼的核心，即存在所谓的“逮捕中心主义”。[55] 那么，“逮捕中心主义”这一概念能否成立呢？刑事诉讼审前阶段的重要任务之一是对被追诉人的人身进行保全，刑事诉讼审判阶段的重要任务

---

[52] 陈瑞华：《刑事诉讼的前沿问题》，中国人民大学出版社2000年版，第231页。龙宗智教授认为，在公检法三机关之间存在一种“工序关系”，即线形关系。三机关在刑事诉讼中，“分工负责，互相配合，互相制约”，就是我国刑事诉讼法制对这种线形关系的一种注释。参见龙宗智：《刑事诉讼的两重结构辨析》，载《现代法学》1991年第3期，第15页。

[53] 陈瑞华：《从“流水作业”走向“以裁判为中心”——对中国刑事司法改革的一种思考》，载《法学》2000年第3期，第27页。

[54] 孙长永：《侦查程序与人权——比较法考察》，中国方正出版社2000年版，序第5页；陈瑞华：《刑事诉讼的前沿问题》，中国人民大学出版社2011年版，第267页。

[55] 李昌盛：《走出“逮捕中心主义”》，载《检察日报》2010年9月23日，第3版。

之一是对被追诉人的定罪量刑问题进行判断,而司法实践表明逮捕对审前阶段的人身保全和审判阶段的定罪量刑均有重要的影响。例如,司法实践中存在对逮捕措施的高度依赖,逮捕与定罪之间存在明显的线型关系,逮捕在一定程度上决定了具体的量刑结果以及刑罚的具体执行方式。因此,“逮捕中心主义”的概念是能够成立的。

当然,在刑事诉讼法中并不存在“逮捕中心主义”这一术语,“逮捕中心主义”作为我国刑事诉讼中特有的一种现象,是学者在总结刑事司法实践中一系列具体的实践经验的基础上做出的对我国刑事司法总体特征的一种判断。也就是说,“逮捕中心主义”现象有一系列具体的表现形式。根据我们的观察,“逮捕中心主义”现象有三种具体的表现形式:一是对逮捕措施的高度依赖;二是逮捕证据标准的高要求;三是逮捕对三机关的重大影响。[56] 就本文而言,需要考察的是逮捕对三机关的重大影响问题。

首先,对于公安机关而言,逮捕与否往往成为判断其是否圆满侦破案件的关键。一般而言,刑事案件发生后,公安机关都会面临或大或小的破案压力,在重大刑事案件中更是如此。为了激励公安干警努力工作,司法实践中逐渐形成了分别针对公安机关和干警个人的“量化考核机制”,其中的一个重要指标就是破案率。[57] 通过对某基层公安机关的调研发现,逮捕是案件是否侦破的重要标志,在公安机关提请检察机关逮捕犯罪嫌疑人后,如果检察机关批捕则意味着案件已经侦查终结、公安机关圆满完成了任务,如果检察机关不批准逮捕,则案件必须经过起诉才意味着公安机关的侦查任务圆满完成。这种情况正如陈瑞华教授所言,“在绝大多数刑事案件的侦查中,逮捕嫌疑人的决定往往意味着案件侦查活动的基本结束。”[58]相关实证研究也印证了这一情况的存在,“逮捕阶段少量查证除了补充身份证明外,主要就是对证据矛盾的核实性调查。”[59]因此,逮捕对于公安机关而言有着重要的意义,为

---

[56] 王彪:《刑事诉讼中的“逮捕中心主义”现象评析》,载《中国刑事法杂志》2014 年第 2 期,第 73 ~ 77 页。

[57] 马明亮:《司法绩效考评机制研究——以刑事警察为范例的分析》,载《中国司法》2009 年第 7 期,第 19 页。

[58] 陈瑞华:《程序性制裁理论》,中国法制出版社 2010 年版,第 51 页。

[59] 左卫民、马静华:《侦查羁押制度:问题与出路——从查证保障功能角度分析》,载《清华法学》2007 年第 2 期,第 78 页。

了达到批捕的目的,公安机关一方面会在刑拘阶段加大查证力度,争取搜集到足够的符合逮捕罪疑要件的证据;另一方面则会想方设法通过各种途径影响侦查监督部门的批捕活动。

其次,对于检察机关而言,逮捕一方面意味着其对案件质量的认可;另一方面则意味着其有"义务"将案件提起公诉,而在提起公诉后则必须判决有罪。在我国检察机关内部有严格的绩效考评制度,其中设定了一系列的考核指标,如捕后起诉率、不起诉率以及无罪判决率等。对于检察机关批准逮捕的案件而言,"'批捕后被作法定不起诉、存疑不起诉、退处、被判无罪,侦查监督部门负有责任的',要对负责审查批捕的检察官,'记一类差错,减6分'。"[60]与此同时,检察机关在整个检察系统的绩效考核中也将面临不利后果,即关于批捕准确与否的指标无法优化。因此,对于被批准逮捕的案件来说,是否起诉、是否判决有罪对于检察机关的影响更大,此时,基于检察机关整体利益的考虑,公诉部门一般会将案件提起公诉。有学者的实证研究也证实了这一看法,即"被拘留的犯罪嫌疑人的起诉率为30%,被逮捕的犯罪嫌疑人的起诉率为78%"。[61] 一旦案件被起诉,由于检察机关内部存在对无罪判决率与撤诉率的考核,被告人"必须"被判决有罪。

最后,对于法院而言,考虑到判决无罪对检察机关绩效考评的影响,考虑到法院判决无罪可能会导致公安、检察机关在工作方面的不配合,[62]同时由于检察机关拥有对法官职务犯罪的追诉权力,法院往往不会贸然判决无罪,而是采取"疑罪从有""疑罪从轻"等方式终结案件。[63] 对此,我们在下文会有详细论述。事实上,逮捕除了对定罪有较大影响外,对量刑也有重大影响。逮捕对量刑的影响主要表现在两个方面:一是逮捕对刑期长短的影响;二是逮捕对具体的刑罚执行方式的影响。

根据刑法的一般原理,法官对被告人的量刑活动应本着罪责刑相适应原则进行,即刑罚的轻重应当与犯罪分子所犯罪行和承担的刑事责任相适应。

---

[60] 陈瑞华:《刑事诉讼的中国模式》,法律出版社2010年版,第313页。

[61] 陈瑞华主编:《未决羁押制度的实证研究》,北京大学出版社2004年版,第172页。

[62] 朱桐辉:《案外因素与案内因素:疑罪难从无之谜》,载《当代法学》2011年第5期,第29页。

[63] 王彪:《论基层法院疑罪处理的双重视角与内在逻辑》,载陈兴良主编:《刑事法评论》(第34卷),北京大学出版社2014年版,第544页。

然而,在中国的刑事司法实践中却存在这样一种现象,即量刑活动并没有依照罪责刑相适应原则,而是比照被告人的审前羁押期限来量刑。一般而言,这种情况出现在两种场合,一是疑罪从轻的场合,即法官在面临疑罪时不是疑罪从无而是选择从轻处罚被告人,一般是对被告人定罪后放人;[64]二是审前羁押期限超过应判刑期的场合,这种情况一般被称为量刑迁就,或称为刑罚"实报实销",[65]即法官在量刑时并不依据被告人的犯罪事实、情节以及法定、酌定的量刑情节,而是根据被告人实际被关押的时间来决定适用的刑期。[66]这里的第二种情况就是逮捕对刑期长短影响的表现,由于审前羁押的普遍性以及诉讼拖延的客观存在,这种情况经常发生。

逮捕不仅对刑期长短有影响,其对刑罚的具体执行方式也有影响。实践中,被逮捕的被告人更容易被判处监禁刑,相对而言,被取保候审、监视居住的被告人则更可能被判处非监禁刑。有学者研究认为,"取保候审成为了办案机关作出轻缓处理决定的前奏,成为了案件实体判决的预演"。[67] 在某种程度上也可以说,逮捕也是案件实体判决的预演。笔者曾对西部某市辖区法院的判决情况进行考察,通过随机抽查的方式发现,基本相同的案件情况,与审前未被羁押的被告人相比,审前被羁押的被告人更容易被判处监禁刑。

中国是一个地区之间发展不平衡的大国,由于各地经济社会文化发展水平在客观上存在一定的差异,侦查中心主义和逮捕中心主义是否存在以及存在的程度在客观上也会有所不同。例如,一些冤错案件频发地区的公安机关,在总结了不科学的考核指标对冤错案件的影响后,废除破案率等考核指标。[68] 一些地方在取消破案率的同时,也不再以逮捕作为是否侦破案件的标志。在这种情况下,侦查机关面临的压力减小,而逮捕对三机关的影响

---

[64] 孙长永、王彪:《刑事诉讼中的"审辩交易"现象研究》,载《现代法学》2013 年第 1 期,第 129 页。

[65] 吴丹红:《刑罚的"实报实销"》,载《人民检察》2009 年第 13 期,第 37 页。

[66] 类似的发现,参见王维志、詹新红:《逮捕强制措施普遍化的实证分析》,载《中国检察官》2006 年第 9 期,第 21 ~ 23 页。

[67] 褚福民:《取保候审的实体化》,载《政法论坛》2008 年第 2 期,第 128 页。

[68] 方列:《浙江:冤假错案责任要追究终身,取消破案率排名》,载《新华每日电讯》2013 年 7 月 14 日,第 6 版;周斌、李恩树:《河南等地废除破案率指标建立更科学规范考核办案,公安破案"减负"意在更关注民生》,载法制网:http://www.legaldaily.com.cn/bm/content/2013-11/22/content_5049374.htm?node=20733,最后访问日期:2015 年 4 月 25 日。

也会减小。然而,在全国的大部分地区,破案率仍然是公安机关的重要考核指标,[69]相应地,逮捕对三机关的影响也就仍然会存在。

（二）审前机关的压力对法院定罪的影响

我国1996年《刑事诉讼法》第162条规定:"案件事实清楚,证据确实、充分,依据法律认定被告人有罪的,应当作出有罪判决。"一般认为,"案件事实清楚,证据确实、充分"就是我国刑事诉讼的有罪证明标准。[70] 实践证明,疑罪是各国刑事诉讼中不可避免的现象。根据产生疑罪的原因,可以将疑罪分为事实疑罪和法律疑罪两大类。[71] 那么,因"事实不清、证据不足"导致罪与非罪的事实疑罪出现时,法院在实体上是如何处理案件的呢?有学者通过研究认为在司法实践中存在以下几种疑罪处理方式,即"疑罪从有""疑罪从轻""疑罪搁置"以及"疑罪再理"等。[72] 有法官认为疑罪从无原则在我国司法实践中发生了异化,产生了"疑罪从轻""疑罪从挂"以及"疑罪再理"等处理情形。[73] 根据我们的调查,目前司法实践中主要有以下几种处理事实疑罪的方法。

一是疑罪从有。疑罪从有是指在刑事案件事实不清、证据不足的情况下,法官在认定被告人有罪与无罪之间徘徊不定,但最终在案件定罪事实存疑的情况下判决被告人有罪,且在量刑问题上没有任何的"优惠"。

案例1　C检察院指控,被告人林某某于2007年7月至9月期间,冒充厦门市国安局工作人员身份,以帮忙借款500万元及须先付50万元作为前期利息和手续费为由,在C区S酒店茶楼内骗取被害人朱某现金人民币50万元后逃跑。2008年1月18日被害人朱某将被告人林某某扭送至公安机关。

本案首次开庭以后,法官觉得案情复杂,证据之间存在诸多矛盾之处。[74]

[69] 张章:《全警参战,限时处突——昆明警方上半年破案率近98%》,载《昆明日报》2014年7月9日,第A05版;郑全旺:《北京:刑案破案率10年最高》,载《民主与法制时报》2014年9月25日,第9版。

[70] 中国"犯罪事实清楚,证据确实、充分"证明标准的确立过程,参见李玉华:《刑事证明标准研究》,中国人民公安大学出版社2008年版,第41~45页。

[71] 关于事实疑罪和法律疑罪产生原因的分析,参见董玉庭:《论疑罪的语境》,载《中国法学》2009年第2期,第104~117页。

[72] 谢进杰:《"疑罪从无"在实践中的艰难展开》,载《犯罪研究》2005年第6期,第45~46页。

[73] 葛玲:《疑罪从无原则在我国司法实践中的异化及其分析》,载《法律适用》2008年第8期,第62页。

[74] 对该案的详细分析,参见王彪:《法院内部控制刑事裁判权的方法与反思》,载《中国刑事法杂志》2013年第2期,第66页。

此后，案件的审理陷入僵局，法官迟迟不能下判。在院庭长讨论案件时，法官认为该案存有若干疑问，诈骗罪不宜认定，主管副院长则认为辩方证人与被告人系老乡关系，其所作证言不可信。该案最终认定被告人林某某犯诈骗罪，判处有期徒刑11年，并处罚金10万元。

二是疑罪从轻。实践中，一些案件中既有对被告人不利的证据又有对其有利的证据，导致法官处于“认定无据、否定无理”的两难境地，而且由于时过境迁，补充侦查或者法官进行庭外调查也很难甚至不可能发现新的证据。此时，一般是对被告人宣告有罪，但给予较大幅度的量刑折扣。疑罪从轻往往伴随着“审辩交易”，即审判方与辩护方在各自让步的基础上就定罪量刑问题达成一致，一般是被告人放弃无罪辩护或者放弃某一程序性权利，法官对被告人从轻量刑甚至判处非监禁刑。

案例2 C检察院指控被告人郑某于2008年10月27日16时许，在Y市C区某工地内，因细故与被害人熊某某发生纠纷后，将熊某某摔倒在地，致使被害人熊某某右胫腓骨下段骨折。经法医鉴定，被害人熊某某的损伤程度为轻伤。

本案审理过程中，被告人辩称被害人在意图打自己时不慎摔倒从而导致受伤，被害人则坚称被告人将其打倒。因纠纷发生在现场监控录像没有覆盖的地方，且本案没有证人证言等其他证据，结果本案成了典型的“一对一”证据的案件。按照法理存疑应有利被告，即应判决无罪。但本案经过法院内部的数次讨论，考虑到判决无罪对检察机关绩效考评的影响，最终判决被告人郑某犯故意伤害罪，免予刑事处罚。

三是疑罪从挂。疑罪从挂是指在出现事实不清、证据不足的情况从而无法判断罪与非罪时，将案件搁置，暂不做处理。我国绝大部分被告人在审判阶段都被羁押在看守所内，[75]因此，疑罪从挂往往伴随着被告人的长期羁押。随着近年来治理超期羁押运动的推进，实践中长期将被告人羁押而对案件暂不做处理的现象大为减少。目前，疑罪从挂主要是通过延期审理的方式进行，即通过公诉机关或者辩护律师出具延期审理函或者延期审理申请的方式

[75] 有学者经研究发现，我国“公安司法机关过度地依赖羁押性强制措施，相对忽视其他非羁押性强制措施的适用，从而使‘羁押例外原则’在司法实践中演变成‘羁押常态原则’”。参见孙长永等：《犯罪嫌疑人的权利保障研究》，法律出版社2011年版，第119页。

延长审限。[76] 另外,对于被告人未被羁押的案件,一般是通过中止审理的方式将案件搁置,[77]此类案件一般搁置的时间较长,往往要等到阶段性的清理积案运动时才予解决。

案例3 C检察院指控,2001年8月30日晚6时左右,被告人牟某某在Y市C区某农贸市场内,因细故与被害人谭某某发生纠纷,进而与其发生打斗并将被害人谭某某殴打致伤。后经法医鉴定,被害人谭某某的损伤程度为轻伤。2004年12月30日,被告人牟某某被公安机关捉获归案。

本案控辩双方对基本的案件事实没有争议,但对鉴定结论有不同看法。本案共有三份鉴定结论。第一份鉴定结论认为被害人的伤情为轻伤,但该鉴定结论是在被害人受伤后一个月左右鉴定的,距离被害人受伤害的时间太短,不符合伤情鉴定的时间要求,所以公诉人在法庭上没有举示该份证据;第二份鉴定结论仍认为被害人的伤情为轻伤,但鉴定结论上少一个鉴定人的签字,不符合鉴定结论的形式要求;第三份鉴定结论是一家权威机构作出的,但该鉴定结论显示被害人的伤情为轻微伤。公诉机关于2007年8月将该案提起公诉,但一直到2011年年底该案仍未审结,其间换了几个承办法官,现在的承办法官准备判决无罪,但有关领导认为要再等等看,等检察院领导班子换届后再考虑是否判决无罪。[78]

四是疑罪移送。1996年《刑事诉讼法》第170条规定了公诉转自诉制度,规定对被害人有证据证明对被告人侵犯自己人身、财产权利的行为应当依法追究刑事责任,而公安机关或人民检察院不予追究被告人刑事责任的案件,被害人可以向法院提起自诉。但是,由于被害人一般既不懂法律,也没有较强的证据意识,更没有足够的手段搜集证据。因此,公诉转自诉案件的证

---

[76] 实践中,大多通过公诉机关出具延期审理函的形式延长审限。有检察官认为,延期审理出现异化,有以下几个原因:一是延期审理审批程序简单,二是延期审理的次数没有限制,三是对延期审理理由不进行实质审查。参见马永平:《延期审理滥用形态之检视与厘正》,载陈光中主编:《刑事司法论坛》(第4辑),中国人民公安大学出版社2011年版,第154页。

[77] 有实务工作者将其称为"隐性"超审限,参见臧德胜、崔光同:《刑事一审案件"隐性"超审限问题及规制》,载宋英辉、甄贞主编:《京师刑事诉讼法论丛》(第2卷),北京师范大学出版社2012年版,第196页。

[78] 此处有两点需要说明,一是鉴定结论的用语问题,2012年《刑事诉讼法》将鉴定结论改为鉴定意见,但该案鉴定时适用的是1996年《刑事诉讼法》,故鉴定人出具的是"鉴定结论"。二是该案的处理问题,该案是笔者于2011年在某区法院调研时所得,截至2011年年底,该案仍未处理。而由于笔者对该案的后续情况没有关注,不知道该案最终是如何处理的。

据总是会存在这样或者那样的问题。[79] 此时,法官一般会选择将案件移送公安机关处理,并建议公安机关进行侦查,可以将这类事实疑罪的处理方式称为疑罪移送。

案例4 C检察院指控,被告人周某系某公交公司员工,被害人文某系某加油站员工。2009年7月22日10时许,被害人文某在该加油站加油时因排队问题与被告人周某发生争执,进而被告人周某将被害人文某殴打致伤。经鉴定,被害人文某的损伤程度为轻伤。

被害人文某称,被告人周某案发后在派出所承认是其将自己打伤的,且有证人证言来佐证,但后来这些证据均不见了,且公安机关坚决不立案。被害人遂将案件起诉至法院,但在案证据只有被害人的陈述。案发现场有监控录像,被告人与被害人的争吵及推搡行为能够看见,但被害人是如何倒地受伤的则因为被柱子挡住而无法看清。承办法官原本打算调解,但由于被告人知道本案在案证据不足,不愿意调解。最终,承办法官认为该案证据不足且公安机关有进一步侦查的必要,遂将案件移送公安机关处理。

五是疑罪补诉。实践中,当案件存在事实不清、证据不足的问题时,承办法官会与承办检察官进行反复的沟通。一般来说,针对案件中存在的证据问题,公诉机关会要求侦查机关补充侦查。但在确实无法补充侦查的情况下,如果案件事实仍处于真伪不明的状态,而被告人恰好有其他轻微犯罪行为,则检察机关会补充起诉,从而避免全案被判决无罪。

例如,案例一讨论的林某某诈骗案,C法院一审判处林某某有期徒刑11年,并处罚金10万元。被告人林某某不服提起上诉,Y市中级人民法院将该案发回重审。在重审时,面对相同的起诉罪名和证据材料,C法院拟判决无罪,在和公诉人沟通情况时,公诉人要求补充起诉,新的指控如下:

> 我院于2008年6月24日向你院提起公诉的被告人林某某诈骗一案,经我院进一步审查发现,被告人林某某有遗漏犯罪事实,现补充如下:被告人林某某于2007年11月6日和同月15日,冒充厦门市国家安全局工作人员身份,以可以帮助被害人朱某融资为由,以融资人康某的

---

[79] 据学者调查,由于受到种种限制,自诉案件被害人成功追诉的可能性非常微小,参见房保国:《被害人的刑事程序保护》,法律出版社2007年版,第240页。

朋友陈某病危和去世为名，骗得被害人朱某1756元。

最终，C法院以招摇撞骗罪判处被告人林某某有期徒刑二年零三个月（即被告人实际被羁押的期限）。宣判后，被告人没有上诉，检察机关没有抗诉，案件已经生效。

从理论上来说，对于罪与非罪的事实疑罪案件，法院应严格依照法律的规定处理，即作出证据不足的无罪判决。但司法实践中，疑罪从无原则发生了异化，法院往往宁愿选择疑罪从有、疑罪从轻的方式来处理案件也不愿遵照法定的疑罪从无要求，在遇到实在不能判决有罪的事实疑罪案件时则采取疑罪从挂、疑罪移送的方式来拖延或者规避矛盾。从中我们可以看出，法院在处理事实疑罪案件时有疑罪尽量不从无的实体取向。为何会有这种取向呢？据我们的观察，主要与诉讼体制和考评机制有关。在检察系统内部有严密的考核体系，这种考核分为对检察院整体、内部各部门以及承办检察官三个层次。[80] 因此，"为了避免案件被作出无罪的判决，很多公诉人都会本能地对承办法官施加影响和压力，并为此采取各种私下的沟通、联络和说服行动。"[81]在这样的诉讼环境中，法院的无罪判决将严重影响到公安、检察机关的绩效考评，而基于法检两家的"制约与配合、尊重与庇护"关系，法院在判决时要"顾及检察考核"。[82] 换句话说，三机关相互配合的诉讼体制决定了法院无法不顾及检察机关的考核要求而严格按照法律判决，在这种诉讼体制中，"裁判中心主义"的诉讼构造没有制度和理念根基，法院没有判决无罪的审判权威。

（三）审前机关的压力对审辩关系的影响

按照现代刑事诉讼的一般原理，法官在刑事审判中应遵循中立原则，"法官中立是指法官在三方组合的诉讼结构中，保持客观中立，不偏不倚。除了不能做自己案件的法官外，还包括利益规避原则和角色分离原则，利益规避原则要求防止审判人员因其偏向性处理而获利，即防止审判程序中的'利益

---

[80] 万毅：《实践中的刑事诉讼法：隐形刑事诉讼法研究》，中国检察出版社2010年版，第126～150页。

[81] 陈瑞华：《刑事程序失灵问题的初步研究》，载《中国法学》2007年第6期，第150页。

[82] 朱桐辉：《刑事诉讼中的计件考核》，载苏力主编：《法律和社会科学》（第4卷），法律出版社2009年版，第277页。

驱动’。角色分离原则要求在诉讼角色和审判程序的设置上,要求法官客观中立,防止审判官代行控辩职能而形成‘角色冲突’。”[83]因此,法官与律师之间应当没有利害关系,法官与律师之间应当保持一定的距离。然而,现实中法官与辩方的关系却并非如此,突出表现为“审辩交易”和“辩审冲突”两大怪现象。

1.刑事诉讼中的“审辩交易”现象

根据国外的一般经验,刑事司法中的交易一般发生在控辩双方之间,我国学界一度关注的热点也是辩诉交易。然而,在我国的刑事司法实践中,却存在一种一直以来被人漠视的现象,即“审辩交易”现象,其一般表现形式是法官劝导、引诱甚至胁迫被告人认罪,承诺如果被告人认罪将对其从轻处罚,在被告人认罪后,法官一般也能够如实履行承诺。根据我们对法治的一般理解,法官不应该也没有动力与辩方进行任何的交易。然而,刑事司法实践中不断发生的“审辩交易”现象却提醒我们事实并非如此。具体来说,审辩交易的类型主要有三种,即基于事实疑罪、法律疑罪以及案外因素的交易。[84] 其中,基于事实疑罪的交易就是受到审前机关的压力所致。

根据现代刑事诉讼的一般原理,被告人受到无罪推定原则的保护,控方必须提供证据证明被告人有罪,[85]控方提供的证据首先要符合法律的基本要求,同时其提供的证据还要达到一定的量,即控方提供的证据数量足够充分使裁判者的内心觉得“案件事实清楚”或者“排除合理怀疑”。然而由于各种主客观的原因,证据不足的疑案是一种客观存在。因为证据不足从而对事实认定产生影响的疑罪是事实疑罪,根据证据不足对事实认定的影响程度,可以将事实疑罪分为罪与非罪之疑罪和情节轻重之疑罪。其中,以罪与非罪之疑罪为基础的交易就是典型的受审前机关的压力所致。

罪与非罪之疑罪是指在刑事诉讼中,因事实不清、证据不足而导致对被追诉人是否实施了犯罪行为或者实施的行为是否构成犯罪难以作出正确判

---

[83] 龙宗智:《刑事庭审制度研究》,中国政法大学出版社 2001 年版,第 37 ~ 38 页。

[84] 孙长永、王彪:《刑事诉讼中的“审辩交易”现象研究》,载《现代法学》2013 年第 1 期,第 125 ~ 137 页。

[85] 关于证明责任分配的比较研究,参见孙长永、黄维智、赖早兴:《刑事证明责任制度研究》,中国法制出版社 2009 年版,第 3 ~ 150 页。

断的情形。[86] 对于罪与非罪的事实疑罪，如果控方提供的证据没有达到法定的要求，应该根据疑罪从无原则判处无罪，但司法实践中，由于两大原因，承办法官一般不愿意判处无罪，一是判处无罪会面临重重压力，在法院内部，对于拟判处无罪的案件要经过层层讨论汇报，[87]法官不能轻易判决无罪；在法院外部，判决无罪可能会导致被害方、公安机关和检察机关的强烈不满，[88]公安、检察机关的不满可能会导致其对法院工作的不支持，被害方的不满可能会引起涉诉信访，在“涉诉信访已经成为法院工作非常重要的内容”的情况下，[89]法院轻易不敢判决无罪。二是法官相信被告人犯了罪而不愿放纵罪犯，这是承办法官的司法理念“不允许”其判决无罪。因此，在面临罪与非罪之事实疑罪时承办法官一般会选择以“审辩交易”的方式结案。

案例5　C检察院指控被告人夏某某于2010年8月16日22时许，在Y市C区H大厦22－21号被害人李某暂住地内，趁李某昏睡不能反抗之机，强行与其发生性关系，随后逃离现场。公安机关于同月31日在Y市C区X路38号15－4附近将被告人夏某某捉获归案。

本案被害人在案发十几日后报案，一些重要的物证，如被害人吃过的且拌有迷药的阿胶以及沾有精液的内衣等均已不在，能够证实被告人犯强奸罪的证据只有被害人陈述以及手机短信息，但短信息的内容模糊，单独来看没有实质性的证明价值。被告人在公安机关的供述只有一次承认强奸，但稍后又翻供，被告人翻供后从始至终都承认其只是将精液射在被害人大腿上，并没有强奸被害人。此时，承办法官陷入了两难困境。判决无罪将面临巨大的阻力，如检察院的可能的抗诉以及事后在一些问题上的不配合，判处有罪又担心被告人上诉后被上级法院改判或者发回重审从而影响法院的绩效考核指标。另外，对于被告人不认罪的案件在证据不充分的情形下认定有罪，如何进行判决说理又是一个巨大的难题。同处理其他疑难案件一样，承办法官

---

[86] 段启俊：《疑罪研究》，中国人民公安大学出版社2008年版，第18页。

[87] 王彪：《基层法院院庭长讨论案件机制研究》，载《中国刑事法杂志》2011年第10期，第68页。

[88] 朱桐辉：《案外因素与案内因素：疑罪难从无之谜》，载《当代法学》2011年第5期，第29页。

[89] 汪庆华：《政治中的司法：中国行政诉讼的法律社会学考察》，清华大学出版社2011年版，第104页。

在面对这类案件时采取的一般方式是拖,[90]拖了几个月,期间对附带民事诉讼作了几次调解,最终被告人认罪并赔偿被害人各种损失21万元,被害人在得到赔偿后出具了一份谅解书。于是,承办法官在判决书中认定:本案审理过程中,被告人夏某某委托其亲属代为向被害人李某赔偿了经济损失并取得谅解,被告人有悔罪表现等适用缓刑的条件。因此,依法判决被告人夏某某犯强奸罪,判处有期徒刑三年,缓刑四年。

需要说明的是,司法实践中,由于受时空条件或者取证人员本身素质的限制,公诉机关举示的证据在一些方面存在瑕疵,如取证地点、取证时间等方面的瑕疵,[91]或者除了被告人供述外,其他证据较为薄弱等。在上述情况下,由于法官也会面临审前机关的压力,承办法官一般也会选择通过"审辩交易"的方式结案。

现代刑事诉讼的基本构造是"法官作为第三方居于其中,踞于其上,公正裁判,解决纠纷"的三角结构(或称诉讼结构),[92]法官在刑事审判中应该保持中立地位,因此,法官不应与辩方进行任何的交易。那么,到底是什么因素促使我国的法官与辩方进行交易呢?我们认为,首先是审判权力行政化运作机制以及不合理的诉讼真实理念的影响;其次是缺乏案件分流机制造成的结果;最后是不当的绩效考评机制的导向。其中,不当的绩效考评机制致使法官面临审前机关巨大的压力。在检察机关内部,其主要的考核指标有不起诉率、无罪判决率、撤诉率等,司法实践中,检察机关内部对不起诉有严格的控制,对不起诉的严格控制导致大量的案件涌入法院,这其中就可能会包含一些罪与非罪的事实疑罪案件。对无罪判决率的控制则意味着这些大量涌入法院的案件必须被判决有罪,一般而言,一个无罪判决就意味着检察机关的全年工作没有任何成绩。由于检法两家是一种长期的博弈关系,相互配合对双方均有利,而法院判决无罪对检察院的考核指标有毁灭性的影响,进而可能会导致公安、检察机关在工作方面的不配合,所以法院在遇到证据不足的

---

[90] 拖的方法是向让检察院或者辩护律师出具补充侦查延期审理函,这是一种典型的隐形超期羁押,"隐形超期羁押是指执法机关在法定期间内没有结案,但是寻求各种没有事实根据的理由按照法律程序办理了对犯罪嫌疑人或被告人延长羁押的手续,并继续关押。"参见孙长永主编:《侦查程序与人权保障——中国侦查程序的改革与完善》,中国检察出版社2009年版,第29页。

[91] 龙宗智、夏黎阳主编:《中国刑事证据规则研究》,中国检察出版社2011年版,第123页。

[92] 陈瑞华:《刑事诉讼的前沿问题》,中国人民大学出版社2011年版,第59~63页。

疑罪案件时很难径直宣判无罪，而是与检察院进行反复的沟通，[93]最终的结果往往是通过其他方式避免无罪判决的产生。其中，“审辩交易”是一种重要的、能够相对满足各方利益需求的替代无罪判决的方式。

2. 刑事诉讼中的“辩审冲突”现象

与上述“审辩交易”现象不同的是，司法实践中还存在另一种现象，即“辩审冲突”现象。近年来，随着贵州“小河案”、江苏常熟“菜刀队”聚众斗殴案等案件中辩护律师与法官之间紧张关系的出现，“辩审冲突”现象逐渐进入学界的视野。2014 年 5 月 19 日，南方都市报与中国政法大学公共决策研究中心举办蓟门决策专题论坛，就“回归司法理性——辩审冲突的根源与应对”问题展开讨论。[94] 与学界对这一现象的称呼不同，法官一般称“辩审冲突”为“闹庭”。如有法官认为，在我国近年来的司法审判过程中，“闹庭”现象愈演愈烈，从刑事审判不断蔓延到行政审判、民事审判。[95] 事实上，这一现象确实有关注的必要。北京尚权律师事务所完成的新刑事诉讼法百日实施状况调研报告显示，新刑事诉讼法实施后，律师对会见、阅卷等问题的改善反响积极，但辩审冲突的问题意外凸显。[96]

根据“辩审冲突”现象产生的具体原因，可以将“辩审冲突”分为三种类型：第一类是程序问题上的“辩审冲突”，最典型的是贵州“小河案”，庭审刚刚开始，辩方就反复申请公诉人和审判长回避，在申请被驳回后，辩方又认为，小河区法院不具有此案的管辖权，在辩方的意见仍未被采纳后，辩方又对非法证据排除的程序问题提出异议。最终，数名律师被驱逐出法庭。[97] 第二类是证据问题上的“辩审冲突”，证据问题上的“辩审冲突”一般集中表现在证据的合法性问题上，如法官决定不启动证据合法性调查程序后，被告人及其辩护人反复申请排除非法证据，又如，被告人及其辩护人辩称在纪委阶段

---

[93] 关于无罪案件对检察院绩效考核的影响，参见夏伟、王周瑜：《存异难：检察权与审判权关系之忧——以近十年判决无罪人数走势为视角》，载万鄂湘主编：《审判权运行与行政法适用问题研究（上）》，人民法院出版社 2011 年版，第 69 页。

[94] 李靖云：《辩审冲突的根源与应对》，载《南方都市报》2014 年 5 月 18 日，第 AA21 版。

[95] 马良骥：《“闹庭”现象与“藐视法庭罪”》，载《人民法院报》2014 年 5 月 16 日，第 7 版。

[96] 刘涌：《新刑诉法“体验”报告，一线律师称“辩审冲突”突出》，载《21 世纪经济报道》2013 年 4 月 26 日，第 02 版。

[97] 唐宁：《政协委员被控涉黑三年三审——贵州黎庆洪案重审疑云》，载《民主与法制时报》2012 年 1 月 16 日，第 A03 版。

遭到刑讯逼供,在侦查阶段的重复供述是受之前刑讯行为的影响而作出的,理论界一般认为应当排除这种类型的重复供述,[98]但法院一般认为这种情形不属于法院评价的对象。[99] 在被告人及其辩护人反复申请排除重复供述,而法官对此置之不理的情况下,"辩审冲突"便可能发生。第三类是辩护方式上的"辩审冲突",一般是法官认为辩方的辩护方式存在问题,如辩方的语气过于激烈。在广西北海律师伪证案中,法庭火药味超级浓厚。法庭上的"反对"声,在21天的审判中高达上百次之多,法官的法槌声也此起彼伏。由于律师不满公诉人的发言,杨金柱两次大拍桌子抗议公诉人,被法官认定妨碍法庭程序而在最后一天上午被逐出法庭。[100] 还有一种情形是法官认为辩护律师的辩护方式过于重复、啰嗦,催促其抓紧时间辩护或者直接让其停止辩护,在辩护律师不听"劝告"的情况下,"辩审冲突"往往就会发生。

辩审双方发生的冲突表面上看来是因程序、证据或者辩护方式问题而引起,但背后的原因却值得深思。就辩方而言,一方面,在律师看来,在控、辩、审的三角诉讼体系设计中,应该是一个等边三角形,但在司法实践中,律师这个边被压缩得很短,甚至为零。刑辩律师朱明勇认为,近年来,刑事辩护的窘迫广受关注,在北海、贵阳、常熟等案中,刑辩律师抱团作战,壮大声势,只是意图把律师这个边拉长一点,不让刑事辩护沦为"形式"辩护。[101] 另一方面,正如张建伟教授所言,不可否认,有些"辩审冲突"的发生是辩护律师为了个人利益,凸显个人形象而炒作的结果。[102] 有时死磕律师违反法律规则却是毫无必要的,反而体现律师自身的法律知识不够专业。如王全章律师为朱亚年辩护的案件中,朱亚年的另一个辩护人李律师也曾当庭提出要法官回避,而理由居然是"没有人民陪审员"。这同样令人费解。因为不但"没有人民陪

---

[98] 万毅:《"全国首例非法证据排除案"法理研判》,载《证据科学》2011年第6期;王彪:《审前重复供述的排除问题研究》,载《证据科学》2013年第5期,第601页。

[99] 具体案例,参见管友军、郑晓红、陈克娥:《褚明剑受贿案——法院如何审查受贿案件辩方提出的非法证据排除申请》,载《刑事审判参考》(总第89集),法律出版社2013年版,第93~94页。

[100] 佚名:《广西北海律师伪证案最新报道》,载 http://bbs.tianya.cn/post-79-564579-1.shtml,最后访问日期:2014年12月5日。

[101] 周喜丰:《北海案:真辩的力量》,载 http://news.hexun.com/2013-02-07/151032437.html,最后访问日期:2014年12月5日。

[102] 佚名:《回归司法理性——"辩审冲突"的根源与应对》(蓟门决策第40期),载 http://news.sina.com.cn/pl/2014-05-19/161230168811.shtml,最后访问日期:2014年5月2日。

审员”不是回避理由，甚至该案件中也找不到任何理由来要求合议庭中必须有人民陪审员。[103]

就法官而言，一方面，部分法官有追诉意识，认为辩护律师在法庭上搅局，影响了案件事实的认定，有的法官则认为传统的案件实体事实的审理才是庭审的中心，律师的辩护使庭审偏离了这一中心。如有律师认为，刑事司法实践中，有不少法官能够维护客观中立的法官理想形象，但也有不少法官则是另外一副模样：[104]

在讯问被告人阶段，无论公诉人在正常的发问之外对被告人施加压力、进行胁迫，还是与被告人进行争辩，法官都无动于衷，而当辩护人的询问不符合其心理预期时，则毫不犹豫地予以打断；在举证质证阶段，无论公诉人的举证如何冗长，法官都毫无异议，而当辩护人就证据中有利于被告人的部分展开说明时，法官会毫不掩饰地表露其内心的不快，并毫不客气地予以警告、制止；进入法庭辩论环节后，法官可以任由公诉人充分全面地发表公诉意见、进行大段的法制教育，而当辩护人发表辩护意见时，要么以辩护意见与法庭调查的发言有重复，要么以辩护人的最后陈词与案件无关为由，极不耐烦地打断。这样的法官，俨然是以一幅官老爷训斥刁民的态度对待辩护人，把自己当作对犯罪进行追诉的“第二公诉人”，我们可将其模型化为“追诉型法官”。

另一方面，法官面临巨大的压力。一般来说，通过“审辩交易”可以化解部分案件中法官的压力。在无法通过“审辩交易”解决的案件中，法官的压力很容易转化成与辩方冲突的动力，如动辄呵斥律师，甚至揶揄、嘲讽辩护律师。[105] 那么，法官的压力来自何处呢？据我们的观察，法官的压力部分来自案件数量的巨大，在我们调查的 C 基层法院，每个刑事法官每年要办结 200 余件案件，[106]法官的部分压力来自法院内部领导以及其他权力主体，如引发广泛

---

[103] 佚名：《谈“死磕律师”现象》，载 http://news.hexun.com/2013-05-13/154062302.html，最后访问日期：2014 年 12 月 5 日。

[104] 邓楚开：《面对“追诉型法官”要据理力争》，载 http://dengchukai.fyfz.cn/b/833350，最后访问日期：2014 年 12 月 6 日。

[105] 邹碧华：《论法庭情绪管理》，载《法律适用》2011 年第 8 期，第 102 页。

[106] 有学者的实证研究有类似发现，参见肖仕卫：《刑事判决是如何形成的——以 S 省 C 区法院实践为中心的考察》，中国检察出版社 2009 年版，第 48 页。

关注的江西南昌桂松案，律师在非法证据排除、取保候审等问题上死磕南昌中院。[107] 然而，正如有记者所言，"亲历了桂松案全部庭审过程的每一个人，都见识了此案中审判人员的无奈与无权，见识了幕后遥控把戏上演的丑行。"[108]

以11月28日的庭审为例。

上午9点50分，桂松被推进法庭，没过多久，医生进来检查，但未告之检查结果。

10点整，法庭宣布休庭20分钟，桂松被推出去。

10点18分，法庭宣布再休庭30分钟。

10点55分，法庭宣布再休庭30分钟。

11点25分，法庭宣布休庭。下午1点30分开庭。

下午，开庭审判长直接就宣布"现在休庭20分钟"。

2点10分，审判长再次宣布休庭30分钟。

3点50分，法庭宣布再休庭30分钟。

4点40分，法庭宣布休庭，第二天下午两点再开庭。

在外人看来，N次休庭，怎一个"折腾"了得！明白的人都知道，桂松案之所以屡屡休庭，是因为法庭上的事合议庭作不了主，要请示上级。而上级要请示专案组，专案组再请示上级……

不难看出，法官不停地休庭，背后可能面临压力，很多问题法官无法做主，不得不向不同的权力主体反复请示。诚如周永坤教授所言，"法官与律师辩论"、律师被逐出法庭的"辩审冲突"这种表象的背后是法官的尴尬，法官为了贯彻"长官意志"不得不走上前台，担当与律师辩论的角色，他其实已经失去了法官的职责与立场。[109] 此外，法官（包括法官的领导）还要承受来自审前机关的巨大压力。如在Z省调研时，有多名法官认为，在目前

---

[107] 佚名：《杨金柱同志的重要讲话》，载 http://blog.sina.com.cn/s/blog_7f25ba540101rtqw.html，最后访问日期：2014年12月5日；杨金柱：《桂松案全体律师下周死磕南昌中院》，载 http://blog.sina.com.cn/s/blog_6592426a0102e5ud.html，最后访问日期：2014年12月5日。

[108] 王健、刘志强：《从桂松案看司法改革的紧迫性——〈桂松案启示录〉专题报道之七》，载 http://www.mzyfz.org.cn/cms/benwangzhuanfang/xinwenzhongxin/zuixinbaodao/html/1040/2014-08-19/content-1073572.html，最后访问日期：2014年12月5日。

[109] 周永坤：《论党委政法委员会之改革》，载《法学》2012年第5期，第11页。

的刑事审判实践中，法院往往站在公诉机关一边，甚至代公诉机关承担了部分证明责任，这是导致“死磕派”律师死磕法院而不是公诉机关的重要原因。法院之所以站在公诉机关一边，主要原因是法官面临压力而无法保持中立。

综上所述，我国刑事诉讼中的审辩关系发生了异化，具体来说异化为“审辩交易”和“辩审冲突”两种类型。根据上文的分析，审辩双方对审辩关系的异化都起了一定的作用，就法官一方来说，除了部分法官有追诉意识之外，法官之所以与辩方交易或者冲突的主要原因是法官面临巨大的压力。当然，由于法官个体素质的差异，以及不同时期不同地区法官面临的压力大小有所不同，不同时期不同地区的审辩关系是否异化以及异化的程度也会有所不同，从而体现出一定的时空差异。由于刑事司法体制、诉讼制度等方面的原因，这种差异仅仅是量的差别而非质的不同，从总体上来说，审辩关系的异化在不同程度上普遍存在。

（四）基于刑事审判权合理运行视角的反思与重构

刑事审判权的合理运行，需要考虑两个方面的问题。一方面，需要考虑刑事审判权运行的外部环境，包括政法委、人大、媒体、审前机关以及诉讼当事人等对刑事审判权运行的影响；另一方面，需要考虑刑事审判权运行的内在机制。就本文而言，具体需要考虑审判机关与审前机关之间的关系定位以及审辩关系的准确定位。

1. 审前机关与审判机关的关系定位

现代刑事诉讼强调人权保障，在一些国家，对刑事被告人权利的保护甚至上升到宪法的高度，[110]然而，出于社会秩序和公众安全感的需要，国家必须通过刑事诉讼程序将犯罪人绳之以法。于是乎，在人权保障与犯罪控制之间出现了张力，中国亦不例外。人权保障与犯罪控制之间的张力对公安、司法机关施加了巨大的压力，为了抵消这种压力，各国均允许控辩双方在一定程度上的合作，典型的如辩诉交易。

尽管刑事司法中存在巨大的压力，但在西方国家，这种压力一般都是由

---

[110] 相关的比较研究，参见周宝峰：《刑事被告人权利宪法化研究》，内蒙古大学出版社2007年版，第123～184页。

警察机关和公诉机关承担,因此,公诉机关有动力与辩方进行交易,以此来化解压力。反观我国,公、检、法相互配合的宪法要求以及现实的制度安排,使侦查、起诉和审判阶段的诉讼任务基本一致,三机关均承担真实发现义务。在注重打击的司法理念下,出于预防司法腐败的考虑,公安、检察机关对于撤案、不起诉等有利于犯罪嫌疑人、被告人的决定一般要进行严格的审查和限制。因此,公安、检察机关往往在明知一些案件存在问题的情况下仍将案件移送起诉或交付审判。而公安、检察系统的内部考核对于不起诉、无罪判决又有着严格的限制。导致的结果是大量有问题的案件涌入法院,但法院却无法完全依照疑罪从无的原则处理案件。因为,“公检法三机关内部业绩考评制度的存在,使得在刑事司法程序运转过程中,后一机关对案件的实体处理结果直接决定前一机关是否办了‘错案’,并因此影响前一机关的业绩考评结果。这种以后一机关的实体处理为标准的业绩考评制度,造成公检法人员将追求某种有利的考评结果作为诉讼活动的目标。”[11]于是,法院成了承担诉讼压力的主要机关。我们可以将这种司法模式称为压力后置型司法,以此与西方国家的压力前置型司法进行区分。

在压力后置型司法模式中,由于诉讼理念、诉讼体制等一系列原因,审判机关无法抵制住来自审前机关的压力。要改变这种压力后置型司法模式,合理定位审判机关与审前机关的关系,需要从以下几个方面着手:一是刑事诉讼理念的革新。树立以审判为中心的诉讼理念,客观看待司法独立,准确理解司法独立,在此基础上,对于法官的独立公正审判提供制度上的保障,从而使法官能够按照疑罪从无的精神处理案件,在一定条件下敢于判决无罪。二是探索多元化的案件分流机制,如扩大酌定不起诉的适用范围、一定范围的辩诉交易等,通过多元化的案件分流机制可以消化掉部分疑难、复杂案件,从而为审判机关正式审理疑难、复杂案件提供充足的人力、财力和时间。三是调整相关的绩效考核指标,确立合理的绩效考核机制,从而为法官依法判决提供良好的程序环境。四是加强公诉机关履行证明责任的意识,只有公诉机关加强了履行证明责任的意识,并在没有履行证明责任时承担不利的后果,法官才能够保证基本的中立性。

---

[11] 陈瑞华:《刑事程序失灵问题的初步研究》,载《中国法学》2007年第6期,第156页。

2. 审辩关系的准确定位与合理重构

根据现代刑事诉讼的一般原理，法官应该遵循客观中立原则。因此，审辩关系的定位方面，也应遵循这一原则。但由于我国刑事诉讼中控辩双方存在明显的力量失衡，法官需要承担一定的对被告人的诉讼照料义务。[112] 换句话说，审辩关系的准确定位应该是这样的，刑事法官在保持客观中立的同时，需要在一定程度上承担对被告人的诉讼照料义务。

理论与实践总是存在差距，在准确定位审辩关系之后，还要考虑如何才能重构我国刑事诉讼中的审辩关系。司法实践中存在的"审辩交易"和"辩审冲突"两种现象的本质是一样的，即都是法官转移压力的一种方式。因此，重构审辩关系，需要通过适当的方式释放法官的压力。在审判机关与审前机关的关系有了合理的定位后，法官面临的审前机关的压力将会大大减少。在这种情况下，法官面临的压力更多地是来自辩方的压力。我们认为，在辩方享有的诉讼权利不断扩张的同时，应当主动设计相应的程序来消解刑事程序的"正当化"所带来的巨大压力。[113] 此外，如前所述，实践中"辩审冲突"的部分原因是一些律师为了各种目的而肆意扰乱法庭，对此，还需要一定的惩戒措施。

2012 年修改刑事诉讼法后，最高人民法院起草的《关于执行〈中华人民共和国刑事诉讼法〉若干问题的解释（征求意见稿）》第 250 条拟规定："辩护人、诉讼代理人严重违反法庭秩序，被强行带出法庭或者被处以罚款、拘留的，人民法院可以禁止其在六个月以上一年以内以辩护人、诉讼代理人身份出席法庭参与诉讼。"最终，由于学界与律师的反对，这一处罚条款最终被删除，代之以"建议处罚"，即"律师严重扰乱法庭秩序，被强行带出法庭或者被处以罚款、拘留的，人民法院应当通报司法行政机关，并可以建议依法给予相应处罚。"2014 年 10 月 27 日，《中华人民共和国刑法修正案（九）草案》（以下简称《刑法修正案九》）提请全国人大常委会初次审议。其中，《刑法修正案九》第 35 条，拟将侮辱、诽谤、威胁司法工作人员和诉讼参与人，不听法庭制

---

[112] 陈如超：《论中国刑事法官对被告的客观照料义务》，载《现代法学》2012 年第 1 期，第 179 ~ 182 页。

[113] 李昌盛：《德国刑事协商制度研究》，载《现代法学》2011 年第 6 期，第 159 页。

止的，纳入妨害司法之扰乱法庭秩序罪，最高可处三年有期徒刑。[114] 2015年8月29日，《刑法修正案（九）》由全国人大常委会通过，根据《中华人民共和国刑法修正案（九）》第37条的规定，严重扰乱法庭秩序的行为将被作为犯罪处理。在这种情况下，部分律师“故意闹庭”的问题在将来也许不会是一个问题。

综上，因受审前机关的影响，刑事审判权的运行机制在司法实践中发生了异化，侦查中心主义和逮捕中心主义代替了审判中心主义，罪与非罪的事实疑罪的处理没有遵循疑罪从无这一公理性原则，审辩关系中出现了“审辩交易”和“辩审冲突”的异化现象。刑事审判权的运行机制，在立法文本的表达和司法实践的表现之间出现了巨大的鸿沟。当然，由于不同地区司法环境的差异和司法人员素养的不同，刑事审判权运行机制的异化在不同地区有不同的表现和程度。对此，需要从刑事审判权合理运行的视角进行反思，准确定位审前机关和审判机关的关系，合理重构刑事诉讼中的审辩关系。

三、地方法院、检察院的内部控权机制

有权力的地方总会存在权力滥用的可能性，因此，权力需要制约。与公民的财产、自由甚至生命密切相关的刑事司法权亦不例外。事实上，由于司法活动中存在的裁量权，刑事司法权存在难以监督的特性，特别是外部监督存在成本高、效果差的特点。那么，地方法院检察院内部控制刑事司法权的方法及其效果如何呢？

（一）地方法院的内部控权机制

根据《刑事诉讼法》的规定，法定的审判权行使主体有独任法官、合议庭和审判委员会，其中，合议庭中可以有一定数量的人民陪审员。此外，对于疑难、复杂、重大的案件，合议庭认为难以作出决定的，由合议庭提请院长决定提交审判委员会讨论决定。审判委员会的决定，合议庭应当执行。根据《宪法》和《刑事诉讼法》的相关规定，人民法院依法独立行使审判权，任何机关

---

[114] 对该条规定的修改建议及理由，参见吴林生：《刑法修正案（九）草案的得失及修改建议》，载《中国刑事法杂志》2015年第1期，第68页。

和个人不得干涉。那么,刑事审判权到底是如何运行的呢?下面结合我们的实证研究对这一问题进行分析。

1. 地方法院内部控权机制的个案考察

我们在C法院调研期间,选择了一个较为典型的案件并以一个观察者的身份对其裁判过程全程参与,通过对这一案件裁判形成过程的考察,能够对我国基层法院刑事裁判是如何形成的以及法院内部如何控制刑事裁判权有一个较为清晰的认识。下面详细介绍该案的裁判形成过程。

(1)一审裁判的形成

这一案例就是我们前文列出的案例一,即C检察院指控被告人林某某犯诈骗罪,[115]被告人林某某及其辩护人对此均予以否认。[116] 在第一次开庭以后,承办法官便觉得本案案情复杂,证据之间有诸多矛盾之处,主要存在以下两个问题:①借条是被告人林某某于案发当时出具的,被害人朱某将50万元交给被告人林某某的当天没有索要借条,从案卷材料来看,被告人和被害人在2007年9月刚刚认识不久,被害人将50万元交给被告人而没有索取收条不合常情;②证人陈某某的证言证实被告人没有作案时间。为慎重起见,承办法官决定再次开庭,在第二次开庭之前,辩护人申请证人陈某某出庭,同时申请法官调取证据,即被告人林某某在公安机关所做的辩解,被告人林某某在Y市C区、厦门、福州等地的乘机记录以及被告人林某某、被害人朱某在2007年7、8月的手机通话清单。对于辩护人调取证据的申请,承办法官让公

---

[115] C检察院指控,被告人林某某于2007年7月至9月期间,冒充厦门市国安局工作人员身份,以帮忙借款500万元及须先付50万元作为前期利息和手续费为由,在C区S酒店茶楼内骗取被害人朱某现金人民币50万元后逃跑。2008年1月18日被害人朱某将被告人林某某扭送至公安机关。公诉机关认为,被告人林某某的行为已构成了诈骗罪。

[116] 被告人林某某对C检察院指控其犯诈骗罪予以否认,辩称其与朱某是2007年9月上半月才认识,并未向朱某出示证件说明自己是国安局的工作人员,因与朱某洽谈的合作项目未成,朱某要其支付码头费、交通费以及公关费50万元等,其和朱某认识后并没有逃逸,而是一直保持电话联系。2007年9月下旬自己一直在厦门,没有到过C区。自己在公安机关受到了刑讯逼供因而作出了不实供述,被迫承认自己骗了朱某的钱。其辩护人刘某某认为公诉机关指控被告人林某某犯诈骗罪的罪名不能成立。其理由如下:(1)辩护人举示的林某某移动电话通话清单和证人陈某某的证言,能够证实林某某在2007年9月下旬没有到过C区,不可能在C区S酒店骗取被害人50万元;(2)被告人林某某的供述前后矛盾,其在预审阶段的辩解已推翻以前的有罪供述,与其庭审中的无罪辩解基本一致,结合辩护人举示的移动电话通话清单等其他证据,不应采信被告人林某某的有罪供述;被害人朱某的陈述、证人韦某、刘某的证言等主要证据亦存在诸多前后不一、相互矛盾之处,亦不能作为认定事实的依据。

诉人补充侦查,但公诉人则称无法查找,此后,承办法官没有再提此事。第二次开庭时,证人陈某某出庭,并用非常肯定的语气证明案发当日被告人在厦门和家人、朋友一起吃饭,根本没有作案的时间。此后,案件的审理陷入僵局,被告人拒不认罪,承办法官迟迟不能下判,案件以公诉机关需要补充侦查为由一再拖延。最终,在被告人家属不断催促判决的情况下,承办法官将案件提交院庭长讨论。[117] 部分讨论笔录如下:

D法官:介绍案情,本案存在截然不同的证据。

G副院长:针对诈骗50万元的起诉事实,你认为缺乏充分的证据?不在场的证据有哪些?

D法官:林某某的手机通话清单,证人陈某某的证言。

G副院长:控方是如何答辩的?

D法官:控方认为通话清单不能证明案发时林某某一定在厦门,证人作证后马上离开重庆,控方对其证言的真实性有疑问。

G副院长:承办人意见?

D法官:通话清单确实证明不了案发当时林某某就一定在厦门,但有证人证言的补充,具有一定的合理性,我的意见是不采信诈骗50万元的事实,以招摇撞骗罪定罪处罚。定诈骗50万元疑点过多,存在很多矛盾。

G副院长:两方的证据存在矛盾,需要比较哪方的证明力大些。

M庭长:此案不着急定结论,需细细斟酌。

G副院长:应支持检方指控,证据已能形成锁链,有被告人供述,证人证言及受害人陈述,案外人的证词与其他证据相印证。辩方只举示一个人的证言,系孤证,通话清单根本不能证明被告人案发时在何处。另外,控方出具的证人证言系侦查机关依法获得的,具有较大的可信性,辩方的证人因与被告人系朋友关系,其证言的真实性不是很高。

---

[117] 院庭长讨论案件机制是司法实践中存在的一种重要的案件决策方式,参见王彪:《基层法院院庭长讨论案件机制研究》,载《中国刑事法杂志》2011年第10期,第68~73页。

M庭长：倾向采信控方证据。可以让公诉机关补充证据，若证据补充不到位，则将就现有证据判处。

G副院长：罪名成立，刑期就按诈骗50万元判处，有期徒刑11年，罚金10万元。

M庭长：同意。

D法官：同意。

经过院庭长讨论后，承办法官在院庭长讨论所定基调的基础上拟写了判决书，并将判决书稿交庭长审批，庭长审批后，承办法官将其作出的以下判决发出：

C法院经审理查明：被告人林某某于2007年7月结识被害人朱某后，冒充厦门市国家安全局工作人员身份，谎称可以为被害人朱某融资500万元。同年9月下旬，被告人林某某向被害人朱某虚构已同康某某订立借款协议并已代为垫付前期利息、手续费，首笔250万元将在1周内到账，余款将于1个月内到账等事实，在C区S酒店茶楼，骗得被害人朱某支付的50万元。被害人朱某发现被骗后，于2008年1月18日将被告人林某某扭送公安机关。

C法院认为：被告人林某某以非法占有为目的，采取冒充国家机关工作人员，并虚构事实的手段，骗取他人钱财，数额达50万元，其行为已构成诈骗罪，且数额特别巨大，判决被告人林某某犯诈骗罪，判处有期徒刑十一年，并处罚金10万元；被告人林某某应于判决发生法律效力之日起十日内，向被害人朱某退赔违法所得款50万元。

(2)二审发回重审

一审判决后，被告人林某某提出上诉，Y市中级人民法院在开庭审理的基础上，认为原审判决认定林某某诈骗朱某人民币50万元的事实不清，证据不足，遂将案件发回C法院重新审判。[118] 但鉴于发回重审对C法院的考核会产生一定的影响，因此，为慎重起见，在二审发回重审之前，中院相关人员还专门听取了C法院院庭长及承办法官的意见，记录如下：

---

[118] 实践中，二审法官在遇到证据不足的疑罪案件时，一般不会径直改判，而是发回重审。参见王超：《虚置的程序——对刑事二审功能的实践分析》，载《中外法学》2007年第2期；汪海燕：《论刑事程序倒流》，载《法学研究》2008年第5期，第136页。

中院H庭长：林某某案，邀请各位来交换意见。经审查案卷，并列席研究，发现本案证据间存在重大矛盾，合议庭一致认为事实不清，证据不确实充分，在二审判决前，邀请各位来交换意见。

中院Q法官：本案存在十几处疑点，如被害人朱某的陈述前后有明显矛盾，50万元的借款没有借条等。

M庭长：本案研究时，被害人陈述、证人证言以及被告人供述能形成锁链，可疑之处经补充证据无法核实，证人出庭后不愿再次出庭，基于以上情况，没有采信辩方证据。

中院H庭长：本案连被告人有无作案时间都不清楚，被害人朱某的多次陈述间有矛盾且无合理解释，均能让人产生合理怀疑。

G副院长：本案我们回去再研究，与公诉机关、公安机关沟通意见，必要时对相关证据进行核实，尽量客观收集再行汇报，如何？

中院H庭长：可以。

但C法院后来没有也无法对相关证据进行核实，最终二审法院将该案发回重审，在发回重审的同时还附了一个函，认为：①原判认定上诉人林某某诈骗朱某人民币50万元的证据不足；②原审查明被告人林某某冒充国家机关工作人员，于2007年11月6日，骗取朱某人民币868元；同年11月15日，骗取朱某人民币888元的犯罪事实，是否成立，请认真审查。

(3)重审裁判的形成

在重审过程中，法院与检察院进行了沟通，并将中院的意见转达给检察院。于是，检察院又增加了新的指控：

我院于2008年6月24日向你院提起公诉的被告人林某某诈骗一案，经我院进一步审查发现，被告人林某某有遗漏犯罪事实，现补充如下：被告人林某某于2007年11月6日和同月15日，冒充厦门市国家安全局工作人员身份，以可以帮助被害人朱某融资为由，以融资人康某的朋友陈某病危和去世为名，骗得被害人朱某1756元。

在重审过程中，辩护人提出了新的辩护意见：

公诉机关指控被告人林某某诈骗50万元的事实不清，证据不足，对指控的诈骗1756元没有异议，但认为数额达不到“较大”标准，因此，被告人的行为不构成犯罪，同时，被告人的行为也不构成招摇撞骗罪，因为被告人诈骗1756元与被告人冒充的身份关系不大。

为了吸取上次的教训,在重审判决作出前,C法院多次向Y市中级人民法院刑二庭请示汇报。汇报记录如下:

E法官(重审承办法官):本案一审定诈骗,二审以证据不足发回重审,并建议定招摇撞骗罪。辩护人提出被告人的行为是一般的诈骗,其骗取被害人朱某1756元与冒充国家机关工作人员的身份关系不大,如果是一般的诈骗行为,诈骗金额没有达到较大标准,被告人的行为不构成犯罪。目前有两种意见,一是定诈骗罪,金额为50万元加上1756元;二是定招摇撞骗罪。

中院H庭长:检察院起诉的罪名是什么?

E法官:还是诈骗罪,但没有新的证据举示。

中院H庭长:仅有原来的证据,证据之间存在诸多矛盾,诈骗50万元这一笔不能认定,补充起诉这笔能够认定,被告人的国安局工作人员身份让人轻信,可以定招摇撞骗罪。

G副院长:金额只有1756元,如何量刑?

中院H庭长:比到判,关多久就判多久。

E法官:那就判二年三个月。

结果,C法院以招摇撞骗罪判处被告人林某某有期徒刑二年零三个月。宣判后,被告人林某某没有上诉,检察院亦没有抗诉,案件已经生效。

(4)事后的责任追究

该案被上级法院发回重审使C法院在年终绩效考核中被扣了分。为此,C法院审判管理办公室要求承办法官撰写申辩意见书,即分析该案被发回重审的原因并且进行一定程度上的自我辩解,分析自己在案件办理过程中有无不当之处。由于在审理过程中,D法官曾将该案提交法院内部的院庭长进行讨论,符合法院内部的相关规定。故对承办法官没有采取任何"明显的"惩罚措施。

2. 考察地方法院内部控权机制的两个视角

长期以来,我国法院内部都有一套独特的控制刑事裁判权的方法,即对裁判过程有严格的流程监控以及对裁判结果有细密的考核指标,对裁判过程的流程监控可以称为对刑事裁判权的过程控制,通过细密的考核指标对裁判结果的控制可以称为对刑事裁判权的结果控制。那么,对刑事裁判权的过程控制和结果控制是如何运作的呢?

(1)对刑事裁判权的过程控制

对刑事裁判权的过程控制,主要通过讨论案件、审批案件等方式实现的。通过讨论案件或者审批案件,对刑事裁判的过程进行监控,基本的方式有两种,即庭长审批案件和讨论决策案件。

就院庭长讨论案件机制来说,以是否有明确的内部要求为标准,可以将司法实践中的院庭长讨论案件分为两类,即法院内部有明确要求的"法定讨论型",以及法院内部没有要求,承办法官觉得"不踏实"等原因主动要求讨论的"裁量讨论型"。讨论的内容包括案件的事实认定、法律适用以及案外因素对案件处理的影响。具体流程如下:案件分到承办法官处,承办法官经过庭前阅卷、开庭以及庭后阅卷,如果发现承办的案件属于这几类,将向庭长汇报,由庭长负责联系分管副院长,然后确定讨论案件的时间。讨论案件一般在分管副院长办公室进行,首先由承办法官将查明的案件事实以及现有的证据归纳一下,然后说明本案中需要讨论的问题。分管副院长对一些不清楚的情节或认为比较重要的方面会进一步地追问承办法官,待承办法官将案件事实叙述清楚后,分管副院长会问庭长的看法,然后再给出自己的观点。一般来说,讨论案件时最终会以院长的意见为准。

当然,并不是每个案件都需要院庭长进行讨论,且有些法官基于各种考虑也可能最终没有将案件提交讨论。此时,司法实践中长期存在的院庭长审批案件机制起了重要的作用。院长、庭长审批案件制度,是指在法院审理案件过程中,院长、庭长对合议庭评议案件的结论或意见进行审查、核定和监督。[119] 院庭长审批案件的做法,在我国法律中没有明确规定,但实践中却一直遵循这一惯例。在1979年《人民法院组织法》和《刑事诉讼法》对法院内部审判组织及其权限作出具体规定后,实务界对院长、庭长审批案件制度是否符合法律规定的问题进行了激烈的探讨。有法官认为应该废除院

[119] 李红辉:《反思与出路:改革院庭长审批案件制度》,载《求索》2012年第6期,第228页。

庭长审批案件制度，[120]有法官则认为应该坚持院庭长审批案件制度，[121]还有法官持折中意见。[122] 第一篇讨论院庭长讨论案件制度的文章还发表在《人民司法》上，[123]结果，该文作者的同事，北京二中院法官孙常立也在《人民司法》上发文，认为院庭长审批案件既是法律所允许的，也是实际工作所需要的，应当继续执行。[124] 最终，《人民司法》1981 年第 6 期发表社论，从历史、法律和现实三个角度论述院、庭长审批案件不应该取消，但需要进一步予以完善。[125] 此外，在同一杂志上，还刊登了著名法学教授徐益初的关于院庭长审批案件和司法独立的文章，[126]并刊登了《最高人民法院审批案件的办法（试行）》，共有 6 个条文，对院长和庭长的审批范围和权限作了规范。紧随其后，各地法院纷纷制定有关案件审批制度的内部规章制度。[127] 此后，仍不时有法官撰文呼吁改革或者废除院庭长审批案件制度。如有高级法院院长撰文呼吁改革院庭长案件审批制度，逐步下放案件审批权限。[128] 还有法官认为，案件审批制度是传统审判管理的核心制度。案件审批制度存在诸多法理缺陷和实践弊端，应该废除院庭长的案件审批权限，但赋予院长、庭长提请复议权，发挥其管理

---

[120] 第一篇讨论院庭长审批案件制度的论文发表于 1980 年年初，作者为北京市第二中级人民法院法官。该文认为，院庭长审批案件制度没有法律依据，有诸多弊端。参见刘春茂：《对法院院长、庭长审批案件制度的探讨》，载《法学杂志》1980 年第 2 期，第 34 ~ 36 页。该文发表后，许多其他法院的法官纷纷撰文支持该作者的观点。参见冯建：《法院院长、庭长审批案件制度违反集体领导原则》，载《法学杂志》1981 年第 1 期，第 26 ~ 27 页；向诚权：《关键在于提高审判人员的质量》，载《法学杂志》1981 年第 1 期，第 27 ~ 28 页；凌云志：《保证合议庭依法行使职权》，载《法学杂志》1981 年第 1 期，第 28 页；罗德银：《院长批案不可续》，载《法学杂志》1981 年第 2 期，第 37 ~ 38 页。

[121] 有趣的是，上述支持刘春茂的作者均为其他地方法院的法官，而北京高院和北京二中院的法官则均认为院庭长讨论案件没有违法，应当予以坚持。参见文实：《人民法院院长、庭长审批案件并不违法》，载《法学杂志》1981 年第 2 期，第 39 ~ 40 页；孙常立：《法院院、庭长审批案件是完全合法的》，载《法学杂志》1981 年第 3 期，第 44 ~ 45 页。

[122] 该法官认为，要杜绝“先批后审”，审理后，独任法官或者合议庭提出判决意见，仍应报庭长或院长审查签发，但庭长、院长要尊重独任法官或者合议庭的意见，需要改变判决的，需要与独任法官或者合议庭商量，独任法官或者合议庭不同意改变的，院长要提交审判委员会讨论。参见贺伦麒：《对院、庭长审批案件制度的看法和意见》，载《法学杂志》1981 年第 3 期，第 47 页。

[123] 刘春茂：《对法院院长、庭长个人审批案件问题的探讨》，载《人民司法》1980 年第 12 期，第 29 ~ 30 页。

[124] 孙常立：《法院院、庭长审批案件的制度不能取消》，载《人民司法》1981 年第 4 期，第 12 ~ 13 页。

[125] 社论：《关于院、庭长审批案件问题的探讨》，载《人民司法》1981 年第 6 期，第 2 ~ 6 页。

[126] 徐教授认为，我国的审判独立有其特殊性，院长审批案件与审判独立不矛盾，但要制定必要的领导审核案件的办法，改进目前实行的院长审批案件的做法。参见徐益初：《法院院长审批案件与审判独立》，载《人民司法》1981 年第 6 期，第 6 ~ 8 页。

[127] 张丕穆：《人民法院案件审批制度研究》，湘潭大学 2013 年硕士学位论文，第 8 ~ 10 页。

[128] 王永臣：《人民法院案件审批制度需改革》，载《人民司法》1988 年第 11 期，第 9 ~ 11 页。

和监督作用。[129] 有些法院甚至还尝试将案件的“审批权力下放”，据法官介绍，深圳中院在1994年就已经将部分案件的“审批权力下放”。[130] 就规范性文件来说，《人民法院第一个五年改革纲要（1999—2003）》第18条明确规定：审判长和独任审判员依审判职责签发裁判文书。2010年颁布的《最高人民法院关于进一步加强合议庭职责的若干规定》第7条则规定，特定类型的案件可以由审判长提请院长或者庭长决定组织相关审判人员共同讨论，合议庭成员应当参加。但是，上述案件的讨论意见供合议庭参考，不影响合议庭依法作出裁判。综上所述，尽管有理论上的反对，规范性文件也提出要“充分发挥合议庭的职能作用”，但司法实践中院庭长审批案件制度仍然照常运行。

上述情形，正如有学者所言，司法实践中存在大量的层级汇报研究和签发制度，看似是上位法官对办案法官意见的审查和批准，实则是一种案件审批行为，这和无处不在的行政审批没有本质区别，并由此产生了审判中的行政化现象。[131] 然而，审判权力运行的行政化也无法保证所有的法官都会听从领导的指示，现实中确实存在一些“不听话”“有个性”的法官。此时，审判委员会讨论案件制度作为一种合法手段，将发挥着重要的作用。在个别情况下，承办法官也会坚持原则，不同意院庭长的意见，此时，院长往往会提请召开审判委员会讨论相关问题。根据2010年发布的《最高人民法院关于改革和完善人民法院审判委员会制度的实施意见》第11条第2款的规定，合议庭没有建议提请审判委员会讨论的案件，院长、主管副院长或者庭长认为有必要的，得提请审判委员会讨论。众所周知，审判委员会讨论的结果，合议庭必须无条件地接受。

然而，基于案内外各种复杂因素的考虑，一些案件在一审法院内部往往得不出明确的结论。此时，一审法院往往会求助于二审法院。根据规定，下级法院要接受上级“业务部门的指导和监督”。[132] 那么，上级法院如何指导下级法院呢？实践中存在的案件请示制度[133]是一个重要的方式。在我国，立法

---

[129] 张民：《按照司法规律改革案件审批制度》，载《人民司法》1999年第10期，第26～27页。

[130] 周晓笛：《还审判权于合议庭——废除案件审批制度的思考》，载《法律适用》1999年第9期，第35页。

[131] 李秀霞：《三权分离：完善司法权运行机制的途径》，载《法学》2014年第4期，第51～52页。

[132] 侯猛：《政法传统中的民主集中制》，载《法商研究》2011年第1期，第124页。

[133] 所谓案件请示制度，是指下级法院在案件审理过程中，就案件的实体处理或程序问题以口头或书面形式向上级法院请示，上级法院予以答复的制度。

上对于案件请示制度并无明文规定，但这一制度在实践中由来已久，并已固化为法院的一种办案方式和审判惯例。[134] 有法官认为，为避免案件在二审被改判或发回重审，或者是为了应对各种压力将矛盾上交，司法实践中，报送请示的案件数逐年上升，已经超过最高人民法院两个通知中规定的范围。案件请示制度既是违法的，又具有现实危害性，应当予以废止。[135] 有学者也持类似观点。[136] 在2009年"两会"期间，全国人大代表、衢州市人大副主任汪慧芳甚至提出了"取消法院内部案件请示"的议案。[137]

面对批评，最高人民法院《二五改革纲要（2004—2008）》第12条明确提出，要"改革下级人民法院就法律适用疑难问题向上级人民法院请示的做法"。国家法官学院主办的刊物《法律适用》曾特别策划专题讨论"案件请示的诉讼化"问题。其中，浙江金华法官调研发现，尽管法官们拥护浙江省高级人民法院"三项承诺"中关于限制请示、最终取消案件请示的政策，但对于当下的案件请示基本上都持保留和支持态度。案件请示在当下仍有存在的基础。[138] 最高人民法院法官认为，根据1995年最高人民法院发布的《关于报送刑事请示案件的范围和应注意事项的通知》，报送请示案件只能是事实清楚适用法律不明的案件，且内部请示需要遵循严格的程序，但实践中存在很多以"沟通""讨论""交换意见"为名的非正式的案件请示。对正式的案件请示和非正式的案件请示都应当进行改造。[139] 湖北省襄樊市中级人民法院的法官

---

[134] 苏力：《送法下乡：中国基层司法制度研究》，中国政法大学出版社2000年版，第74页。有法官认为，案件请示制度的存在可能有三个方面的原因：第一，共产党对审判工作的领导是案件请示制度形成的历史渊源。第二，最高人民法院于1986年3月24日和1990年8月16日下发了《关于报送请示案件应注意的问题的通知》和《补充通知》，对案件请示加以规范，使之制度化。第三，随着目标管理责任制、错案追究责任制的推广落实，下级法院一审案件的改判、发回重审的比率是衡量其办案质量的重要参数。对下级法院及审判人员而言，案件进入二审程序后能否被维持，意义重大。因此下级法院对较疑难的案件，为稳妥起见，积极报送请示。该法官还认为，案件请示制度具有一定的积极意义，但存在9个方面的问题。参见张庆国：《关于法院案件请示的若干思考》，载《云南法学》1998年第4期，第76～79页。

[135] 李华：《案件报送请示制度剖析》，载《法学》1997年第2期，第40～41页。

[136] 徐纯科：《评刑事诉讼中的"疑难案件请示"》，载《中外法学》1989年第3期；谭世贵：《案件请示制度：是否还有出路？》，载《中国律师》1998年第9期，第58～59页。

[137] 赵蕾：《下级法院上访显露弊端　取消案件请示呼声再起》，载《南方周末》2009年5月21日。转引自庞景玉、何志：《浅议案件请示的改革路径》，载《人民司法》2010年第15期，第104页。

[138] 徐建新、毛建青、吴翠丹：《案件请示制度的问题与实践分析》，载《法律适用》2007年第8期，第8～11页。

[139] 蒋惠岭：《论案件请示之诉讼化改造》，载《法律适用》2007年第8期，第2～5页。

则主张将疑难案件移送上级法院管辖。[140]

尽管有各种规定来规范案件请示制度,[141]改革案件请示的主张时有出现,反对案件请示的声音也不绝于耳,但案件请示制度一直以正式或不正式的方式运行着。司法实践中,下级法院遇到疑难问题往往会请示上级法院。其具体做法分为三种,一种是较为随意的沟通,在法院内部院庭长讨论案件时,如果院庭长遇到拿不准的小问题,往往会通过电话的方式与上级法院沟通,在得到明确答复后再决定如何处理;另一种则是较为正式的讨论,在遇到较为复杂的案件时,为了避免改判或者发回重审对基层法院的考核造成不利影响,院庭长会联系上级法院的对口部门,然后与承办法官一起去上级法院对口部门汇报讨论案件;最后是正式的请示与答复,即一审法院以书面方式向上级法院请示,上级法院以书面方式答复。相对来说,前两种非正式的请示较多,最后一种正式的请示实践中并不多见。一般来说,下级法院向上级法院请示的原因有两个:一是下级法院为了在考核中获得较好成绩;二是下级法院将矛盾上交,或者借上级法院抵御各种干涉。[142]

(2)对刑事裁判权的结果控制

通过对刑事裁判形成过程的控制,可以在一定程度上防止权力滥用、预防司法腐败,但由于刑事裁判过程中必然会存在的自由裁量权,[143]仅仅对刑事裁判形成过程进行控制还不足以杜绝权力的滥用与司法的腐败。同时,我国刑事诉讼对实质真实的强烈追求、民众对实体正义的迫切需要以及独特的被害人反应机制,使我们必须对刑事裁判的结果进行控制。

对刑事裁判的结果控制可以分为两个阶段。20 世纪 90 年代初,为了加强对法官的监督与管理,确保办案质量,最高人民法院在 1992 年 2 月召开的全国法院纪检监察工作座谈会上提出要实行错案追究制,一些法院响应此号

---

[140] 霍焰:《疑难案件移送上级法院管辖中的问题——以案件请示制度之诉讼化改造为背景》,载《法律适用》2007 年第 8 期,第 5 ~ 7 页。

[141] 具体的梳理,参见佚名:《案件请示做法的由来》,载《法制资讯》2009 年第 5 期,第 56 ~ 57 页。

[142] 陈瑞华:《为中国"案件请示"把脉》,载《法制资讯》2009 年第 5 期,第 3 ~ 10 页;毋爱斌、王聪:《司法权独立行使的审级保障——以案件请示制度为切入点》,载《云南大学学报》(法学版)2014 年第 2 期,第 84 ~ 85 页。

[143] 法官的自由裁量权可以分为规则自由裁量权和事实自由裁量权,参见艾佳慧:《社会变迁中的法院人事管理——一种信息和知识的视角》,北京大学 2008 年博士学位论文,第 165 页;关于定罪与量刑中存在的裁量权,参见周长军等:《刑事裁量权规制的实证研究》,中国法制出版社 2011 年版,第 122 ~ 261 页。

召进行试点，1998年8月，最高人民法院制定了《人民法院审判人员违法审判责任追究办法（试行）》，将错案追究制作为一项正式制度确立下来。然而，由于错案概念本身的模糊性以及错案追究的不合理性，“错案追究制”受到了众多学者的批评，[144]随后在司法实践中逐渐被淡化。目前对刑事裁判的结果控制主要通过上诉率、发改率（发回重审和改判的案件数除以全部案件数）、刑事附带民事诉讼的调撤率（附带民事部分通过调解和撤诉结案的案件数除以所有刑事附带民事案件数）等细密的考核指标来实现对裁判结果的控制，[145]其中最主要的考核指标是发改率，因为在制度设计者看来，案件被改判或发回重审就意味着原判在事实认定或法律适用方面存在重大的瑕疵。

根据控制对象的不同，对刑事裁判权的结果控制具体可以分为两种，即上级法院对辖区基层法院的考核和基层法院对其内部法官的考核。上级法院对辖区中基层法院进行考核后对考核对象给予一定的奖惩，如对辖区中基层法院的审判质效（审判的质量和效率）进行排序，对名列前茅者给予一定的奖励，如评选优秀中基层法院，对排名在后者给予一定的惩罚，如通报批评、领导谈话等。上级法院下达的考核指标最终需要中基层法院的一线法官来完成，因此，中基层法院对其法官也进行一定的指标考核，考核的内容与上级法院对中基层法院的考核大同小异。中基层法院在对法官进行指标考核后，对本院法官也给予一定的奖惩，如年终奖金、评选评优、升迁或者岗位调整等。

以上就是法院内部控制刑事裁判权的基本方法，也是刑事裁判权运行的基本方式，具体到本文所引用的案例，D法官在审理过程中发现该案存在诸多疑点，于是将案件提交讨论，经过法院内部的讨论后形成了裁判结论，在被告人上诉后，该案被Y市中级人民法院发回重审。在重审的过程中，C法院又将该案提交Y市中级法院刑二庭讨论，最后以招摇撞骗罪对被告人判处

---

[144] 王晨光：《法律运行中的不确定性与“错案追究制”的误区》，载《法学》1997年第3期，第3～10页；李建明：《错案追究中的形而上学错误》，载《法学研究》2000年第3期，第87～94页。

[145] 我国刑事司法一贯重视对各种数字和指标的追求，参见黄维智：《刑事司法中的潜规则与显规则》，中国检察出版社2007年版，第2～4页。从20世纪末开始逐渐兴起的审判管理则将这种传统制度化，参见胡夏冰：《审判管理制度改革：回顾与展望》，载《法律适用》2008年第10期，第11～16页；最近几年来，审判管理则有逐渐升温的趋势，参见龙宗智：《审判管理：功效、局限及界限把握》，载《法学研究》2011年第4期，第21～25页。

与羁押期限基本等同的刑期。该案在一审宣判后，二审将该案发回重审，使得C法院在年终考核时被扣了分，为此，需要有人承担责任，但问题在于承办法官D的意见与二审法院的意见一致，故无法对其惩罚，由于G副院长的不当意见，该案一审以诈骗罪定罪，但G副院长作为法院绩效考核领导小组成员之一，其本身属于考核主体而非考核对象，故也无法对其惩罚。但C法院的院长在年底对来年工作进行安排时，对G副院长的分工进行调整，其不再主管刑庭。

事实上，由于不同地区法官素质、案件数量以及司法传统等有所不同，不同地方法院内部控制刑事裁判权的方法也会有所不同。根据有些学者的实证研究，由于裁判权配置规则的“地方化”，导致法官角色出现地方性差异，呈现“裁判者”“传声筒”和“木偶人”等三种截然不同的面孔。[146] 根据这一学者的研究，刑事裁判权的内部运行模式在各地也是不同的。其中，对抗/判定模式中，法官独立性得以大幅提升，行政领导和外部力量对法官意志的影响得到较好抑制。然而，对抗/判定模式的形成得益于法院存在的一些特殊条件，一旦这些条件发生变化，这一模式可能难以继续存在。[147] 因此，本文所述的法院内部控制刑事裁判权的方法具有一定的普遍性，只不过这一方法在不同地区可能会有不同的表现形式。

3. 地方法院内部控权模式的形成原因

按照西方的法治理论，司法独立包括法院的整体独立和法官的个体独立，司法活动的独特性决定了亲历性是司法权的基本特征之一，所谓“司法权的亲历性就是要求法官在取舍证据、认定案件事实并适用法律作出裁决之前，必须亲自经历庭审的全过程。”[148]如果按照西方的理论，我们便无法理解法院内部为控制刑事裁判权所采取的上述方法。那么，我们应该在怎样的宏观背景与具体制度语境下去理解法院内部刑事审判权的运行模式呢？

---

[146] 兰荣杰：《诉讼规则“地方化”实证研究——以裁判权配置为视角》，载《法制与社会发展》2008年第2期，第15页；进一步的讨论，参见兰荣杰：《刑事判决是如何形成的？——基于三个基层法院的实证研究》，北京大学出版社2013年版，第26～182页。

[147] 兰荣杰：《刑事判决是如何形成的？——基于三个基层法院的实证研究》，北京大学出版社2013年版，第72～88页。

[148] 张泽涛：《司法权专业化研究》，法律出版社2009年版，第33页。

(1)地方法院内部控权模式的制度逻辑

事实上,法院内部控制刑事裁判权的方法之所以能够长期运行,是因为刑事审判的宏观背景和具体制度为这种控权模式的运行提供了可能,而司法腐败等因素的存在,则说明这种控权模式有其存在的必要性。

在宏观背景上,需要对司法在我国的功能、司法独立的定位、司法管理的特征以及诉讼真实观作一番考察。首先是司法的功能,在我国,司法是参与社会治理的工具之一,有学者将法律的治理化称为中国法律的新传统,[149]司法机关不能就案办案,刑事审判必须为"中心工作"服务,要求司法判决达到法律效果与社会效果的统一,为此必须对裁判过程进行控制,以确保刑事司法参与社会治理功能的实现,也必须对裁判结果进行控制,以确保司法判决双重效果的实现。其次是司法独立的定位,关于司法独立的讨论,自新中国成立以来就一直断续地进行着,[150]然而,在中国,"司法是深深嵌在整个党政的运作机制之中的"。[151] 因此,"在面对所谓的司法独立主张时,必须始终保持清醒的头脑,作出清醒的认识"。[152] 司法独立在中国只能是司法机关依法独立行使职权,"是在接受党的领导和国家权力机关监督下的相对独立"。[153] 另外,司法机关除了接受党委的领导和人大的监督外,还要接受上级"业务部门的指导和监督"。[154] 所以,在这种"司法行为单位化"的语境下,[155]法官在办理案件过程中向分管院长和上级法院汇报案情并讨论相关问题便不存在任何的问题。再次是司法管理的特征,我国司法管理呈现官僚化的特征,即"普通

---

[149] 强世功:《法制与治理——国家转型中的法律》,中国政法大学出版社2003年版,第83页;在陕甘宁边区时期,司法便被赋予了"通过司法活动换得民众的满意,夺取政权"的使命,参见侯欣一:《从司法为民到人民司法——陕甘宁边区大众化司法制度研究》,中国政法大学出版社2007年版,第229页。

[150] 滕彪:《"司法独立"话语在当代中国的变迁》,载罗玉中主编:《法学纪元》(第1辑),北京大学出版社2004年版,第1~62页;张恒山主编:《共和国六十年法学论争实录(法理学卷)》,厦门大学出版社2009年版,第157~191页;卞建林主编:《共和国六十年法学论争实录(诉讼法卷)》,厦门大学出版社2009年版,第1~54页。

[151] 汪庆华:《政治中的司法:中国行政诉讼的法律社会学考察》,清华大学出版社2011年版,第16页。

[152] 沈德咏主编:《中国特色社会主义司法制度论纲》,人民法院出版社2009年版,第464页。

[153] 陈光中主编:《中国司法制度的基础理论问题研究》,经济科学出版社2010年版,第54页。

[154] 侯猛:《政法传统中的民主集中制》,载《法商研究》2011年第1期,第124页。

[155] 司法行为单位化是指在特定情况下,法官(合议庭)的审判权上交给法院集体行使,如提交审委会讨论案件、请示汇报案件以及院长出面协调案件,参见吴英姿:《法官角色与司法行为》,中国大百科全书出版社2008年版,第181页。

法官要接受庭长副庭长的领导，庭长副庭长要接受院长副院长的领导，"与此相关联的是"上下级法院关系的行政化"。[156]"法律所规定的审判制度在实际审判过程中发生了重大变形，形成了中国法院审判的实际的非正式制度"，具体表现为"审判制度和行政管理制度混同了；审判制度成了法院行政制度的附属；在一个法院内部也出现了事实上的审级制度，特别是在一些疑难、复杂和重大案件的审理上。"[157]因此，法院领导和上级法院可以通过法院内部组织结构的层级化、法官职位的等级化以及司法决策的集体化和集权化实现对司法裁判过程的控制。最后是独特的刑事诉讼真实观，[158]传统观点认为，刑事诉讼应该也能够发现案件的客观真实，也就是说对于每一个刑事案件来说，其判决都有一个标准答案可供参考，即案件的客观真实。因此，事后对案件的结果进行审查从而实现对刑事裁判权的结果控制也就有了可能。

在具体制度语境上，刑事诉讼制度的相关特征为这种控权模式提供了可能。首先是案卷笔录中心主义的裁判模式，案卷笔录中心主义是指"刑事法官普遍通过阅读检察机关移送的案卷笔录来展开庭前准备活动，对于证人证言、被害人陈述、被告人供述等言词证据，普遍通过宣读案卷笔录的方式进行法庭调查，法院在判决书中甚至普遍援引侦查人员所制作的案卷笔录，并将其作为判决的基础。"[159]这种裁判模式体现在整个刑事审判程序中，包括一审程序、二审程序、死刑复核程序以及再审程序。在刑事诉讼的全部阶段，裁判的作出主要依赖承办法官对案卷笔录的研读，因此，院庭长、上级法院在听取承办法官汇报案情的基础上对案件进行决策也就可以理解了，此时，承办法官的功能主要是客观复述其所研读的案卷笔录。其次是印证证明模式，"印证证明模式"注重证明的"外部性"而不注重"内省性"。"外部性"是指除一

---

[156] 贺卫方：《超越比利牛斯山》，法律出版社 2003 年版，第 129 ~ 131 页。

[157] 苏力：《法院的审判职能与行政管理》，载信春鹰、李林主编：《依法治国与司法改革》，社会科学文献出版社 2008 年版，第 329 页。

[158] 关于刑事诉讼真实观，参见王彪：《刑事诉讼真实观导论》，载陈兴良主编：《刑事法评论》（第 28 卷），北京大学出版社 2011 年版，第 406 ~ 436 页。

[159] 案件笔录中心主义在一审、二审和死刑复核程序中的体现，参见陈瑞华：《案卷笔录中心主义——对中国刑事审判方式的重新考察》，载《法学研究》2006 年第 5 期，第 64 页；陈瑞华：《侦查案卷裁判主义——对中国刑事第二审程序的重新考察》，载《政法论坛》2007 年第 5 期，第 101 ~ 121 页；陈瑞华：《通过行政方式实现司法正义？——对最高人民法院死刑复核程序的初步考察》，载《法商研究》2007 年第 4 期，第 111 页。

个证据外还要有其他证据,而"内省性"是指通过某一证据在事实裁判者心中留下的印象与影响。[160] 这种注重"外部性"的证明模式,重点关注证据间的相互印证,强调证据的数量,强调裁判者对证据的内心确信可以被反复检测,因此,院庭长、上级法院的案件讨论才有了可能,对案件的结果控制也才有了基础。最后是司法实践中运行的承办人负责制,[161]即对案件的审理实行承办法官负责制,承办人对自己审理的案件负责,一般来说,对于简单的案件,承办人有能力独立作出判决,但对于一些较为复杂的重大案件,承办人独立办案,不利于案情的交流,不利于从不同角度提出案件在办理过程中需要解决的问题,而在讨论案件时,主持讨论的院庭长一般都是资深的法官,能够在较短的时间内抓住案件需要解决的主要问题。

从现实必要性来看,随着民众对司法功能的期待越来越高,民众对司法的关注度也越来越高,在一定意义上可以说司法已经成为社会关注度较高的领域之一。正因如此,司法领域发生的腐败案件也就有了放大的效果,从而,民众对司法不信任并进而断言司法腐败广泛存在。[162] 在大的政治体制没有改变的情况下,在法官素质还有待进一步提高的前提下,加强对司法的监督也就有了必要性,特别是要加强法院内部对司法的监督。一方面是因为司法过程中存在的自由裁量权致使其他机关很难对司法活动进行有效监督;另一方面是法院加强对自身裁判工作的监督也是一种政治表态,是增强自身合法性的必要举措,有利于在一定程度上缓解司法的困境,减轻司法的压力,从而改善整体司法环境。

(2)法院相关参与人员的实践动因

以上从宏观背景、具体制度语境以及现实必要性上分析了法院内部加强

---

[160] 龙宗智:《印证与自由心证——我国刑事诉讼证明模式》,载《法学研究》2004年第2期,第111页。

[161] 所谓的"承办人负责制",即某个案件分给某法官承办后,关于该案的一切事宜均由承办法官处理,承办法官对该案负责。独任审判如此,合议庭审理亦不例外。C法院的合议庭均由一个承办法官和两个陪审员组成,陪审员陪而不审,学界的研究也证实这一现象的普遍存在,参见宋英辉主编:《刑事诉讼法学研究述评(1978—2008)》,北京师范大学出版社2009年版,第340~341页;刘晴辉:《中国陪审制度研究》,四川大学出版社2009年版,第216页;彭小龙:《非职业法官研究——理念、制度与实践》,北京大学出版社2012年版,第274页。

[162] 有学者用博弈论的方法分析我国司法腐败,认为"中国现实的司法环境都促使司法腐败博弈各参与人的效用函数向有利于达成贿赂交易的一边倾斜。"参见何远琼:《站在天平的两端——司法腐败的博弈分析》,载《中外法学》2007年第5期,第583页;民众对司法的期望与失望,参见王雷:《基于司法公正的司法者管理激励》,法律出版社2010年版,第1~2页。

对刑事裁判权的控制的可能性及必要性。那么，在具体的司法实践中，制度实践者是如何看待并践行这一制度的呢？

从院庭长的角度来看，一方面，院庭长面临法院绩效考核的压力，“实践中，对各级法院领导普遍适用‘一岗双责’的双重责任制度”，“根据‘一岗双责’的要求，不管是院长还是庭长，队伍建设和审判业务工作都应该‘齐抓共管’，对其工作绩效的考核当然就是全院或全庭的队伍建设质量和审判工作质量。”[163]在这种情况下，院庭长必然要通过对刑事裁判过程和结果的控制，来监控普通法官，防止其利用手中的审判权力进行寻租或者懈怠工作导致案件出现质量问题。另一方面，这是院庭长对各种“货币”和“非货币”收益的“不自觉的”追求，在对刑事裁判活动进行控制的同时，院庭长们获得了“管人的快乐”，同时也可能会有各种物质或非物质收益。

从上级法院的角度来看，上下级法院之间的案件讨论机制，即基层法院向上级法院汇报案情，并在充分讨论的基础上定下处理相关问题的基本方向，从未被正式制度所确立，但却是司法实践中长期运行的“非正式”制度。那么，这种明显会增加上级法院相关人员工作量的“非正式”制度为何能够长期运行呢？根据笔者的调研，主要原因有三：一是上级法院相关人员与基层法院的复杂关系。虽然各地法院的绩效考评制度不同，但就刑事审判而言，发改率是一个重要的考核指标，二审法官对上诉案件的改判或发回重审往往导致一审法院在考核中的不利，然而，司法实践中，基层法院与上级法院的关系较为复杂。一方面上级法院对基层法院的工作进行指导、监督；另一方面上下级法院之间的领导往往保持着较为密切的关系，基层法院在年终或者节假日会邀请上级法院的相关人员吃饭、娱乐等，俗称“做工作”，之后，原先的工作关系在一定程度上变成了个人之间的朋友关系，因此，二审法院不能随意改变基层法院的判决，[164]否则还有谁愿意与你“交朋友”，况且二审法院的相关人员偶尔也需要通过基层法院对个别案件“打招呼”。二是统一辖

---

[163] 艾佳慧：《中国法院绩效考评制度研究——“同构性”和“双轨制”的逻辑及其问题》，载《法制与社会发展》2008 年第 5 期，第 75 页。

[164] 有学者认为法院内部的考评制度和案件请示制度导致上诉审理流于形式，参见朱立恒：《刑事审级制度研究》，法律出版社 2008 年版，第 229 页；对绩效考评与案件请示做法的批评，参见廖明：《〈关于规范上下级人民法院审判业务关系的若干意见〉评析——以刑事审判业务为视角》，载张军主编：《刑事法律文件解读》（总第 79 辑），人民法院出版社 2012 年版，第 118 页。

区内的法律适用。上级法院不仅要处理基层法院上诉来的个别案件，还要在辖区内统一法律适用，如一定时期司法政策的贯彻、领导讲话精神的领会等，通过讨论案件，一方面可以解决具体案件中存在的问题；另一方面也可以传达最新政策精神（至少是领导讲话精神），从而实现在辖区内统一司法的目的。三是上级法院的默许。事实上，在上级法院内部，对于这种“非正式”的案件请示制度基本上持认可的态度，甚至个别领导还会鼓励这种上下级法院之间的沟通。鉴于汇报讨论案件已经成为一种普遍的现象，因此，上级法院的部门领导对下级法院请示的案件一般要求下级法院写出“案件讨论报告”，同时还会收集相关材料并做好讨论记录，在年底总结时这些将是部门工作成绩的一部分。

从承办法官的角度来看，如何保证法官遇到问题时将案件提交讨论呢？首先是法院内部的强制性规范的要求，如法院明确规定哪些案件必须经过讨论才能定案。一般来说，法院现行的行政管理模式决定了领导印象等因素对法官晋升的重要性，也决定了法官一般会服从管理，对于那些没有追求的法官来说，如果不听话就有可能会被调离审判岗位甚至其他偏远地区的法院，[165]因此，总体上能够保证法院内部的规定得到严格的实施。其次是规避办案风险的策略，在刑事审判中，“事实认定是适用法律的第一个步骤，但由于事实具有不可再现性，因而作为判决依据的裁判事实，只能是被‘重构’、而不是被‘发现’的。”[166]然而，这种诉诸普通人的感知、一般经验法则和裁判者的内心确信基础上“重构”的事实确有不确定性，从而可能会产生事实疑罪。[167]法官通过有限理性去认识带有不确定性的事实疑罪，必然会存在出错的可能性，而在有错必究的诉讼理念下，[168]案件随时面临被翻案的可能性，在错案追究与绩效考核的背景下，法官随时可能面临因案件被改判或发回重审带来的

---

[165] 对法官流动的分析，参见艾佳慧：《司法知识与法官流动——一种基于实证的分析》，载《法制与社会发展》2006 年第 4 期。

[166] 陈林林：《裁判的进路与方法——司法论证理论导论》，中国政法大学出版社 2007 年版，第 74 页。

[167] 关于事实认定中的疑罪的产生根据，参见董玉庭：《疑罪论》，法律出版社 2010 年版，第 115 ~ 119 页。

[168] 有错必究理念体现于整个刑事程序中，参见黄士元：《刑事再审制度的价值与构造》，中国政法大学出版社 2009 年版，第 50 页。

不利境地,因此,也就不难理解为什么法官经常主动要求讨论案件。再次是对案外因素的考虑,如抵御人情干预,特别是抵御法院内部同行的人情干预。法官在行使裁判权时经常会遇到的一个困惑是如何抵御人情干预,其中包括如何应对法院内部同行的人情干预,中国是一个人情社会,[169]法官在面临各种"说情"时很难断然拒绝,[170]此时,将案件提交讨论是一种表态,即愿意帮忙,但确实无能为力,此时讨论案件有利于法官的自我保护。案外因素还包括对案件"案结事了"要求的影响,在"涉诉信访已经成为法院工作非常重要的内容"的情况下,"全国各级法院都花费极大的精力来解决涉诉信访问题。最高人民法院如此,地方各级法院更是直接处在访民和上级党委政府的双重压力之下,以至于信访数量的多少成为衡量法院工作好坏的一个重要指标,"[171]因此,承办法官在遇到可能会引起信访的案件时,向领导汇报案情寻求帮助也就是一种本能的选择。最后是制度环境的诱导,在现行的法官内部管理模式下,法院内部通过行政管理以及各种资源的再分配来实现对法官个人行为的控制,承办法官为了表示自己对领导的服从与尊重,同时也为了规避可能发生的案件被改判或者发回重审所带来的责任追究,在遇到稍有困难的案件时便会向领导请示、汇报。

(二)地方法院内部控权机制的反思与重构

对法院内部刑事审判权运行模式的观察可以发现,地方法院内部控权机制的存在有一定的正面效果。例如,通过这一途径,具有个体性、或然性和不稳定性性质的个体司法经验被规范化和格式化,消除了个体司法经验之间可能出现的巨大落差。[172] 换句话说,这种"层级权威型"模式,通过"自下而上的请示报告"和"自上而下的贯彻执行"整合经验冲突,以普遍化的机制来确保

---

[169] 相关的分析,参见翟学伟:《人情、面子与权力的再生产》,北京大学出版社 2005 年版,第 84 ~ 87 页。

[170] 有学者认为,熟人社会存在一种人情取向的乡土逻辑,它至少包括以下四个方面:一是熟人之间的"情面原则",二是情面原则衍生的"不走极端原则",三是情面原则衍生的对待陌生人的"歧视原则",四是情面原则衍生的"乡情原则"。事实上,由于"情面原则"和"不走极端原则"的存在,法官不得不认真对待其面临的各种"说情"。关于熟人社会的论述,参见陈柏峰:《从乡村社会变迁反观熟人社会的性质》,载《江海学刊》2014 年第 4 期,第 101 页。

[171] 汪庆华:《政治中的司法:中国行政诉讼的法律社会学考察》,清华大学出版社 2011 年版,第 104 页。

[172] 李树真:《刑事证据审查判断精细化过程因素与近路》,中国人民公安大学出版社 2012 年版,第 107 页。

系统内不同层级法院行动的整体性和连贯性。[173] 然而,这种模式是否存在一定的负面效果呢？对此,需要我们予以反思。

1. 法院内部刑事审判权运行模式的反思

通过对法院内部控制刑事裁判权的方法的考察,可以发现制度设计者之所以对相关的制度进行如此的设计,其背后体现了这样的逻辑,即通过对刑事裁判过程的控制,可以有效地监控法官的裁判行为。一方面保证其不懈怠、不渎职,另一方面保证其不滥权、不寻租;通过对刑事裁判结果的控制,可以减少刑事裁判出现错误的可能性。进一步分析可以发现,该制度的更深层次的逻辑是刑事案件的裁判结果有“标准答案”,其结果是可以控制的,改判就说明承办法官的能力不行或者工作态度有问题。

然而,事实认定和法律适用问题有一个标准答案吗？关于这个问题,学界已经有较多的讨论,在此不作详述。为了控制刑事裁判权,法院内部“以严格的流程监控和考核指标约束法官,希望通过工厂化的现代管理方式提高司法审判的形式合法性,并压缩法官滥用权力的空间。”[174]那么,法院内部控制刑事裁判权的方法能够保证法官努力工作、为“官”清廉吗？客观地说,法院内部控制刑事裁判权的方法有一定的正面效果,主要体现在法律效果与社会效果两个方面。在法律效果方面,一是弥补合议庭虚置的问题。基层法院合议庭虚置是普遍现象,在绝大部分较为简单的刑事案件中,承办法官能够圆满地完成审判任务,但在一些较为疑难复杂的案件中,在庭审不充分的情况下,[175]负有真实发现义务的法官如何才能发现案件的争点,找出问题的焦点就是一个问题,在讨论案件过程中,经验丰富的院庭长的若干提示往往能够击中问题的要害,在找准问题的基础上解决问题。二是承担判决说理的功能,防止法官滥用自由裁量权。判决书不说理或说理不充分是一种客观现象,[176]一直以来不断受到学者们的批评,但至今仍未有较大的进步。在内部讨论案

---

[173] 赖波军:《司法经验整合及其抽象化问题——从私人背景步入公共领域的法官经验》,载《现代法学》2006 年第 5 期,第 138 页。

[174] 兰荣杰:《把法官当“人”看——兼论程序失灵现象及其补救》,载《法制与社会发展》2011 年第 5 期,第 5 页。

[175] 关于庭审不充分的研究,参见李昌盛:《缺乏对抗的“被告人说话式”审判——对我国“控辩式”刑事审判的实证考察》,载《现代法学》2008 年第 6 期,第 168 ~ 180 页。

[176] 胡云腾:《论裁判文书的说理》,载《法律适用》2009 年第 3 期,第 49 ~ 50 页。

件过程中，无论持何种意见，都必须要有充分的理由。因此，法院内部控制模式在一定程度上相当于在内部进行的说理论证。三是统一法律适用、保持量刑均衡的功能。对于法律问题有不同的理解属于正常现象，但一个辖区的法官如果对于同一个问题有不同的看法，从而产生不同的判决，[177]轻则影响司法权威，重则导致被告人对判决的不服。因此，一个辖区的司法有必要适度统一，量刑问题亦是如此。无论是讨论案件还是审批案件，都在一定程度上保证了法律适用的统一和量刑的适度均衡。在社会效果方面，通过法院内部控制刑事裁判权的方法可以达到贯彻最新的刑事政策，响应民众意见，积极参与社会治理，为中心工作服务等效果，如在食品、药品安全整治过程中，对量刑问题的统一把握，能够使司法判决符合刑事政策的最新要求，在一定程度上加强了法院自身的合法性，从而为法院赢得生存与发展的空间。

然而，法院内部控制刑事裁判权的方法亦存在诸多不足与弊端。首先是其效果处于不确定状态，在很大程度上受制于领导个人的业务素质。司法实践中，对领导的遵从被称为“服从”，即认同于现实的或想象中的领导期望。[178]因此，司法实践中，面临同一问题，如果领导与承办法官的意见不一致，最终的结果一般都是承办法官屈从领导的意志，如在本文的实证案例中，D法官在汇报案情后给出了两种处理意见，一种意见是认为不构成诈骗罪但构成招摇撞骗罪；另一种意见是构成诈骗罪，并明确表示自己倾向于定招摇撞骗罪，M庭长也认为此案不应匆忙下结论，应细细斟酌，然而，主管刑庭的G副院长竟然说“两方的证据矛盾，要比较哪方的证明力大些？”最后认为“控方出具的证人证言系侦查机关依法获得的，具有较大的可信性，辩方的证人因与被告人系朋友关系，其证言的真实性不是很高”，且“辩方只举示一个人的证言，系孤证”，因此应支持控方的主张。这是一种典型的办理民事案件的思维，根本没有注意到刑事诉讼中对被告人有罪的证明需要控方提供证据，且这种证明需要达到排除合理怀疑的程度，辩方对其反驳只需要形成“合理疑点”即可。同时，这也是G副院长的司法理念的体现，司法实践中，有些冤案是在司法权正当行使的情况下产生的，有学者将这种情况下产生的冤案称为

---

[177] 对该问题的实证研究，参见王彪：《论盗窃罪与诈骗罪司法认定中的问题及其克服》，载张军主编：《刑事法律文件解读》（总第81辑）2012年第3期。

[178] 吴英姿：《法官角色与司法行为》，中国大百科全书出版社2008年版，第176页。

"正当"的冤案,"宁错毋纵"就是其中的一种。[179] 其次是对刑事裁判权的结果控制与过程控制的互动消解了法院内部控权模式的整体效果。一方面,对裁判结果的控制强化了对裁判过程的控制,院庭长为了在审判质效(质量和效率)考核中取得较好的成绩,必然会加强对裁判过程的控制,表现为讨论案件时更加细致、审批法律文书时更加慎重,而承办法官为了消解结果考核对其可能产生的不利影响,也会积极配合甚至主动要求对其裁判过程进行控制。另一方面,在加强了对案件裁判过程的控制之后,"法律解释者或司法判决生产者往往不是一个'有面目的法官',而是一个'无面目的法官',是一个机构、一个组织、一群人,如合议庭、审委会、上级法院、政法委,等等,"也就是说,"他们每一个都可以成为法律的解释者,但往往哪一个都不是法律解释的最终承担者。"[180]因此,也就没有人对裁判的结果负责,也就是说,对刑事裁判的过程控制的加强消解了结果控制的效果。如在本文的实证案例中,该案被上级法院以"事实不清,证据不足"为由发回重审后,承办法官并没有承担任何责任,因为该案判决是院庭长讨论后的结果,更何况在讨论案件的过程中,承办法官提出过"定诈骗50万元疑点过多,存在很多矛盾"的观点,是分管副院长觉得可以定罪,因此,承办法官无须承担任何责任。而分管副院长是法院党组成员,是法院奖惩政策的制定者,当然无法也不会对自己进行惩罚,当然,此时也不会有人要求对其追责,最坏的结果也就是在来年的工作调整中其不再分管刑事审判工作。最后是法院内部控制刑事裁判权的方法不符合司法规律,也剥夺了辩护方的辩护权利。案件讨论的过程就是对案情以及法律适用问题进行研讨的过程,在此过程中,法院内部的领导和承办法官积极参与,上级法院的相关人员偶尔参与,由于检法"沟通"机制的存在,公诉机关的意见也会被考虑,唯一缺席的就是辩护一方。一审法院在搞定了检察机关和上级法院之后,无论案件如何判决,辩护一方都无法进行有效的抗争。

法院内部控权模式还产生了一定的附带效果。一是为相关人员进行权力寻租提供了机会。首当其冲的是法院领导,法院内部控权模式产生的最大

---

[179] 毕竟悦:《政治合法性、整体利益与个案公正》,载高鸿钧、张建伟主编:《清华法治论衡——冤狱是怎样造成的(下)》(第10辑),清华大学出版社2008年版,第117~118页。

[180] 强世功、赵晓力:《双重结构化下的法律解释——对十名中国法官的调查》,载梁治平编:《法律解释问题》,法律出版社1999年版,第237页。

的问题是谁来监督监督者，法院内部控权的结果是实质的审判权力往上集中，因此，法院领导成了矛盾的“焦点”，想要达到预期的辩护效果，只需要把法院领导搞定即可。另外，承办法官也可以通过讨论案件进而对判决结果进行“合法化包装”。[181] 也就是说法院内部控权模式预防司法腐败的效果有限，其效果在很大程度上取决于法院领导和承办法官的个人自觉程度。二是为其他权力干扰审判活动提供了制度性的渠道。法院内部控权模式虽然在一定程度上能够防止权力、金钱因素对承办法官的审判活动进行干扰，但却无法防止金钱、权力等各种因素对法院领导的影响。其中最突出的是其他权力主体对司法的干预，用通俗的话来说，当诉讼各方均知道案件裁判的最终决定者是法院领导后，一般会通过各种关系找到与法院领导地位大致平等、甚至更高的权力主体，从而达到影响司法的目的，一般情况下，法院领导很难逃脱各种权力因素的影响，能够守住底线，不被拉拢腐蚀就属不易。三是导致法官产生“做一天和尚撞一天钟”的敷衍心态，如有学者通过实证研究发现，在基层法院有很多法官抱有“完成任务”心态，该心态有三个特点，即意义丧失、一定程度的目标替代以及结果导向和过程仪式化。[182] 也就是说，“在很多情况下法官处理案件的态度与其说是解决纠纷，还不如说他们更关心的是如何‘完成任务’。”[183]确实，在一个没有严格的事前法官遴选程序，没有事中法官高薪待遇和职位保障的情况下，[184]一线法官很难说有什么个人追求，休闲、额外的货币收入等就构成了中国法官主要的效用函数。[185] 在这种情况下，法官心中没有什么值得追求、值得守护的东西，完成任务，不产生额外的麻烦就

[181] 在审委会讨论案件中也存在类似的情形，参见吴英姿：《法官角色与司法行为》，中国大百科全书出版社 2008 年版，第 183 ~ 189 页。

[182] 肖仕卫：《刑事判决是如何形成的——以 S 省 C 区法院实践为中心的考察》，中国检察出版社 2009 年版，第 56 页。

[183] 吴英姿：《法官角色与司法行为》，中国大百科全书出版社 2008 年版，第 52 页。

[184] 我国目前法官工资由地方财政支付，其待遇与其行政级别挂钩，没有体现司法机关的特殊性。而我国法院内部频繁的行政性调动使法官与法院内行政人员的身份经常互换。相关的研究，参见艾佳慧：《司法知识与法官流动———一种基于实证的分析》，载《法制与社会发展》2006 年第 4 期，第 95 ~ 112 页。事实上，法院审判人员每月有 200 元左右的法官津贴，但这些少得可怜的津贴无法将法官与一般公务人员的待遇区分开来。

[185] 有学者认为中国法官效应函数中可能包含的因素有：领导印象，避免错案，声誉，休闲，职位升迁，收入。参见艾佳慧：《中国法官最大化什么》，载苏力主编：《法律和社会科学》（第 3 卷），法律出版社 2008 年版，第 120 ~ 124 页。

是最高的追求。

最后，法院内部控权模式还存在双重悖论。“我国法院多年来实际上或者基本上是实行的首长负责制而不是法官负责制。过去是审判员负责案件事实，领导（从庭长到院长）负责判决（名曰掌握政策）。现在也是审判员审案，领导把关。”[186]这是一种带有行政性质的内部控权模式，其导致的结果是司法的独立性受损，产生了大量的带有“完成任务”心态的法官，这些法官甚至包括法院的领导在没有任何“追求”的情况下可能会选择休闲或者额外的货币收益。一方面可能导致他们对工作不积极、不热情，另一方面则可能利用权力寻租，即法官要么工作懈怠，要么贪赃枉法，甚至两者兼具。结果又会导致更加严厉的内部监督，而严厉的内部控制又会导致前述现象的发生，如此循环，此乃一大悖论。法院内部控权模式分为过程控制和结果控制，结果控制加强了过程控制，而过程控制则削弱了结果控制的效果，如此循环，此乃又一大悖论。

2. 地方法院内部控权模式的重构

法院内部控制刑事审判权的问题，主要涉及独任法官或合议庭与院庭长、审判委员会的权限划分问题。对此，可以从三个角度分析。

首先是独任法官或者合议庭与审判委员会的关系，在相关立法没有改变的情况下，审判委员会仍是刑事审判权的法定行使主体。当然，审判委员会讨论案件也存在一定的弊端，需要进行一定的改造。一方面，需要限制审判委员会讨论案件的问题类型，即审判委员会不得讨论事实认定问题，只能讨论法律适用问题；另一方面，考虑建立专业化的审判委员会。目前，很多地方已建立刑事专业委员会，审判委员会的专业化有利于凝聚共识，有利于确保问题得到实质性的讨论。

其次是独任法官或者合议庭与院庭长的关系，主要涉及院庭长讨论案件与审批案件的问题。2013 年 11 月 12 日，党的十八届三中全会作出的《中共中央关于全面深化改革若干重大问题的决定》（以下简称《全面深化改革的决定》），明确提出推进法治中国建设。其中，既明确提到了确保依法独立公正行使审判权，具体包括省级以下法院人财物统一管理、法官统一招录与法

---

[186] 王怀安：《关于法院体制改革的初探》，载信春鹰、李林主编：《依法治国与司法改革》，社会科学文献出版社 2008 年版，第 314 ~ 315 页。

院人员的分类管理以及法官的职业保障等问题；也明确提出健全司法权运行机制，具体包括优化司法职权配置、完善主审法官和合议庭办案责任制、规范上下级法院关系以及推进审判公开、加强裁判文书说理等措施。在这一背景下，我们认为，法院内部的案件讨论机制有存在的必要，但形成的结论只能是建议性的，不具有强制力。在明确了独任法官或合议庭的权责后，随着司法责任制的推行，院庭长审批裁判文书制度应当取消。

最后是上下级法院之间的关系，主要涉及案件请示的问题。我们认为，案件请示制度不符合法理，在事实上取消了审级制度，从长远来看，案件请示制度应当取消。[187] 当前，应当严格限制案件请示的范围，即仅限于重大法律疑难问题。最高人民法院于 2010 年 12 月 28 日下发的《关于规范上下级人民法院审判业务关系的若干意见》（以下简称《意见》）第 2 条规定：各级人民法院在法律规定范围内履行各自职责，依法独立行使审判权。在各级法院均独立行使审判权的情况下，上级法院如何指导下级法院呢？《意见》对此也有所规定，即主要是通过审理案件，组织法官培训等方式进行。[188] 当然，法院层级不同，其指导下级法院的方式也应当有所不同。

（三）地方检察院的内部控权机制

与法院一样，检察机关内部也有一套程序性规定对检察权的行使进行内部控制，具体也包括对检察权行使的过程控制和结果控制。所谓过程控制是指对检察权的行使过程进行内部监控，例如，承办检察官在进行审查起诉时，在作出起诉或者不起诉的决定时，需要由部门负责人和检察长进行逐级审批，审批的过程也就是对承办检察官行使的检察权进行内部控制的过程。所谓结果控制是指检察机关存在的绩效考评机制和一系列考核指标，即通过考核指标来对检察权行使的结果进行考评。关于检察绩效考评的研究已经很多，本文拟对检察权行使的过程控制进行研究。

---

[187] 关于案件请示的存废之争，参见杜豫苏：《上下级法院审判业务关系研究》，北京大学出版社 2015 年版，第 86～104 页。

[188] 第 8 条：最高人民法院通过审理案件、制定司法解释或者规范性文件、发布指导性案例、召开审判业务会议、组织法官培训等形式，对地方各级人民法院和专门人民法院的审判业务工作进行指导。第 9 条：高级人民法院通过审理案件、制定审判业务文件、发布参考性案例、召开审判业务会议、组织法官培训等形式，对辖区内各级人民法院和专门人民法院的审判业务工作进行指导。第 10 条：中级人民法院通过审理案件、总结审判经验、组织法官培训等形式，对基层人民法院的审判业务工作进行指导。

根据1999年最高人民检察院发布的《人民检察院刑事诉讼规则》第4条的规定，人民检察院办理刑事案件，由检察人员承办，办案部门负责人审核，检察长或者检察委员会决定。2012年《人民检察院刑事诉讼规则（试行）》（以下简称2012年《检察规则》）第4条继承了这一规定。2012年《检察规则》第111条第1～2款、[189]第328条、[190]第376条、[191]第415～416条、[192]第499条、[193]第585条、[194]第600条[195]对第4条的规定予以细化，分别对强制措施的作出、起诉与否的决定等进行详细规定。根据最高人民检察院有关人员的解读，该条[196]是关

[189] 第111条第1～2款：对犯罪嫌疑人采取监视居住，应当由办案人员提出意见，部门负责人审核，检察长决定。需要对涉嫌特别重大贿赂犯罪的犯罪嫌疑人采取指定居所监视居住的，由办案人员提出意见，经部门负责人审核，报检察长审批后，连同案卷材料一并报上一级人民检察院侦查部门审查。

[190] 第328条：下级人民检察院报请审查逮捕的案件，由侦查部门制作报请逮捕书，报检察长或者检察委员会审批后，连同案卷材料、讯问犯罪嫌疑人录音、录像一并报上一级人民检察院审查，报请逮捕时应当说明犯罪嫌疑人的社会危险性并附相关证据材料。

[191] 第376条：办案人员对案件进行审查后，应当制作案件审查报告，提出起诉或者不起诉以及是否需要提起附带民事诉讼的意见，经公诉部门负责人审核，报请检察长或者检察委员会决定。

[192] 第415条：公安机关认为不起诉决定有错误，要求复议的，人民检察院公诉部门应当另行指定检察人员进行审查并提出审查意见，经公诉部门负责人审核，报请检察长或者检察委员会决定。

第416条：上一级人民检察院收到公安机关对不起诉决定提请复核的意见书后，应当交由公诉部门办理。公诉部门指定检察人员进行审查并提出审查意见，经公诉部门负责人审核，报请检察长或者检察委员会决定。

[193] 第499条：考验期届满，办案人员应当制作附条件不起诉考察意见书，提出起诉或者不起诉的意见，经部门负责人审核，报请检察长决定。

[194] 第585条：人民检察院在收到人民法院第一审判决书或者裁定书后，应当及时审查，承办人员应当填写刑事判决、裁定审查表，提出处理意见，报公诉部门负责人审核。对于需要提出抗诉的案件，公诉部门应当报请检察长决定；案情重大、疑难、复杂的案件，由检察长提交检察委员会讨论决定。

[195] 第600条：人民检察院公诉部门、刑事申诉检察部门办理按照审判监督程序抗诉案件，认为需要对被告人采取逮捕措施的，应当提出意见，参照本规则第十章的规定移送侦查监督部门办理；认为需要对被告人采取取保候审、监视居住措施的，由办案人员提出意见，部门负责人审核后，报检察长决定。

[196] 该条规定，人民检察院办理案件的内部程序如下：

1. 检察长、检察委员会决定交办、批办案件，决定某一案件由某一业务部门或检察人员承办。案件直接移送业务部门的，由业务部门负责人批办、交办案件。

2. 承办人员（检察员或助理检察员）依法承办案件，要求承办人员对案件事实、证据、适用法律负责。

3. 承办人员提交业务部门负责人审核，必要时召开业务部门会议讨论案件的定性和处理意见。

4. 由业务部门负责人报请检察长决定。根据法律规定，有些法定诉讼程序由检察长决定，如决定参与诉讼的检察人员是否回避等。检察长如果认为案件重大、复杂，可以提交检察委员会讨论决定。《规则》对需要提交检察委员会讨论决定的案件和事项作了明确规定，如检察长的回避、重大案件的审查逮捕、核准追诉案件等。检察长、检察委员会作出决定后，有关业务部门和承办人员应当执行。

人民检察院检察长直接办理有关案件的，可以由检察长直接作出决定，不受上述内部工作程序的限制。人民检察院组织法第3条规定，检察长统一领导检察院的工作，检察长可以将直接办理的案件提交检察委员会讨论，检察委员会实行民主集中制，在检察长的主持下讨论决定有关案件，如果检察长在重大问题上不同意多数人的意见，可以报请同级人民代表大会常务委员会决定。

于人民检察院办理刑事案件的内部工作程序的规定。[197]

我国检察权的内部运行长期以来实行"检察人员承办,办案部门负责人审核,检察长或检察委员会决定"的制度,即所谓"三级审批制"。[198] 有检察实务人员则将这一机制称为"三级终审制",即检察官受理案件后进行阅卷审查,审查后提出承办意见,然后报部门负责人进行第二次审查并提出部门意见,最后报检察长或者分管公诉的副检察长决定该案件的最后走向。[199] 对于检察机关的这种内部控权机制,有检察官认为有三个特点:一是"双轨多元制"架构。这里的"双轨"是指一方面存在按照《刑事诉讼法》及《人民检察院刑事诉讼规则》规定模式的运行机制;另一方面也存在主诉、主办检察官责任制试行地区采取的革新模式。"多元"则是决策主体多元化,在"双轨"制下,决策权并不集中于某一个主体,它既包括案件承办人,也包括处(室、局)负责人,还有检察长及检委会。二是行政化色彩较浓。在案件承办人与处室局负责人之间,纯粹是一种行政关系,处(室、局)与检察长之间,是一种"决策——执行"关系。三是信息源呈递减状态。[200]

随着我国法治的不断进步以及检察权运行机制理论研究的日益深入,检察机关以"三级审批制"为主要内容的传统决策机制越来越受到质疑和批判,其缺陷也逐步充分暴露出来,主要表现在三个方面:第一,司法职能的偏离。第二,司法效益的减损。第三,决策科学化的缺失。[201] 对此,有学者认为,行政化的工作机制不利于培养检察官独立负责的精神,在"权责不一致"的情况下,必将挫伤检察官办案的积极性,不利于增强其责任感,一旦案件出现问题办案检察官往往会推卸责任,将责任归咎于上级。此外,层层汇报、审批和把关的工作机制还会降低办案效率,使案多人少的矛盾变得更加突出。[202] 有检察官也认为,现行公诉机制与行政管理机制混同,强调集体本位,导致公

---

[197] 孙谦主编:《〈人民检察院刑事诉讼规则(试行)〉理解与适用》,中国检察出版社 2012 年版,第 11 页。

[198] 龙宗智:《检察官办案责任制相关问题研究》,载《中国法学》2015 年第 1 期,第 87 页。

[199] 雷秀华:《宽严相济刑事政策与刑事起诉程序的改革完善》,载龙宗智主编:《宽严相济刑事政策的程序保障机制研究》,法律出版社 2011 年版,第 80 页。

[200] 孙谦主编:《检察理论研究综述(1999~2009)》,中国检察出版社 2009 年版,第 112 页。

[201] 王仕志:《谈检察业务决策机制》,载《国家检察官学院学报》2007 年第 1 期,第 31~32 页。

[202] 韩旭:《检察官客观义务论》,法律出版社 2013 年版,第 96 页。

诉人权利义务不对等，公诉人的主动性难以发挥。[203] 为克服这种机制的缺陷，河南省和上海市检察机关分别于1993年和1995年率先在全国开始试行主诉检察官办案责任制，探索一种不同于过去以行政审批为特征的办案模式。[204] 在地方试点的基础上，1999年4月，最高人民检察院把推行主诉检察官办案责任制定为检务改革六项任务之一，把北京、天津、上海、重庆、南京等十大城市以及河南、黑龙江两省的检察院确定为主诉检察官办案责任制试点单位。为了将主诉检察官办案责任制所体现的检察业务决策机制扩大到其他检察业务领域，最高人民检察院于2013年12月下发文件，在全国7个省的17个检察院试行"主任检察官制度"。改革文件要求，"依法赋予主任检察官执法办案相应决定权，使检察官在执法过程中能够真正做到办案与定案的有机统一"。[205]

主诉检察官制度，是指在检察长领导下，在审查起诉部门实行的以主诉检察官为主要责任人的检察官办案制度。[206] 主诉检察官制度的发展经历以下两个阶段：一是局部试点阶段（1993～1999年），在该阶段，最高人民检察院印发了《关于试行主诉检察官办案责任制的工作方案》以指导试点单位的改革工作。二是全面推行阶段（2000～2004年上半年），2000年2月，最高人民检察院发布《关于在审查起诉部门全面推行主诉检察官办案责任制的工作方案》，决定在全国各级检察机关的公诉部门推行这一制度。此后，全国各地检察机关相继出台与该制度有关的《实施办法》《实施细则》等文件，全面推行该项制度。

主诉检察官制度的核心在于主诉检察官在检察长授权范围内享有一定的独立办案权。推行这一改革的初衷在于强化检察权力运行过程的司法性质而弱化其行政性质，建设符合司法规律的公诉权力运行机制，并培养一批公诉精英人才。然而，从试点改革的情况来看，主诉检察官制度在全国各地检察机关的运行情况并不完全一致，不少地方检察机关并未实行主诉检察官

---

[203] 杜世相：《公诉机制的缺陷与主诉检察官制度的建立》，载《国家检察官学院学报》1999年第3期。

[204] 龙宗智：《检察制度教程》，中国检察出版社2006年版，第274页。

[205] 徐盈雁、许一航：《依法赋予主任检察官执法办案相应决定权：高检院在全国7个省份、17个检察院试点检察官办案责任制》，载《检察日报》2013年12月27日，第2版。

[206] 张穹主编：《公诉问题研究》，中国人民公安大学出版社2000年版，第146页。

办案责任制,即使在已经推行主诉检察官办案责任制的检察院,绝大多数也没有兑现当初承诺的待遇。[207] 虽然有的检察机关能够较好地实施该制度,但大量的检察机关因为不敢真正放权于主诉检察官,其主诉检察官的职权范围仍然较小,使该制度流于形式,甚至回到了对案件层层审批的老路。[208] 而在有的地方,直到2013年年初才决定实行主诉检察官制度。[209]

从总体上来说,主诉检察官制度推行的效果并不理想。[210] 从十余年来的实践来看,这一改革并未达到预期的效果。相反,主诉检察官制度改革在实践中出现了异化。具体来说,有以下几种异化方式:一是双轨制,如在广东,有的地方实行主诉检察官办案责任制与原审批模式并存的"双轨制",主诉检察官在授权范围内对自己办理的案件负责,其他人员办理的案件仍需层报主管副检察长审批。[211] 二是把主诉检察官与行政职级挂钩,将主诉检察官作为一种职级待遇或者荣誉称号,以期弥补行政职级不足的矛盾。[212] 三是主诉检察官会议成了部分案件的决策主体,只是将部门负责人审批的环节置换为部门负责人主持下的主诉检察官会议讨论通过的方式,这实际上是在公诉权

---

[207] 据最高人民检察院的统计,截至2002年10月,全国实行主诉检察官办案责任制的部门共有2960个,占全国部门的79.34%。截至2002年6月,全国实行主诉检察官办案责任制的检察院仅有约四分之一落实了激励机制。参见孙力、曲力慧:《从主诉检察官到检察官——对检察人员分类改革的思考》,载《国家检察官学院学报》2005年第2期,第77~78页。

[208] 例如,在有的地方,主诉检察官的权力有限,案件的不起诉、抗诉、撤回起诉、改变侦查机关认定的事实和定性、重大疑难案件和经济案件的决定等,以及自侦案件、党委、人大交办的案件、抗诉案件的决定均继续实行三级审批制度。参见彭真军、黄鹏:《当前主诉检察官制度改革中存在的问题和对策》,载《当代法学》2002年第8期,第154页。

[209] 李文敏:《主诉检察官制益处良多》,载《检察日报》2014年1月8日,第11版。

[210] 有检察官认为,经过10余年的改革实践,曾在高检院的工作报告中得到高度评价的主诉检察官制度变得悄无声息。不仅在高检院的各种文件中不再被提及,而且在一些基层院在具体实施中,也对主诉检察官责任制改革不甚热心。譬如作为主诉检察官办案责任制的发端地之一的北京海淀区检察院,10多年来先后任命了31名主诉检察官,目前在主诉岗位的仅14人,不到半数。他们中在主诉岗位上工作10年的只有4人,调离的15个主诉检察官,6人提拔到外单位任领导职务,5人院内提拔,其他人辞职或退休。以某市级检察院为例,自1999年至今,通过考试先后任命了主诉检察官16名,但目前仅有1名已担任公诉处长的主诉检察官还在公诉岗位,其余都已离开了主诉岗位。参见牛瑛:《对主任检察官责任制的几点思考——以主诉检察官责任制为比照》,载《曲靖师范学院学报》2014年第5期,第104页。

[211] 肖萍:《关于深化主诉检察官办案责任制改革的调研报告——以广东省检察机关的试点为例》,载《人民检察》2007年第12期,第52页。

[212] 刘颖:《主诉检察官制度研究》,吉林大学2007年硕士学位论文,第24页。

力运行过程中"叠床架屋式"地增设了一个检察委员会之外的"集体决策机构"。[213] 四是主诉检察官异化为办案组长,即异化成一个审批环节,换句话说,徒然增加一个环节,改革不但没有达到预期目的,甚至还与预期目的相反。司法实践中,由于有些检察机关公诉部门办理的案件数量上升较快,导致主诉检察官职位数与实际办案情况的矛盾日益突出,于是出现了主诉检察官带多名助手,即"一拖三""一拖四"的情况。[214] 有些主诉检察官变成了办案组长,行政管理职责增加,业务领域发挥的作用相应减少,定而不审,审而不诉,在组内形成了新的审批制。[215] 五是回归原有的"三级审批"办案机制,改革名存实亡,如有检察官调研发现,由于责任与权力不对等,主诉检察官们不得不逐事逐案请示汇报,从而避开权力责任的不对称,又回到了原有的"三级审批"办案机制。[216]

2013 年全国"两会"期间,来自检察系统的全国人大代表建议适时修改《人民检察院组织法》,明确检察官依照法律规定行使检察权,并建立主任检察官制度。[217] 2013 年年底,最高人民检察院印发的《检察官办案责任制改革试点方案》提出,从 2014 年 1 月开始,用 1 年时间在全国 7 个省份 17 个试点推行主任检察官制度。事实上,在此之前,北京、上海等地检察机关已经在试行主任检察官办案责任制。[218]

---

[213] 高怀:《主诉检察官办案责任制研究——以 C 市 J 区人民检察院为例》,西南政法大学 2011 年硕士学位论文,第 27 ~ 28 页。

[214] 上海市人民检察院公诉处:《主诉检察官办案责任制在改革中推进发展——上海市实施主诉检察官办案责任制三年情况调查》,载《人民检察》2003 年第 8 期,第 31 页。

[215] 吴祥义、熊正、石晶:《主诉检察官办案责任制的困境及出路》,载《中国检察官》2010 年第 23 期,第 60 ~ 62 页。

[216] 杨安、陆旭:《我国主诉检察官制度再思考》,载《上海政法学院学报》(法治论丛)2014 年第 4 期,第 23 页。

[217] 杨金志、仇逸:《陈旭代表:设主任检察官办案去行政化》,载《新华每日电讯》2013 年 3 月 15 日,第 7 版。

[218] 北京市人民检察院第一分院在 2007 年即在公诉部门施行主任检察官办案责任制,参见高保京:《北京市检一分院主任检察官办案责任制及其运行》,载《国家检察官学院学报》2014 年第 2 期,第 55 页;上海浦东新区和闵行区检察院自 2011 年开始试行主任检察官办案责任制,参见陈宝富:《探索主任检察官办案组织制度》,载《检察日报》2013 年 4 月 2 日,第 3 版;林中明:《为主任检察官改革"把脉"——检察权行使主体暨检察官办案责任制研讨会举行》,载《检察日报》2013 年 11 月 2 日,第 1 版。2013 年 9 月初,江苏省镇江市经济开发区人民检察院在江苏省内率先推行主任检察官制度,参见赵阳:《江苏镇江推行主任检察官制度——突出检察官独立行权主体地位》,载《民主与法制时报》2013 年 9 月 23 日,第 4 版。

主任检察官制度,是指主任检察官与多名检察官组成的办案组在检察长及检委会领导下,对授权范围内的案件依法独立行使决定权并承担相应办案责任的制度。它是为了弥补当前检察活动和检察制度中的诸多不足与缺陷而开展的一项改革试点工作。[219] 主任检察官制度是在主诉检察官办案责任制基础上的深化和发展,主任检察官制度改革的难点和重点就是要彻底改变现有的行政管理模式以及与之相对应的三级审批办案方式,以主任检察官办案组取代科层体制,实现管理的扁平化和办案的专业化。[220] 此外,主任检察官制度的改革动因主要是检察官办案权责不明确以及案多人少的办案压力。以上海市闵行区人民检察院为例,其试点主任检察官制度的实践动因有三:一是案多人少的多重办案压力;二是审批权限划分较为模糊;三是集体决策,主体模糊、责任分散。[221]

无论是主诉检察官制度,还是主任检察官制度,均是从地方试点开始。由此,检察权的运行机制在试点检察机关与非试点检察机关之间必然存在不同。由于各地在历史传统、法律观念以及人员素质等方面的差异,各试点检察院在探索检察权运行机制改革的同时,必然也会存有一定的差异。这种情形,正如有学者所言,办案压力越大的检察院,越愿意选择主任检察官办案责任制。[222] 因此,与刑事裁判权的内部运行机制一样,检察权的内部运行机制也必然存在一定的地区差异。

(四)地方检察院内部控权机制的反思与重构

检察权运行机制改革历经"主诉检察官制度"和"主任检察官制度"两个阶段,其目的都是中国特殊的现实条件和检察制度下,在检察人员良莠不齐而又难以硬性淘汰的客观环境之下,通过相对公正的程序,遴选出一批骨干检察官,赋予他们相对独立的办案权力和更大的办案责任,争取提高检察业务工作的水平和效率。[223] 问题是主任检察官制度的运行效果如何?据统计,

---

[219] 最高人民检察院2013年重点课题组:《主任检察官制度研究》,载《中国法学》2015年第1期,第67页。

[220] 陈旭:《建立主任检察官制度的构想》,载《法学》2014年第2期,第156页。

[221] 谢佑平、潘祖全:《主任检察官制度的探索与展望——以上海闵行区人民检察院试点探索为例》,载《法学评论》2014年第2期,第193页。

[222] 刘金林:《主任检察官办案责任制:重在去行政化》,载《检察日报》2014年10月10日,第3版。

[223] 参见龙宗智:《检察官办案责任制相关问题研究》,载《中国法学》2015年第1期,第91页。

自2011年试行主任检察官制度以来，浦东、闵行两家基层检察院放权给检察官办理的案件分别占90%和80%以上。[224] 因此，在部分地区，主任检察官制度改革是有一定成效的。

尽管主任检察官制度改革已取得一定的成效，但要将这改革推向深入，真正建立符合司法规律的检察权力运行机制，需要在总结主诉检察官改革的经验教训的基础之上明确检察独立与检察一体的关系。

根据我国宪法和法律的规定，人民检察院依照法律规定独立行使检察权，不受行政机关、社会团体和个人的干涉。从规范解释的角度来看，这一宪法原则包含两层基本的含义：其一，检察机关在法律规定的范围内有权"独立行使"职权，不受行政机关、社会团体和个人的干涉；其二，检察机关独立行使职权必须"依法"进行，即在法律规定的范围内并依法律规定的程序行使检察权。例如，必须接受党的领导和人大的监督，必须严格遵守《刑法》和《刑事诉讼法》等法律关于犯罪、刑罚、诉讼程序、证据规则等的规定。从宪法和法律的本义上理解，"人民检察院依照法律规定独立行使检察权"并未明确具体履行检察职责的"检察官"个人有无相对独立的职权。但从司法规律上来说，检察业务权力涉及公民个人的基本人权和有关单位的重大权益，对司法公正具有重大影响，因而检察官对于案件事实的判断以及法律适用的决定应当具有相对独立性，即基于证据自主判断、基于法律自主决定，而不应受其他外在因素的干扰。最高人民检察院近年来实行的主诉检察官改革就是在这方面的有益尝试。[225]

检察一体主要指的是检察机关在组织体系上为一个共同体，在行使检察权活动上必须保持整体的统一性。[226] 检察一体的内涵包括三个方面：一是在上下级检察机关和检察官之间存在上命下从的领导关系；二是各地和各级检察机关之间具有职能协助的义务；三是检察官之间和检察机关之间在职务上可以发生相互承继、移转和代理的关系。[227]

---

[224] 罗昌平、杨军伟：《主任检察官制度构建的必然性和可行性》，载《人民检察》2014年第10期，第19页。

[225] 韩大元：《关于检察机关性质的宪法文本解读》，载《人民检察》2005年第13期，第15页。

[226] 邓思清：《检察权研究》，北京大学出版社2007年版，第112页。

[227] 孙谦主编：《中国特色社会主义检察制度》，中国检察出版社2009年版，第227页。

关于检察一体与检察独立的关系，如果将检察机关作为一个整体来看，则检察一体与检察独立并不存在矛盾。如有学者所言，检察一体与检察独立是相辅相成的关系，所谓检察一体，就是内部统一，外部独立。[228] 如果考虑检察机关内部的检察权运行机制问题，按照前述学者的理解，检察官相对独立作为检察一体的内容之一，两者也不存在矛盾。但是，需要明确的是，在检察机关内部的检察权运行机制这一问题上，需要适当把握检察官相对独立以及检察一体的度的问题。对此，原最高人民检察院副检察长朱孝清认为：检察机关办案模式的改革方向是实行检察官办案责任制，即在检察长或检委会领导下，承办检察官对职责或授权范围内的事项，依法独立行使决定权，并承担相应责任。但在目前，一步到位实行检察官办案责任制，并由检察官直接向检察长负责，条件还不成熟。在目前，应以主任检察官办案责任制作为检察官办案责任制的过渡。[229] 我们认为，上述论断注意到中国刑事司法环境的特殊性，具有渐进性特征，对改革检察权内部运行机制有一定的指导意义。

此外，我们认为，要全面推行主任检察官制度，需要妥善处理以下几个关系：

一是主任检察官与检察委员会的关系。根据现行法律规定，检察委员会是检察机关内部对检察业务进行集体领导的机构，对于检察委员会的决定，检察官包括主任检察官必须无条件执行。但为了更好地调动主任检察官依法履行职责的积极性和主动性，在司法改革过程中需要进一步明确检察委员会的职权范围，并完善检察机关对重大事项提请检察委员会讨论决定的程序。

二是主任检察官与检察长的关系。在现行法律制度下，各级检察机关实行检察长负责制，因而检察长与主任检察官是领导与被领导的上下级关系。主任检察官是根据检察长的指派并在检察长的领导下开展工作的，其职权范

---

[228] 龙宗智：《论检察》，中国检察出版社 2013 年版，第 215 页。

[229] 具体来说，有以下两种办案模式，可作为以后实行的检察官办案责任制的过渡，进行改革试点：一种是主任检察官办案责任制，其做法是在检察业务部门选拔若干具备良好政治素质和职业道德、具有丰富检察实践经验、工作实绩突出的检察官为"主任检察官"，并以主任检察官为单位，配备其他检察官和检察辅助人员若干名，组成办案组织，在主任检察官的主持下开展办案工作。同时，赋予主任检察官相应的决定权，主任检察官对其下辖检察官的办案活动负有领导、监督、审核之责，并直接对检察长负责。另一种是检察官办案责任制加审核制，即在检察官素质普遍较高，都能独立承办案件的地方，直接实行检察官办案责任制，但在过渡期内增加一个由主任检察官审核的环节。需要说明的是，这里的审核不是审批，而是"审查核实"之意。如果主任检察官不同意承办检察官的意见，主任检察官不能直接否定其意见，而应将自己的审核意见和承办检察官的意见一并报检察长决定。参见朱孝清：《检察官相对独立论》，载《法学研究》2015 年第 1 期，第 150 页。

围原则上也由检察长决定，案件的最终定性权仍掌握在检察长的手中。[230] 从司法改革的发展方向来看，需要主任检察官与检察长的权限划分进行调整，检察官的权力原则上应当由法律明确加以规定，检察长除了享有一般领导权、一般指挥权和业务承继权以外，不能对检察官依法履行职责进行随意干预。在服从法律与服从检察长之间，只能要求检察官服从法律。否则，所谓检察官办案终身负责制就无法得到落实。

三是主任检察官与公诉部门负责人的关系。从健全公诉权力运行机制的要求来说，应当取消公诉部门负责人的业务指令权，部门负责人要么仅仅是单纯的行政领导，负责有关的行政管理事务，要么完全取消，有关行政事务由检察长统一管理。在保留公诉部门负责人的情况下，如果其行使业务职权，也只能是其基于主诉检察官的身份而行使。

四是主任检察官与主任检察官联席会议的关系。主诉检察官联席会形成的倾向意见应只作为承办主诉决策的参考，而不应直接或间接赋予其强制力。[231] 对此，我们表示赞同，即主任检察官联席会议应当起智囊团而非决策主体的作用。

五是主任检察官与承办检察官的关系。针对主任检察官试点过程中出现的问题，我们认为，需要警惕主任检察官兑变为一个审批层级，从而使检察权的内部运行机制又回到传统的“三级审批制”的老路上。我国大陆地区试行的主任检察官制度在很大程度上是借鉴了我国台湾地区的做法，[232]而台湾地区大部分刑事案件均由一位检察官单独承担，虽然在履行职责过程中要接受主任检察官和检察长的监督，但主任检察官、检察长相当信任并尊重检察官对事实的认定及法律见解。尤其是主任检察官不同于一般公务员之行政职务，而具有高度司法行政特征，其任务在于分担检察长指挥监督之责。主任检察官在行使行政主管权责时，不得侵犯检察官司法事务上之独立判断权

---

[230] 蔡雅奇：《主任检察官制改革探索调查》，载《人民检察》2013 年第 14 期，第 24 页。

[231] 贺卫、吴加明：《主诉检察官联席会制度的检视、定位与完善——以浦东检察院公诉一处 2008 年至 2010 年情况为切入》，载《中国刑事法杂志》2012 年第 8 期，第 121 页。

[232] 樊崇义、龙宗智、万春：《主任检察官办案责任制三人谈》，载《国家检察官学院学报》2014 年第 6 期，第 9 页。

责,并保护检察官免于行政干扰。[233] 这一精神值得我国大陆检察改革的借鉴。从试点情况来看,主任检察官相对于普通检察官而言几乎普遍沦为一种审批者,相当于在检察长之下甚至科(处)长之下人为地增加了一道审批手续,这种做法是违反司法规律的。从司法改革的方向上看,要建立健全权责统一的检察权力运行机制,应当从主任检察官办案责任制逐步过渡到(承办)检察官责任制。换句话说,所有(承办)检察官在办理案件的过程中都应当能够相对独立地行使职权。

---

[233] 施庆堂、林丽莹:《台湾地区的主任检察官制度》,载《国家检察官学院学报》2014 年第 6 期,第 37 页。

主要参考文献

一、中文著作(含译著)

1. 白建军:《罪刑均衡实证研究》,法律出版社2004年版。

2. 卞建林主编:《共和国六十年法学论争实录(诉讼法卷)》,厦门大学出版社2009年版。

3. 陈光中主编:《刑事诉讼法实施问题研究》,中国法制出版社2000年版。

4. 陈光中主编:《中华人民共和国刑事诉讼法再修改专家建议稿与论证》,中国法制出版社2006年版。

5. 陈光中主编:《中国司法制度的基础理论问题研究》,经济科学出版社2010年版。

6. 陈林林:《裁判的进路与方法——司法论证理论导论》,中国政法大学出版社2007年版。

7. 陈庆:《量刑理论若干问题研究》,知识产权出版社2011年版。

8. 陈瑞华:《刑事诉讼的前沿问题》,中国人民大学出版社2000年版。

9. 陈瑞华主编:《未决羁押制度的实证研究》,北京大学出版社2004年版。

10. 陈瑞华:《程序性制裁理论》,中国法制出版社2010年版。

11. 陈瑞华:《刑事诉讼的中国模式》,法律出版社2010年版。

12. 陈兴良:《陈兴良刑法教科书之规范刑法学》,中国政法大学出版社2003年版。

13. 丁寿兴主编:《量刑探索与实践》,法律出版社2011年版。

14. 董翱:《司法解释论》,中国政法大学出版社1999年版。

15. 邓思清:《检察权研究》,北京大学出版社2007年版。

16. 董玉庭:《疑罪论》,法律出版社2010年版。

17. 段启俊:《疑罪研究》,中国人民公安大学出版社2008年版。

18. 杜豫苏:《上下级法院审判业务关系研究》,北京大学出版社2015年版。

19. 房保国:《被害人的刑事程序保护》,法律出版社2007年版。

20. 房保国:《刑事证据规则实证研究》,中国人民大学出版社2010年版。

21. 樊崇义、顾永忠主编:《侦查讯问程序改革实证研究——侦查讯问中律师在场、录音、录像制度实验》,中国人民公安大学出版社2007年版。

22. 封丽霞:《政党、国家与法治——改革开放30年中国法治发展透视》,人民出版社2008年版。

23. 封丽霞:《中央与地方立法关系法治化研究》,北京大学出版社2008年版。

24. 高铭暄主编:《中华人民共和国刑罚的孕育和诞生》,法律出版社1981年版。

25. [英]哈特:《法律的概念》(第2版),许家馨、李冠宜译,法律出版社2011年版。

26. [英]哈耶克:《通向奴役之路》,王明毅等译,中国社会科学出版社1997年版。

27. 郝川:《中国量刑指导制度研究》,人民出版社2013年版。

28. 何家弘主编:《迟到的正义——影响中国司法的十大冤案》,中国法制出版社2014年版。

29. 黄华生、舒洪水:《死刑适用的原理与实务》,中国人民公安大学出版社2012年版。

30. 黄士元:《刑事再审制度的价值与构造》,中国政法大学出版社2009年版。

31. 黄维智:《刑事司法中的潜规则与显规则》,中国检察出版社2007年版。

32. 胡常龙:《论刑事疑案的二难选择》,中国政法大学出版社2014年版。

33. 胡夏冰:《司法权:性质与构成的分析》,人民法院出版社2003年版。

34. 贺卫方:《超越比利牛斯山》,法律出版社2003年版。

35. 韩旭:《检察官客观义务论》,法律出版社2013年版。

36. 姜涛:《认知量刑规范化》,中国检察出版社2009年版。

37. [美]吉尔兹:《地方性知识——阐释人类学论文集》,王海龙、张家瑄译,中央编译出版社2004年版。

38. 强世功:《法制与治理——国家转型中的法律》,中国政法大学出版社2003年版。

39. 兰荣杰:《刑事判决是如何形成的?——基于三个基层法院的实证研究》,北京大学出版社2013年版。

40. 李玉华:《刑事证明标准研究》,中国人民公安大学出版社2008年版。

41. 龙宗智:《刑事庭审制度研究》,中国政法大学出版社2001年版。

42. 龙宗智:《检察制度教程》,中国检察出版社2006年版。

43. 龙宗智:《论检察》,中国检察出版社2013年版。

44. 龙宗智、夏黎阳主编:《中国刑事证据规则研究》,中国检察出版社2011年版。

45. [美]米尔伊安·R.达马什卡:《司法和国家权力的多种面孔——比较视野中的法律程序》,郑戈译,中国政法大学出版社2004年版。

46. 马贵翔等:《刑事证据规则研究》,复旦大学出版社2009年版。

47. 马克昌主编:《刑罚通论》,武汉大学出版社1995年版。

48. 南英主编:《量刑规范化实务手册》,法律出版社2014年版。

49. 全国人大常委会法制工作委员会刑法室编:《〈中华人民共和国刑事诉讼法〉条文说明、立法理由及相关规定》,北京大学出版社2008年版。

50. 全国人大常委会法制工作委员会刑法室编:《关于修改中华人民共和国刑事诉讼法的决定:条文说明、立法理由及相关规定》,北京大学出版社2012年版。

51. 孙长永:《侦查程序与人权——比较法考察》,中国方正出版社2000年版。

52. 孙长永主编:《侦查程序与人权保障——中国侦查程序的改革和完善》,中国法制出版社2009年版。

53. 孙长永等:《犯罪嫌疑人的权利保障研究》,法律出版社 2011 年版。

54. 孙长永、黄维智、赖早兴:《刑事证明责任制度研究》,中国法制出版社 2009 年版。

55. 孙谦主编:《中国特色社会主义检察制度》,中国检察出版社 2009 年版。

56. 孙谦主编:《检察理论研究综述(1999 ~ 2009)》,中国检察出版社 2009 年版。

57. 孙谦主编:《〈人民检察院刑事诉讼规则(试行)〉理解与适用》,中国检察出版社 2012 年版。

58. 孙万胜:《司法权的法理之维》,法律出版社 2002 年版。

59. 孙笑侠:《程序的法理》,商务印书馆 2005 年版。

60. 沈德咏主编:《中国特色社会主义司法制度论纲》,人民法院出版社 2009 年版。

61. 苏力:《送法下乡——中国基层司法制度研究》,中国政法大学出版社 2000 年版。

62. 苏力:《道路通向城市:转型中国的法治》,法律出版社 2004 年版。

63. 苏永生:《区域刑事法治的经验与逻辑》,人民出版社 2013 年版。

64. 宋英辉主编:《刑事诉讼法学研究述评(1978—2008)》,北京师范大学出版社 2009 年版。

65. [美]唐・布莱克:《社会学视野中的司法》,郭星华等译,法律出版社 2002 年版。

66. 汤建国主编:《量刑规范方法》,人民法院出版社 2005 年版。

67. 汤建国、吴晓蓉编:《中国规范量刑指引》,中国人民公安大学出版社 2011 年版。

68. 王进喜:《美国〈联邦证据规则〉(2011 年重塑版)条解》,中国法制出版社 2012 年版。

69. 汪庆华:《政治中的司法:中国行政诉讼的法律社会学考察》,清华大学出版社 2011 年版。

70. 万毅:《实践中的刑事诉讼法:隐形刑事诉讼法研究》,中国检察出版社 2010 年版。

71. 吴英姿:《法官角色与司法行为》,中国大百科全书出版社 2008 年版。

72. 肖仕卫:《刑事判决是如何形成的——以 S 省 C 区法院实践为中心的考察》,中国检察出版社 2009 年版。

73. 谢小剑:《检察制度的中国图景》,中国政法大学出版社 2014 年版。

74. 周宝峰:《刑事被告人权利宪法化研究》,内蒙古大学出版社 2007 年版。

75. 张明楷:《刑法学》,法律出版社 2011 年版。

76. 张千帆:《权利平等与地方差异——中央与地方关系法治化的另一种视角》,中国民主法制出版社 2011 年版。

77. 张天虹:《量刑公正论》,法律出版社 2012 年版。

78. 张志铭:《法律解释操作分析》,中国政法大学出版社 1999 年版。

79. 张泽涛:《司法权专业化研究》,法律出版社 2009 年版。

80. 朱立恒:《刑事审级制度研究》,法律出版社 2008 年版。

81. 曾新华:《当代刑事司法制度史》,中国检察出版社 2012 年版。

82. 卓泽渊:《法治国家论》,法律出版社 2008 年版。

二、中文论文(含报纸)

1. 艾佳慧:《司法知识与法官流动——一种基于实证的分析》,载《法制与社会发展》2006 年第 4 期。

2. 艾佳慧:《中国法院绩效考评制度研究——“同构性”和“双轨制”的逻辑及其问题》,载《法制与社会发展》2008 年第 5 期。

3. 艾佳慧:《中国法官最大化什么》,载苏力主编:《法律和社会科学》(第 3 卷),法律出版社 2008 年版。

4. 陈柏峰:《从乡村社会变迁反观熟人社会的性质》,载《江海学刊》2014 年第 4 期。

5. 陈国庆、王佳:《“两个基本”与我国刑事诉讼的证明标准》,载《法制日报》2014 年 4 月 9 日。

6. 陈瑞华:《从“流水作业”走向“以裁判为中心”——对中国刑事司法改革的一种思考》,载《法学》2000 年第 3 期。

7. 陈瑞华:《刑事诉讼的私力合作模式——刑事和解在中国的兴起》,载

《中国法学》2006 年第 5 期。

8. 陈瑞华:《案卷笔录中心主义——对中国刑事审判方式的重新考察》,载《法学研究》2006 年第 5 期。

9. 陈瑞华:《制度变革中的立法推动主义——以律师法实施问题为范例的分析》,载《政法论坛》2010 年第 1 期。

10. 陈瑞华:《留有余地的判决——一种值得反思的司法裁判方式》,载《法学论坛》2010 年第 4 期。

11. 陈卫东:《司法机关依法独立行使职权研究》,载《中国法学》2014 年第 2 期。

12. 陈旭:《建立主任检察官制度的构想》,载《法学》2014 年第 2 期。

13. 陈兴良:《死刑判决的司法控制——以首批刑事指导案例为视角》,载《法学》2013 年第 2 期。

14. 陈永生:《我国刑事误判问题透视——以 20 起震惊全国的刑事冤案为样本的分析》,载《中国法学》2007 年第 3 期。

15. 陈永生:《冤案的成因与制度防范——以赵作海案件为样本的分析》,载《政法论坛》2011 年第 6 期。

16. 褚福民:《取保候审的实体化》,载《政法论坛》2008 年第 2 期。

17. 崔敏:《论司法权力的合理配置》,载《公安学刊》2000 年第 3 期。

18. 崔太水、张其林:《淄博淄川:电脑量刑无一上诉、抗诉——判个案子只用 3 分钟,还保证了法律的公开公正公平》,载《新华每日电讯》2004 年 7 月 10 日。

19. 戴长林、陈学勇:《量刑规范化改革与实践》,载《法律适用》2011 年第 9 期。

20. 淡乐蓉:《"赔命价"习惯法——多元法律文化下的共识性规则》,载《民族法学评论》(第 7 卷),民族出版社 2011 年版。

21. [美]丹尼尔·富特:《日本刑事司法中的家长模式》,刘丽君译,载[美]虞平、郭志媛编译:《争鸣与思辨——刑事诉讼模式经典论文选译》,北京大学出版社 2013 年版。

22. 杜世相:《公诉机制的缺陷与主诉检察官制度的建立》,载《国家检察官学院学报》1999 年第 3 期。

23. 房保国:《现实已经发生——论我国地方性证据规则》,载《政法论坛》2007 年第 3 期。

24. 樊崇义、龙宗智、万春:《主任检察官办案责任制三人谈》,载《国家检察官学院学报》2014 年第 6 期。

25. 樊纲、胡永泰:《"平行推进"而不是"循序渐进":关于体制转轨最后路径的理论与政策》,载《开放时代》2009 年第 7 期。

26. 冯建:《法院院长、庭长审批案件制度违反集体领导原则》,载《法学杂志》1981 年第 1 期。

27. 冯莹、姚晨奕:《关于故意杀人死刑案件证据规范的江西版本》,载《人民法院报》2008 年 2 月 3 日。

28. 方乐:《司法知识及其形态变迁的社会逻辑——从"难办案件"的处理切入》,载《法律科学》2011 年第 2 期。

29. 方列:《浙江:冤假错案责任要追究终身,取消破案率排名》,载《新华每日电讯》2013 年 7 月 14 日。

30. 葛琳:《从理念到技术:在司法领域中运用试验方法的局限性》,载《清华法学》2011 年第 6 期。

31. 郭睿、李国清:《为避免冤案提供制度保障——解读湖北〈关于刑事证据若干问题的规定〉》,载《法制日报》2006 年 1 月 10 日。

32. 郭松:《刑事诉讼制度的地方性试点改革》,载《法学研究》2014 年第 2 期。

33. 郭欣阳、张李丽:《"公检法联合办案"机制检讨》,载《中国检察官》2009 年第 11 期。

34. 高保京:《北京市检一分院主任检察官办案责任制及其运行》,载《国家检察官学院学报》2014 年第 2 期。

35. 高翔:《中国地方法院竞争的实践与逻辑》,载《法制与社会发展》2015 年第 1 期。

36. 管友军、郑晓红、陈克娥:《褚明剑受贿案——法院如何审查受贿案件辩方提出的非法证据排除申请》,载《刑事审判参考》(总第 89 集),法律出版社 2013 年版。

37. [德]韩博天:《通过试验制定政策:中国独具特色的经验》,载《当代中国史研究》2010 年第 3 期。

38. 韩大元:《关于检察机关性质的宪法文本解读》,载《人民检察》2005 年第 13 期。

39. 侯猛:《司法改革背景下的政法治理方式——基层政法委员会制度个案研究》,载《华东政法大学学报》2003 年第 5 期。

40. 侯猛:《政法传统中的民主集中制》,载《法商研究》2011 年第 1 期。

41. 侯猛:《"党与政法"关系的展开——以政法委员会为研究中心》,载《法学家》2013 年第 2 期。

42. 黄京平、时延安、徐俊驰:《负重的前行:〈律师法〉与刑辩律师权利的地方化实践》,载《中国司法》2011 年第 5 期。

43. 贺卫、吴加明:《主诉检察官联席会制度的检视、定位与完善——以浦东检察院公诉一处 2008 年至 2010 年情况为切入》,载《中国刑事法杂志》2012 年第 8 期。

44. 胡夏冰:《审判管理制度改革:回顾与展望》,载《法律适用》2008 年第 10 期。

45. 胡云腾:《论裁判文书的说理》,载《法律适用》2009 年第 3 期。

46. 蒋安杰:《"我们不是在越俎代庖"——对蓬莱市检察院"附条件不起诉制度"的调查》,载《法制日报》2007 年 12 月 5 日。

47. 蒋安杰:《蓬莱市检察院"附条件不起诉制度"引发激烈争议》,载《法制日报》2007 年 12 月 6 日。

48. 蒋德:《无锡刑事被害人特困救助"不差钱"》,载《法制日报》2009 年 5 月 30 日。

49. 蒋惠岭:《论案件请示之诉讼化改造》,载《法律适用》2007 年第 8 期。

50. [美]吉尔兹:《地方性知识:事实与法律的比较透视》,邓正来译,载梁治平主编:《法律的文化解释》(增订本),三联书店 1998 年版。

51. 金太军、赵军锋:《基层政府"维稳怪圈":现状、成因与对策》,载《政治学研究》2012 年第 4 期。

52. 兰荣杰:《诉讼规则"地方化"实证研究——以裁判权配置为视角》,载《法制与社会发展》2008 年第 2 期。

53. 兰荣杰:《把法官当"人"看——兼论程序失灵现象及其补救》,载《法制与社会发展》2011 年第 5 期。

54. 李昌盛:《历程与方法:美国刑事诉讼的宪法化》,载徐静村主编:《刑事诉讼前沿研究》(第 7 卷),中国检察出版社 2008 年版。

55. 李昌盛:《缺乏对抗的"被告人说话式"审判——对我国"控辩式"刑事审判的实证考察》,载《现代法学》2008 年第 6 期。

56. 李昌盛:《走出"逮捕中心主义"》,载《检察日报》2010 年 9 月 23 日。

57. 李昌盛:《德国刑事协商制度研究》,载《现代法学》2011 年第 6 期。

58. 李昌盛:《事实认定的中立性》,载《清华法学》2012 年第 4 期。

59. 李华:《案件报送请示制度剖析》,载《法学》1997 年第 2 期。

60. 李红辉:《反思与出路:改革院庭长审批案件制度》,载《求索》2012 年第 6 期。

61. 李建明:《错案追究中的形而上学错误》,载《法学研究》2000 年第 3 期。

62. 李靖云:《辩审冲突的根源与应对》,载《南方都市报》2014 年 5 月 18 日。

63. 李龙:《醉驾缓刑被滥用,司法解释须补位》,载《广州日报》2012 年 5 月 24 日。

64. 李林:《关于立法权限划分的理论与实践》,载《法学研究》1998 年第 5 期。

65. 李明耀:《江苏全面推行快速处理轻微刑事案件工作机制》,载《检察日报》2006 年 3 月 19 日。

66. 李晓明:《有关量刑问题的理论思考》,载《法学杂志》2000 年第 3 期。

67. 李小萍:《论法院的地方性》,载《法学评论》2013 年第 3 期。

68. 李先伟:《政法委的级别与个案协调差异研究》,载《山东警察学院学报》2011 年第 4 期。

69. 李秀霞:《三权分离:完善司法权运行机制的途径》,载《法学》2014 年第 4 期。

70. 刘春茂:《对法院院长、庭长审批案件制度的探讨》,载《法学杂志》1980 年第 2 期。

71. 刘刚:《检讨赵作海案》,载《中国新闻周刊》2010 年第 20 期。

72. 刘金林:《主任检察官办案责任制:重在去行政化》,载《检察日报》2014 年 10 月 10 日。

73. 刘涛:《"政法冤案"的政治背景阐释》,载《环球法律评论》2012 年第 3 期。

74. 刘宪权:《中国(上海)自由贸易试验区成立对刑法适用之影响》,载《法学》2013 年第 12 期。

75. 刘涌:《新刑诉法"体验"报告,一线律师称"辩审冲突"突出》,载《21 世纪经济报道》2013 年 4 月 26 日。

76. 刘子阳:《174 个县无律师已经全部解决》,载《法制日报》2014 年 10 月 18 日。

77. 罗德银:《院长批案不可续》,载《法学杂志》1981 年第 2 期。

78. 廖明:《〈关于规范上下级人民法院审判业务关系的若干意见〉评析——以刑事审判业务为视角》,载张军主编:《刑事法律文件解读》2012 年第 1 辑,人民法院出版社 2012 年版。

79. 雷秀华:《宽严相济刑事政策与刑事起诉程序的改革完善》,载龙宗智主编:《宽严相济刑事政策的程序保障机制研究》,法律出版社 2011 年版。

80. 林中明:《为主任检察官改革"把脉"——检察权行使主体暨检察官办案责任制研讨会举行》,载《检察日报》2013 年 11 月 2 日。

81. 卢志坚、陈国佐:《非法证据不能留到法庭上再排除——苏州平江:将非法证据排除关口前移,审查侦查讯问同步录音录像》,载《检察日报》2010 年 11 月 23 日。

82. 娄政文:《论党委政法委的职能》,载《法学杂志》1997 年第 1 期。

83. 龙宗智:《论配合制约原则的某些"负效应"及其防治》,载《中外法学》1991 年第 3 期。

84. 龙宗智:《论检察权的性质与检察机关的改革》,载《法学》1999 年第 10 期。

85. 龙宗智:《印证与自由心证——我国刑事诉讼证明模式》,载《法学研究》2004 年第 2 期。

86. 龙宗智:《审判管理:功效、局限及界限把握》,载《法学研究》2011 年第 4 期。

87. 龙宗智:《检察官办案责任制相关问题研究》,载《中国法学》2015 年第 1 期。

88. 牟军、张青:《刑事诉讼的立法模式与立法技术批判——以〈刑事诉讼法第二次修正案〉为中心》,载《法制与社会发展》2012 年第 6 期。

89. 马明亮:《司法绩效考评机制研究——以刑事警察为范例的分析》,载《中国司法》2009 年第 7 期。

90. 马永平:《延期审理滥用形态之检视与匡正》,载陈光中主编:《刑事司法论坛》(第 4 辑),中国人民公安大学出版社 2011 年版。

91. 彭真军、黄鹏:《当前主诉检察官制度改革中存在的问题和对策》,载《当代法学》2002 年第 8 期。

92. 容志、陈奇星:《"稳定政治":中国维稳困境的政治学思考》,载《政治学研究》2011 年第 5 期。

93. 任重远、罗欢欢:《上面不提倡,下面继续干——地方性"司法解释"立法法管不管》,载《南方周末》2015 年 4 月 3 日。

94. 孙波:《地方立法"不抵触"原则探析——兼论日本"法律先占"理论》,载《政治与法律》2013 年第 6 期。

95. 孙常立:《法院院、庭长审批案件是完全合法的》,载《法学杂志》1981 年第 3 期。

96. 孙长永:《审判中心主义及其对刑事程序的影响》,载《现代法学》1999 年第 4 期。

97. 孙长永:《刑事庭审方式改革出现的问题评析》,载《中国法学》2002 年第 3 期。

98. 孙长永、王彪:《刑事诉讼中的"审辩交易"现象研究》,载《现代法学》2013 年第 1 期。

99. 孙力、曲力慧:《从主诉检察官到检察官——对检察人员分类改革的思考》,载《国家检察官学院学报》2005 年第 2 期。

100. 上海市人民检察院公诉处:《主诉检察官办案责任制在改革中推进发展——上海市实施主诉检察官办案责任制三年情况调查》,载《人民检察》2003 年第 8 期。

101. 石经海:《"量刑规范化"解读》,载《现代法学》2009 年第 3 期。

102. 施坚轩、刘栋:《沪苏浙反贪检察机关举行反贪座谈会》,载《文汇报》2012 年 5 月 9 日。

103. 施庆堂、林丽莹:《台湾地区的主任检察官制度》,载《国家检察官学院学报》2014 年第 6 期。

104. 苏力:《法院的审判职能与行政管理》,载信春鹰、李林主编:《依法治国与司法改革》,社会科学文献出版社 2008 年版。

105. 苏辛辛:《暂缓不起诉》,载《人民日报 · 华东新闻》2002 年 9 月 2 日。

106. 苏永生:《国家刑事制定法对少数民族刑事习惯法的渗透与整合——以藏族"赔命价"习惯法为视角》,载《法学研究》2007 年第 6 期。

107. 时延安:《刑罚权运作的秩序——刑事法制中的"中央与地方"问题研究》,载《法学家》2010 年第 5 期。

108. 滕彪:《话语与实践:当代中国司法"中心工作"的变迁》,载郑永流主编:《法哲学与法社会学论丛》(第 6 辑),中国政法大学出版社 2003 年版。

109. 滕彪:《"司法独立"话语在当代中国的变迁》,载罗玉中主编:《法学纪元》(第 1 辑),北京大学出版社 2004 年版。

110. 唐宁:《政协委员被控涉黑三年三审——贵州黎庆洪案重审疑云》,载《民主与法制时报》2012 年 1 月 16 日。

111. 谭世贵:《案件请示制度:是否还有出路?》,载《中国律师》1998 年第 9 期。

112. 王彪:《法院内部控制刑事裁判权的方法与反思》,载《中国刑事法杂志》2013 年第 2 期。

113. 王彪:《审前重复供述的排除问题研究》,载《证据科学》2013 年第 5 期。

114. 王彪:《刑事诉讼中的"逮捕中心主义"现象评析》,载《中国刑事法杂志》2014 年第 2 期。

115. 王彪:《论基层法院疑罪处理的双重视角与内在逻辑》,载陈兴良主编:《刑事法评论》(第 34 卷),北京大学出版社 2014 年版。

116. 王超:《虚置的程序——对刑事二审功能的实践分析》,载《中外法学》2007 年第 2 期。

117. 王晨光:《法律运行中的不确定性与“错案追究制”的误区》,载《法学》1997 年第 3 期。

118. 王斗斗:《力克轻微刑案犯罪嫌疑人羁押时间过长等弊病,全国近五百家检察院与公安法院联动“快速办理”》,载《法制日报》2008 年 7 月 17 日。

119. 王国华、方付建:《差异化授权:中央地方权力关系改革的新路向》,载《华中科技大学学报》(社会科学版)2009 年第 5 期。

120. 王怀安:《关于法院体制改革的初探》,载信春鹰、李林主编:《依法治国与司法改革》,社会科学文献出版社 2008 年版。

121. 王瑞君:《量刑规范化面临的问题与对策构建》,载《法学论坛》2010 年第 1 期。

122. 王绍光:《学习机制与适应能力:中国农村合作医疗体制变迁的启示》,载《中国社会科学》2008 年第 6 期。

123. 王晓峰、徐秋慧:《中国各地区经济发展不平衡的趋势及原因分析——萨克斯对中国经济发展的论述》,载《生产力研究》2009 年第 1 期。

124. 王仕志:《谈检察业务决策机制》,载《国家检察官学院学报》2007 年第 1 期。

125. 王永臣:《人民法院案件审批制度需改革》,载《人民司法》1988 年第 11 期。

126. 吴丹红:《证据法学研究的迷思——在西方样本和中国现实之间》,载《政法论坛》2006 年第 6 期。

127. 吴丹红:《中国证据立法的理想与现实》,载徐昕主编:《司法的知识社会学》(《司法》第 3 辑),厦门大学出版社 2008 年版。

128. 吴丹红:《刑罚的“实报实销”》,载《人民检察》2009 年第 13 期。

129. 吴昊、温天力:《中国地方政策试验式改革的优势与局限性》,载《社会科学战线》2010 年第 10 期。

130. 吴和平、李剑:《西北五省(区)军地检察机关举行第二次协作工作会议》,载《检察日报》2011 年 11 月 8 日。

131. 吴良志:《政策导向型司法:“为大局服务”的历史与实证——中央政府工作报告与最高法院工作报告之比较(1980—2011)》,载万鄂湘主编:《探索社会主义司法规律与完善民商事法律制度研究》(上册),人民法院出版社2011年版。

132. 吴祥义、熊正、石晶:《主诉检察官办案责任制的困境及出路》,载《中国检察官》2010年第23期。

133. 汪海燕:《论刑事程序倒流》,载《法学研究》2008年第5期。

134. 汪建成、孙远:《论司法的权威和权威的司法》,载《法学评论》2001年第4期。

135. 汪建成:《应改革政法委对司法的领导方式》,载《环球法律评论》2013年第2期。

136. 文实:《人民法院院长、庭长审批案件并不违法》,载《法学杂志》1981年第2期。

137. 无锡市人民检察院课题组:《涉罪外来人员适用强制措施实证研究》,载《国家检察官学院学报》2010年第4期。

138. 肖凤珍、何赟:《云南禁毒:案件反弹攀升　四大特点凸显》,载《检察日报》2010年6月27日。

139. 肖萍:《关于深化主诉检察官办案责任制改革的调研报告——以广东省检察机关的试点为例》,载《人民检察》2007年第12期。

140. 夏伟、王周瑜:《存异难:检察权与审判权关系之忧——以近十年判决无罪人数走势为视角》,载万鄂湘主编:《审判权运行与行政法适用问题研究(上)》,人民法院出版社2011年版。

141. 谢佑平、潘祖全:《主任检察官制度的探索与展望——以上海闵行区人民检察院试点探索为例》,载《法学评论》2014年第2期。

142. 谢玉童:《对量刑原则的再思考》,载《法律科学》1997年第2期。

143. 徐纯科:《评刑事诉讼中的"疑难案件请示"》,载《中外法学》1989年第3期。

144. 徐亚文、童海超:《当代中国地方法院竞争研究》,载《法学评论》2012年第1期。

145. 徐向华:《论中央与地方的立法权力关系》,载《中国法学》1997年第4期。

146. 徐益初:《法院院长审批案件与审判独立》,载《人民司法》1981年第6期。

147. 徐盈雁、许一航:《依法赋予主任检察官执法办案相应决定权:高检院在全国7个省份17个检察院试点检察官办案责任制》,载《检察日报》2013年12月27日。

148. 徐盈雁:《检察官办案责任制改革试点一年回眸:有收获更有希望》,载《检察日报》2014年12月22日。

149. 余慧玲:《浅议刑事和解制度及其限度——寻求藏区"赔命(血)价"习惯法与刑事司法之间的衡平》,载万鄂湘主编:《探索社会主义司法规律与完善民商事法律制度研究:全国法院第23届学术讨论会获奖论文集》(上),人民法院出版社2011年版。

150. 严励:《地方政法委"冤案协调会"的潜规则应该予以废除》,载《法学》2010年第6期。

151. 佚名:《最高法院有关负责人就量刑规范化试点答记者问》,载《人民法院报》2009年6月1日。

152. 杨金志、仇逸:《陈旭代表:设主任检察官办案去行政化》,载《新华每日电讯》2013年3月15日。

153. 杨龙:《我国的区域发展与区域政治研究》,载《学习与探索》2003年第4期。

154. 杨树明:《排除非法证据　确保司法公正——全国法院贯彻落实两个《规定》情况综述》,载《人民法院报》2011年4月19日。

155. 游伟:《统一司法要去除"地方性司法解释"》,载《法制日报》2009年11月4日。

156. 殷啸虎:《党委政法委在我国政法关系中的功能审视》,载《法学》2012年第6期。

157. 闫召华:《"名禁实允"与"虽令不行":非法证据排除难研究》,载《法制与社会发展》2014年第2期。

158. 叶竹盛:《维稳大变局》,载《南风窗》2014年第3期。

159. 邹碧华:《论法庭情绪管理》,载《法律适用》2011年第8期。

160. 赵秉志、陈志军:《论越权刑法解释》,载《法学家》2004年第2期。

161. 赵廷光:《论量刑原则与量刑公正——关于修改完善我国量刑原则的立法建议》,载《法学家》2007年第4期。

162. 赵阳:《江苏镇江推行主任检察官制度——突出检察官独立行权主体地位》,载《民主与法制时报》2013 年 9 月 23 日。

163. 臧德胜、崔光同:《刑事一审案件〈隐性〉超审限问题及规制》,载宋英辉、甄贞主编:《京师刑事诉讼法论丛》(第 2 卷),北京师范大学出版社 2012 年版。

164. 最高人民检察院 2013 年重点课题组:《主任检察官制度研究》,载《中国法学》2015 年第 1 期。

165. 郑全旺:《北京:刑案破案率 10 年最高》,载《民主与法制时报》2014 年 9 月 25 日。

166. 郑赫南:《司法领域"试验性立法"开先河——全国人大作出授权在部分地区开展刑事速裁程序试点决定》,载《检察日报》2014 年 6 月 30 日。

167. 郑鹤瑜:《论我国少数民族习惯法与刑法的冲突及其解决》,载《中州学刊》2007 年第 2 期。

168. 曾军、师亮亮:《地方政法委协调处理刑事案件的制度考察及分析》,载《西南政法大学学报》2012 年第 2 期。

169. 钟金燕:《中共政法委制度的历史考察》,载《中共党史研究》2014 年第 4 期。

170. 章桦、李晓霞:《"醉酒型"危险驾驶罪量刑特征及量刑模型构建实证研究》,载《中国刑事法杂志》2014 年第 5 期。

171. 张建伟:《法学方法、改革试验与正当程序意识》,载《法治论坛》2010 年第 3 辑,中国法制出版社 2010 年版。

172. 张建伟:《"指导性案例"的功能定位与判例化前景》,载《光明日报》2014 年 1 月 29 日。

173. 张凯:《西藏一妻多夫婚姻习俗与国家法的冲突和调适》,载《西藏发展论坛》2012 年第 6 期。

174. 张宽明、杨春、张桂林:《自由裁量全:不能再称〈橡皮筋〉——江苏省姜堰市法院规范法官自由裁量权调查报告》,载《人民法院报》2003 年 8 月 14 日。

175. 张民:《按照司法规律改革案件审批制度》,载《人民司法》1999 年第 10 期。

176. 张宁、于新民、孙皓:《天津:28 个规范性文件"无缝对接"刑诉法》,载《检察日报》2014 年 11 月 30 日。

177. 张淑萍、程药:《贪污贿赂犯罪免、缓刑率偏高的原因分析》,载《中国检察官》2009 年第 3 期。

178. 张伟:《数额犯若干问题研究》,载《中国刑事法杂志》2010 年第 3 期。

179. 邹明理:《论非典型鉴定意见的法律效力——"鉴定咨询意见""鉴定检验报告""技术证据审核意见"证据能力问题亟需依法统一认识》,载《证据科学》2013 年第 4 期。

180. 庄乾龙:《论刑事证据立法新走向》,载《中国刑事法杂志》2012 年第 2 期。

181. 朱桐辉:《刑事诉讼中的计件考核》,载苏力主编:《法律和社会科学》(第 4 卷),法律出版社 2009 年版。

182. 朱桐辉:《案外因素与案内因素:疑罪难从无之谜》,载《当代法学》2011 年第 5 期。

183. 朱孝清:《检察官相对独立论》,载《法学研究》2015 年第 1 期。

184. 左卫民:《通过试点与实践推进制度创新——以 L 县检察院附条件不起诉的试点为样本》,载《四川大学学报》(哲学社会科学版)2011 年第 5 期。

185. 左卫民:《刑事诉讼制度变迁的实践阐释》,载《中国法学》2011 年第 2 期。

186. 左卫民:《中国量刑程序改革:误区与正道》,载《法学研究》2010 年第 4 期。

187. 左卫民、马静华:《侦查羁押制度:问题与出路——从查证保障功能角度分析》,载《清华法学》2007 年第 2 期。

188. 周永坤:《论党委政法委员会之改革》,载《法学》2012 年第 5 期。

图书在版编目(CIP)数据

中国地方性刑事司法规则研究 / 孙长永等著. —北京：法律出版社,2023.3
ISBN 978-7-5118-9557-8

Ⅰ.①中… Ⅱ.①孙… Ⅲ.①刑法—地方法规—研究—中国 Ⅳ.①D924.04

中国版本图书馆 CIP 数据核字(2022)第118377号

中国地方性刑事司法规则研究 | 孙长永 等著 | 责任编辑 高 山 汤子君
装帧设计 李 瞻

开本 720毫米×960毫米 1/16
印张 22.75 字数 341千
版本 2023年3月第1版
印次 2023年3月第1次印刷
出版 法律出版社
编辑统筹 学术·对外出版分社
总发行 中国法律图书有限公司
经销 新华书店
印刷 固安华明印业有限公司
责任印制 陶 松

法律出版社/北京市丰台区莲花池西里7号(100073)
电子邮件/info@lawpress.com.cn
销售热线/010-63939792/9779
网址/www.lawpress.com.cn
咨询电话/010-63939796

中国法律图书有限公司/北京市丰台区莲花池西里7号(100073)
全国各地中法图分、子公司电话：
第一法律书店/010-63939781/9782
西安分公司/029-85388843
重庆公司/023-65382816/2908
上海公司/021-62071010/1636
北京分公司/010-62534456
深圳公司/0755-83072995

书号：ISBN 978-7-5118-9557-8
定价：58.00元
(如有缺页或倒装,中国法律图书有限公司负责退换)